유종만(바오로) 신부의 하느님을 향한 사랑의 고백록
머리에서 가슴으로 가는 길에서 삶의 시간을 묻다

유종만(바오로) 신부의 하느님을 향한 사랑의 고백록
머리에서 가슴으로 가는 길에서 삶의 시간을 묻다

2022년 9월 22일 교회인가
2022년 9월 30일 초판 1쇄 발행

지은이 | 유종만
펴낸이 | 신영미
사진 | 유종만
북디자인 | 오정화

펴낸곳 | 하늬바람에영글다
주소 | 서울시 은평구 갈현로 45길 58
대표전화 | 02-918-7787
전자우편 | dayonha@hanmaill.net
출판등록 | 제2022-000002호

ⓒ 유종만, 2022

* 이 책의 저작권은 저자에게 있습니다.
ISBN 979-11-974051-7-4 (03230)

값 | 20,000원

* 잘못 제본된 책은 바꿔드립니다.

Printed in KOREA

유종만(바오로) 신부의 하느님을 향한 사랑의 고백록

머리에서 가슴으로 가는 길에서 삶의 시간을 묻다

유종만(바오로) 지음

하느바람에 열글다

머리에서 가슴으로 가는 길에서 삶의 시간을 묻다

◀ 1990년 2월 9일 천주교 서울대교구 사제서품식

▲ 염수정 추기경님과 로마 바티칸 베드로 대성전 제의실에서

▲ 행신1동 성당 성전봉헌식 미사에 주례를 오신 고 정진석 추기경님과

▲ 청와대 축성식을 마치고 대통령 내외분과 수녀님들과

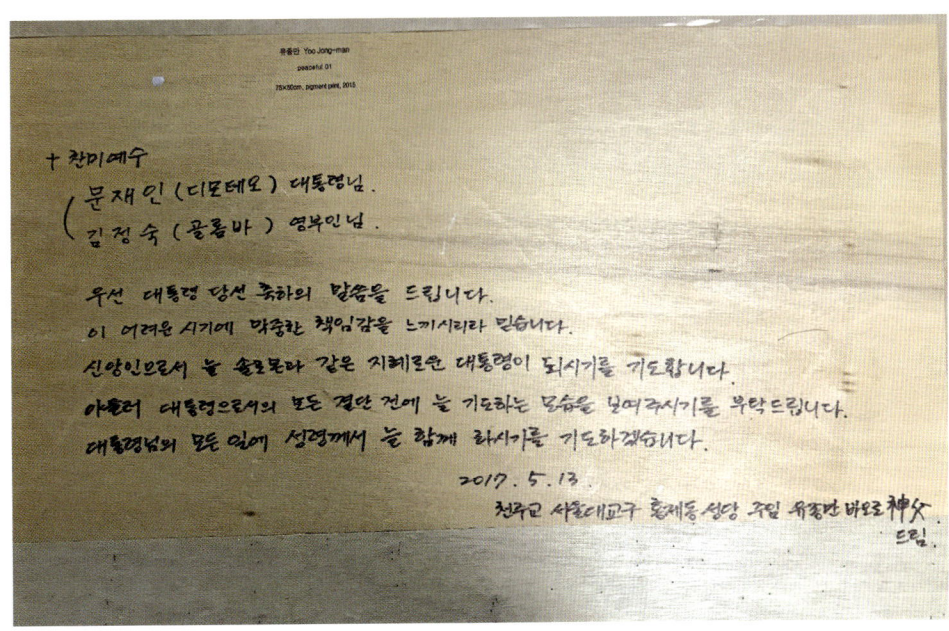

▲ 대통령 내외께 선물한 사진 〈평화〉의 뒷면에 적힌 글

▲ 주일 교중미사가 끝나고 문재인(티모테오) 대통령님과 함께

◀ 홍제동 본당 신자와 김정숙 여사와 나

◀ 주일 미사 후 김정숙(골롬바) 여사와 함께 반갑게 악수를 나누며

◀ 성당에서의 강론

▲ 고개 들어 찬양하라, 아버지를. 음반 녹음실에서

◀ 김대열 신부 은경축에서 한 곡을 뽑는 동창 신부인 인천교구의 최경일(빈첸시오) 신부

▲ 사진 전시회에서 유경촌(티모테오) 주교님과

▲ 사진 전시회에서 구요비(욥) 주교님과

▲ 유경촌(티모테오) 주교님과

▲ 피아노를 치면서

머리에서 가슴으로 가는 길에서 삶의 시간을 묻다

▲ 오랜만에 한 곡 뽑다.

▲ 웃는 모습에 소년미가 가득하다.

▲ 행신1동 성당 견진성사 미사에서 故 김옥균(바오로) 주교님과

▲ 신학교 입학식 때 故 김수환(스테파노) 추기경님의 격려를 받으며

▲ 군대 시절 람보 흉내를 내다.

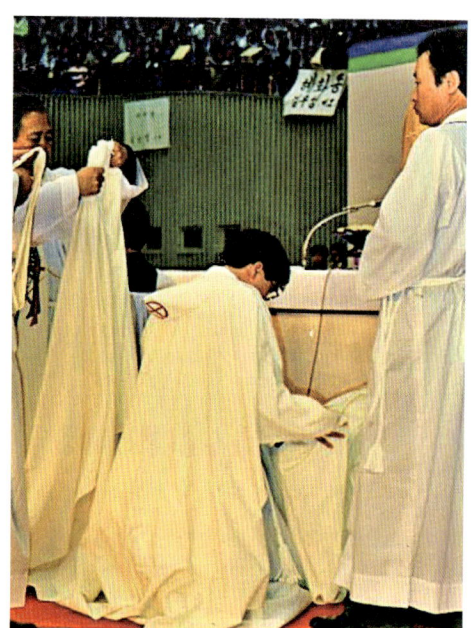

▲ 사제서품식에서의 순명 서약

▲ 가장 낮게 살 것을 아버지께 약속드리며

▲ 사제서품식에서 안수를 받고 있는 모습

▲ 첫영성체 후 강요한 신부님과 단체 사진

◀ 언제나 그리운 어머니의 품에서

◀ 첫 영성체를 마치고 복사를 하던 시절

◀ 초등학교 축구 선수 시절

머리에서 가슴으로 가는 길에서 삶의 시간을 묻다

▲ 스위스 조핑겐(Zofingen)에서의 사진 전시회 기사를 다룬 지역 신문

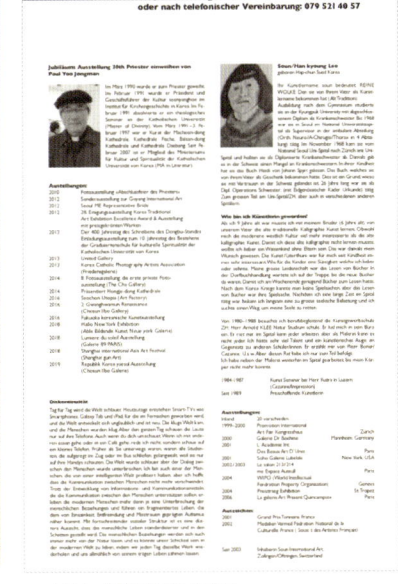

▲ 스위스 사진 전시회 초대장

▲ 하늘을 우러러 한 점 부끄러움이 없기를

머리에서 가슴으로 가는 길에서 삶의 시간을 묻다

▲ 자연과 인간의 신비를 통해서 창조주의 권능을 드러내는 도구 사진

프랑스 솔렘(Solesmes) 베네딕토 수도원 내부

머리에서 가슴으로 가는 길에서 삶의 시간을 묻다

▲ 구름 속의 수도원(Alba de Tormes, Spain)

▲ 천지창조(Crete, Greece)

머리에서 가슴으로 가는 길에서 삶의 시간을 묻다

▲ 그리움(Vistabella, Spain)

머리에서 가슴으로 가는 길에서 삶의 시간을 묻다

▲ 문재인 대통령 내외께 선물한 '평화'라는 제목의 사진 작품(일본 하루나 호수)

머리에서 가슴으로 가는 길에서 삶의 시간을 묻다

▲ 파티마 삼위일체 성당(Basilica da Santissima Trindade - Fatima, Portugal)

▲ 폴리뇨(Foligno, Italy)

머리에서 가슴으로 가는 길에서 삶의 시간을 묻다

그리스 산토리니(Santorini) 섬에서

▲ 몽골 대평원을 가르는 기찻길

▲ Wooden Bridge (Werd Island, Switzerland)

미사 집전 전 준비기도

집전사제의 지향

✠ 저는 전능하신 하느님과 모든 천상 교회를 찬미하며, 일반적이거나 특별한 지향을 가지고 제게 기도를 부탁한 이들을 위하여, 저 자신과 지상 교회와 모든 이의 선익과 또한 거룩한 교회의 번영을 위하여, 로마 교회의 전례를 따라 미사성제를 거행하고 우리 주님이신 예수 그리스도의 몸과 피를 받아 모시려 하나이다. 아멘.

✠ 전능하시고 자비로우신 하느님, 평화와 기쁨, 생활의 개선, 참된 회개의 기회, 성령의 은총과 위로, 그리고 착한 행실에 대한 항구함을 허락하소서. 아멘.

개두포 : 주님, 제 머리에 구원의 투구를 씌우시어 마귀의 공격을 막게 하소서.

장백의 : 주님, 저를 결백하게 씻으시어 제 마음을 깨끗하게 하시고 저로 하여금 어린양의 피로 결백하게 되어 영원한 즐거움을 누리게 하소서.

띠 : 주님, 깨끗함의 띠로 저를 매어 주시고 제 안에 사욕을 없이하시어 절제와 정결의 덕이 있게 하소서.

영대 : 주님, 주님께 봉사하기에 합당치 못하오니, 원조의 타락으로 잃은 불사불멸의 영대를 제게 도로 주시어 주님의 영원한 즐거움을 누리게 하소서.

제의 : 주님, 주님께서 이르시기를 '내 멍에는 편하고 내 짐은 가볍다'(Mt 11,3)고 하셨으니, 저로 하여금 주님의 은총을 누리도록 이를 잘 짊어지게 하소서. 아멘.

축하의 글

"모든 글들이 하느님 안에서 이루어졌다는 사실만은 확신합니다."

　현재 독산동 성당 주임신부로 사목하고 있는 유종만(바오로) 신부님은 제가 1981년 8월, 장위동 성당 주임신부로 부임했을 당시, 3년 동안 교구 예비신학생 모임에 열심히 다녔던 학생이었습니다. 본인이 서울 대신학교에 입학하기를 간절히 원하였기에 저는 본인이 사제가 되려는 이유, 신자들의 평판, 성실함과 책임감, 학교 성적 등 여러 가지를 고려하여 서울 대신학교에 입학을 할 수 있도록 추천서를 써주었습니다. 벌써 40년이 넘은 기억입니다. 그랬던 유 신부님이 벌써 인생 나이 환갑에 사제생활 33년째라고 하니 정말 세월의 빠름을 실감하게 됩니다.

　제가 알고 있는 유 신부님은 묵묵히 자신의 일을 성실하고 책임감 있게 행하는 조용하고 차분한 성격의 학생이었습니다. 그런데 대신학교 입학 이후에는 성격이 조금씩 변해가면서 외향적인 신학생이 되었습니다. 대신학교 생활 중에 시를 쓰는 '아람 동인회'와 그림을 그리는 '서양화반', 대학신문을 만드는 학보사 기자(나중에는 편집장까지 되었음), 대신학교의 알마 축제 때만 운영되는 보컬 그룹 '우니타스'에서 드러머로서의 활동 등 여러 가지 동아리 활동을 했던 것으로 기억합니다. 그래서 저는 본당 주임신부로서 학업 성적이 걱정도 되었는데, 항시 85점 이상의 성적을 받아 저를 안심시켜 주었습니다. 그러고는 1990년 2월 9일에 사제서품을 받았고 어느덧 사제생활 33년이라는 시간이 지나고 있습니다.

제가 대신학교 입학추천서를 써준 신부이기도 하고 후배 신부이기도 한 유 신부님이 사제생활 33년을 돌아보면서 책을 출간한다고 하니 참으로 기쁘고 대견하기도 합니다. 벌써 고인이 되신 유 신부님의 부모님이신 고(故) 유기홍(베드로), 고(故) 전양숙(이사벨라), 두 분이 살아 계셨으면 얼마나 기뻐하셨을지 저에게도 훌륭한 신앙인으로 남아 있는 두 분에 대한 추억도 떠올려봅니다. 이 책 속에 그동안의 수많은 시간들을 모두 담을 수는 없었겠지만, 그 모든 글들이 하느님 안에서 이루어졌다는 사실만은 확신합니다. 앞으로 원로 사제가 되기까지 남은 기간은 10년, 사제로서 더욱더 정진하시고 주어진 삶의 시간들 속에서 초심과 열정을 잃지 않고 예수님을 닮아가는 노력을 아끼지 않으시기를 바랍니다. 유 신부님의 영육 간의 건강을 위해 기도하면서 다시 한 번 축하의 말씀을 드립니다.

2022년 9월 혜화동 주교관에서
추기경 염수정(안드레아)

축하의 글

문화 복음화에 앞장서서 대자연을 통해 하느님을 찬미하는 사제

　우선 교구 사제로서, 또한 사진작가로서, 독산동 성당 주임신부로서 문화 복음화에 앞장서고 있는 유종만(바오로) 신부님의 사제생활 33년째를 맞아 책을 출간한다는 소식을 듣고 반갑고 기뻤습니다.

　유 신부님과는 신학생 때나 사제가 된 이후에도 만난 적이 한 번도 없었습니다. 제가 2013년 12월 30일, 서울대교구 보좌주교로 임명되고 2014년 이후부터 서서울 지역 교구장 대리였을 때부터 알게 되었는데, 첫인상은 항상 말 없고 조용한 성격으로 기억하고 있습니다. 그리고 유 신부님의 몇 번의 사진 전시회를 통해 대자연 속에서 하느님을 찬미하는 작품들을 접할 수 있었고, 저에게 묵상 거리를 제공해 주기도 하였습니다. 또한 유 신부님은 계속해서 지속적으로 열아홉 번의 사진 전시회를 열고 있는데 유 신부님의 열정에 박수를 보내고 싶습니다.

사람이 한우물을 판다는 것은 그리 쉬운 일은 아닙니다. 어릴 때의 기억을 되살려보면 동네에서나 개인 집에서나 삶의 중심에 자리잡고 있었던 것이 바로 우물이었습니다. 우물은 동네 한가운데도, 집안의 마당에도 있었기 때문입니다. 그 어느 때라도 목이 마르면 두레박을 첨벙! 물에 내려뜨려서 시원한 물을 퍼 올려 가지고 벌컥벌컥 들이키게 되면 그 맛이야말로 저 가슴 밑바닥까지 시원하게 해주었던 것입니다. 우물을 들여다보면 자신의 모습이 보이기도 하고, 저 끝 밑바닥에 또 무엇이 있을 것 같은 신비감을 느끼기도 하고, 소리를 지르게 되면 큰 메아리가 들리기도 합니다. 이런 면에서 유 신부님이 사진이라는 한 우물을 파면서 하느님 안에서 사제로서 자신의 모습을 돌아보기도 하고 그러한 작업들이 신자들에게 신앙의 메아리가 되어 주었다고 생각합니다.

그런데 이번에 33년째 사제생활과 환갑이라는 나이를 맞아 책을 출간한다니 진심으로 축하의 말씀을 전합니다. 사목 단상과 각종 기고문, 그리고 보도기사와 수색 성당 주임 신부로 재직하고 있을 때, 40 중반의 나이에 대학원을 다니면서 썼던 과제물 일부를 책으로 엮었다고 하니 기대가 큽니다. 이 책을 통해 신자들을 포함한 많은 사람들이 열정적이고 초심을 잃지 않으려고 애쓰며 사는 한 사제의 마음을 헤아려 주시기를 바라면서 유 신부님이 늘 하느님 안에서 하느님의 종으로서의 삶에 더욱더 정진하도록 노력하시기를 당부드리면서 다시 한 번 33년 사제생활을 돌아보면서 펴낸 책의 출간을 축하합니다.

2022년 9월
천주교 서울대교구장 정순택(베드로) 대주교

✝정순택

책 머리에

마음에 새기며 생활하도록
이끄시는 하느님께 감사드립니다

저의 아버님은 직업 군인(갑종 10기)이셨기 때문에 어린 시절 지방에서 많은 시간을 보냈습니다. 1966년에 경남 진해에 있는 육군 중앙성당에서 유아세례를 받고 서울 성북구 장위동으로 올라와 첫영성체를 하지 못하고 있던 중에 제가 초등학교 6학년 때, 어머니께서 고육지책으로 친구로 삼을 만한 아이들을 소개해 주었고 저는 그 친구들을 만나러 성당에 열심히 다니기 시작하여 첫영성체까지 하고 복사단에 입단하였습니다. 미사 복사를 하던 어느 날 저는 미사 도중 주수병을 떨어뜨리고 말았습니다. 엄숙하던 미사 분위기는 금세 엉망이 되고 말았습니다. 저는 창피하여 얼굴이 새빨갛게 변하며 어쩔 줄 몰라했습니다. 그런데 아일랜드 분이셨던 주임 신부님(강요한)은 뜻밖의 말씀을 하셨습니다. "너는 앞으로 훌륭한 신부가 될 거야." 그 신부님은 저의 잘못을 나무라기보다는 격려를 해주셨습니다. 결국 이 격려와 그 분의 사제로 사는 삶의 모습은 저를 대신학교에 입학하도록 만들었습니다.

1981년 2월 말 저는 당시 장위동 성당 주임 신부님이셨던 염수정(안드레아) 현재 추기경님께서 추천서를 써주심으로 인해 서울 종로구 혜화동 대신학교에 입학했습니다. 4학년을 마치고 1985년 7월 12일 논산훈련소에 입소(군번 13608528)하여 1987년 10월 15일 병장으로 만기 전역하고 이듬해 다시 대신학교에 복학하여 1990년 2월 9일에 사제로 서품이 되었습니다. 군대 생활 27개월(원래 30개월이지만 교련과목 이수로 3개월 단축)을 포함하여 9년 만에 사제가 된 것입니다. 그리고 한국교회사연구소, 마천동, 묵동, 발산동, 대방동 보좌신부를 거쳐 신설 본당인 행신1동 첫 주임신부를 시작으로 수색 성당, 등촌3동 성당, 등촌1동 성당(17 지구장 겸임), 홍제동 성당 주임신부를 거쳐 현재 독산동 성당 주임신부로 사목하고 있습니다. 어느덧 사제생활 33년째를 지내고 있고 신학교 입학부터 따지면 42년째, 나이로는 환갑을 맞고 있습니다.

요즘 시대에서는 의미를 상실한 환갑이 되고 보니 세상에서 살만큼 산 셈이고, 세상을 제 나름의 생각으로 판단할 수 있는 나이를 먹은 것입니다. 인생을 살아오면서 잘한 일과 잘못한 일을 구별하고, 판단할 수 있는 식견과 지혜를 가질 나이가 된 것입니다. 환갑은 지금까지 인생을 바둑을 다 둔 뒤에 복기하듯 되새김질하고 손익계산에 있어 중간 정산을 한 번 하고 계속 살아가는 시기입니다. 또한 환갑은 살아온 인생을 돌아보고 '만약 다시 인생을 시작할 수 있다면'이라는 가정을 구체화시킬 수 있는 기회를 제공하는 중요한 시기이기도 합니다. 실제 환갑의 뜻은 '내가 다시 새롭게 인생을 시작한다면'이라는 가정 속에서 자신의 지금까지 살아온 삶과 운명을 개선하고 변화시키고 보완시키는 기회로 삼아야 한다는 의미를 지닙니다. 운명의 변화를 시도할 최적의 시기라는 의미입니다. 그래서 환갑이 주는 의미를 깊이 고민해 볼 필요가 있다고 생각합니다. 인생은 함부로 뿌리칠 수 없는 너무 귀하고 아름다운 기회이기 때문입니다.

그렇기에 제가 벌써 환갑이라는 사실에 깜짝 놀라기도 하고 참으로 부끄럽기도 합니다. 참으로 세월은 빠르다는 사실과 60년 동안의 삶과 사제로서의 33년의 생활이 하느님 보시기에 무척이나 부끄럽기 때문입니다. 그렇지만 하느님께서는 저의 부족함을 탓하지 않으시고 최선을 다하는 삶을 요구하신다는 사실을 알고 있기에, 한 인간으로서, 사제로서 매일매일 최선을 다해서 생활하려고 노력하고 있습니다. 그것을 위해 제가 가장 중요시하는 것이 세 가지가 있는데, 우선 미사를 정성스럽게 드리는 일입니다. '나는 무엇 하는 사람인가?'를 늘 마음에 새기고 사제서품 때의 초심과 그 열정을 잃지 않으려고 의식적으로 노력하는 것이고, 두 번째로는 신자들을 저의 배우자로 생각하고 사랑하기로 매일매일 결심하는 일입니다. 사실 사제는 하느님과 결혼한 것이 아니라 신자들과 결혼한 사람입니다. 끝으로 세 번째는 하느님께서 저에게 주신 탤런트를 썩히지 않고 발전시키고 계발하는 일입니다. 그리하여 사진 전시회를 계속해서 열고 있는데(열아홉 번의 전시회), 자연의 아름다움과 경이로움을 통해 창조주 하느님을 세상에 알리고자 노력하고 있습니다.

이번에 출간되는 책은 저의 60년 인생과 더불어 그 안에 포함된 사제로서의 33년 동안의 시간을 돌아보면서 하느님께서 보시기에 잘못된 시간은 반성해 보고, 잘살았던 시간은 더욱더 발전시켜 나가려는 생각이 담겨 있습니다. 독자들이 읽어보시기에는 다소 평범한 글들일지라도 저에게는 소중한 하나하나이고 모두 다 의미 있는 시간이었음을 고백합니다. 그리고 조용히 성당에 앉아 지난 33년의 사제생활 동안 결코 길지도 짧지도 않은 시간을 채워 주었던 수많은 사람의 얼굴과 그분들의 기도에 감사드리고 저로 인해 마음의 상처를 받고 교회를 떠나 아픔을 겪고 있을 사람들도 떠올리면서 이 지면을 통해 그분들에게 용서를 청합니다. 저는 이제 10년 후면 사제생활을 은퇴하고 원로 사목자가 됩니다. 앞으로의 시간은 저에게는 또 다른 도전이자 숙제로 남아 있을 것입니다. 또한 '하느님께서는 나를 사랑하신다'라는 신념을 갖고 다시 시작할 것입니다. 제 앞에 던져진 숙제와 여러 가지 인생의 물음들에 직면하면서, 고(故) 천상병 시인처럼 이 세상 소풍 끝나는 날, 하느님 대전에 나가게 되었을 때 그 물음들에 답하게 되기를 바라면서 사제서품 때 입었던 제의(祭衣)가 수의(壽衣)가 되어 성직자 묘지에 묻힐 수 있다면 그것이 현재 사제로 살아가는 큰 기쁨과 희망과 보람이 될 것입니다.

   이 책을 하느님께, 기꺼이 축사를 써주신 염수정(안드레아) 추기경님과 서울대교구장이신 정순택(베드로) 대주교님 그리고 하늘나라에 계신 부모님과 가족들, 저와 함께 많은 시간을 함께해 주셨던 모든 신자분께 봉헌하면서 이 책의 출간을 위해 힘써 주신 신영미(실비아) 형수님과 '하늬바람에 영글다' 출판사 직원 여러분, 그리고 사진 원고 정리에 도움을 준 한정숙(바울리나) 자매에게도 감사의 말씀을 전합니다. 작은 보탬이라도 하느님의 도구로 쓰이기를 바라며, 제가 해야 하는 일은 매일매일 모든 일에 초심을 잃지 않고 열정을 갖고 최선을 다하는 것임을 항상 마음에 새기며 생활하도록 이끄시는 하느님께 감사드립니다.

2022년 9월
독산동 성당 사제관에서
유종만(바오로) 신부

차례

축하의 글 | 추기경 염수정(안드레아)
"모든 글들이 하느님 안에서 이루어졌다는 사실만은 확신합니다." · 34

축하의 글 | 서울대교구장 정순택(베드로) 대주교
문화 복음화에 앞장서서 대자연을 통해 하느님을 찬미하는 사제 · 36

책 머리에
마음에 새기며 생활하도록 이끄시는 하느님께 감사드립니다 · 38

1부

사목생활

33년째 골고타 길 위에 있는 나는 누구인가?

나는 어떤 사람인가 · 51

나의 기도 시간 · 55

더 친밀하고 책임 있는 삶을 위하여 · 56

그리운 어머니 · 57

마음으로 듣는다는 것의 어려움 · 61

부부의 영성 · 63

사제는 잘 들어야 한다 · 65

사제는 · 66

어머님의 편지 · 69

사제서품을 앞둔 아들, 유종만(바오로) 부제에게 주는 아버지의 글 · 70

새롭게 바라본 사제직 · 74

성사로서의 혼인 · 76

부부들에 대한 생각 · 78

성(性)에 대한 이해 · 80

SNS 사용자를 위한 '주님의 기도문' · 83

동의난달 행사 오프닝 멘트 · 85

스티브 잡스의 병상에서의 마지막 메시지 · 87

자기 자신을 나타내는 방법 · 89

주님의 기도를 바칠 때 · 90

진정한 대화란 무엇인가? · 91

치유의 힘 · 93

평범하지 않은 생활방식인 혼인 · 95

홍제동 성당 사목 협의회장 송별사 · 98

신자들과의 친밀감 · 100

신자들에 대한 사제의 사랑 · 102

어느 본당 신부님의 푸념 · 103

두 분의 수녀님들을 떠나보내며 · 104

등촌1동 본당을 떠나며 · 106

박진희 젬마 자매님의 송별사 · 108

인연이라는 것 · 110

2부

숨길 수 없는 예술가적 감성이 문화 복음화의 아이콘이 되다

못자리를 떠나며 · 114

죽음까지도 배운다 · 120

시를 쓰다 · 123

한국 외국어대학교 영자(英字) 신문과의 서면 인터뷰 · 126

한국의 숨겨진 보물 : 활기찬 가톨릭교회 · 132

Interview - Foreign Affairs magazine(Reporter Victor Gaetan) · 144

RFA(자유 아시아 방송)와의 전화 인터뷰 · 163

사랑하는 이에게 - 한국ME 30주년에 부쳐 - · 166

등촌1동 〈광헌지〉와의 인터뷰 · 169

대구 평화방송 인터뷰 질문 · 172

쇼생크 탈출 · 175

안드레이 타르코프스키의 영화 〈희생〉 · 179

'사제의 해' 본당 신부들의 수호성인 마리아 비안네 신부의 사목지를 찾아서 (상) · 184

'사제의 해' 본당 신부들의 수호성인 마리아 비안네 신부의 사목지를 찾아서 (하) · 188

3부
미디어의 창에 비친 나의 조각, 퍼즐 맞추기

서울, 한 번에 사제 45명 배출 · 196

교회사연구소·문화선양회, 《문화사대계》 등 제작 계획 · 196

교회사연구소·문화선양회 공동 주최 안중근 의사 연극으로 재조명 · 197

《한국 교회사 통사》 금년 상반기중 간행 · 197

서울 제8지구 청년성가대 제5회 정기연주회 개최 · 198

대방동본당 '보컬미사' 청년들에 인기 · 198

"행신동성당으로 〈넌센스〉 보러 오세요" · 199

서울 행신1동, 방과후 〈열린 교회학교〉 개설 · 199

서울 행신1동본당 성전건립비 마련 위해 주말농장 분양 · 200

서울대교구 행신동본당 주말농장 인기 · 200

새성당 봉헌을 축하드립니다 · 201

가톨릭상공인회, 침체 벗어난 기지개 활짝 · 201

공동체 일치 이렇게 해 보세요 · 202

서울 수색본당 8월 8일부터 6일간 우라와교구 답방 · 203

서울 수색본당 – 일본 우라와교구 자매결연 본당간 교류 물꼬 터 · 203

서울 수색본당 지역 어르신 초청 어버이날 행사 · 204

서울 등촌3동본당, 일본 사이타마교구 오따본당과 자매결연 · 204

"군국주의 시대 잘못 보속하러 왔어요" · 205

서울 등촌1동본당, 무료 심리상담 '샬롬 상담소' 열어 · 206

서울 등촌1동본당 월간 소식지 〈광헌〉지령 100호 맞아 · 207

서울 17강서지구, '청춘예찬, 마음을 열어요' 개최 · 208

사제의 해 폐막 기념 사진전 성황 · 208

명실상부한 지역 종합문화공간 · 208

서울대교구 15지구 사제단, 비안네 신부 발자취 순례 · 209

유종만 신부 – 전대식 기자 '사제의 해' 사진전 · 210

일본 사이타마교구 성지순례단 24명 방한, 서울 수색본당서 초청 · 210

〈동승〉의 휴머니즘에 반했어요 · 211

동정 | 유종만 신부 · 212

"남은 날도 변함없이 사랑하겠습니다" · 212

"난생 처음 본당 캠프에 참가했어요" · 213

청와대 관저 축복 · 214

문재인(티모테오) 대통령과 김정숙(골롬바) 여사와의 만남 · 214

주님 따른 25년 사제의 삶 음반에 담아 봉헌 · 216

갤러리 더차이, '빛의 광시곡 유종만 초대전' 전시오프닝 · 217

문 대통령 부인 김정숙 여사, 홍제동 성당 교중미사 참석 · 218

마흔 살 한국 ME, 복음화의 기수로 새로운 도약 다짐 · 218

전·현직 사진기자, 교수, 전문 사진가로 구성된 한국가톨릭사진예술인연합회 · 220

유종만 신부 네 번째 사진전 · 222

사제, 주님 창조물 카메라에 담다 · 222

홍제동본당 반려동물 축복식 · 222

서울대교구 유종만·정현영 신부 영화 관련 석사 논문 눈길 · 223

생활ESG행동이 ESG국가전환을 선포식 29일 개최 · 224

4부

문화 영성 대학원 과제물(2004.3.2-2007.2.15)

영성과 문화융합의 완성은 시간

크쥐시토프 키에슬로프스키 감독의 〈십계〉· 229

마하스웨타 데비의 〈젖어미〉· 239

로버트 플레허티 · 246

조토 디 본도네 · 260

부록 | 조토와 성 프란치스코 · 274

단테 알리기에리의 성모 찬가 · 290

대중문화와 애니메이션 · 296

라벤나의 산 아폴리나레 인 클라세 성당 · 296

영화 〈미션〉· 324

영화 〈엘 시드〉· 331

영화 〈데칼로그〉에 대하여 · 346

파르테논 신전 · 351

성모송 – 어머님께 드리는 기도 – · 370

어머니 – '위대한 모성', '이념적 전형' 그리고 '작은 신화' · 381

영화 – 엄마의 말뚝2 · 391

우리와 친교를 맺으시는 하느님 – 삼위일체론 · 396

음악은 우리를 사로잡는가? · 410

한국과 외국 공포영화 비교 · 419

1부

사목생활 :

33년째 골고타 길 위에 있는 나는 누구인가?

나는 어떤 사람인가

　　누구나 다 그렇겠지만, 사실 한마디로 자신이 어떤 사람인지 말하기는 쉬운 일이 아닐 것이다. 그러나 굳이 나 자신에 대해 말하라고 한다면 나는 남의 부탁을 거절하지 못하고 함께해 주려고 노력하는 희생정신이 강하고 성실한 사람이라고 말할 수 있다. 그리고 나 역시 남들과 함께하려고 노력하는 사람들을 보면 왠지 모르게 가슴이 뭉클해진다. 예컨대 물에 빠진 어린아이를 구해주려 물에 뛰어들어가 그 아이는 살리고 자기의 목숨을 잃은 사람의 이야기가 신문 지상에 보도되는 것을 보면, 그뿐만 아니라 수해가 나거나 산불처럼 큰 재난이 닥쳤을 때 너나 할 것 없이 많은 사람이 ARS를 통해 성금을 내 그들의 아픔에 동참하는 모습을 보면 마음이 뿌듯해진다. 그래서 나도 될 수 있는 한, 나에게 요구해 오는 모든 사람을 거절하지 않고 함께해 주려고 노력하며 살아가고 있다. 그리고 특히 나에게 도움을 청하는 사람들에게 기쁨을 주는 사람이 되려고 노력한다.

　　내가 이런 모습을 갖게 된 것은 아주 오랜 배경을 가지고 있다. 초등학교 1학년 때의 일이다. 어느 추운 겨울 저녁에 나는 인생의 전환점이 될 수 있었던 한 사건을 체험했다. 저녁을 먹고 모두 텔레비전을 시청하고 있는데 갑자기 어머니께서 라디오 앞에 놓아둔 500원짜리 지폐 한 장이 없어졌다고 하시면서 무슨 큰일이라도 난 것처럼 우리 삼남매를 번갈아보시며, 하나하나 불러놓고 물어보셨다. "네가 가져갔니?" "아니오." 우리 셋의 대답은 한결같았다. 아무도 가져간 사람이 없다고 하자 어머니께서는 모두 거짓말쟁이라고 하시면서 우리 셋 모두를 팬티만 입힌 채 현관 밖으로 내쫓으셨다. 우리 셋은 현관 밖에서 그 추운 겨울날, 팬티 하나만 걸친 채 떨어야 했다. 약 1시간이 지났을 때 나는 현관문을 두드리면서 말했다. "제가 가져갔어요." 그러자 어머니께서는 돈을 어디에 썼느냐고 추궁하셨다. 나는 동네 구멍가게에서 과자며 사탕이며 먹을 것을 사 먹었노라고 대답했다. 그러고는 제 잘못이 아닌 잘못에 대해 어머니는 회초리를 드시며 나를 사정없이 때리셨다. 눈물이 마구 흘렀지만 그래도 이 추운 겨울날 따뜻한 온돌방에서 잠을 잘 수 있다는 것 하나만으로도 안도의 한숨을 쉴 수 있었다. 다음날 아침, 어머니는 나의 말이 의심스러우셨는지 외삼촌에게 제가 사 먹은 가게가 어딘지 확인하라고 시키셨다. 외삼촌과 함께 여러 가게를 돌아다녀 보았지만, 나를 보았다는 가게 주인은 한 사람도 나타나지 않았다. 결국 나의 거짓말은 들통이 났다. 그날 저녁 문제의 500원짜리 지폐가 나타났는데, 라디오 뒤로 떨어져 있던 것을 어머니가 찾으신 것이었다. 희생정신이라고 하기엔 너무도 창피하고 무모한 거짓말이었지만 어머니는 두고두고 이 이야기를 하셨다. "우리 둘째는 희생정신이 얼마나 강한지 모릅니다"라고 말이다. 그런 이야기를 들으면 나는 늘 쥐구멍을 찾는다.

▲ 어머니와 우리 삼남매(줄무늬옷이 나)

초등학교에 진학하고 3학년이 되었을 때 축구부에 들어가면서 나는 남의 것을 훔치기도 하였고, 양면 면도날도 씹고 다녔으며, '아이스께끼'라고 하는 여자아이들 치마들추기, 고무줄 끊기 등을 일삼았다. 나쁜 아이들과 어울리면서 돌아다니던 나는 친구들과 함께 어느 날, 시장에서 사과를 훔치다가 주인에게 잡혔다. 그날 나는 어머니께 하루종일 빗자루, 총채 세례를 받아야 했다. "이놈아! 커서 뭐가 되려고 그러니? 도둑놈이 될래? 사기꾼이 될래?" 그날 어머니의 저에 대한 실망과 그로 인한 분노에 찬 모습은 아직도 생생한 기억으로 남아 있다. 그 이후로 나는 착한 아이가 되려고 많은 노력을 했다. 물론 그 모든 것이 좋은 일이건 나쁜 일이건 친구들과 함께해야 한다는 생각에서 나온 나의 잘못된 행동이었다.

그러나 나의 모습은 내가 성인이 되어 더욱 굳어진 것이다. 고등학교 1학년부터 신학교에 가려고 마음을 굳힌 상태라 별 갈등 없이 그저 평범한 신학생으로 입학을 했고, 물론 중간에 사랑의 열병도 남 못지않게 앓았지만, 그 많은 우여곡절 끝에 드디어 나는 1990년 2월 9일 사제서품을 받았다. 이제 사제 생활도 어느덧 33년째를 맞이하고 있지만, 지금껏 살아오면서 단 한 번의 후회 같은 것은 해보지 않았다. 보람도 많이 느끼고 있으며, 제 삶의 근거인 '하느님께서는 나를 사랑하신다'라는 신념은 과거에도 지금도 그리고 죽을 때까지도 변함이 없을 것이다.

어느 성당의 보좌 신부로 있을 때이다. 본당 신부님과 저녁 식사를 하고 있는데 나를 급히 찾는 전화가 왔다. "신부님! 오늘 저녁 면담을 좀 할 수 있을까요?", "음! 글쎄… 오늘 저녁 8시에 예비자 교리가 있는데… 그럼 잠깐이라도 보자꾸나." 내가 이렇게 말하자 그 자매는 단서를 하나 달았다. "성당에서는 싫어요. 다른 곳에서 이야기하면 좋겠는데…", "음! 그러면 성당 근처의 레스토랑에서 보자." 나는 저녁 식사를 하는 둥 마는 둥 마치고 본당 신부님의 양해를 구하고 약속 장소로 갔다. 약속 장소에 가보니 그 자매는 탁자에 엎드려 있었다. 나는 그 자매를 흔들어 깨웠는데, 그 자매가 일어나서 한 첫 말은 나를 무척이나 당황하게 만들었다. "신부님! 저 알약 200개를 먹었어요." 진통제, 수면제 이것저것 모아둔 것을 한꺼번에 먹었다는 것이었다. 생각할 겨를도 없이 나는 즉시 그 자매를 등에 업고는 택시에 태워 가까운 병원 응급실로 달려갔다. 응급실에서는 위세척이 시작되었고 나는 그 자매와 친하게 지내던 청년 하나에게 전화를 걸었다. 그 청년도 금방 달려왔는데 내 육감이 맞았는지 그 당시 서로 사귀고 있었다고 고백했다. 그런데 뜻밖에도 그 자매는 처녀가 아니라 스물여덟 살 두 아이의 엄마인데 지금 친정집에 와 있다가 단체 활동을 하고 있다는 사실을 알았다. 그리고 그 자매의 남편은 직장에서 연상의 여인과 바람을 피워 이혼을 요구하고 있다고 했다. 그 쇼크로 인해 약을 먹었던 것이다. 이런 사건을 체험하면서 나는 오싹한 전율을 느꼈다. 내가 바쁘다고 다음에 면담을 하자고 했다면 아마도 그 자매는 살아나기 힘들었을 것이다. 그리고 면담에 응하지 않음으로 인한 결과에 대해서 생각하니 온몸에 소름이 돋았다. 만일 내가 그렇게 했다면 사제로서 살아가면서 평생 후회해야 했을 것이다. 이 사건은 나에게 너무나 많은 것을 깨닫게 해주었다. '나는 무엇 때문에 사제가 되었는가?'라는 질문을 던졌다. 스스로에게 던진 이 질문은 내가 어디에 있건 아직도 계속되고 있다. 그리고 내가 하는 모든 일에 보람을 갖고 긍정적인 사고방식으로 살아가고자 노력하고 있다. 나는 하느님과 함께하는 삶을 살아갈 때 아무리 어려운 문제도 쉽게 해결할 수 있다는 확신을 지니게 되었고, 더욱 그런 모습으로 살아가고자 노력하고 있다.

나의 기도 시간

나에게 있어서 매일의 대화는 바로 기도 시간이다. 나는 잠들기 직전에 하루의 삶을 반성하고 그것을 그대로 노트에 적는다. 시간은 대개 10분 정도다. 기도의 형식은 하느님의 현존을 느끼고 있었는가를 살피는 양심 성찰의 형식이다. 첫 번째로, 이 시간을 주신 하느님께 감사를 드리고, 두 번째로, 이 시간 동안 하루의 삶을 잘 반성할 수 있도록 하느님의 도우심, 즉 은총을 청한다. 세 번째로는 하루 동안에 일어났던 사건들을 하나하나 순서대로 살펴보다가 하나 내지 두 개의 사건을 자세히 보면서 이 사건 속에서 내가 어떻게 행동했는가를 살펴보는 것이다. 항상 둘 중에 하나를 선택해야만 하는 것이 우리들의 모습이다.

예를 들면, 화가 날 수밖에 없는 사건이 발생했을 때, 나는 화를 내거나 아니면 다르게 처리할 수밖에 없는 것이다. 사건을 처리하는 모습 속에서 나는 하느님의 현존을 생각하고 있었는가를 조용히 반성하는 작업이다. 잘했다면 하느님께 감사드리고, 잘못했다면 용서를 빌고, 마지막으로 이 시간을 주신 하느님께 감사드리며 주님의 기도로 끝맺는 것이다. 그러고는 그것을 순서대로 노트에 기록하는 것이다. 이런 기도를 매일 하면, 나의 삶의 모습과 영혼의 사정을 정리할 수 있고, 나아가 하느님의 사랑을 알게 되고, 이것이 바로 나의 사랑의 원동력이 되는 것이다. 그러나 사정상 이러한 하느님과의 대화시간을 가질 수 없을 때, 나의 삶의 모습은 정리되지 않은 모습을 드러내게 되는 것이다. 해 봐야만 안다. 체험은 책을 읽어서 되는 것도 아니고, 또한 지식으로 되는 것도 아니며, 삶의 행동을 통해서만 이루어진다.

더 친밀하고
책임 있는 삶을 위하여

　　　　나는 사제이기에 신자들이 행복하고 아름다운 가정을 갖도록 하는 것이 직분이라고 생각했다. 그래서 많은 경우, 가르치는, 엄밀히 말하면 내가 가지고 있는 모든 것을 통하여 나를 드러내는 것이 나의 모습이었고, 잘못된 경우에는 나의 잘못이 아니라, 신자들의 무지였다고 생각을 하였다. 그러나 어느 정도 세월이 지나면서 가르치려고 하기보다는 하느님을 보여주는, 바로 저에게 주어진 사람들을 무조건적으로 사랑하기로 마음을 먹었다. 그리고 내가 신자들을 사랑하는 것보다 훨씬 더 신자들이 나를 사랑하고 있다는 것을 깨달은 순간, 나는 신자들의 그 사랑을 갚으려고 노력하며 살아가고 있다. 또한 나는 본당 사목협의회 회장님을 비롯한 사목협의회 분과위원장들이나 단체장들과 상의할 일이 있으면 늘 식사를 하면서 대화를 나누곤 한다. 이전에는 사제관에서 사무적으로 만나서 대화를 나누었지만, 이제는 함께 식사를 하면서 대화를 나누기로 결심하였고, 지금도 그렇게 실천하고 있다. 서로를 더 잘 알 수 있게 되었고 이전보다 훨씬 가까워짐을 느낄 수 있었다.

그리운 어머니

스물하나
열네 시간을 기다려서야
첫 자식의 울음소리를 들을 수 있었습니다.
당신은 하느님을 믿지 않았지만
당신도 모르게 기도를 올렸습니다.

스물셋
둘째아들을 기다리며
분만의 고통으로 밤을 지새우셨습니다.

스물다섯
셋째아들이 만삭이 되었을 때
둘째아들을 교통사고로 잃으셨건만
그 택시 운전사를 용서해 주셨습니다.
그해 가을 셋째아들이 태어났는데
죽은 둘째아들과 똑같이 생긴 것을 보시고는
하느님께 감사드렸습니다.

스물여덟

자식이 초등학교에 들어가 우등상을 탔습니다.

당신은 액자를 만들어

가장 잘 보이는 곳에 걸어두었습니다.

아직도 당신의 집에는

누렇게 바랜 액자가 걸려 있습니다.

그리고 막내 여자아이가 태어나자

당신은 너무나 기뻐하셨습니다.

서른여섯

주일 아침 모처럼 자식들과 성당으로 향했습니다.

신자들이 자식들 모두 부모를 골고루 닮았다며

인사를 건넸습니다.

당신은 괜히 기분이 좋았습니다.

마흔둘

자식이 대학 입학시험을 보러 갔습니다.

당신은 평소와 다름없이 기도했지만

온종일 묵주가 손에 잡히지 않았습니다.

마흔아홉

딸자식이 첫 월급을 타서 내복을 사 왔습니다.

당신은 쓸데없이 돈을 쓴다고 나무랐지만

밤이 늦도록 내복을 입어보고 또 입어보았습니다.

쉰둘
둘째아들이 사제서품을 받았습니다.
군대 생활을 포함해
10년간의 신학교 생활을 무사히 마치고
신부(神父)가 된 것에 기쁨의 눈물과 함께
하느님께 무한한 감사의 기도를 올렸습니다.
일주일 뒤 딸이 시집가는 날이었습니다.
딸은 도둑 같은 사위 얼굴을 쳐다보며
함박웃음을 피웠습니다.
당신은 나이 들고
처음으로 눈시울이 붉어졌습니다.

예순넷
당신은 평생을 한결같이 사랑하던
남편을 잃으셨습니다.
매일매일 함께 쓰시던 방에도
잘 들어가려 하지 않으셨습니다.

일흔둘
평생 음식을 만드시느라
맡았던 나쁜 냄새로 인해
당신은 폐암에 걸리셨습니다.
그래도 꿋꿋하게 생활하셨습니다.

일흔여섯
당신은 4년간의 투병 생활을 마감하고
'얘들아, 부디 행복하게 지내라.'
한 마디 남기시고
당신이 사랑하시는
하느님과 남편 곁으로 떠나셨습니다.

오직 하나
자식들 잘되기만을 바라며 살아오신 한평생
하지만 이제는 볼 수 없는 당신….
벌써 당신이 떠나신 지 2주기가 되었습니다.

사랑하는 어머니….
보고 싶습니다.

▲ 아기 때 나를 안고 계신 어머니
(전양숙 이사벨라)

마음으로 듣는다는 것의 어려움

언젠가 신자들의 피정을 지도한 적이 있었다. 토요일 저녁부터 주일까지 하는 1박 2일의 피정이었다. 토요일 저녁 강의 시간에 기도를 잘하도록 이끌어 주고, 기도를 잘하는 모습을 보았는데, 다음날 아침에 강의를 해도 도무지 먹혀들지 않는 모습이었다. 즉시 원인을 찾아낼 수 있었다. 밤늦도록 거의 모두가 술을 먹었던 것이었다. 강의를 하다 말고 야단을 쳤다. "피정을 온 거냐? 아니면 술을 먹기 위해 놀러 온 거냐? 다시는 술을 먹기 위해 피정을 오지 마십시오!"

내가 강론을 할 때에 신자들이 잘 알아듣고 열심히 들으려고 노력하는 모습을 볼 때에는 저절로 신이 나고, 강론 역시 힘차게 잘하려고 노력을 하지만, 그렇지 않을 때에는 강론을 하다 말고 중간쯤에서 결론을 맺어버리곤 하였다. 강론을 잘 들을 때에는 '이들이 정말 내 신자로구나!' 이들을 위해 열심히 강론을 준비하고 힘껏 일해야 하겠다는 생각과 함께 일치되었다는 기쁨의 느낌을 갖게 되지만, 그렇지 않을 때에는 혼자 강론대에서 원맨쇼를 하는 것 같은, 마치 무인도에서 홀로 갇혀 있으면서 외치는 듯한 답답함을 느끼곤 하였다. 마치 다른 세계에 살고 있는 것 같은 동떨어진 외로운 느낌도 주어지곤 한다. 이처럼 상대방에게 귀를 기울이는 것은 상대방에게 활력을 주고, 문제를 해결시켜주는 대화의 열쇠인 것이다.

사실 말이라는 것은 그 사람의 뜻을 100% 다 전달한다고 볼 수 없다. 더구나 부부나 가족의 관계에서는 백 마디 말보다 한 번의 웃음이나 따뜻하게 손을 잡아주거나 어깨를 감싸주는 것이 더 깊은 의미를 지닐 때가 있다. 이러한 행위는 애정이 없이는 나타날 수 없기 때문이다. 듣는 행위도 마찬가지다. 듣는 자세의 바탕에는 사랑이 깔려있어야 한다. 그러면 당연히 받아들일 수 있는 태도가 되고 그럴 땐 머리로 듣는 것이 아니라 마음으로 듣게 된다. 연애 시절엔 누구나 진심으로 열린 마음으로, 상대의 이야기를 듣는 것과 마찬가지다. 그러나 지금이라도 우리는 듣는 자세를 교정한다면 어느 정도는 마음으로 상대방의 말을 들을 수 있다. 그러기 위해서 우선 진심으로 듣겠다는 자세를 취해야 한다. 그리고 상대방의 입장에서 듣겠다는 자세다. 그래야 상대방은 신뢰하며 말을 걸어온다. 다음으로는 내가 잘 듣고 있다는 반응을 보여야 한다. 그것은 사람마다 다르겠지만, 말하는 사람과 듣는 사람이 호흡을 맞추는 일이다. 또한 그것은 서로가 느낌으로 알 수 있는 일이다. 이런 대화라면 충분히 마음으로 나누는 대화라고 할 수 있을 것이다.

부부의 영성

부부의 영성은 가장 좋은 부부가 되려고 노력하는 것을 말하는 것이다. 그리고 부부의 영성은 예수님의 삶을 본받아 친밀하고도 책임 있는 삶을 살아가기 위해 매일 충실한 대화를 나누는 데서 성장될 수 있는 것이다. 왜냐하면 부부의 영성에 신앙심이 깊은 행위들도 중요하지만 두 사람이 얼마나 열정적으로 사랑하는가에 달려 있기 때문이다. 부부는 그리스도의 사랑이 살아 있는 표지다. 그러기에 부부가 그 사랑에 충실할 때 그 모습은 우리와 다른 그리스도의 지체들에게 어떤 하나의 도전감을 불러일으켜 준다. 나도 그렇게 살아야겠다는 의욕을 불러일으켜 준다는 말이다. 이는 텔레비전에서 악을 추적해서 방영하면 악을 모방하게 되고, 착하고 아름다운 것을 방영하면 선행을 하고 싶은 욕구를 느끼는 것과 같은 이치다. 또한 열정적으로 사랑을 나누며 살아가고 서로를 위해 자신을 변화시켜 나가는 모습을 보게 되면 우리도, 우리와 관계를 맺고 있는 모든 사람과 더욱 친밀해져 더욱 풍요롭고 충만한 결실을 맺는 관계를 유지하고 싶은 충동을 느끼게 된다. 이렇게 좋은 부부의 모습은 남들에게 큰 영향을 미치게 되는 것이다. 그러기에 부부는 거룩하고 성사적인 것이라고 말하는 것이다. 성사적 부부의 삶을 사는 것은 모두에게도 기쁨을 주지만 다른 부부들도 자기들의 관계를 더 완전하게 살도록 초대하는 아름다운 행위가 되는 것이다. 주님께서는 왜 우리를 만나게 해주셨는가? 우연의 만남인가? 이 질문에 우리는 어떻게 답할 것인가? 이전에는 망설였다면 이제는 망설이지 않고 어느 정도는 답할 수 있을 것이다. 만남은 신비이다. 하느님의 계획이 그 안에 숨어 있다. 주님의 이 계획을 우리의 일상생활 속에서 찾아내는 작업이 바로 영성 생활일 것이다. 우연인 듯한 우리의 만남을 필연의 만남으로 만들어야 한다. 다시 태어나도 당신을 선택하겠다는 말은 드라마 속의 대사가 아니라 나의 진심이 되어야 한다. 어떻게? 하느님의 힘을 우리 사이에 모셔옴으로써 가능해진다. 그것이 무엇인가? 성사생활이고 기도생활이며 자선을 베푸는 생활이다. 그렇게 해야 한다. 그리하여 하느님의 힘이 우리 사이에 늘 함께 있게 해야 하겠다.

사제는 잘 들어야 한다

　　　　　일부 듣기 습관이나 방법들은 적극적으로 들으려는 데 장애가 되기도 한다. 일반적으로 우리 사제들은 듣기를 잘해야 한다. 특별히 면담이나 고백성사의 경우엔 더욱 그렇다. 그러나 잘 듣는다는 게 생각만큼 쉽지 않다. 사랑과 애정이 바탕에 깔리지 않으면 건성으로 듣기 쉽다. 머리로는 듣고 있지만 마음으로는 듣고 있지 않는 것이 된다. 어떤 경우에는 늘 바쁘다는 생각 때문에 상대방의 이야기를 도중에 차단하기도 한다. "대충 말씀해 보시지요." "그걸 왜 꼭 그런 식으로 생각합니까?" 하는 식으로 대화의 맥을 끊곤 한다. 끝까지 듣고 있기만 해도 되는 문제를 중간에 나서는 것이다. 인내심을 가지지 않으면 잘 듣는다는 것은 거의 불가능한 일이다. ME 첫 주말을 경험하기 전에 나는 '느낌을 듣는다는 것'은 참으로 바보스러운 노릇이라고 생각을 하고 있었다. 적어도 나는 이성적이고 합리적인 사람이기에 느낌은 일을 처리하는 데 방해가 되면 되었지, 도움을 주는 것은 아니라고 오히려 일을 분석하고 판단하여 처리하는 것이 더 좋은 방법이라고 생각했다. 다른 사람들의 말을 들을 때 나는 나름대로의 척도를 가지고 들었기에 잘못된 말이 나오면 즉시 공박하고 나의 주장을 관철시키려고 했다. 상대방이 말을 하고 있을 때 '그것보다 더 좋은 의견이 없을까?' 하고 궁리하고 있었고, 아니면 '참 시시하게 말을 하고 있다'고 생각하면서 미리 결론을 내리고 듣는 척하면서 다른 여러 가지 생각을 하고 있었다. 이런 것이 나의 습관이었다. ME 주말 동안 나는 듣는 자세가 나빴다는 것을 체험하게 되었다. 이것을 깨달은 것은 하나의 은총이었고, 그 후로 상대방의 느낌을 그대로 수용하려고 노력하였으며, 이를 통해 영성 생활, 기도에까지 도움을 받게 되었다. 기도 역시 내가 하느님께 무조건 청하는 것이 아니라, 하느님의 말씀을 듣는 것이기 때문이다.

사제는 Un prete

Contemporaneamente piccolo e grande,

Nobile di spirito, come di sangue reale,

Semplice di naturalita', come alberino del paesino,

Un eroe nella conquista di se'

Un uomo che si e' battuto con Dio

Una sorgente di santificazione,

Un peccatore che Dio ha perdonato,

Dei suoi desideri il sovrano,

Un servitore per i timidi e i deboli,

Che non s'abbassa davanti ai potenti,

Ma si curva davanti ai poveri,

Discepolo del suo Signore

Capo del suo gregge

Un mendicante dalle mani largamente aperte,

Un portatore d'innumerevoli doni,

Un uomo sul campo di battaglia,

Una madre per confortare i malati,

Con la saggezza dell'eta'

E la fiducia d'un bambino,

Teso verso l'alto, I piedi sulla terra,

Fatto per la gioia'

Esperto del soffrire,

Lontano da ogni invidia, Lugimirante,

Che parla con franchezza,

Un amico della pace,

Un nemico dell'inerzia,

Fedele per sempre

Cosi diffirente da me!

작으면서도 동시에 큰 사람,

그 정신은 왕가의 혈통을 이은 듯 고귀하고

단순함과 자연스러움은 시골의 작은 나무 같은 사람,

자신을 정복하는 데는 영웅이요, 하느님으로 무장한 사람,

성화의 샘,

하느님께 용서받은 죄인,

높은 곳에 갈망을 매어 달며,

겁먹은 이와 병약한 이의 종,

절대로 권력가들에게 숙이지 않으나, 가난한 이들에게는 허리를 굽히는, 주님의 제자,

양떼들의 우두머리인 탓에 크게 손 벌려 구걸하는 이,

그로써 무한한 선물의 전달자,

전쟁터에 서 있는 자,

병든 이를 돌볼 때에는 어머니,

지혜로 무르익었으나 아이의 신뢰심을 가진 이,

높은 곳을 향하되 두 발은 땅 위에 두는 자,
기쁨을 행하는 자,
고통으로 숙련된 자,
모든 시기심에서 멀리 있으며,
예지를 가진 자,
늘 솔직하게 말하며,
평화의 친구,
타성과는 원수,
언제나 신실하며
이렇게 나와는 다른 자!

– 16세기 어느 시골 신부의 자작시

누군가가 나에게 와서 "당신이 우리 교회(성당)에 오시기로 한 그 신부입니까?" 하고 묻는다면 나는 어떻게 대답할 것인가?

어머님의 편지

유신부에게

늦은 밤에 이렇게 필을 드니 눈물이 흐르는구나

이런 글을 써서 좋을 사람, 에미가 어디 있겠으며 받아서 읽는 아들의 마음이 어떠할지 이 미련한 에미가 모르는 바 아니지만 너무 가슴이 아파서 몇 자 적는다.

나는 이미 서품식 때부터 사람들이 이야기하는 소리를 듣고 감당하기 힘든 사제의 길에 들어서는 유신부를 걱정하고 있었지.

선망의 대상

하느님의 종

규격된 삶 안에서 살아야 하는,

아픔들을 어떻게 잘 지켜보고 격려할 것인가 하고 말이다.

그때부터 이미 집 떠난 유신부의 삶은 하느님의 백성인 우리 신자들의 아버지로

대리자로서의 공인의 삶인 것을

크게 생각하면서 또 한편 자랑스럽게 생각하면서

기도 가운데 하느님께 매달렸었다네.

의지가 강하고 말수가 적고 부드러움이 있고 너그러움이 있는

내 아들이 겪는 갈등과 고통이 무얼까 하고 곰곰이 생각해보니 그것은 이 에미의 탓인 것만 같고 부족한 기도생활이라는 것을 깨달았네.

나는 이제부터 이 순간부터 유신부를 위해 기도생활을 더 충실하게 하겠다고 약속하네. 늘 건강하시게. 내 아들.

사제서품을 앞둔 아들, 유종만(바오로) 부제에게 주는 아버지의 글

사랑하는 유 부제(副祭)! 오늘 아침 미사 드리고 나오다 보니 성당 게시판에 붙어 있던 사제서품(司祭序品) 공시표가 떼어졌더구나. 며칠 지나면 내 곁을 떠나 신부님이 되시겠지. 이 얼마나 자랑스럽고 기다리던 일이냐. 사랑하는 내 아들아! '내 아들…'. 아마도 마지막으로 불러보는 '내 아들'이라고 생각하니 기뻐해야만 할 이 아비의 마음 한구석엔 허전한 생각이 더 크다는 것이 솔직한 심정이다. 평생 십자가를 지고 골고타 험한 언덕길을 걸어가야 할 자식의 앞날이 대견스럽기도 하지만, '영광의 길을 걷는 빛나는 모습'이기에 앞서 측은하고 애처로운 마음이 드는 것은 자식 둔 평범한 인간이기 때문일 게다.

세월은 정말 빠르구나. 신학교 '보내자', '못 보낸다', '간다', '못 간다'라고 엄마와 아비가 그리고 너와 내가 왈가왈부하던 때가 엊그제 같은데 벌써 10년이란 세월이 흘렀구나. 이젠 다 지나간 이야기지만…. 그때 이 아비는 절대로 안 된다고 했지. 5대 독자인 아비의 입장에서 네 형마저 독자로 만들고 싶지 않은 평범한 아비의 단순한 감정에서였다는 걸 너도 잘 알고 있지 않니? 그러나 결국 아비는 승복하고 말았지. 하지만 아비는 굴복한 게 아니었어. 거기엔 그만한 동기가 있었다는 것을 고백하지 않을 수가 없구나. 너의 굳은 의지나 네 엄마의 신심이나 고집에 굴복한 게 아니라 결심하기까지에는 우여곡절이 있었지. 그때가 바로 네 형이 '전두환 군사독재 물러가라'고 외치다가 계엄법 위반으로 군법회의에 계류중일 때였지. 하느님의 섭리는 참으로 신기하고도 묘한 것이 아니겠니? 30년간의 군 생활을 청산하고 사회에 첫발을 디딘 그때, 아직 세속에 물들기 전에 네 형을 통하여 어떻게 사는 것이 올바른 삶인지를 깨닫게 해주셨으니 말이다. 다 지나간 일들이지…. 간직하고 싶지 않은 추억이지만…. 소위 당시 군사재판을 맡고 있던 옛 부하들에게 부탁하여 네 형과 그의 동료들을 특별면회 간 일이 있었지. 그런데 그들을 설득하러 갔던 내가 오히려 그들의 당당한 모습에서 정의와 진리에 눈을 뜨기 시작하였다. 올바른 인생관 그리고 참다운 가치관을 찾게 되면서 독선적이던 내 사고방식이 변하기 시작했으니 말이다. 그러나 사랑하는 유 부제! 부제도 잘 알다시피 너의 신학교 진학을 승낙한 것은 그 후에도 많은 시간이 흘러간 뒤였지. 2년 형을 선고받고 복역중이던 네 형을 면회 갔다온 바로 그날이었으니까 말이다. 그날 이 아비는 한없이 울었지…. 네 엄마도 울고. 슬퍼서가 아니라 나 자신이 부끄러워 울었지. 면회 간 아비에게 "시간도 많고 조용해서 집에 있을 때보다 오히려 공부하기 좋으니 걱정 말라", "나 때문에 어머니 건강 해칠지 모르니 어머니 위로 잘해 달라"고 하면서 "아버님, 종만(바오로)이 자기 희망대로 신학교 보내 주세요"라는 말을 덧붙이며 네 형은 자기 자신보다 오히려 밖의 가족들을 걱정했다. 그러한 네 형의 효심과 형제애를 보면서 참다운 가정과 사랑의 의미를 깨달았다. 또 당시 함께 있던 수감자들에게 매일 교리를 가르치고 있으니 성서공부도 되고 좋다면서, 고문당해 터진 발의 동상은 아랑곳하지 않고 양말을 풀어 실을 꼬아 만든 십자가와 구슬로 엮은 묵주를 목에 걸고는 자랑스럽게 꺼내 보이며 활짝 웃던 네 형의 늠름한 모습에서 참다운 그리스도인 생활이 어떤 것인지 깨달았단다. 어디 그뿐이냐? 감방 동료들이 자신은 굶주리면서도 동상에 좋다며 한 공기도 안 되는 밥에서 반이 넘는 콩을 골라 수건으로 감싸준, 구정물 흐르던 네 형의 동상 걸린 발을 보고 그들의 뜨거운 인간애에서 참다운 그리스도의 사랑을

▲ 형이 감옥에서 양말을 풀어 만든 십자가

느꼈단다. 그때 나는 부끄러워 얼굴을 들 수가 없었단다. 울고 싶은 심정이었으나 차마 자식 앞에서 눈물을 보일 수가 없어서 집에 와서 울었던 게다. 그때 비로소 내 마음이 열린 거란다.

 사랑하는 유 부제! 그로부터 어언 10년의 세월이 흘렀구나. 이젠 "네 형마저 독자로 만들면 안 된다"라는 그런 생각 잊어버린 지 오래다. 실제로 네 형이 출소해서 사제가 되겠다고 해서 너와 교구 성소 국장 신부님과 주교님을 만나 뵌 일까지 있지 않니? (성사는 안 되었지만) 이 아비는 오직 감사할 따름이야. 모든 어려움을 잘 참아내고 며칠 후면 사제가 되실 테니까 말이다. 그 이상 고마울 데가 없구나. 어디 그뿐이냐? 네 형도 네 형수와 단란한 가정을 이루고 어엿한 사회인으로서 약하고 소외된 사람들과 그리스도의 진리를 증거하며 꿋꿋하게 살아가며 시작활동(詩作活動)을 하고 있지. 또한 하나밖에 없는 귀염둥이 네 동생 안나도 곧 양갓집에 시집가게 되었으니 얼마나 기쁘고 자랑스러우냐? 주님께 그리고 모든 이에게 감사할 따름이다. 그러나 이 아비는 늘 마음 한구석에 도사리고 있는 죄책감을 지울 수가 없구나. 그것은 네 엄마와 너희들에 대한 책임과 의무를 충실히 못다한, 한 무능한 가장으로서의 자책감이지. 특수한 직업(군인)이라고는 하지만 가정을 너희들 어머니에게만 맡기고 생의 반 이상을 떠돌이 생활을 했으니 너희들 어머니 고생이 어떠했겠니? 너희들 용돈 한번 제대로 못 준 아비였기도 하지. 어디 그뿐이니? 생활비 보탠다고 하숙생 셋을 두고 어린 네 동생 둘러업고 고생하던 네 엄마의 모습, 너는 어려서 기억이 잘 안 날지도 모르겠구나. 그런 네 엄마에게 옷 한 벌 제대로 사주지 못한 가장…. 정말로 간직하고 싶지 않은 추억이란다. 참으로 못난 아비였지. 참으로 무능한 남편이었지. 그러나 내 사랑하는 아들, 딸아, 남이야 뭐라든 너희들만은 못난 아비라고 탓하지 않으리라 믿는다. 오히려 자랑스럽게 생각하리라 믿는다. 이 아비는 가난하다고 생각해본 적이 한 번도 없다. 출세 못 해서 불운하다고 한탄한 적도, 원망한 적도, 더더욱 명예를 못 얻었다고 슬퍼한 적 한 번도 없단다. 재물, 권력, 명예 따위가 무슨 소용이냐? 돈 — 먹고 살 수 있으면 됐지. 권력 — 과거 쥐꼬리만큼 행사해 봤지. 그러나 별것 아니야. 솔로몬 왕도 마지막에 "헛되고 헛되도다. 세상만사 헛되도다"(전도 12, 8)라고 하지 않았느냐? 명예 — 사제집안 이상 더 큰 명예가 어디 있느냐? 비록 아비는 못났지만, 자식들 밝게 그리고 건강하게 자라서 올바르게 자기 몫 다하며 성가정 이루고 잘사는 데 이 이상 바랄 것이 뭐 있겠느냐? 그래서 이 아비 요새 살맛 난다. 신난다. 어깨 펴고 다닌다. 교만해질까 봐, 목에 힘이 들어갈까 봐 겁이 나지만, 얼마나 많은 이웃이 너의 서품을 축하해주고 있느냐? 동창회, 동기회, 향우회, 특히 면민회에서는 유사 이래 첫 사제가 탄생했으니, 고향의 명예이며 자랑이라고 야단들이란다. 본당 교우들의 기뻐하는 모습 너도 느끼고 있겠지. 그러니 이 아비 5대, 6대 독자 따위 생각이나 하게 됐니? 그러나 사랑하는 내 아들! 축하받기에 앞서 너나 내가 명심할 일이 있다. '호사다마(好事多魔)'라는 말이 있지. 모든 사람의 눈과 귀는 두 개씩이라는 사실을 한시도 잊어서는 안 된다. 흠은 두 배, 스무 배로 커 보이며 궂은 일도 두 배, 스무 배, 아니 그 이상 불어나 멀리까지 들리게 마련이란다.

며칠 후면 함부로 불러볼 수 없는 '내 아들!' 모든 이의 정성과 기도가 헛되지 않도록 너와 내가 힘쓰자꾸나. 훌륭한 사제가 되어다오. 이것만이 이 아비와 어미의 간절한 소망이다. 부디 건강한 사제, 명랑한 사제가 되어다오. 부디 공부하는 사제, 기도하는 사제가 되어다오. 부디 회초리보다 사랑의 채찍을 든 목동이 되어다오. 부디 약하고 소외당하는 자와 함께하는, 행동하는 사제가 되어다오. 부디 정의와 진리의 횃불을 앞장서 높이 드는 사제, 그리고 무엇보다도 완성된 인간이 되어다오. 사랑하는 유 부제! 이제 이 아비, 어미 그리고 나머지 가족들은 기도드릴 일만 남았습니다. 얼마 남지 않은 기간 자식으로서 마지막 응석과 투정 마음껏 부리다가 떠나십시오. 쓰던 방은 그대로 보전하겠습니다. 여생 부제(신부님)의 체취나마 맡으며 살렵니다. 그것만은 영원한 '내 아들'의 냄새로 우리집에 남아 있을 것이기 때문입니다. 다시 만날 그때는 어엿한 신부님의 모습이겠군요. 내내 건강하길.

▲ 아버지와 함께

— 서품 전 마지막 피정을 떠나는 날 아침에 아버지로부터 —

새롭게 바라본 사제직

사제서품 10주년이 지나면서 나는 내 사제직을 새로운 눈으로 바라보게 되었다. 자신의 능력을 내세워 가르치려고 노력했던 모습이 아니라 이제는 진정으로 본당의 신자들을 있는 그대로 받아들이고 사랑하기로 결심하였다. 또한 이것이 하느님의 뜻에 합당하다는 것을 알게 되었고, 있는 그대로의 부족한 신자들을 사랑하는 것이 하느님의 사랑을 보여주는 도구가 될 수 있는 길임을 믿게 되었다. 그래서 나는 또다시 신자들을 위해 많은 것들을 계획하고 추진하려는 희망과 꿈을 갖게 되었다. 그것은 그리 쉬운 일이 아니었다. 그러나 변화된 것이 있었다. 그것은, 아무리 어려운 상황에 부딪힌다 하더라도 실망하지 않게 되었다는 것이다. 다시 말하면, 노력의 결과에 대해 곧 실망하고 포기하던 태도에서, 그 결과가 미진하다 하더라도 끝까지 사랑하려고 노력하는 태도로 바뀌었다는 것이다. 나는 끝까지 분투하려는 신자들의 모습을 보면서 "사제가 그만 못해서야 되겠는가?" 하는 결심을 다시 하게 되었다. 또한 그 순간 내가 너무 일찍 문을 닫아버렸다는 사실을 깨닫게 되었다. 그리고 다시 시작하려는 나의 결심을 신자들에게 보여주었을 때, 신자들 역시 생기와 의욕을 찾은 듯한 모습을 나에게 보여주었고, "활기찬 신부님의 모습을 보니 참 좋네요." 하는 이야기를 많이 듣게 되었다. 그러나 신자들과의 충실한 삶을, 즉 신자들을 있는 그대로의 모습으로 받아들이고 사랑하려고 노력을 했지만 그렇게 쉬운 것은 아니었다. 수없이 밀려드는 신자들, 그리고 해야만 하는 수없이 많은 일들이 저를 가만두지 않았다. 판공성사 때 주일이면 직장에 다니고 있는, 또는 주일 이외에는 시간이 없는 신자들을 위해 계속해서 고해성사를 주고 있었다. 하도 고해성사를 보는 사람이 많아서 신자들에게 당부를 하였다. "제발 평일에 고해성사를 볼 수 있는 분들은 평일 미사 전후에 고해성사를 보고, 주일 아니면 고해성사를 볼 수 없는 분들을 위해 양보를 해주십시오! 이렇게 하는 것도 "사랑입니다."라며 수도 없이 간청을 하였다. 그러나 조금도 양보가 없자, 고해성사를 주는데 먼저 신경질부터 났다. 답답하고 짜증스러운, 마치 앞뒤가 가로막힌 곳에 앉아 있는 느낌이었다. 모든 것은 다 허사로 돌아갔고, 옛날의 그 모습으로 돌아왔다. 이런 상황은 곧 저를 또다시 힘든 구렁텅이로 몰아넣을 뿐이었다. 하지만 다행히도 힘을 얻고 다시 시작할 수 있었던 이유는 다시 기도 생활을 시작할 수 있었기 때문이다. 기도 시간이 다시금 나를 정신 차리도록 이끌어주었다. 기도 속에서 대화를 다시 하게 되었고, 그 기도 속에서 하느님과 수많은 신자들을 만날 수 있었던 것이다. 결과적으로 기도를 드릴 수 없었을 때, 나는 공허함에 시달려야 했던 것이다. 그 기도의 힘으로 다시금 신자들과 함께 살게 되었다.

성사로서의 혼인

부부가 맺는 혼인도 하나의 계약입니다만 그것은 일반적인 거래 관계에서 볼 수 있는 그런 계약과는 다른 것이다. 그러한 계약은 서로 지켜야 할 의무 사항을 규정하고 그것을 지킴으로써 계약을 완성하게 되는 것이다. 예를 든다면 자동차를 하나 산다고 할 때 구매자와 판매자는 가격을 정하고, 그 가격을 일시불로 할 것인지, 몇 개월 할부로 할 것인지를 정한다. 그리고 구매자는 돈을 주고 차를 사고, 판매자는 그 자동차의 품질을 보증하게 된다. 그래서 판매자는 판매한 자동차에 대해 일정 기간 수리 등의 에프터서비스를 책임지게 된다. 그리고 그러한 내용들을 모두 계약서에 기록한다. 그러나 계약 기간이 끝나면 두 당사자는 이 계약에서 자유로워진다. 그리고 계약서에 명시한 내용 이외의 것에 대해서는 처음부터 두 당사자는 어떤 의무도 책임도 지지 않는다. 이런 계약은 사용자와 근로자 사이에서도 맺어진다. 그런데 이런 식의 계약에 익숙해 있는 부부는 혼인의 관계에 있어서도 비슷한 생각을 가질 수 있는 것이다. 그래서 혼인을 하면서도 둘이 해야 할 일들을 구분하고 서로 일정한 자유 시간을 보장받는다. 뿐만 아니라 어떤 사안들에 대해서는 서로 간섭을 하지 않기로 계약을 맺는다. 그리고 이 계약의 내용에만 충실하면 두 사람이 원만하게 살아갈 수 있다고 생각한다. 그러나 그들은 살아가면서 이러한 것들이 지켜지지 않을 때마다 계약 위반이라고 하여 서로 싸움을 한다. 혼인 전의 약속을 지키지 않는다고 싸움을 하는 것이다. 그러나 그리스도인들이 맺는 혼인은 그런 혼인과는 다른 것이다. 그리스도교의 혼인도 하나의 계약이긴 하되 그것은 '성사'로서 두 당사자뿐만 아니라 하느님과 맺는 계약인 것이다. 그리스도인은 그들의 역할을 구분하여 일일이 규정하지 않고 다만 하느님 앞에서 평생 서로 사랑하는 부부로서 충실히 살아갈 것을 서약하며 혼인을 한다. 그것은 하느님께서 인간과 맺으신 계약을 우리 눈으로 볼 수 있게 한 지상의 표지인 것이다.

《구약성서》에 보면 하느님께서는 당신의 백성들과 여러 차례 계약을 맺으신다. 노아와 맺으셨고 아브라함과도 계약을 맺으셨다. 그리고 이집트에서 구해 내오신 백성과 시나이산에서 계약을 맺으시고 당신의 백성으로 삼으셨다. 이러한 모든 계약은 예수 그리스도의 오심으로 더욱 새로워지고 완전하게 되었다. 그런데 이러한 모든 계약은 하느님께서 주도권을 쥐시고 먼저 나서시지만 인간 편에서 볼 때 형평성이나 정의와 관련하여 아무런 의문이 없다. 하느님께서 약속하시고 베푸시는 것은 언제나 우리가 하느님께 응답하여 드릴 수 있는 것을 늘 뛰어넘는다. 하느님의 약속은 조건이 없다. 그리고 하느님께서는 약속을 절대로 깨뜨리지 않으시고 언제나 그 약속에 충실하시다. 하느님의 사랑은 조건을 내세우지 않는다. 바로 이러한 사랑이 부부들 안에서 이루어져야 할 사랑인 것이다.

부부들에 대한 생각

우리는 전통적으로 부부관계를 말할 때, 부창부수(夫唱婦隨), 혹은 여필종부(女必從夫)라는 말을 자주 써왔다. 여자는 무조건 남자를 따라야 하고 자기 주장이나 의견이 있을 수 없다는 것이다. 뿐만 아니라 "암탉이 울면 집안이 망한다." 또는 '출가외인(出嫁外人)'이다. "처가와 뒷간은 멀수록 좋다"는 말도 있다. 그러다가 남편이 죽으면 미망인(未亡人)이 된다. 남편 따라 아직 죽지 못한 사람을 말하는 것이다. 이런 일방적인 논리가 정당화되는 곳에서 여자의 위치는 미미하기 짝이 없다. 단지 대(代)를 이어주기 위한 도구적인 존재에 불과한 것이다. 여자의 위치는 완전히 수동적인 것이어서 어떤 것도 주도적으로 해나갈 수 없다. 그러기에 서로의 부족을 채워주고 성숙에 도움을 주는 동반자로서의 자기 역할을 수행할 수 없는 것이다. 이런 집안에서 여자는 남자들의 식탁에 나올 수도 없다. 그저 상을 차리고 심부름을 하기 위해 있는 하녀와 같은 존재에 불과한 것이다. 그리고 남자들이 직장에 출근하면 부엌에 쪼그리고 앉아 식어버린 남은 밥을 먹곤 한다. 그래서 이런 가정을 방문하게 되면 왠지 모르게 싸늘한 분위기를 느끼곤 한다. 그런 가정에서는 함께 대화를 하건, 함께 식사를 하건 그것은 의례적인 것이 되고 말 것이다. 서로 존중하고, 부부 간에 각기 고유한 자기 역할이 있기는 하지만 할 수 있는 일이라면 남녀를 구분하지 않고 서로 도와주려는 모습을 보면 보기에 참 좋다는 생각을 하곤 한다. 영원한 동반자라고 하면서 친구도 되지 못하는 모습들을 보면 참으로 안타까운 마음에 사로잡히곤 한다. 내가 사제가 된 이후에 많은 사람으로부터 "신부님은 혼인하지 않아 행복하시겠어요. 신부님, 혼자 사는 것이 훨씬 더 좋습니다. 제가 다시 태어나거나 돌이킬 수만 있다면 저도 사제가 되겠습니다"라는 소리를 수도 없이 들어왔다. 그래서 싱긋이 웃으면 "신부님, 말도 마세요. 혼인 생활은 지옥입니다. 재미는 옛날 일이고 매일 바가지나 긁으니 이제는 원수처럼 보입니다"라고 부연해 준다. 그런데 나는 그런 소리를 들으면 사제가 무엇이고 누구인가라는 문제는 제쳐놓고라도 왠지 모르게 기분이 나쁘다. 그러곤 속으로 "사제 생활은 뭐 쉬운 줄 아나?"하고 속으로 비아냥거리곤 한다. 배우자를 아끼고 사랑하는 마음에서라도 이런 말을 해서는 절대로 안 될 것이다. 농담이라고는 하지만 거기에는 상당한 진실이 내포되어 있다. 삐걱거리고 있는 그들 관계의 무엇인가를 드러내 주고 있는 것이다. 그런 말보다는 "신부님, 저는 다시 태어나도 혼인할 겁니다. 혼인 생활에 비록 갈등도 많이 있지만, 재미도 있습니다. 신부님도 다시 태어나신다면 그때에는 반드시 혼인하세요!"라는 말이 나를 더 흐뭇하게 한다. 그리고 그런 말을 듣게 되면 왠지 가슴이 뭉클해진다.

성(性)에 대한 이해

기르시고 교육하시는 데 매우 가톨릭적이었고, 청교도적인 엄격하심을 간직하셨던 부모님 때문에 어려서부터 학교와 집 외에는 친구들과 어디를 다녀보지도 못했다. 지금도 그렇지만, 저는 위로는 네 살이나 차이 나는 형과 아래로는 여동생 사이에서 자라났기 때문에 남성적인 면도 많고 여성적인 면도 많다. 초등학교부터 축구 선수를 했던 나는 지금도 운동을 무척이나 좋아하고 몸소 즐기는 편이다. 반면에 여성적인 면으로서는 주방에 잘 들락거렸던 나였기에 요리도 어느 정도 할 수 있고 성격이 꼼꼼한 편이라서 정리정돈도 잘하고 무엇이든지 잘 모으는 편이다.

내가 성에 대해서 처음 접한 것은 초등학생 때, 텔레비전을 통해서였다. 텔레비전에서 외국 영화를 볼 때 가끔 나오던 키스 장면을 보고, 나는 '키스만 해도 아이를 낳는구나'라는 생각을 했다. 왜냐하면 키스장면 다음 화면에는 여자가 아이를 안고 있는 모습이 나왔기 때문이었다. 중학생 시절, 친구 하나가 집에 놀러오면서 가져온 그 당시 유행하던 200원짜리 포르노 만화책을 보고는 성(性)에 대한 호기심도 생겼지만 추하고 징그럽다는 생각을 더 많이 하게 되었다. 그 당시 교실 뒤에 앉는 조숙하고 노는 친구들은 쉬는 시간이면 콘돔을 불어서 풍선으로 만들기도 하였고, 예쁜 여자 선생님들이 치마를 입고 오면 바닥에 거울을 몰래 놓고는 치마 속을 들여다보려고 안간힘을 쓰던 일도 많았다. 중학생 이후로 거의 고등학교 2학년 때까지는 성당에서 살다시피 했다. 물론 공부도 열심히 했다. 신학교 입학 후, 여름방학이 되어 신학교 기숙사로부터 해방된 나는 본당에서 활동하고 있는 동갑내기인 한 여대생을 만나게 되었다. 저는 그녀를 보자마자 한눈에 반했다. 그러나 물론 아무 말도 하지 못했다. 그러고는 아쉬운 여름방학을 뒤로하고 나는 다시 나의 자리로 돌아가 있었다. 겨울방학이 무척이나 멀게 느껴졌다.

드디어 겨울방학! 나는 그녀가 성당에 있을 때를 맞춰 성당에 가서 그녀를 보는 것이 내 생활의 즐거움이요 기쁨이었다. 이제는 서로 약간씩의 말도 하며 지내게 되었다. 결정적으로 친해지게 된 것은 백양사의 암자인 청류암으로 여행을 가는데 내가 안내자로 따라나서게 된 것이었다. 눈은 무릎 위까지 쌓이고 그러한 상황에서 나는 그녀를 업어주기도 했다. 아마도 그것은 내 인생 최초의 육체적인 접촉이 아니었나 생각해본다. 아쉬움을 남긴 채 다시 신학교 기숙사로 돌아가게 되었을 때 나는 그녀에게 학보를 보내달라고 이야기했고 그것은 3월 초 현실로 나타났다. 너무너무 기뻤다. 처음 이렇게 편지로 시작된 우리의 만남은 외출하는 날이면 어김없이 동숭동 마로니에공원 앞에서 이루어졌다. 그녀로부터 받았던 편지 중에는 무려 2시간 반 동안에 걸쳐 쓴 여덟 장의 편지도 있었고, 늘 그녀의 편지 첫 마디는 "사랑하는 친구 그대여!"라는 말이었다. 나는 질 수 없다고 생각하고 아홉 장의 장문 편지를 보내기도 했다. 나는 그녀와 혼인하고 싶었다. 그래서 속으로는 '신학교를 그만두어야지.' 하는 생각까지 했다. 그러나 그녀는 기차가 다니는 철로처럼 평생 서로 마주 보며 각자의 길을 가자고 하고는 친구 관계 이상이 아님을 분명히 했다. 그 이후 우리의 관계는 멀어져갔고 드디어는 소식이 두절되었다. 그때는 정말 힘들었다. 학업도 지지부진해서 거의 자포자기할 정도였다. 100점 만점에 10점도 받아보고 교직과목도 중도에 포기를 해야만 했다. 거의 외출 날을 술로 달랬다. 그러나 어느 순간, 사랑이라는 것에 대한 저의 가치관이 바뀌었다. "사랑이라는 것은 소유욕이 아니다." 이런 생각을 가지게 된 후 나는 마음을 바로잡을 수 있었고 사제의 길에 매진할 수 있게 되었다. 그때의 사랑 체험은 아주 아름다운 기억으로 내 가슴속에 아련하게 남아 있다. 그녀와 만나서 행복했던 몇 개월 동안 우리는 손을 단 한 번 잡았다. 그것도 그녀가 슬며시 저의 손을 잡았던 것이다. 사랑은 순수해야 하고 깨끗해야 한다는 생각에, 그리고 그녀에게 손을 대면 산산이 부서져 버릴 것 같은 생각을 갖고 있었다. 물론 지금에 와서 사랑은 표현을 해야 한다는 생각은 갖고 있지만 사랑은 소유욕이 아니라는 것을 늘 마음에 담아두고 있다.

 이러한 나의 아픈 체험은 이성에 대해 많은 것을 깨닫게 해주었다. 즉 남자와 여자는 전적으로 다른 개체임을 이해함으로써 이성인 상대에게 말을 하고, 그의 말을 들어주고 그를 도와주는 새로운 방법을 터득하게 되었다. 그리고 남녀의 차이에 대한 이해는, 상대방과 부대끼는 과정 속에서 상대를 이해하려고 애쓰면서 겪게 되는 좌절감을 해소할 수 있도록 도와준다는 것, 그럼으로써 서로 간의 오해는 곧 풀리고, 그릇된 기대 또한 쉽게 고쳐질 수 있다는 생각이다. 이러한 생각과 신념이 지금 내가 사제로서 이성에 대한 폭넓은 이해와 배려를 갖고 살아가게 만들어 주는 원동력이 되었다.

SNS 사용자를 위한 '주님의 기도문'

하늘에 계신
여러분의 아버지!
글만 쪽쪽 빼먹고
댓글 없는 친구들은
아침마다 출근길에
똥밟게 하옵시고,
아이라인 그리다가
눈찌르게 하옵소서.(믿십니다~ㅋ)
사는 복권마다
늘 꽝~되게 하옵시고
차타고 갈 때 3분마다
오줌 마렵게 하시고
설거지 할 때마다
접시 깨게 하옵시고
만나는 신호마다
빨간불 켜지게 하소서.(믿십니다~ㅋ)
설사병으로 화장실

스무 번씩 다녀오게 하시고

댓글 안다는 손가락엔

멍들게 하소서.(믿십니다~ㅋ)

공짜로 읽는 눈엔

다래끼 나게 하시고

짧게라도 "좋아요"라도

눌러주는 친구는

항상 복터져서

대박나게 하여주옵소서.(믿십니다~ㅋ)

특히 눈팅만 하고

댓글 없이 나가는 사람에게는

한 번만이라도 좋으니

길 가다가 콧구멍이나 입에

파리 날아들게 하옵소서.

아멘.

동의난달 행사 오프닝 멘트

2014. 10. 26. 시청 지하.

　　인간이 가장 의존하는 감각 기관은 시각과 청각일 것입니다. 온종일 두 눈으로 세상을 보고 생활하고 들어야 합니다. 믿기지 않는다면 당장 눈을 감아보고 귀를 막아 보십시오. 그런데 전 세계적으로 낙후한 환경 탓에 앞을 보지 못하는 사람이 1억 명에 달하고 듣지 못하는 사람들이 1억 6천 명에 달합니다. 또한 우리나라 인구의 약 10% 정도, 즉 460만 정도가 장애인으로 집계되어 있습니다. 어렵지 않은 수술로 치료할 수 있으나 의료 혜택을 받지 못해 암흑 속에서 살고 있습니다. 그러나 눈으로 보는 우리들이 마음으로 보는 이들보다 더 많이 보며 살고 있는지? 눈을 떴다고 다 보는 것은 아니라고 생각한다는 시각 장애인의 말, 마음에 새겨둘 만하다고 생각합니다. 오늘날 인류는 철저하게 보지도, 듣지도 못하는 독방에 갇혀 있습니다. 그리고 이들이 생각해 낼 수 있는 것의 파괴적인 결과는 오늘 우리가 보고 있는 그대로입니다.

　꿈을 꾸는 자만이 세상을 바꿀 수 있습니다. 우리 사는 세상에서 장애인들은 여전히 이동할 권리, 교육받을 권리, 인간답게 살 권리를 누리지 못한 채 소외되고 격리된 채로 살아가고 있지만 그러나 모두에게 꿈을 꿀 자유는 있습니다. 문제의 중심에서 세상을 바꾸려는 사람, 따뜻한 마음으로 조금이라도 세상에 도움이 되고 싶은 사람, 그리고 살아가는 일에 파묻혀 자신의 문제만을 바라보는 사람, 그 모두가 가장 쉽게 접할 수 있는 매체는 바로 예술입니다. 휴식처럼 찾아든 예술 속에서 무심코 지나쳤던 군상을 만나는 일, 잠시 멈춰 서서 장애문제를 생각해보는 일, 그 일은 가장 손쉬우면서도 매력적인 마음공부의 한 방법입니다.

우리에게 《잠수복과 나비》라는 책으로 잘 알려진 장 도미니크 보비는 자신의 장애를 "난 그저 나쁜 번호를 뽑았을 뿐"이라는 말로 담담하게 표현한 적이 있습니다. 그러나 주인공이 어려움에 처했을 때 예언이나 지혜로운 말로 힘을 주는 시각장애인 그리고 많은 스릴러 영화에 단골로 등장하는 청각장애인의 모습을 보면 그들은 오히려 특별한 재능을 부여받은, 좋은 번호를 뽑은 사람들처럼 보입니다. 그러나 장애인들이 현실에서 직면하는 근본적인 문제 중의 하나는 사회적인 몰이해, 편견 및 선입관 그리고 차별입니다. 이러한 것을 극복하기 위해 장애인 복지법에서도 나와 있듯이 "누구든지 장애를 이유로 정치적, 경제적, 사회적 생활의 모든 영역에 있어 차별을 받지 아니한다"라고 규정하고 있습니다. 이러한 규정은 장애인에 대한 차별이 현실적으로 존재한다는 것을 인정하고 우리사회에 뿌리 깊게 남아 있는 장애인에 대한 편견과 차별에 대해 평등의식의 존중과 이것을 극복하기 위한 한없는 노력이 장애인복지 이념에 지극히 중요하다는 것을 보여주는 규정입니다. 서구 선진국에서도 장애인에 대한 편견이나 차별이 완전히 불식된 것은 아니나 우리나라와는 비교가 되지 않을 정도로 진전되어 있습니다. 우리나라의 장애인은 이중의 불행을 지고 있습니다. 하나는 장애를 가진 것이고, 다른 하나는 사회의 이해부족이나 편견과 차별을 상대하지 않으면 안 된다는 것입니다. 우리나라의 현대사회에 뿌리 깊이 박혀 있는 편견과 차별에 대하여 평등의식이 존중되지 않는 한 장애인복지의 발전은 없을 것입니다.

'우리는 모두 신 앞에서는 시각, 청각장애인'입니다. 현대인들은 두려워하고 있습니다. 외부의 도움의 필요성을 인정한다고 해서 나의 존엄성이 사라지는 것은 아닌데도 말입니다. 조금 더 더불어 살아가는 사회가 되었으면 좋겠습니다.

스티브 잡스의 병상에서의 마지막 메시지
- 올바른 삶을 사는 법 -

나는 사업에서 성공의 최정점에 도달했었다. 다른 사람들 눈에는 내 삶이 성공의 전형으로 보일 것이다. 그러나 나는 일을 떠나서 기쁨이라고는 거의 느끼지 못한다. 결과적으로, '부(富)'라는 것이 내게는 그저 익숙한 삶의 일부일 뿐이다. 지금 이 순간 병석에 누워 나의 지난 삶을 회상해 보면, 내가 그토록 자랑스럽게 여겼던 주위의 갈채와 막대한 부는 임박한 죽음 앞에서 그 빛을 잃었고 그 의미도 다 상실했다.

어두운 방안에서 생명보조장치에서 나오는 푸른 빛을 물끄러미 바라보며 낮게 응응거리는 그 기계소리를 듣고 있노라면, 죽음의 사자의 숨결이 점점 가까이 다가오는 것을 느낀다. 이제야 깨닫는 것은 평생 배곯지 않을 정도의 부만 축적되면 더 이상 돈버는 일과 상관없는 다른 일에 관심을 가져야 한다는 사실이다. 그건 돈 버는 일보다는 더 중요한 뭔가가 되어야 한다. 그건 인간관계가 될 수 있고, 예술일 수도 있으며, 어린 시절부터 가졌던 꿈일 수도 있다. 쉬지 않고 돈 버는 일에만 몰두하다 보면 결과적으로 비뚤어진 인간이 될 수밖에 없다. 바로 나같이 말이다. 부에 의해 조성된 환상과는 달리 하느님은 우리가 사랑을 느낄 수 있도록 감성이란 것을 모두의 마음속에 넣어주셨다. 평생에 내가 벌어들인 재산은 가져갈 도리가 없다. 내가 가져갈 수 있는 것이 있다면 오직 사랑으로 점철된 추억뿐이다. 그것이 진정한 부이며 그것은 우리를 따라오고, 동행하며, 우리가 나아갈 힘과 빛을 가져다줄 것이다. 사랑은 수천 마일 떨어져 있더라도 전할 수 있다. 삶에는 한계가 없다. 가고 싶은 곳이 있으면 가라. 오르고 싶은 높은 곳이 있으면 올라가 보라. 모든 것은 우리가 마음먹기에 달렸고, 우리의 결단 속에 있다. 어떤 것이 세상에서 가장 비싼 침대일까? 그건 '병상'이다. 우리는 운전사를 고용하여 우리 차를 운전하게 할 수도 있고, 직원을 고용하여 우릴 위해 돈을 벌게 할 수도 있지만, 고용을 하더라도 다른 사람에게 병을 대신 앓도록 시킬 수는 없다. 물질은 잃어버리더라도 되찾을 수 있지만 절대 되찾을 수 없는 게 하나 있으니 바로 '삶'이다. 누구라도 수술실에 들어갈 즈음이면 진작 읽지 못해 후회하는 책 한 권이 있는데, 이름하여 '건강한 삶의 지침서'이다. 현재 당신이 인생의 어느 시점에 이르렀든지 상관없이 때가 되면 누구나 인생이란 무대의 막이 내리는 날을 맞게 되어 있다. 가족을 위한 사랑과 부부간의 사랑 그리고 이웃을 향한 사랑을 귀히 여겨라. 자신을 잘 돌보고 이웃을 사랑하라.

자기 자신을
나타내는 방법

　　　　　자기 자신을 나타내는 방법을 살펴보면, 누구에게나 대화하기를 꺼리는 민감한 부분이 있게 마련이다. 그러나 서로 민감한 부분에 대한 대화를 피하는 것은 사람 사이에 벽을 만들어서 나 자신 고립감을 느끼고 상대방의 이해를 받지 못하고 있다는 생각을 갖게 된다. 그래서 어떠한 이유와 관계없이 이러한 나누기 어려운 부분에 대하여 대화하는 것이 중요하고 서로 느낌을 나누는 동안에는 민감한 부분의 내용보다는 그에 대한 느낌에 초점을 두고 대화를 계속하는 것이 얼마나 중요한지를 알아야 한다. 이러한 민감한 부분에서 서로 수용하려고 노력한다면, 인간관계가 더욱 깊어지고 친밀한 관계가 될 것이다. 우리 사제들에게 있어서 나누기가 꺼려지는 민감한 부분의 대화가 있다면, 그것은 동료 사제들의 개인 사생활에 대한 이야기다. 그리고 어떤 사람을 비방하기 위해 저를 찾아와 대화를 요청할 때다. 그래서 신자들이 그러한 대화를 걸어올 때 긍정도 부정도 할 수 없는 묘한 입장이 될 때가 많다. 그런데 저는 특별히 무엇이든 잘 들어주고 함께해 주려는 사람으로 비춰졌기 때문에 거절하기도 어려워, 할 수 없이 그러한 대화를 듣게 되는 경우가 많다. 그러나 대개 침묵과 웃음으로 그 순간을 넘기곤 한다. 그리고 이야기를 해주어야 하는데 어떻게 할지 모를 때가 많다. 왜냐하면 이런 경우, "어떤 이야기를 상대방에게 했다가 혹시나 상처를 주지 않을까?" 하는 두려움 때문이다. 그러다 보니 신자들과 벽이 생기게 되는 것을 깨닫게 되었다.

주님의 기도를 바칠 때
[우루과이의 한 작은 성당의 벽에 쓰여 있는 기도문]

"하늘에 계신" 하지 마라. 세상일에만 빠져 있으면서….

"우리" 하지 마라. 너 혼자만 생각하며 살아가면서….

"아버지" 하지 마라. 아들 딸로서 살지도 않으면서….

"아버지의 이름이 거룩히 빛나시며" 하지 마라. 자기 이름을 빛내기 위해서 안간힘을 쓰면서….

"아버지의 나라가 오시며" 하지 마라. 물질 만능의 나라를 원하면서….

"아버지의 뜻이 하늘에서와 같이 땅에서도 이루어지소서." 하지 마라. 제 뜻대로 되기를 기도하면서….

"오늘 저희에게 일용할 양식을 주시고" 하지 마라. 가난한 이들을 본체만체하면서….

"저희에게 잘못한 이를 저희가 용서하오니 저희 죄를 용서하시고" 하지 마라. 누구에겐가 아직도 앙심을 품고 있으면서….

"저희를 유혹에 빠지지 않게 하시고" 하지 마라. 죄 지을 기회를 찾아다니면서….

"악에서 구하소서." 하지 마라. 악을 보고도 아무런 양심의 소리를 듣지 않으면서….

진정한 대화란 무엇인가?

대화란 자기 자신을 서로 상대방에게 드러내 보이는 것이라고 말할 수 있을 것이다. 그런데 일반적으로 상대방이 자기 자신을 드러내는 이야기를 나눌 때 다른 한쪽이 보여주는 반응은 여러 가지로 나타날 수 있다. 그것을 크게 나누어 보면, 세 가지로 구분할 수 있다.

첫째는 '거부'인데, 거부란 "그건 바보 같은 느낌이야." 혹은 "당신은 그렇게 느낄 자격이 없어."라고 말하는 것처럼 철저하게 거절하는 것은 물론 "그렇게 느끼지 않았으면 좋겠어요." 혹은 "그렇게 느끼게 되었다니 안 됐군요." "제가 어떻게 해드리면 기분이 나아지겠어요?"라며, 다정한 듯하지만 교묘하게 피하는 것도 거부에 포함된다. 어떤 경우든 거부의 결과는 항상 같다. 즉 상처를 받게 되고 공허함과 고립감을 느끼게 된다.

두 번째는 '관용'이다. 원만한 대인관계 생활을 하고 있다고 생각하는 사람들의 대부분이 이 경우에 해당된다. 사람들은 서로 공감하기가 어려울 것 같아 각자의 느낌을 따로 갖게 된다. "제가 당신 입장이라면 저라도 그렇게 느꼈을 거예요"라고 말하며, 듣기는 하지만 그 자신은 그 느낌 안으로 들어가 공감하려 하지 않는다. 대부분이 이러한 방법으로 대화한다. 이 경우는 조화를 이루고 잘 지내고 있는 것 같지만 우리가 원하고 필요로 하는 정서적 욕구를 충분히 충족시켜 주지 못한다. 관용은 좋은 것이기는 하나 충분하지는 않다. 이 경우는 느낌을 머리로는 이해하나 완전히 수용하지는 못하는 것이다.

세 번째는 '수용'인데, 수용은 대화의 최종 목표다. 상대방의 느낌을 실제 나 자신의 체험으로 이해하고 인식하려는 것이다. 현재 상대방의 진정한 모습을 알아낸 그대로 나 자신 안에서 받아들이는 것이다. 내가 좋아하는 사람의 느낌을 진정으로 알고, 함께 느끼고, 내 안에서 공감하려고 노력하는 것이다. 즉 "당신의 느낌을 좀더 자세히 말씀해 주세요. 그래서 당신이 체험하는 것을 나도 체험하고 당신의 입장이 어떤지 알 수 있게 말이에요"라고 이야기하는 것이다. 상대방을 수용하면 친밀감과 소속감이 깊어지고 상대방이 특별하고 중요하게 여겨지는 효과가 있다. 우리는 느낌이 수용될 때에만 마음을 열고 나누기 어려운 부분에 대해 느낌을 나눌 수 있다.

치유의 힘

　　　　우리가 더 친밀하게 살아가려고 노력하면 노력할수록 더 예민하게 상처 받을 수 있다. 서로에 대한 기대가 그만큼 더 크기 때문이다. 그러나 실망하거나 중단 하지 말아야 한다. 우리에게는 엄청난 힘이 있다. 그 힘은 우리 삶의 중심에 형제적 사 랑을 통해 당신의 사랑이 드러나시기를 바라시는 하느님이 계시고, 바로 그 하느님에 게서부터 오는 것이다. 따라서 우리는 우리의 삶 속에서 하느님의 현존을 느낌으로써 어떠한 상처도 치유할 수 있는 힘을 발견하는 것이다. 이 치유의 힘은 하느님의 선물, 너무도 큰 하느님의 은총이다. 그리고 이 치유의 은총(선물)이 우리에게 어떠한 것도 용 서하고 치유할 수 있는 힘을 줄 것이며 서로 간의 사랑을 지속하게 할 것이다.

　은총은 하느님의 도우심이다. 그리고 이 은총은 모든 성사 속에서 드러난다. 다시 말 하면 모든 성사에는 고유한 은총이 있는 것이다. 그렇다면 성사의 은총은 무엇인가? 말할 것도 없이 서로 사랑하며 살도록 도와주는 것이다. 그러나 그렇게 살 수 없는 경 우도 많다. 상처를 주고 상처를 받기 때문이다. 이러한 상황에 처했을 때 우리가 다시 시작하도록 서로 간의 상처를 치유해 주는 '치유의 은총' 역시도 모든 성사 속에 포함된 중요한 은총이다. 많은 경우 서로 간의 상처는 그 상처를 준 상대방을 통해서 치유된 다. 하느님께서도 은총을 주실 때 상대방을 통해서 주시는 것이다. 옛말에도 있다. 사 람은 서로에게 명의(名醫)라고 했다. 사랑하는 사람만이 사랑하는 사람을 온전히 치유 할 수 있다는 말이다. 인간 관계 속에는 엄청난 힘이 있다. "나의 참모습은 나를 사랑하 고 있는 사람 안에 비쳐진 모습이다"라는 말이 있다. 상대방을 바보로 생각하면 상대방은 점점 바보가 되지만, 그와 반대의 경우에는 점점 더 멋있는 사람이 된다. 이것이 바로 상처를 치유할 수 있는 엄청난 힘이다. 치유는 사랑의 힘이다.

그러나 인간관계에 있어 용서와 치유는 일회적인 것이 아니다. 매번 용서해야 하며 그 용서는 잊어버리는 것이 되어야 한다. 이 치유의 선물은 일상생활에서 인간관계에 상처를 줄 수 있는 조그만 일에도 항상 활용해야 하는 것이다. 우리 인간은 작은 일에도 상처를 받을 수 있다. 예컨대 생각 없이 목청을 높였다든지, 귀가 시간이 늦는데도 불구하고 전화 한 통 하지 않았다든지, 대수롭지 않은 일이라고 혼자 결정해 버리고 말았다든지 할 때 상대방은 상처를 받을 수 있는 것이다. 이런 때도 적극적으로 치유의 선물을 활용해야 한다. 기꺼이 용서를 청해야 한다. 여기에 '누가 먼저'라는 순서는 의미가 없다. 내가 용서를 청하고 싶은 만큼 상대방도 용서를 청하려 한다는 것을 믿어야 한다. 용서와 치유는 인간관계의 친밀성을 회복시켜줄 뿐만 아니라 그리스도의 다른 지체들에게도 치유의 효과와 생명을 준다. 용서와 치유는 그리스도의 사랑이 지니고 있는 치유 능력의 본보기다.

우리는 일상생활 속에서 서로 치유의 선물을 주고받을 수 있어야 한다. 왜냐하면 우리는 큰 것이건 작은 것이건 자주 상대방에게 상처를 입힐 수밖에 없는 나약한 존재들이기 때문이다. 자주 일어나는 상처를 그대로 두어서는 안 된다. 왜냐하면 작은 상처가 쌓이면 큰 상처를 만들기 때문이다. 그래서 우리는 상처가 크든 작든 간에 관계없이 치유의 선물을 애용해야 하는 것이다. 이 치유의 선물은 인간관계에 생명을 줄 뿐만 아니라 나아가 우리 교회에, 더 나아가 온 세상에 생명을 주는 것이다.

평범하지 않은
생활방식인 혼인

혼인 생활은 결코 평범한 생활이 아니다. 더구나 오늘날의 사회는 남편이 아내에게, 아내가 남편에게 최선을 다하도록 그냥 놔두지 않는다. 그만큼 바쁘고 다양해진 현실이다. 이런 세상에서 하느님의 사랑을 드러내고 서로에게 친밀해진다는 것은 참으로 어려운 일이 아닐 수 없다. 그러나 배우자에게 친밀하고 최선을 다한다는 것을 장소적, 시간적 개념으로만 파악해선 안 될 일이다. 중요한 것은 마음이고 애정이며 정성이기 때문이다. 또 우리가 그렇게 살려고 노력할 때 하느님께서는 우리를 도와주시고 필요한 은총을 주신다. 왜냐하면 하느님께서는 이 세상에서 당신의 사랑을 드러내도록 부부들이 최선을 다하고 친밀하게 살기를 원하시기 때문이다. 혼인 생활은 결코 평범하지 않은 생활방식이다. 혼인 생활은 친밀하게 될 수 있는 특별한 기회를 주고, 하느님 사랑을 그대로 비춰주기 때문이다.

나는 어느 본당에 부임하든지 첫 인사말에 그 본당을 1등 본당으로 만들겠다고 공언을 한다. 그래서 처음에는 많은 계획도 세우고 정열적으로 일을 한다. 그러나 조금 기간이 지나고 비교적 흡족한 결과가 오면 더 열심히 일을 하려고 한다. 반면에 결과가 신통치 않으면 실망하고 떠날 날만 생각하곤 한다. 그리고 그 잘못에 대해 내 탓은 전혀 생각하지 않고 모든 탓을 신자들에게 돌린다. '본당이 제대로 돌아가지 않는 것은 신자들의 비협조적인 태도 때문이다. 무엇을 하려고 해도 신자들이 너무 참여를 안 하니 할 수가 있어야지!' 또는 '신자들이 너무 몰라서 본당 주임 신부의 의도를 전혀 알아듣지 못하니 뭐 일을 할 수 있나!' 하고 불평만 늘어놓곤 한다. 그런데 이런 부정적인 사제의 모습을 하느님께서 보신다면 어떠하시겠는가? 사실 사제는 신자들과 책임 있고 친밀한 관계를 유지함으로써 하느님의 사랑을 드러내도록 부름을 받은 존재다. 그럼에도 불구하고 신자들과 친밀하고 책임 있는 관계를 유지하지 못한다면 결국 하느님과도 멀어질 수밖에 없는 것이다. 부부들이 배우자와의 사랑을 의식할 때 하느님의 사랑을 더 의식하게 되듯이, 사제도 신자들과 사랑의 관계를 더 깊게 맺을 때 하느님과 맺고 있는 관계도 더 탄탄해진다는 것을 느끼게 되는 것이다.

홍제동 성당 사목 협의회장
송별사

오늘도 저희 홍제동성당 신자들이 성전에 모여 하느님께 거룩한 미사를 드릴 수 있도록 은총 베풀어 주신 주님께 찬미와 감사를 드립니다. 저는 오늘 이 교중미사를 끝으로 홍제동성당을 떠나가시는 유종만 바오로 신부님께 본당 신자분들을 대신하여 작별 인사를 드리고자 합니다.

유종만 바오로 신부님께서는 2014년 9월 저희 홍제동성당에 제18대 주임신부로 부임하시어 5년 동안, 주님께서 당신에게 맡기신 양들을 이끌고 돌보시다가 이제 독산동 성당으로 떠나가십니다.

신부님께서는 처음 오셨을 때 말씀하시기를 "나는 불을 지르러 왔습니다. 홍제동의 방화범이 되겠습니다." 하고 말씀하셨습니다.
처음에 저희는 그 말씀을 이해하지 못했습니다.

뜨겁지도 차지도 않은 미적지근해 보이는 저희의 모습들이 보시기에 안타까우셨나 봅니다. 신부님께서는 미사를 드릴 때 오늘 이 미사가 생에 마지막 미사라 여기며 정성을 다하라 가르치셨습니다. 저희는 신부님의 이끄심에 잘 따랐습니다. 이제는 신부님 보시기에도 신자들의 얼굴이 예전보다 더 많이 밝고 환해져서 보기 좋다 하십니다. 그렇습니다. 신부님, 저 스스로도 신부님 계시는 동안 영적으로 더 성숙해졌다 여기며…

행복했습니다!

오셔서 처음 구역별 54일 기도와 구역 미사를 시작으로, 전 신자 여름 캠프, 체육대회, 바자회, 성지순례 등 많은 행사들을 하여 신자들이 재미있고 즐거운 신앙생활을 하도록 배려하신 열매인 것 같습니다.

신부님 감사합니다.!

신부님께서는 또 신자들이 좀더 나은 환경에서 신앙생활을 할 수 있도록 애쓰셨습니다. 일부 오해와 우여곡절은 있었지만, 오로지 신자들을 사랑하시는 신부님의 한결같은 마음이 있으셨기에… 보기에도 아름답고 쾌적한 환경으로 바뀐 성전에서 주님을 찬미하며 노래 부릅니다. 특히 연로하신 신자분들이 많아 거동이 불편하신 분들을 생각하시어 승강기 설치를 하신 것은 오래도록 감사한 마음으로 기억될 것입니다.

신부님, 이제 가시면 신부님의 환한 미소와 즐겨 잘하시는 노래와 또 미사 때에 어쩌다 하시는 책망의 말씀도 좋은 추억으로 간직하겠습니다. 신부님께서도 궂은일 마음 상하셨던 일은 모두 잊으시고, 저희와 더불어 행복했던 순간들을 오래 기억해 주십시오. 부디 새로운 임지에서 영육 간에 건강하시고 주님의 은총 안에서 행복하시길 저희 모두 기도하겠습니다.

신부님 그동안 감사했습니다.
신부님 사랑합니다.
안녕히 가십시오.!

2019년 8월 25일 홍제동 성당 총회장 신광호 토마스 올림

신자들과의 친밀감

나는 사제로서 어떤 대가를 치르더라도 멋있는 사제가 되기를 원했으며, 다른 어떤 사람들보다 올바르고, 좋은 일만을 행하고 싶었다. 그리고 이렇게 사는 것이 하느님의 뜻이라고 생각했고, 옳은 방법이라고 믿었다. 그래서 본당 주임 신부로서 가장 멋진 본당 주임 신부이기를 원했기에 신자들과 물불을 가리지 않고 술도 먹었으며, 강론을 잘한다는 소리를 듣기 위해 철저하게 준비하였고, 나름대로 열심히 성전 건립 기금을 모으려고 뛰어다니면서 수많은 우여곡절 끝에 드디어 2001년 4월 고(故) 정진석(니콜라오) 추기경님을 모시고 성전봉헌식을 거행했다. 그리고 나는 늘 자랑을 하고 다녔다. "우리 성당보다 더 예쁜 성당이 있으면 나와 보라고 해!" 어떻게 보면 신자들에게 늘 최선을 다하는 모습으로 비춰질 수도 있겠지만, 그런 과정 속에서 나타내려고 했던 것은 나의 능력이었고, 자랑거리를 만들고 싶어 한 것이었다. 속으로 항상 '내가 있는데! 이 본당이 최고의 본당이어야 한다'라는 생각과 자부심을 가지고 있었던 것이다. 그러나 성당을 지으면서 4억이라는 빚을 졌다. 이 빚을 생각할 때면 늘 신자들이 미워졌다. '빚을 지지 않고도 충분히 성당을 지을 수 있었는데…' 하는 생각을 많이 했고 신자들에 대한 원망도 많이 했다. 그러다 보니 나의 마음은 편하지 않았고, 모든 탓을 본당 신자들이 못났기 때문이라고 전가해 버렸다. 그러나 본당 신자들의 탓으로 전가해 버림으로써 나의 마음이 홀가분해진 것이 아니라 오히려 씁쓸함만을, 마치 화장실에 갔다가 전부를 배설해 버리지 못하고 무언가가 남은 것 같은 그런 개운치 않은 느낌이 남게 되었던 것이다. 나아가 '내 능력이 이 정도밖에는 안 되나?' 하는 좌절감, 무미건조함, 암울함이 내 마음을 사로잡고 있었다.

그러던 어느 날, 기도 중에 내가 신자들에게 고백성사를 해야겠다는 생각이 들었다. 그래서 즉시 돌아오는 주일 교중미사에서 나는 신자들에게 이렇게 고백성사를 했다. "그동안 성전 건립기금을 아예 내지 않은 분들과 38평, 49평, 60평짜리 아파트에 살면서도 성전 건립기금을 고작 40만원밖에 안 낸 분들과 교무금도 조금 내고 아예 내지도 않고 있는 분들을 미워했는데 그분들에게 용서를 빕니다." 그러자 내 마음이 너무나 가벼워졌다. 신자들도 마음이 굉장히 가벼워졌으리라는 생각을 했다. 그리고 담배 한 보루를 정성스럽게 포장해서 몰래 주시던 할머니, 소주 한 병을 봉지에 담아서 아무 말 없이 건네주시던 할머니의 손길들과 사제관 앞에 맛있는 음식을 몰래 놓고 가시는 자매님들, 보이지 않는 곳에서 매일 저를 위해 기도해 주시는 신자들을 떠올려 보았다. 또한 각 구역에서 열심히 성전 건립기금 마련을 위해 참기름, 계란, 젓갈, 꽃 등을 팔러 다니는 신자들의 모습을 볼 때면 늘 미안한 마음과 더불어 감사하는 마음을 가졌다. 그제야 나는 내가 신자들을 사랑하는 것보다 훨씬 더 많이 신자들이 저를 사랑한다는 것을 깨달았다. 그래서 나는 어느 본당에서건 함께 사는 신부님들과 수녀님들과 매년 1월 1일에 본당 신자들에게 큰절로 세배를 올리고 세계 평화의 날을 맞아 노래도 들려드리고 있다. 나는 다시 기쁨을 찾았고, 평화를 얻었고, 참 배우자를 얻게 된 것이다.

신자들에 대한
사제의 사랑

지금은 의정부교구 소속이 되었지만, 내가 신설 본당인 고양시 행신1동 성당의 주임 신부로 있었을 때의 일이다. 성전 건립기금을 모금하느라 매주일 2차 헌금에 각 단체장들과 구역장, 반장들은 젓갈이나 계란 등을 팔아 그 수익금으로 성전 건립기금을 내어놓는 상황에서 나는 3년 동안 비닐하우스를 성전으로 사용하면서도 신자들이 필요한 행사는 꼭 치렀다. 그러나 금전적으로 내가 아무런 도움이 되질 못 하는 것 같아 신자들에게 너무 미안하다는 생각을 하게 되었다. 그러다 문득 그러면 몸으로라도 때워야겠다는 생각을 했고 나의 유일한 손재주인 묵주를 만들어 팔아야겠다는 결심을 하게 되어서 400여 개나 되는 묵주를 손수 만들어 개당 20,000원씩 받고는 성전 건립기금으로 입금을 시켰다. 또한 키우고 있는 개가 새끼를 낳으면 강아지를 팔아서 성전 건립기금으로 입금을 시켰다. 그런 사실이 소문으로 퍼지자 평화신문에서 인터뷰를 나왔고 사진과 함께 신문에 실렸는데, 마침 그 신문 기사를 읽은 — 지금은 고인이 되셨지만 — 어느 독지가 젬마 할머니께서 우리 성당을 위해 1억을 내놓으셨던 것이다. 참으로 기적 같은 일이 아닐 수 없었다. 아직도 나는 돌아가신 그 할머니를 하느님께서 우리 신자들에게 보내주신 천사라고 믿고 있다.

어느 본당 신부님의 푸념

신부란 이래저래 욕을 먹어가며 살아야 하는가 보다. 강론을 길게 하면 성인군자 같다고 하여 야단이고 짧게 하면 준비하지 않았다고 야단이다.

목소리를 높이면 강론 시간에 야단친다고 불평이고 은근한 목소리로 하면 못 알아듣겠다고 불평이다. 화를 내고 야단을 치면 무슨 신부가 저따위냐 쑥덕거리고 화를 내지 않으면 얕보고 그의 말을 듣지도 않는다.

늘 집에 있으면 가정방문 하지 않는다고 비난하고 가정방문 하느라 사제관을 비우면 집에 붙어 있지 않는다고 비난한다. 희사금을 내라 하면 신부가 돈만 밝힌다고 야단이고 그래서 아무 소리도 하지 않으면 도대체 일을 하지 않는다고 야단이다.

고해성사 때 친절하게 지도하면 너무 길게 훈계한다고 짜증 내고 간단하게 짧게 하면 성사 주길 싫어하는 신부라고 못박는다. 차를 굴리면 세속적인 인물이 되어간다고 비난하고 그렇지 않으면 융통성 없는 신부라고 비난한다. 성당이나 사제관을 수리하기 시작하면 돈 낭비한다고 야단이고 그냥두면 망가져 가는 성당을 그냥 내버려둔다고 야단이다. 신부가 젊으면 경험이 없다고 하여 훈계하려 들고 늙었으면 어서 빨리 은퇴하라고 야단이다. 어느 여성 신자와 이야기하고 웃으면 그 여자만 좋아한다고 야단이고 무뚝뚝하게 그냥 이야기하면 재미없는 신부라고 평한다. 그가 살아 있는 동안에는 모두가 아는 척하고 인사하지만 죽으면 아무도 그를 위해 울어 주지 않는다. 이것이 사제의 외로운 인생인가 보다.

두 분의 수녀님들을
떠나보내며

2022. 1. 23. 독산동 성당.

　　　　　정 베로니카 수녀님, 전 글로리아 수녀님! 그동안 미흡하고 부족했던 우리의 모든 것들을 따뜻하고 포근한 마음으로 용서해 주시기를 청해 올립니다. 수녀님들께 영육 간에 건강 주시옵고 하느님께서 항상 수녀님들과 함께해 주시기를 기도하겠습니다. 수녀님 사랑합니다. 부디 안녕히 가십시오. 송별사는 가수 이적이 부른 〈걱정말아요. 그대〉라는 노래 가사로 대신하도록 하겠습니다.

걱정말아요 그대 / 이적

그대여. 아무 걱정하지 말아요.
우리 함께 노래합시다.
그대 아픈 기억들 모두 그대여
그대 가슴에 깊이 묻어버리고
지나간 것은 지나간 대로
그런 의미가 있죠.
떠난 이에게 노래하세요.

후회 없이 사랑했노라 말해요.
그대는 너무 힘든 일이 많았죠.
새로움을 잃어버렸죠.
그대 슬픈 얘기들 모두 그대여
그대 탓으로 훌훌 털어 버리고
지나간 것은 지나간 대로
그런 의미가 있죠.
우리 다 함께 노래합시다.
후회 없이 꿈을 꾸었다 말해요.
지나간 것은 지나간 대로
그런 의미가 있죠.
우리 다 함께 노래합시다.
후회 없이 꿈을 꾸었다 말해요.
지나간 것은 지나간 대로
그런 의미가 있죠.
우리 다 함께 노래합시다.
후회 없이 꿈을 꾸었다 말해요.
새로운 꿈을 꾸겠다 말해요.

등촌1동 본당을 떠나며

2014. 08. 31. 등촌1동 성당.

　　　　　신자들은 성직자와 수도자들이 완전하기를 바랍니다. 성격도 좋고 고고하기를 바랍니다. 또 청빈하고 잘 나누기를 바랍니다. 아프지도 말고 누구하고나 잘 어울리기를 바랍니다. 그런데 막상 잘 어울리면 어울린다고 말이 많고 또 어울리지 못하면 어울리지 못한다고 흉을 봅니다. 게다가 요즘은 신부의 외모도 한몫을 합니다. 너나없이 잘생긴 신부를 바랍니다. 참 바라는 것도 많고 요구도 많습니다.

　신자들은 신심도 깊고, 기도도 잘하고, 강론도 잘하며, 웃기기도 잘하는 사제를 기대합니다만 이러한 요구 그대로 완벽한 사제는 이 세상에 없습니다. 하느님 말고 누가 완벽할 수 있겠습니까? 성직자도 똑같은 사람에서 출발합니다. 하느님의 은총과 신자들의 기도를 통해서 점점 하느님의 사람으로 변화되어 가는 것입니다.

　성직자들은 하느님의 은총과 신자들의 기도에 힘입어 살아갑니다. 신자들의 믿음과 존경이 없다면 힘을 잃을 수밖에 없는 것입니다. 신자들은 하느님과 신자들을 위해 모든 것을 바치며 살아가는 성직자를 믿고 공경하며 기도와 재정 후원을 통해 도움을 줘야 합니다. 성직자들이 헌신적 삶을 살고 신자들이 이들을 믿고 따를 때 복음적인 공동체가 만들어지는 것이고, 이러한 모습을 통해 비신자들은 하느님의 현존을 체험하게 될 것입니다. 하느님과 신자들을 위해 일생 헌신하는 성직자들이 세상에 물들지 않고 하느님의 사람으로 살아갈 수 있도록 기도하고 후원해 주시기를 바랍니다.

　'출가(出家)'라는 제목의 시를 읽어 드리면서 송별사를 마칠까 합니다.

출가(出家)

그대
집 떠남을 두려워 마오.
구름, 불기둥만 곧장 따라가오.
가다가 사막의 갈증, 허기로
가난한 그대 가슴에 상처 나거든
높이 달린 구리 뱀을 쳐다보오.

갈릴리 호수라고 잔잔하지만은 않은 것
갈멜산 오름은
산책길이 아닌 것
넘어지고 깨어지면서도
임의 옷자락 놓치지 마오.

그대 나섬은 출가요.
새로 남, 끊음, 아픔, 십자가의 길이라오.
그래서 선택인 것
그래서 기쁨인 것
그래서 자유의 길인 것

그대 가는 곳 하늘마음
다시 생각해보아도
참 잘 나섰소.

박진희 젬마 자매님의 송별사

† 찬미 예수님!

신부님!

정말 떠나십니까? 참으로 제 마음이 허전합니다. 뵙고 싶을 때 신부님께서 들려주신 많은 글 가운데에서 한 구절씩 기억을 떠올려 읊어보렵니다.

안녕히 가십시오. 그리고 평화를 빕니다.

몇 년 전 어느 날 미사에 참례하려 성당 문을 들어서려고 하는데 시장의 어느 상인 부인이 저에게 다가와 "성당은 어디로 이사 가고 닭 공장이 된 것입니까?"

그런 것이 아니고 신자도 아닌 그 부인에게 열심히도 종탑 위의 닭에 대한 설명을 해주었던 기억이 떠오릅니다. 어쩐지 그때 매우 기쁜 마음이 솟구쳐올랐습니다.

우리 성당을 꽉 채워주신 변화의 작품들 안에서 항상 감사드리겠습니다. 그리고 성체 조배실을 차려주심에 고마웠습니다. 주님을 만나 뵐 수 있을 때 달려가서 맘껏 주님을 부르게 해주셨으며 가까이 계실 때 항상 주님을 찾게 해주셨으므로 주님의 충만한 사랑 안에서 항상 행복했습니다. 그리고 이웃이 제 몸이었음을 알게 해주시고 우리는 모두 주님 안에서 하나였음을 알게 해 주셨습니다. 고맙습니다.

언제 어디에서나 영육 간 건강하십시오.

다시 한 번 더 평화를 빕니다.

2019년 8월 25일 주일 박진희 젬마 드림.

인연이라는 것

2019년 8월 27일 독산동 성당으로 부임해 보니 본당에 빚이 5천만 원에, 교구 납부금 밀린 것이 1억이나 되었다. 하늘이 노랬다. 어떻게 하면 이 빚을 빨리 갚을까? 아끼는 수밖에 방법이 없었다. 그런데 문제가 하나둘이 아니었다는 것이다. 우선 성당 대문이 수동으로 열고 닫는 주차차단기 차량통제 시스템이었다. 차가 들어오고 나가고 할 때 관리장님이 일일이 수동으로 올리고 내리고 했던 것이다. 너무 불편한 것 같아서 나는 업자를 불러 카드로 인식되는 주차차단기 차량통제 시스템을 설치했는데, 800만 원이라는 공사금액이 나왔다. 본당에 돈도 없고 빚 갚는데 온 힘을 기울이는 상황에서 도저히 성당 돈으로 공사를 하기에는 신자들에게 미안한 마음이 들었다. 제 통장에 1,000만원 정도가 들어 있기에 이 돈에서 공사대금을 지불하기로 했고 지금 아주 유용하게 잘 쓰고 있다. 그리고 매주 2차 헌금을 봉헌한 결과, 1년 만에 이자를 포함한 5천만 원은 모두 갚게 되었고, 교구 납부금 미납금 7천만 원을 갚기 위해 부단한 노력을 기울이고 있다.

그리고 성전 1층에 보니 자그마한 오르간도 없었다. 항상 평일 미사 반주도 2층 성가대석에서 반주를 해야 했다. 그래서 나는 오르간을 봉헌해줄 사람을 찾다가 한 사람이 떠올라 그분에게 사정 이야기를 했더니 흔쾌히 700만 원짜리 전자 오르간을 봉헌해 주셨다. 또한 사제관 나의 침실에는 에어컨이 없어서 너무 더웠다. 더위를 많이 타는 나에게는 완전히 죽을 맛이었다. 이런 이야기를 하소연하니까 이번에는 여동생이 "그럼 오빠 신부님! 침실 에어컨은 우리 부부가 해줄게." 너무나 고마웠다. 이 에어컨이 없었으면 아마 지금 나는 어떻게 되었을까? 또 한 가지는 사제관 거실 구석에도 에어콘이 없다는 것이다. 사제관이 기역으로 꺾인 형태라서 한쪽 끝에 있는 에어콘은 부분적으로만 시원했고 손님들이 오면 앉는 응접세트에는 에어콘 바람이 전혀 불어오지 않아 여름에는 찜통이었다. 그래서 이런 이야기를 지인에게 했더니 흔쾌히 이 부부가 봉헌하겠다고 하여 지금 벽걸이형 에어콘이 달려 있게 되었다.

이런저런 일들이 좋으신 분들과의 인연으로 인해 잘 해결되는 것을 보면 저는 어쩌면 전생이 거지였던 것이 확실한 것 같다는 생각을 해본다. 그러고 보니 인연이라는 것은 참으로 신비인 것 같다. 김현태 시인은 〈인연이라는 것에 대하여〉에서 이렇게 노래했다.

누군가가 그랬습니다. 인연이란 잠자리 날개가 바위에 스쳐, 그 바위가 눈꽃처럼 하얀 가루가 될 즈음, 그때서야 한 번 찾아오는 것이라고, 서리처럼 겨울 담장을 조용히 넘어오기에 한겨울에도 마음의 문을 활짝 열어놓아야 한다고. 그것이 인연이라고 말입니다.

인생의 긴 여정 중에서 우리는 얼마나 많은 사람과 관계를 맺고 살아가는가? 그 많고 많은 사람 중에서 저와 각별한 인연을 맺고 있는 사람들을 떠올려본다. 사람은 살면서 다양한 경로로 사람을 만나고 헤어진다. 불가(佛家)에서는 사방 십 리가 되는 바윗돌에 천 년에 한 번 내려오는 천사의 옷자락이 스쳐서 닳아 없어지는 시간을 1겁이라고 한다. 그런데 인생은 돌고 도는 윤회의 과정에서 영겁의 인연이 있어야 만난다고 한다. 예전에 인연에 대해서 어디선가 들은 이야기가 있는데, 인연은 백사장에 바늘을 꽂아놓고 하늘에서 실을 내렸을 때, 정확하게 바늘구멍에 실이 들어갈 확률이라고 했다. 사람과의 인연, 하늘과 바람과의 인연, 세상 만물과의 만남 또한 어느 것 하나 소중하지 않은 것은 없다. 인연으로 인해 인생의 보이지 않는 퍼즐 조각이 모여 큰 그림을 완성해 가고, 인생의 꽃을 피우려면 그 과정이 꼭 필요하다는 생각을 해본다. 마음보를 곱게 써야 한다고 하는 옛 선인들의 말씀의 뜻을 알 것 같다. 그래서 오늘도 나는 이곳 독산동에서 인연이라는 퍼즐을 다시 시작하고 있다.

2부

숨길 수 없는 예술가적 감성이
문화 복음화의 아이콘이 되다

못자리를 떠나며

연구과 2년 유종만

이 글은 지난 11월 18일 본교 대성당에서 2학년과 4학년의 일부 신학생들의 군입대와 서품을 받고 이곳 신학교를 떠나실 부제반을 위한 송별 음악회에서 연구과 2학년 유종만 부제가 그동안의 신학교 생활을 회고하며 재학생들에게 행한 답사이다.

여름이 허물어진 자리, 그 격정의 터를 휘돌아 야윈 잎새를 흔드는 바람으로 가을은 우리들 곁에 오고야 말았습니다. 이제는 그 어디를 가도 가을의 체취를 흠뻑 느낄 수 있습니다.

이제 낙산을 산책하면서 붉은 손을 곱게 벌린 단풍 하나를 주워 성무일도 한 페이지에 끼워 넣으면서 새삼스레 세월의 무상함을 뜨겁게 체험을 했습니다.

벌써 사제직을 앞에 두고 나 자신을 정리해야 한다는 생각에 그리고 두렵기까지 한 나의 무기력함 앞에서 나의 십자가에 대해서 그동안 얼마만큼 소홀히 했는지, 이제는 깨어나라고 손짓을 하는 퇴색한 잎새의 사연을 들었습니다.

창밖으로 보이는 암흑의 바다… 그 속에서 미소짓고 있는 달은 이 가을을 더욱 포근하게 해주고 있습니다. 이 달빛 속에서 나뭇잎을 털어버린 나뭇가지를 스치는 작은 숨결을 느끼기 위해 창문을 엽니다. 그러고는 지난 시절 하느님에 대하여, 친구에 대하여, 삶의 진실에 대하여 외롭지 않고자, 그리고 궁극의 구원에서는 이탈치 않도록 가져왔던 우리들의 부단한 노력들이 이제는 인간의 땅에 몸을 부수어야 할 때가 왔음을 절감해 봅니다.

　이제는 신학교 생활, 짧게는 6년, 길게는 9년, 10년을 마무리하고 새로운 삶으로, 미지의 세계로 나의 십자가와 타인의 십자가들을 짊어지고 가야 하는 골고타로 오르는 그 길목에 우리는 서 있는 것입니다.

　9년전 그 추운 겨울 2월, 이곳 못자리로 들어와 한 방에 여섯, 일곱씩 나누어 썼던 구관 1층의 북쪽방… 그래서 눈썹도 반이나 빠졌었고 그로 인해 추기경님도 때 아닌 방문을 하였던 1학년, 라틴어, 희랍어, 히브리어, 영어 등의 어학 과목에 몇몇 동료들은 유급을 당하는 불행 속에 2학년은 어느새 지나가 버리고, 신학을 본격적으로 배우게 되었던, 그래서 신에 대해, 인간에 대해 수많은 물음들과 함께 동료들이 신학교를 떠날 때 짐을 싸주던 찢어지는 마음속에 보내야 했던 3학년, 200주년 행사와 함께 불어온 학교 내의 쇄신 운동 및 교회의 쇄신 문제, 그 후유증으로 인한 어지러움 속에서 보냈던 4학년 시절, 그러나 그로 인해 인격적 피해를 입으셨던 신부님들을 생각하면 아직까지도 송구스럽고 민망스러울 뿐입니다. 다시 한 번 이 자리를 빌려 사과의 말씀을 드립니다.

　육체적, 정신적 고통 속에서 하느님과 더욱 가까워진다는 진리를 깨닫게 해주었던 지옥 같았던 군생활 27개월은 오히려 우리를 내적, 외적으로 성장시킨 기간이었습니다. 그러고는 신입생 같은 기분으로, 군생활 동안 화장실 뒤에서 눈물을 흘리다가 하늘을 쳐다보며 그리워했던 마음의 고향인 이곳 못자리에 다시 돌아와 뜨겁게 살려는 노력들로 점철되었던 연구과 1학년 시절, 그리고 지금 부제가 되어 있는 지금, 삶을 위한 가치있는 오류들을 범했던 순간들도 기억하면서, 아프고 찢겨진 마음의 부분들을 매만지면서 우리들의 주저앉음을 막을 수 있었던 신념의 시간들을, 먼저는 인간성을 저

버려서는 안 되는 필요성과 방법을 가르쳐 주시면서 우리들의 삶을 안타깝게 지켜보고 계신 하느님께, 그 다음은 몸이 불편하심에도 늘 우리와 함께하시려고 열정적으로 생활하고 계신 학장 신부님, 항상 우리들을 위해 노심초사해 오셨던 원감 신부님, 모든 교수 신부님들께 그리고 비가 오나 눈이 오나 우리들의 뒷바라지에 여념이 없으셨던 수녀님들과 모든 언니들, 교직원 여러분들께 그리고 마지막으로 친밀한 존재로 존재할 수 있었던, 그러나 부단한 노력들이 필요했던, 자신의 감정에 진실할 수 있는 용기가 필요했던 동료 부제님들께 봉헌하면서 윤동주님의 〈서시〉를 기억에 떠올려봅니다.

> 죽는 날까지 하늘을 우러러 한 점 부끄럼이 없기를
> 잎새에 이는 바람에도 나는 괴로워했다.
> 별을 노래하는 마음으로 모든 죽어가는 것들을 사랑해야지.
> 그리고 나한테 주어진 길을 걸어가야겠다.

그렇지만 이렇게 떠나기에 앞서 모두에게 죄송한 마음을 갖습니다. 그것은 그동안 일어나지 말아야 했음에도 불구하고 일어났던 일련의 사건들, 우리들 공동체의 죄입니다. 우리는 용서를 빕니다. 그러나 용서를 빌 때 하느님께만 빌어서는 안 됩니다. 손상을 당한 것은 그분 자체가 아니라 바로 우리들입니다. 우리들 서로서로인 것입니다. 그래서 우리는 서로에게도 용서를 빌어야 합니다. 훔친 자는 물건의 임자에게, 몹쓸짓을 한 사람은 그 짓을 당한 사람에게 빌어야 합니다. 우리는 서로서로 용서해야 할 필요가 있습니다.

그런데 그것은 매우 어렵습니다. 우리는 매일매일 아침 미사를 시작하면서 우리의 죄에 대한 용서를 구합니다. 또한 우리는 그분의 말씀을 듣습니다. 내가 너희의 모든 죄를 용서하노라. 그 순간에 우리는 나는 이제 자유로워졌다는 체험만을 우리 것으로 삼아서는 안 됩니다. 우리들의 원죄는 남는 것입니다. 우리는 그로 인해서 새로운 세례성사를 받아야 합니다. 우리 공동체와 우애를 새롭게 재건하는 힘이 주어지는 세례성사를, 우리들의 원죄를 씻어주는 세례성사를 받아들여야 합니다.

우리는 모두 기다리고 있습니다. 우리는 모두 말합니다. 이런 식으로는 더 이상 갈 수 없다.

무엇인가 일어나야 한다고 말입니다. 또한 우리는 스스로에 대해서도 이런 말을 하고 있습니다. 담배를 끊겠다고, 술을 끊겠다고, 열심히 생활하겠다고 그러나 오늘이 아니라 내일 그렇게 하겠다고 말합니다.

우리는 기다립니다. 우리는 새뮤얼 베케트의 연극에 나오는 두 사람처럼 기다립니다. 그 두 사람은 고도를 기다리고 있습니다. 고도란 작은 신이란 뜻입니다. 그들은 기다리고 또 기다립니다. 그들의 희망은 고도가 올 것에 달려 있습니다. 고도가 모든 것을 바꾸어 놓을 것이었습니다. 그러나 그는 오지 않았습니다. 마지막에 그 두 사람은 서로에게 가자고 말합니다. 그러나 그들은 가지 않았습니다. 그들은 기다림이 소용없음을 알면서도 계속 기다립니다.

우리도 이처럼 기다립니다. 사실 우리의 전 생애가 기다립니다. 우리는 우리의 공부가 끝나기를 기다리고 졸업할 날을 기다립니다. 우리는 사랑받게 되기를 기다립니다. 우리는 치유되기를 기다립니다. 그리고 마지막에 우리는 죽음을 기다립니다.

우리는 늘 기다립니다. 그러나 우리가 기다리는 것이 언제나 실제로 있는 일들은 아닙니다.

공부가 끝났다고 해서, 졸업을 했다고 해서 우리의 기다림이 끝나지는 않습니다. 우리가 정말로 기다리는 것은 훨씬 깊고 깊은 곳에 있고, 우리가 말한 그 모든 것, 우리가 말할 수 있는 그 모든 것보다 훨씬 무한한 것입니다. 우리의 기다림은 깊디깊습니다. 우리는 우리의 삶에서 캄캄하고 불가해한 것들이 밝혀지기를 기다립니다. 우리가 기다리는 것은 다음과 같은 물음에 대한 대답입니다. 어째서 착한 사람이 살해되고, 살인자가 잡히지 않는가. 어째서 고통과 전쟁과 갈등과 분쟁이 있으며 추행과 부패와 굶주림과 매수가 있는가. 어째서 존경심이 그렇게도 없고 규칙을 잘 지키지 않는가. 우리는 어떤 권능과 권세가 와서 이 모든 것을 바꾸어 놓기를 기다립니다.

우리는 모두 잘못하고 있습니다. 일찍이 어떤 일이 일어난 바 없다는 듯이 우리는 기다리고 있습니다. 우리는 그분께서 아직 오시지 않은 것처럼 흔히 기도하며 기다립니다. 우리는 아드님을 보내주신 하느님을 아직 기다리고 있습니다. 2,000년전에 오신 그분의 아드님을, 자신들에게 성령을 보내주셨음을 잊은 채 그 성령을 아직 기다리고 있습니다. 하지만 그분은 우리들 안에 계십니다. 우리는 참 현실을, 실제로 이미 와 있는 참 현실을 기다립니다. 우리는 우리가 이미 먹은 빵을, 이미 받은 성소를 기다리고 있는 것입니다. 우리는 이미 잡힌 물고기를 잡으려고 기다리고 있습니다. 이미 켜진 촛불을 켜려고 기다리고 있습니다. 이미 탄생한 생명을 기다리고 있습니다.

우리는 불신하고 있는 것입니다. 불신하고 있기 때문에 기다리는 것입니다. 우리는 우리 자신을 기다리고 있습니다. 모든 것은 벌써 주어졌습니다. 모든 것이 우리들 안에 우리와 함께 있습니다. 그러므로 우리는 이곳 낙산 공동체에 희망을 가질 수 있음을 봅니다.

끝으로 우리를 지금껏 이끌어주신 하느님께, 그리고 우리를 제2의 그리스도로 만들기 위해 헌신해 오신 신부님들, 뒷바라지 해주신 수녀님들과 언니들, 교직원 여러분께, 그리고 사랑하는 후배 신학생들에게 저의 졸작인 〈가을의 기도〉를 바칩니다.

> 여기 무엇하러 왔는가를 생각합니다.
> 과거에 알았던 당신, 현재 알고 있는 당신
> 그리고 미래에도 알고 싶은 당신
> 이렇게 시작하려고 합니다.
> 이렇게 부족한 채로 시작하려 합니다.
> 저희를 타는 눈송이로 계속 있게 하시어
> 살아가는 나날마다 당신을 위한 삶이게 하소서.

이제 한 걸음 크게 당신을 향해
크게 다가들어 뛰어들려고 합니다.
당신을 당신으로 인식하려는 노력이
생명 넘치는 희열임을 확신케 하시고
존재에의 용기, 거기에 성실하게 하소서.

이제 제 십자가를 지고
가장 낮은 모습으로 당신을 따르려 합니다.
마음의 그릇에 저의 것을 버리고
당신의 것으로 가득 차게 하시어
진실로 당신의 이름을 부르기에 합당한 자 되게 하소서.
그리하여 당신께서 매어주신
제 십자가를 고요히 간직케 하시고
험한 물결에 휩쓸리지 않는
자기비움의 삶을 허락하소서.

사랑하는 후배 신학생 여러분!
부디 여러분의 십자가를 끝까지 짊어지고 가시기를 간절히 바라면서 이 장문의 답사를 마칩니다. 감사합니다.

죽음까지도 배운다

— 월간《샘터》1985년 7월호, 특집 '나를 키운 여름'에 실린 글 —

유종만(62년 서울 출생, 경신고와 85년 가톨릭대학 신학부를 졸업,
가톨릭대학 학보사 편집장 역임, 7월 군입대 예정이다)

지난 여름방학을 나는 잊을 수 없다. 내가 지원해서 시작한 병원 아르바이트는 집안 식구나 친구들 말처럼 '사서 한 고생'임은 틀림없었지만 내게 많은 변화를 가져다준 또 다른 인생 체험의 귀중한 기회가 되었다. 즉 나 자신이 걷고자 했던 '영혼의 치유자'로서의 길을 가는 데 있어서 육신을 치료하는 과정과 그 어려움을 아는 것도 중요하다는 것을 깨닫게 해주었을 뿐 아니라, 특수사회라 할 수 있는 병원의 잡역부(hospital handyman)로서 밑바닥의 인생을 통해 인내심을 배우는 수련기가 되었던 것이다.

명동 성모병원 4층의 신경외과 중환자실(NS ICU : neurological surgery Intensive Care Unit)에서 나의 여름은 시작되었다. 하루 8시간씩, 밤과 낮 교대근무를 했다. 이곳의 최대 수용환자는 10명이었는데 거의 모두가 식물인간 상태인 환자들이었다. 내가 그들을 위해 처음 한 일은 그들의 대·소변을 받아내거나 '관장(Enema)'을 해주는 것과 환자의 병실을 옮기는 일이었다. 그리고 환자들의 몸에서 채취한 여러 가지 검사물들을 검사실 각 부로 가져다주고 2시간마다 환자들을 돌려 눕히는 것, 대·소변의 양을

기입하고 환자들의 약을 타다 주는 일, 그리고 환자가 죽으면 그 사후 처치를 하는 일 등등이었다.

이곳 중환자실에서, 내게 인내의 한계를 넘어서게 한 고역은 '손가락 관장(Finger Enema)'이었다. 환자가 누워만 있으니까 음식물이 잘 소화되지 않아 창자가 막혀버리기 때문에 그럴 때에는 손가락으로 대변을 파내야 하는 것이다. 물론 비닐장갑을 끼고 하지만, 난생 처음 해보는 일이라 나는 망설일 수밖에 없었다. 그러나 나는 오기로 파내기 시작해 매우 많은 양을 파내었다. 그때 같이 일하시던 아저씨는 비 오듯 땀을 흘리는 이 견습생을 보고 껄껄 웃으셨다.

신경외과 중환자실에는 교통사고로 중상을 입은 어린아이들이 종종 들어온다. 이런 아이들을 맞는 일이 병원 사람들에게는 가장 가슴 아픈 일일 것이다. 음주 운전자의 자동차에 치여 소중한 신체 부분의 하나인 다리 한쪽을 무릎 위까지 절단해야 했던 초등학교 4학년 남자아이가 이곳으로 실려왔을 때, 처음에는 눈물도 쏟아지질 않았다. 그 아이의 모습은 내게 너무나 큰 슬픔이자 충격이었다. 하물며 그 아이 자신은 어떠했을까? 그 아이의 앞날을 과연 누가, 무엇으로 보장해 줄 수 있는가! 탄식하며 울었던 밤이 많았다. 육신을 치료하는 의사나 간호사들의 어려움은 그 끔찍스러운 상처를 소독하고 치료하며 환자들의 고통에 정신적으로 동참할 수밖에 없다는 데 있다는 것을 체험했다.

그 후, 나는 4층에서 6층에 있는 내과계 중환자실(M ICU : medical Intensive Care Unit)로 옮겨서 일을 하게 되었는데, 이곳에는 심장박동측정기나 모니터, 호흡을 도와주는 기계들, 주로 백혈병 환자들을 위한 혈소판을 뽑는 기계, 심장에 전기 충격을 가하는 각종 기기들이 설치되어 있었다. 이곳에서만 1년 5개월을 누워 있던 어느 할아버지와 그분을 매일 면회오시던 70세의 할머니를 나는 잊을 수 없다. 할아버지는 너무 오래 누워 계셨기에 몸에 욕창이 굉장히 심했다. 뼈가 다 보이도록 구멍이 여기저기 크게 뚫린 모습에 나는 구토증을 느끼며 기절할 뻔했었다. 식물인간과 다름없는 할아버지를 면회하시기 위해(면회는 하루에 3번, 단 10분간씩) 할머니는 매일 몇 시간을 문 밖에서 기다리셔야 했다. 이 할머니를 통해서 나는 부부(夫婦)라는 것, 부부의 끊을 수 없는 애정을 실감했다.

내가 처음 환자의 주검을 대한 것은 이곳 6층 내과계 중환자실로 옮겨와서 얼마 되지 않았을 때였다. 간경변증에 걸린 50대 남성 환자였다. 그때까지 갑작스러운 사후 처치의 경험이 전혀 없었던 나는 당황한 나머지 4층 잡역부 아저씨에게 도움을 청하여 그 아저씨가 하는 것을 거들며 염을 하는 법을 배웠다. 먼저, 죽은(Expire) 환자의 몸을 알코올로 닦아내고 솜으로 콧구멍, 귓구멍, 입과 항문을 막은 후, 침대 시트로 시신을 말아 침대차에 싣고 지하실에 대기하고 있는 응급차에 실어주는 일, 그 다음에 응급차는 조용히 길 건너편에 있는 영안실로 가는 것이다.

대부분의 환자들이 갑자기 죽기 때문에 유언(遺言)은 고사하고 눈조차 감지 못할 때가 많았다. 마치 자신의 죽음을 믿을 수 없다는 듯이 말이다. 눈 뜬 주검을 대할 때 온몸에 소름이 끼치는 것은 어쩔 수 없었다. 한 인간의 죽음, 영혼이 떠나버린 육신 앞에 섰을 때 두려움이 앞섰고 나는 아무 생각도 할 수가 없었다. 내가 두 눈을 감기고 사후 처치를 해준 환자는 모두 여덟 사람, 대성통곡하는 가족들의 모습을 볼 때면 우리네 삶은 아침에 피었다가 저녁에 시드는 들꽃과 같은 것이었다.

그런데 아무것도 모르고 뛰어든 병원 아르바이트에 익숙해지면서 내가 두려워하게 된 것은 주검에 대해서 나 자신의 감정이 점점 무감각해진다는 것이었다. 아픈 환자들 하나하나마다 연민의 정을 느낄 수 없게 될 것 같았고, 죽음에 대해 가졌던 그 숭고함이 더 이상 느껴지지 않는 듯 타성에 젖어버린 나 스스로가 끔찍스러웠다. '그렇지 않고서는 여기서 어떻게 견딜 수 있겠나'라는 변명 아닌 변명도 나 자신에게 해보았다.

무엇보다 내가 감사하는 것은 의사나 간호사들이 지시하는 대로 이리 뛰고 저리 뛰는 병원 잡역부로서의 여름 아르바이트를 하며, 여름 뙤약볕에 여무는 곡식처럼 나 자신 내실을 다질 수 있었다는 사실이다. 때로 짜증나도록 일을 함부로 시키는(나보다 나이 어린) 윗사람에 대한 복종과 자존심… 이러한 경험과 인식을 통해 나는 사회 조직에서 일을 해야 하는 우리의 아버지들, 형님들 그리고 미래의 나의 모습을 보았던 것이다.

시를 쓰다

다음 시는 명동성당 공권력 투입에 대한 의견이 담긴 시다. 물론 그런 사건이 우리 중·고등부 학생들과 직접적인 관련은 없겠지만 가톨릭 신자로서, 민주주의란 이름으로 사는 국민의 한 사람으로서 정부의 그러한 무책임한 행동에 대한 비판적 시각을 가져야겠다. 건전한 시민으로서의 눈을 갖는 것은 기성세대뿐 아니라 우리 십대들에게도 필요하다. 그래야만 이러한 사건들이 역사에 남지 못한 채 그대로 우리 기억 속에서 사라지는 일이 없을 거라 믿는다.

저 벽은 우리에게

유종만(바오로) 신부

저 벽은 우리에게
항복하라
항복하라 하네.

죽어서 썩어문드러진
이데올로기를 살리려고
십자가에 매달 또 다른 예수를

이곳 성지에서 찾아 헤매네.

그럴 듯한 위선으로
포장된 포장지에
거짓이라는 금띠를 두르고
협박이라는 꽃을 꽂고는
공권력 백화점에서 파는
알맹이 하나 없는
선물을 받으라고 하네.

저 벽은 우리에게
돌아가라
돌아가라 하네.

진리에 허기진
곯은 배를 부여잡고
목청껏 부르는 우리의 외침을
방음장치 완벽한
골방에 가두어버렸네,

저 벽은 우리에게
침묵하라
침묵하라 하네.

외제 싸인펜이
155마일 그어진 이 땅에
또다시
그 반쪽마저

국산 싸인펜이
우리들을 갈라 놓으려 하네.

저 벽은 우리에게
멈추라
멈추라 하네.

두 손에는
말도 안 되는
지배논리와
스스로 세워지지 않는
권위주의를 들고
초점 안 맞는
두 눈에는 색안경을 끼고
앞을 향해 달려가려 하네.

저 벽은 우리에게
바라보라
바라보라 하네.

이 상태로는
현재조차 없는
미래를 바라보라 하네.

하지만, 그럴 수 없네.
그러려면 차라리
우리 모두 면벽하겠네.

                1995. 6. 22. 새벽에

한국 외국어대학교
영자(英字) 신문과의 서면 인터뷰

Q(기자) : 동양에는 예로부터 봉건적, 가부장적 사회 분위기 때문인지 여성 귀신(여귀)이 공포영화에 많이 등장한 것으로 알고 있습니다. 그러나 현대로 올수록 여성의 인권이 신장하고, 여성이 억압당하는 환경에서 비롯된 공포가 예전보다 공감을 얻기 힘들어지고 있습니다. 그런데도, 귀신의 모습을 설정할 때 여성의 모습으로 설정하는 경우가 많은데, 유교적 사상으로 여성들이 억압당하는 이유 이외에 동양에 여자 귀신이 많은 또 다른 이유가 있을까요? 귀신을 여성으로 설정해 얻을 수 있는 특별한 효과가 있을까요?

A(유종만) : 우리나라에서 오늘날처럼 귀신이 공포의 대상으로 변질된 것은 조선 시대 이후입니다. 민속학자 '조흥윤' 교수는 "귀신을 부정하는 유교의 현세주의가 조선 시대의 통치이념으로 받아들여지면서 귀신에 대한 인식이 부정적으로 변했다"고 설명합니다. 이기(利器)와 음양으로 양분된 유가의 세계관은 귀신에 대한 개념을 허용하지 않았습니다. 조선 전기 매월당 '김시습'이 《귀신론》을 집대성할 때만 해도 이에 대한 비관론이 많았습니다. 그러나 집안이나 나라의 결속을 높이기 위해서 제사를 적극적으로

도입하면서 조상신의 개념으로 귀신을 설명하기 시작했습니다. 즉 "귀신을 잘 모시면 복을 받지만 그렇지 않으면 화를 면치 못한다"는 식의 기복신앙과 유교적 의식이 합쳐지게 된 것입니다. 그렇다면 우리나라의 귀신은 왜 소복에 머리를 풀어 헤친 여자의 형상으로 도상이 만들어진 것일까? 그 이유는 가부장적 사회에서 여성은 지위의 높고 낮음을 떠나 누구보다 억압된 존재였기 때문입니다. 역사학자 고(故) '이이화'씨는 "서럽게 살다가 억울하게 죽은 이들이 귀신의 개념을 형성했다"라고 하면서 "우리 사회에서 귀신을 악으로 보는 극단적인 이분법은 서구 문명이 들어오면서 형성된 부분이 많다"고 말했습니다.

한국의 민담에는 원혼 또는 원귀들이 등장하는데 이는 유교와 불교, 민간 무속신앙이 결합한 것이라는 지적이 많습니다. 그런데 원통한 귀신이 모두 여자라는 점이 눈에 들어온다. 한국은 그만큼 가장 약자인 사람이 고대 사회 이래로 여성이었고 특히, 가족상, 경제상 독립도 못 한 채 죽는 처녀들이었습니다. 그만큼 한이 많았다는 것을 뜻합니다. 이것이 여성을 중심으로 한 한의 공포 문화가 형성된 이유입니다. 꼭 여성만 한정된 것은 아니며 공포라는 수단을 통해 약자의 한을 드러내고 풀어주고자 하는 것이 한국의 공포문화의 정수입니다. 이는 드라마 〈전설의 고향〉에서 집약된 바 있습니다.

현대에는 여성 귀신을 등장시키지는 하지만 성적인 이미지를 강조하는 경향이 짙어졌습니다. 그렇다고 반드시 여자만의 한을 푸는 것만을 의미하지는 않습니다. 사회적 약자의 한을 풀어주는 면도 있다는 점을 기억할 필요가 있습니다. 아직도 이 땅에는 수많은 사람이나 존재들이 한을 안고 있습니다. 그러한 이들의 한을 풀어주는 공포문화야말로 대중의 호응을 얻고, 우리의 좋은 예술 정신에도 맞는다고 볼 수 있습니다. 지금은 21세기입니다. 과거의 한 맺힌 여인들을 지금 다시 스크린으로 불러들일 수는 없을 것입니다. 하지만 공포의 소재는 우리 주변 어느 곳에나 있다고 봅니다. 한국에서도 점차 소재가 다양해지고 기술적으로나 스타일 면에서도 발전했습니다. 우리나라에서는 정치적, 사회적 제약 때문에 공포영화가 발전하는 데 큰 어려움을 겪어왔습니다. 이는 전통적인 윤리 사상에 의한 것으로 소재가 극히 제한되었고 영화적인 표현 또한 한정되었기 때문입니다. 그동안 흥행에 성공했던 몇몇 공포영화에서 시사점을 찾을 수 있는데, 우선 새로운 소재를 도입을 들 수 있습니다. 〈조용한 가족〉은 공포라는 장르에 코미디를 가미시키면서 사람들의 주목을 받을 수 있었고, 〈폰〉은 우리나라에서 필수품이 되어버린 휴대전화기를 소재로 하고 있습니다. 다음으로 우리 정서에 맞는 이야기를 영화로 표현한다는 것입니다. 〈여고괴담〉에서는 우리가 학창 시절 들어봤음 직한 이야기들을 영화로 만들어내면서 큰 호평을 받았습니다. 아직은 미흡하지만, 관객들에게 큰 호응을 얻으며 공포영화의 발전 가능성을 제시하였다는 점에서 큰 의의가 있다고 하겠습니다. 공포영화의 특성상 한국의 정서에 맞춘 공포영화가 제작되어야 할 것입니다.

Q : 한국에는 호랑이에게 죽임을 당해 호랑이의 몸에 깃든 '창귀'나 호랑이의 모습을 하고 가족이나 친구의 목소리를 흉내 내 꾀어 그 사람을 잡아먹는 '장산범' 또는 여우의 모습으로 변할 수 있으며 아름다운 외모로 남자를 홀려 잡아먹는 '구미호'처럼, 짐승을 모티브로 하는 요괴가 많은 것 같습니다. 그 이유가 무엇이라고 생각하시나요?

A : 결론적으로 말하면, 우리가 몰랐던 한국의 판타지를 찾기 위해서입니다. 인류는 동물과 식물이 말을 하고 귀신과 사람의 구별이 없었던 신화적 시대를 거쳐 오랜 세월 동안 동·식물이 인간으로 변형할 수 있다는 관념을 갖게 되었습니다. 이것은 정신적인 자유에 대한 강한 열망과 함께 다른 존재가 되어보고 싶은 욕망이 변신담을 통해 표출된 것입니다. 바야흐로 서양에서 수입된 판타지 소설 혹은 텔레비전 드라마나 영상물에 싫증이 난 많은 사람이 동양 신화와 전설에 눈을 돌리기 시작했습니다. 다양한 동양의 전설과 민담이 속속 소개되고 변형을 다룬 신화담이 새롭게 주목되는 가운데, 우리 신화와 민담 역시 영화의 좋은 소재로 인정받기 시작했습니다. 몇 년 전만 해도 우리나라에 소개된 판타지 소설은 중세 서양의 분위기를 배경으로 마법사, 기사, 요정이 등장하는 것이 주류였는데, 최근 들어 동양적 설화와 전설, 신화를 바탕으로 만들어진 작품을 자주 접할 수 있게 된 현상은 꽤 반가운 일입니다. 상업적 기획 속에서 자칫 마구잡이로 양산되는 것을 막아내고 경쟁력을 갖춘 양질의 문화 콘텐츠로 가공하기 위

해서는 원천소재 발굴부터 작품 분석에 이르기까지 체계적으로 인문학적 연구와 지원이 마련되어야 합니다.

Q : 세계 유일의 분단국가이고, 남성들이 모두 군 복무의 의무를 지는 유일한 국가인 만큼, 군대를 배경으로 한 공포영화도 큰 인기를 얻었던 것으로 알고 있습니다. (알 포인트, GP506 등) 군대를 배경으로 한 공포영화가 특히 공포심을 자극하는 이유가 무엇이라고 생각하시나요?

A : 군대를 배경으로 하는 공포영화는 빈틈없는 시나리오와 한정된 공간을 효과적으로 활용, 관객을 어지럽혀 공포감을 극대화하는 감독들의 연출이 돋보입니다. 전형적인 공포영화의 장치 없이 관객의 심리를 파고드는 연출로 자극적인 장치 없이 인물이 느끼는 공포감에 동기화되기 때문이고, 내면에 존재하는 죄의식이 특정한 계기를 통해 공포로 발현되는데 그 죄의식을 적절히 활용한 것이 군대를 배경으로 한 공포영화가 특히 공포심을 자극한다고 생각됩니다.

Q : 이번엔 서양의 공포영화에 대해 질문이 있습니다. 스플리터 영화가 서구 사회에서 큰 인기를 끄는 이유는 무엇일까요? 왜 서양에 잔인하고 피 튀기는 영화가 더 많을까요? 부모님이 주신 신체를 해하지 않는다는 유교적 사상이 동양에 존재하기 때문에 동양에는 고어 영화가 발전하지 않은 걸까요?

A : 스플리터 무비는 유혈 장면과 폭력, 신체 부위를 절단하는 시각적 묘사에 초점을 맞춰, 조금은 과대 포장한 영화입니다. 피가 튀는 등의 극도로 잔인한 비주얼에도 불구하고, 우스꽝스러운 대사나 행동으로 웃음을 자아내는 코믹한 감각을 보여줍니다. 스플리터 무비가 장르로서 대중에게 인정받기 시작한 작품은 '조지 A 로메로'의 〈살아 있는 시체들의 밤(Night Of The Living Dead, 1968)〉입니다. 이 작품에 대해 미국 내와 해외 비평가들은 "지금까지 만들어진 영화 중 최고의 호러 작품"이라고 평가했고, 세계적으로 큰 센세이션을 일으켰습니다. 영국의 영화 잡지인 〈Sight&Sound〉에서는 이 작

품을 1968년 최고의 영화 10선에 선정하기도 하였습니다. 고도의 폭력성과 슬랩스틱적인 코미디를 가미시켜 고어와 코믹의 완전한 조화를 이루어냈기 때문이었습니다.

호러 영화들의 인기 비결은 바로 일상적인 공간과 소재에서 찾을 수 있습니다. 또한 허구의 공포 속으로 피신함으로써 현실의 공포에 압도당하지 않을 수 있다는 것입니다. 특히 스플리터 무비가 꾸준한 인기를 유지하는 비결은 다양한 형식적 실험과 사회성을 담아내는 주제 의식 때문이라는 분석이 힘을 얻어왔습니다. 특히 현대 자본주의 사회에서 벌어지는 현대인의 불안한 삶을 조명하는 데 공포라는 주제는 효율적입니다. 자기 통제를 벗어난 삶을 사는 현대인에게 공포영화는 카타르시스를 안겨주는 예술이며 대리 만족과 인간의 원형적인 측면을 담고 있다는 점에서 공포물은 멜로 영화, 코미디와 함께 영원히 유지될 장르라고 생각됩니다.

영화산업의 초창기부터 함께해 온 중요한 장르임에도 불구하고 말초적이고 부정적인 감정을 자극하는 호러는 저급한 장르로 취급받아왔습니다. 하지만 지금까지 다양한 모습과 작품들로 관객들을 놀라게 하고 공포에 떨게 만드는 호러 영화의 생명력은 장르의 매력과 가능성을 방증합니다. 터무니없이 적은 제작비로 전 세계 사람을 공포에 떨게 하고 막대한 수입을 올릴 수 있는 장르이기에 많은 양의 스플리터 영화들이 만들어지고 있는 것입니다.

다양하게 분화한 외국 공포영화에 견주면 한국의 공포물은 소박할 정도로 단순합니다. 서양의 공포영화에 비해 동양의 공포영화는 고전 캐릭터에 많이 의존하는 편입니다. 특히 소복과 긴 머리를 자랑하는 처녀 귀신의 이미지는 동양 영화 속 '귀신'의 상징처럼 사용되었습니다. 담는 내용도 권선징악 메시지를 담은 '착하고 교훈적인' 영화가 주류를 이루고 있기 때문이라고 생각합니다.

Q : 그 밖에 동·서양 공포영화에 사람들이 잘 알지 못하는 차이점이 있다면, 한 말씀 부탁드립니다.

A : 한 가지만 말씀드리자면 종교에 관한 것입니다. '종교'는 공포영화에서 빈번히

사용되는 소재입니다. 악마, 사후세계 등 공포를 유발하는 요소가 많이 담겨 있기 때문인데, 이런 영화는 당연하게도 각 문화권의 중심이 되는 종교가 주가 됩니다. 대체로 서양에서는 천주교, 개신교를 바탕으로 악마, 악령 등이 등장했습니다. 가장 잘 알려진 영화로는 고전 공포영화 하면 빠질 수 없는 〈엑소시스트〉가 있습니다. 충격적인 비주얼과 '구마 의식'이라는 신선한 이야기로 신드롬을 일으킨 〈엑소시스트〉는 수많은 유사 영화들을 배출하기도 했습니다. 또한 〈오멘〉, 〈더 라이트: 악마는 있다〉 등 이후 등장하는 여러 공포영화에 많은 영향을 끼쳤습니다. 반면 동양권에서는 불교, 무속신앙 등의 요소가 빈번히 등장했습니다. 또한 종교가 중심 아니더라도 귀신을 쫓기 위해 굿을 하는 무당, 기도를 올리는 스님 등의 이미지는 동양 공포영화의 단골 장면이었습니다. 특정 종교를 바탕으로 하진 않았지만, 십자가, 부적 등 여러 종교적 소재를 끌어온 국내 영화 〈불신 지옥〉도 있습니다. 동양에서도 익숙한 개신교, 천주교는 영화로도 종종 등장했지만 반대로 서양에서는 동양 발단의 종교가 거의 등장하지 않았다는 사실을 알아야 합니다.

참고로, 2015년, 〈SBS〉에서 2,500여 명을 대상으로 벌인 '동서양의 공포 차이 분석'에서는 "서양인은 귀신보다는 기괴한 형체를 더 무서워한다"는 결과가 나오기도 했습니다. 또한 "꼬마 귀신의 경우 동양인은 75%, 서양인은 45%가 무섭다고 답했다"는 통계가 나오기도 했습니다.

한국의 숨겨진 보물 : 활기찬 가톨릭교회

South Korea's Hidden Treasure: A Vibrant Catholic Church

뉴스 분석 : 순교의 기원과 인권 증진의 최근 역사에서 영감을 받아 이 아시아 반도의 교회는 번성하고 있습니다.

NEWS ANALYSIS: Inspired by an origin marked by martyrdom and a more recent history of promoting human rights, the Church on this Asian peninsula is thriving.

▲ 미사에 참석하신 문재인 대통령 내외분

앞의 사진은 문재인 대통령과 김정숙 여사가 서울 홍제동 성당 미사에 참석하고 있는 모습이다. 문 대통령은 전임자의 탄핵을 촉발한 정치적 위기의 해법으로 지난 5월 국민투표에서 승리했다. 아래는 서울 홍제동 천주교회 유종만(바오로) 신부와 여성 수도자 4명이 문 대통령 부부가 사는 한국의 '청와대' 축복을 축하하고 있다.(사진 설명 : 유종만 바오로 신부 제공)

Victor Gaetan World 2017년 11월 28일

한국, 서울 — 신자로 알려진 유명인사부터 수녀님, 대통령과 그의 본당에 이르기까지 한국의 가톨릭교회는 살아 있고 목적이 있는 교회입니다.
한국의 'K팝' 메가스타 비(35)와 김태희(37)가 지난해 약혼을 발표했을 때 가톨릭

Above, President Moon Jae-in and the first lady, Kim Jung-sook, a classical singer, attend Hongje-dong Catholic Church in Seoul. President Moon won popular election last May as the solution to a political crisis that saw the impeachment of his predecessor. Below, Father Paul Yoo, the pastor, and four women religious who serve Hongje-dong Catholic Church in Seoul celebrate the blessing of Korea's 'Blue House' where President Moon and his wife live.(photo: Courtesy of Father Paul Yoo)

Victor Gaetan World November 28, 2017

SEOUL, South Korea — From the celebrities accounted as adherents, to nuns, to the president and his parish, the Catholic Church in Korea is alive

▲ 청와대 축성식을 마치고 조촐한 저녁식사

교회에서 결혼할 계획을 제외하고는 모든 세부 사항이 비밀이었습니다.

공유된 부부의 공연 중에는 2014년 8월 첫 아시아 순방으로 한국을 방문한 프란치스코 교황을 맞이하는 한국의 젊은 연예인 20여 명이 함께하는 뮤직비디오도 있었습니다.

대다수의 새로운 가톨릭 신자와 마찬가지로 비는 성인이 되어서 세례를 받았습니다. 2016년에 한국의 모든 세례의 74%가 성인이었습니다. 10년 전에는 그 비율이 84%였습니다.

이제 이 유명한 부부는 교회의 눈에 진정한 별이 되었습니다. 4주 전에 두 사람은 딸을 낳았습니다. 비가 인스타그램을 통해 '#blessed' 해시태그와 함께 출산을 알렸습니다. 이때 교회가 더 큰 가족을 격려하기를 열망하고 있습니다. 낙태가 불법임에도 불구하고 한국의 출산율은 세계 최하위입니다.

문재인 대통령과 김정숙 여사가 참석한 가운데 서울 홍제동 천주교회의 유종만 바오로 신부는 '저출산이 교회의 문제'라고 말했습니다. 유종만(바오로) 신부는 한 자녀 가정 현상의 설명의 일환으로 국가의 교육 정책과 높은 과외 비용을 손꼽았습니다.

그러나 서울 변두리의 중산층 지역인 홍제동에 있는 유종만 신부의 본당 근무 기

and purposeful.

When Korean "K-pop" megastars Rain, 35, and Kim Tae Hee, 37, announced their engagement last year, all details were secret — except plans to marry in the Catholic Church.

Among the couples' shared gigs was a music video, with some 20 other young Korean celebrities, greeting Pope Francis, who visited Korea on his first Asian trip in August 2014.

Like the majority of new Catholics, Rain was baptized as an adult. In 2016, 74% of all baptisms in Korea were of adults. Ten years ago, that percentage was 84%.

Now, the famous couple are true stars in the eyes of the Church: They had a baby girl four weeks ago — Rain announced the birth with the hashtag #blessed via Instagram — at a time when the Church is keen to encourage bigger families.

Korea's birthrate is one of the lowest in the world, despite the fact that abortion is illegal.

"The low birthrate is a problem for the Church," confirmed Father Paul Yoo, pastor of Hongje-dong Catholic Church in Seoul, attended by President Moon Jae-in and first lady Kim Jung-sook, a classical singer.

Father Yoo considers the nation's education policy and the high expense of private tutoring as part of the

간은 다른 많은 면에서 한국 가톨릭교회가 활기차고 놀랍도록 건강한 이유를 설명하는 데 도움이 됩니다.

생기 있는 본당

오후 5시 30분, 교회 마당은 방과후학교로부터 아이들을 데리러 오는 가족들과 매일 저녁 미사에 참석하기 위해 오는 사람들로 인해 분주합니다.

잘 참석한 미사에서 대부분의 여성들이 흰색 베일을 쓰고 있음을 알 수 있습니다. 평화의 표시는 악수보다는 서로에 대한 깊고 경건한 인사로 나눕니다. 공개적으로 평일 미사에서 봉헌하는 것은 무분별한 것으로 간주되기 때문에 봉헌 바구니는 전달되지 않습니다.

유 신부는 본당이 작은 수녀원의 교회 부지에 거주하는 4명의 여성 수도자의 도움을 받아 교리 교육에 대한 강조점을 유지할 수 있다고 설명합니다.

주일 학교 프로그램은 초등학생부터 고등학생까지 모든 학령기 아동을 대상으로 합니다.

한국에는 많은 여성 수도자들이 있습니다. 약 10,170명의 수녀들은 78개의 교황청 소속과 36개 교구의 종교 기관 사이에 퍼져 있습니다. 약 1,560명의 동료 수도자들이 있습니다.

explanation of the phenomena of one-child families.

But in so many other ways, a tour of Father Yoo's parish — in a lower middle-class neighborhood on the outskirts of Seoul — helps explain why the Catholic Church in Korea is vibrant and admirably healthy.

Animated Parish

At 5:30pm, the churchyard is bustling as families pick up children from aftercare and others arrive for a daily evening Mass.

At the well-attended Mass, one notices that most women wear white veils; the Sign of Peace is shared with deep, reverential bows to each other, rather than handshakes; and no donation baskets are passed, as it is considered indiscreet to collect money so publicly.

Father Yoo explains the parish is able to keep a strong accent on catechesis through the help of four women religious, who live in the church compound at a small convent: Two run an on-site kindergarten, while another manages Church outreach, including adult catechism.

Sunday school programs cover all school-age children, from elementary through high school.

South Korea has an abundance of women religious: There are

친목을 도모하고 자선 활동을 위한 기금을 마련하기 위해 자원봉사자들은 성당 부지에 '하랑(하느님의 사랑)'이라는 풀 서비스 카페를 운영합니다. 수익금은 주로 지역 빈곤층과 비신자들을 포함한 노인들을 돕는 데 사용됩니다.

홍제동 성당은 제단과 더 넓은 세상에서 신자들을 참여시킬 수 있는 창의적인 방법을 찾습니다. 유 신부는 또한 가족과 친구들로 구성된 소규모 그룹을 위해 가족 미사를 베풀어 그들이 전례에 더 가까이 다가갈 수 있도록 한다고 말했습니다.

성당 홈페이지의 사진은 남성으로만 구성된 수련회에서 여성들이 선호하는 견학, 묵주기도에서 음식 박람회에 이르기까지 다양한 활동을 보여줍니다.

한국의 수호성인 김대건 안드레아 신부의 발자취를 따라 걷기 위해 서울 3개 본당이 함께 마카오 순례를 후원했습니다.
1845년 중국 상하이에서 한국 최초의 신부로 서품된 성 안드레아 김대건 신부는 마카오 섬(당시 포르투갈 식민지)에서 신학 공부를 마치고 한국으로 돌아와 1년 후 25세의 나이로 그의 아버지와 증조 할아버지와 함께 참수형을 당했습니다.

approximately 10,170 sisters spread between 78 papal jurisdiction orders and 36 diocesan religious institutes. There are some 1,560 religious brothers.

To promote fellowship and raise funds for charitable work, volunteers run a full-service café, called Harang ("love of God") on church grounds. Profits are used mainly to help support local poor and the elderly, including nonparishioners.

At the altar and in the wider world, Hongje Church finds creative ways to engage the faithful: Father Yoo also offers family Mass to small groups of family and friends to draw them closer to the liturgy, he says.

Photos on the church website depict an impressive variety of activities: from all-male retreats to fieldtrips that women seem to favor, from Rosary devotions to food fairs.

Three Seoul parishes together sponsored a pilgrimage to Macau to walk in the steps of St. Andrew Kim Taegon, the nation's patron saint.
Ordained in Shanghai, China, in 1845 as the first Korean priest, following seminary studies on the island of Macau (then a Portuguese colony), St. Andrew Kim returned home and was beheaded just a year later, at age 25 — martyred, as were his father and great-grandfather.

국내교회

"가정에 모여 기도하고 복음을 읽는 천주교 평신도들이 한국에 복음을 전했습니다. 선교사도 신부도 없었다"고 유 신부는 설명했습니다.

1784년, 중국에서 신앙에 대해 들은 평신도 구도자들은 천주교에 대해 더 배우기 위해 유교 학자를 북경으로 보냈습니다. 그는 세례를 받고 신앙을 전파한 동료들을 위해 책을 가지고 한국으로 돌아왔습니다.

불과 7년 만에 조선 왕조는 천주교를 국교인 유교와 조상숭배 전통을 위협하는 것으로 규정해 금지했습니다. 금지령은 1895년까지 해제되지 않았습니다.

거의 100년 동안 박해의 물결은 한반도의 가톨릭 공동체를 야만적으로 가혹하게 만들었습니다. 1984년 교황 성 요한 바오로 2세께서 한국 순교자 93명과 프랑스 선교사 10명을 신앙을 위해 시성(諡聖)한 것은 이러한 유혈의 역사에서 기인합니다.

중세 이후 처음으로 로마 밖에서 시성된 교황의 강론에 따르면, 약 10,000명의 한국 천주교인들이 교회의 첫 100년 동안 순교했습니다.

3년 전 프란치스코 교황은 한국 순교자 124명을 시복(諡福)했습니다. 어떤 면에서 보아도 한국 천주교회의 강인함과 다산성

Homegrown Church

"The Gospel was brought to Korea by Catholic laymen who gathered at home and prayed and read the Gospel. There were no missionaries or priests," explained Father Yoo.

In 1784, lay seekers, who had heard about the faith from China, sent a Confucian scholar to Beijing to learn more about Catholicism. He was baptized and returned to Korea with books for his companions, who spread the faith.

Within just seven years, the ruling Joseon dynasty banned Catholicism as threatening to Confucianism — the state religion — and traditions of ancestor worship. The ban was not lifted until 1895.

For almost 100 years, wave upon wave of persecution brutalized Catholic communities on the peninsula, in a bloody history memorialized by St. John Paul II in 1984, when he canonized 93 Korean martyrs and 10 French missionaries killed for the faith, too.

According to the Pope's homily — delivered for the first canonization held outside Rome since the Middle Ages — some 10,000 Korean Catholics were martyred in the first 100 years of the Church's life there.

Three years ago, Pope Francis beatified

을 유지하는 것은 한국 천주교회의 평신도가 기초를 다진 것이 검증된 확신의 역사입니다.

민주주의에 대한 지원

가톨릭과 가톨릭 신자에 대해 국가적 존경심을 불러일으키는 또 다른 역사적 요인은 특히 1970년대와 1980년대에 군사독재에 맞서 민주주의를 발전시키는 데 있어서 교회의 역할이었습니다.

1974년에 설립된 정의구현사제단(CPAJ)은 부패와 권력 남용 혐의로 기소된 일련의 정권에 맞서기로 결의한 조직 중 하나였습니다.

가톨릭 교회는 학생 활동가들을 격려했고, 유 신부는 정부에 반항하고 체포를 피해야 하는 일부 사람들에게 은신처를 제공했다고 설명했습니다.

개혁에 대한 가톨릭의 지지는 지역적, 교구 차원의 현상이 아니었습니다.

교황 성 요한 바오로 2세는 1984년 한국에 있는 동안 학생들의 간증을 들었습니다. 교황은 학생들이 "이해하기 힘든 난관에 부딪히더라도" 인내할 것을 격려했습니다.

감옥에 갇힌 한 학생이 자신의 감방 바닥에 칫솔을 갈아서 작은 예수상을 만들었습니다. 청년은 교황 요한 바오로 2세에

another 124 Korean martyrs. By all accounts, it is the Church in Korea's lay foundation and history of tested conviction that still fuels its tenacity and fecundity today.

Democracy Support

Another historical factor that fuels national respect for Catholicism — and converts — was the Church's role in promoting democracy, especially against military dictatorship in the 1970s and 1980s.

The Catholic Priests' Association for Justice (CPAJ), founded in 1974, was one organization determined to confront a series of regimes accused of corruption and abuse of power.

The Catholic Church encouraged student activists, explained Father Yoo, even giving sanctuary to some who ran afoul of the government and needed to evade arrest.

Catholic support for reform wasn't just a local, parish-level phenomenon.

St. John Paul II listened to testimony from students while he was in South Korea in 1984. He encouraged them to persevere, even when they "run into a wall of incomprehension."

An imprisoned student made a small statue of Jesus by grinding a toothbrush on the floor of his cell — the assembled youth gave the toothbrush

게 칫솔 예수를 주었습니다.
최초의 민간인 대통령이 자유로이 선출된 1992년에 끝난 독재정권 하에서 수천 명의 한국인이 체포되었습니다.

수감된 민주화 운동가 중에는 현직 대통령이 부패 혐의로 탄핵된 5월에 당선된 문재인 대통령도 있었습니다.

본당 신자인 대통령

신임 문재인 대통령이 청와대에 입성한 후 가장 먼저 한 일은 유종만 신부에게 와서 축복해 달라고 청하는 것이었습니다.
"그는 독실한 천주교 신자이며 매우 소박하며 지극히 현실적입니다"라고 특별 축복에 동행하기 위해 본당의 네 수녀를 초대한 유 신부는 말했습니다.
유 신부는 문 대통령에게 드넓은 호수에 노 젓는 사람 한 명이 탄 작은 배의 사진을 주면서 이렇게 말했습니다. "군주민수(君舟民水)라는 옛 중국의 사자성어(四字成語)가 있습니다. 왕은 배와 같고 백성은 물이라는 뜻인데, 임금은 백성에 의해 옹립되지만, 임금이 백성을 소홀히 할 때엔 백성이 임금을 끌어내릴 수도 있다는 의미입니다."
유 신부는 대통령이 대선 공약 중 하나인 공산주의 북한과의 화해를 모색하기를 희

Jesus to Pope John Paul II.
Thousands of Koreans were arrested under the dictatorship, which ended in 1992, when the first civilian president was freely elected.

Among the pro-democracy activists jailed was President Moon Jae-in, elected in May, when the sitting president was impeached for corruption.

President and Parishioner

One of the first things the new president did after taking residence at the presidential palace, known as the Blue House, was to ask Father Yoo to come and bless it.
"He is a devout Catholic and a remarkably unpretentious person, very down-to-earth," observed Father Yoo, who invited the parish's four religious sisters to accompany him for the special blessing.
The priest gave President Moon a photograph of a small boat with a single rower on a vast ocean: "There's an old Chinese saying that a king is like a boat and the people are the water; if they get upset, they rise up and overturn the boat."
Father Yoo hopes the president will seek reconciliation with the communist North, one of his campaign promises,

망하는데, 이는 바람직한 해결책에 대한 천주교의 입장이기도 합니다.

엘리트의 가톨릭

한국 천주교 주교회의 의장인 김희중(히지노) 대주교는 교적을 살펴보면 "국회(약 25%)와 군 지도부(약 35%)에 천주교 신자 비율이 높다"라고 설명했습니다.

김 대주교는 평신도 운동의 산물인 교회의 역사와 민주주의에 대한 강력하고 대중적인 옹호, 권위주의에 반대하는 입장이 교회를 존경받는 기관으로 만드는 데 기여했다고 확인했습니다.

1998년부터 2003년까지 재직한 한국의 유일한 노벨상 수상자인 김대중 전 대통령을 비롯해 많은 가톨릭 신자들이 모범적인 시민이었습니다. 김대중 전 대통령은 2000년 노벨 평화상을 받았습니다.

2015년 한 여론 조사에 따르면 한국에서 가톨릭이 가장 존경받는 종교이며 불교가 그 뒤를 잇고 있습니다.

개신교 교파도 확실히 강한 지지를 받고 있지만, 대형 교회의 부패를 둘러싼 일련의 스캔들이 일부 목사들의 평판을 훼손했습니다. 한국 인구 5,200만 명 중 약 30%가 그리스도교인입니다.

북한에서 태어났지만 1950년대에 공산주의를 탈출한 마산의 박정일 명예 주교(91)

which is also the Catholic Church's stand on the preferred solution.

Catholics in Elite

Archbishop Hyginus Kim Hee-joong, president of the Catholic Bishops' Conference of Korea, explained to the Register that a high percentage of Catholics are found in the country's parliament (about 25%) and among the military leadership (about 35%).

Archbishop Kim confirmed that the Church's history as being the product of a lay movement and its strong, public advocacy for democracy and its stand against authoritarianism have served to make it a much-admired institution.

Many Catholics have been exemplary citizens, such as Korea's only Nobel Prize winner, former President Kim Dae-jung, who served 1998-2003. The statesman received the Nobel Prize for Peace in 2000.

One 2015 poll found Catholicism is the most respected religion in South Korea, followed by Buddhism.

Protestant denominations certainly have strong followings, as well, although a series of scandals surrounding corruption at megachurches undermined the reputation of some pastors. Approximately 30% of the South Korean population of 52 million is Christian.

Bishop Emeritus Park Jeong-il of Masan,

는 전쟁 기간과 그 이후에 수많은 교회 조직이 난민과 실향민을 먹이고 돌보았기 때문에 한국 사람들이 그리스도교에 대해 긍정적인 견해를 갖게 되었다고 생각합니다.

그는 217명이 등록된 신학생들을 사제로 양성중인 서울 신학교에서 "그리스도교인들은 하느님의 사랑의 그림이었다"라고 말했습니다. "이제 우리는 다른 나라에서 봉사할 사제들을 제물로 바칠 충분한 성소를 갖게 되었습니다."

지난해 해외에서 봉사하는 한국 사제와 여성 수도자는 1,045명으로 가장 많았고, 중국(95명), 필리핀(91명), 프랑스(49명), 이탈리아(42명), 베트남(40명) 순이었습니다.

선교사들은 중국 북동부(길림성 연변조선족자치주 포함)와 현재 베이징과 홍콩에 거주하는 한인 공동체에 크게 집중되어 있습니다.

한국 천주교회와 중국교회의 유대가 깊어지고 있을 뿐만 아니라, 한국의 성직자들은 평화를 위해 지역적으로 신뢰와 관계를 개선해야 한다는 이야기를 점점 더 많이 하고 있습니다.

유 신부는 남한에서 지배적인 미국의 영향력을 언급하며 "우리 외교는 독립성을 상실했다"라고 말했습니다.

내가 이야기한 모든 가톨릭 성직자(주교와 추기경 포함)는 미국이 지배적이라고 공공

91, who was born in the North but fled communism in the 1950s, thinks Koreans developed a positive outlook on Christianity because so many Church organizations fed and cared for refugees and displaced people during and after the conflict.

"Christians were a picture of God's love," he told the Register at Seoul's main seminary, where 217 priests are in formation. "Now we have enough vocations to offer priests to serve in other countries."

Last year, there were 1,045 Korean priests and women religious serving abroad, with the largest groups living in China (95), the Philippines (91), France (49), Italy (42) and Vietnam (40).

Those in China are largely concentrated in the northeast (where Jilin Province includes the Yanbian Korean Autonomous Prefecture, with a majority of ethnic Koreans), as well as with communities of Koreans now living in Beijing and Hong Kong.

Not only are ties growing between the Korean Catholic Church and the Church in China, but Korean clerics increasingly talk about improving trust and relations regionally in order to secure peace.

"Our diplomacy has suffered from the loss of independence," observed Father Yoo, in reference to the dominant U.S. influence in the South.

연하거나 미묘하게 말했습니다. 영향력은 한국의 빈약한 외교를 일으켰다.

김 대주교는 "지역 외교를 통해 … 하느님과 함께라면 우리에게 불가능한 것은 없습니다"라고 말했습니다.

선임 등록 특파원 Victor Gaetan은
수상 경력에 빛나는 국제 특파원과
포린 어페어스 매거진 기고자
아메리칸 스펙테이터와 워싱턴 심사관.

편집자 주 : 이 기사는 한국, 대만, 홍콩의 천주교 현황에 관한 시리즈의 일부입니다.

키워드 : 빅터 가예탄, 한반도, 한국 천주교, 한국교회

Victor Gaetan

Victor Gaetan Victor Gaetan은 국제 문제에 초점을 맞추고 있는 National Catholic Register의 선임 특파원입니다. 그는 또한 포린 어페어스(Foreign Affairs) 잡지인 〈American Spectator〉 및 〈Washington Examiner〉

Every Catholic cleric I talked to (including bishops and the cardinal) said overtly or subtly that the dominant US. influence has caused an anemic Korean diplomacy.

"We need to establish trust… through regional diplomacy, and we are already working on this," confirmed Archbishop Kim. "Nothing is impossible for us, with God."

Senior Register correspondent Victor Gaetan is an
award-winning international correspondent and a
contributor to Foreign Affairs magazine
The American Spectator and
the Washington Examiner.

Editor's Note: This article is part of a series on the state of the Catholic Church in Korea, Taiwan and Hong Kong.

Keywords: victor gaetan, korean peninsula, korean catholics, church in korea

Victor Gaetan Victor Gaetan is a senior correspondent for the National Catholic Register, focusing on international issues. He also writes for Foreign Affairs magazine, The American Spectator and the Washington Examiner. He contributed to Catholic News Service for several

에 글을 기고하고 있습니다. 그는 몇 년 동안 가톨릭 뉴스 서비스에 기여했습니다. 북미 가톨릭 언론 협회(Catholic Press Association of North America)는 지난 5년 동안 그의 기사에 개인 우수상(Individual Excellence)을 포함하여 4개의 1위상을 수여했습니다. Gaetan은 파리의 소르본 대학교에서 오스만 및 비잔틴 연구로 학사 학위(B.A.), Fletcher 국제법 및 외교 학교에서 석사, 박사 학위를 받았습니다. 또한 터프츠 대학교에서 문학 이데올로기 박사 학위를 받았습니다. 그의 저서 《God's Diplomats: Pope Francis, Vatican Diplomacy, and America's Armageddon》은 2021년에 'Rowman & Littlefield'에서 출판될 예정입니다.

years. The Catholic Press Association of North America has given his articles four first place awards, including Individual Excellence, over the last five years. Gaetan received a license (B.A.) in Ottoman and Byzantine Studies from Sorbonne University in Paris, an M.A. from the Fletcher School of International Law and Diplomacy, and a Ph.D. in Ideology in Literature from Tufts University. His book God's Diplomats: Pope Francis, Vatican Diplomacy, and America's Armageddon will be published by Rowman & Littlefield in 2021.

Interview

- Foreign Affairs magazine(Reporter Victor Gaetan)

1. Please tell me about your parish: How many parishioners, how many Masses each weekend, what evidence do you see that the Holy Spirit is moving powerfully in your community?

Hongjeoi-dong was originated from the presence of the 'hongjeoiwon' where the Chinese goddess of the 'Choseon Dynasty' lived.

The hongjeoi-dong parish holds the 'King of Christ' as the main protector saint, and on september 13, 1949, It has been promoted to joongrim-dong and has a history of 68 years. At that time, hongjeoi-dong, Hongeun-dong, as well as the area of yeokchon-dong, was governed by goofabal. In May of 1964, the bulgwang-dong parish was divided. In september 2003, the mooakjae parish and was divided. In february 2004, hongeun-dong parish was divided. In 2003, the hongjeoi-dong big parish which was 10,000 believers at the time, is now reduced to about 4,600 believers.

There are about 1,500 believers attending Sunday Mass. Every Sunday

Mass is celebrated seven times. Of course, one assistant priest and two sisters are helping me. In addition, Kindergarten (70 students, two sisters) and after-school schools (60 students) belonging to the parish are also operated. And barista volunteers are helping the poor in their communities through the proceeds of cafés run by them.

In addition, the café 'Harang' in parish means 'love of God'. In this café and shops around the parish, a piggy bank is installed once a month to share a meal, and once a month it is collected and the poor I use it for. Those who are not believers are also involved.

In a very rare case, inside the parish are two convents, the 'Jesuit Little Brotherhood' and the 'Christ convent Little Brotherhood'. The conventions of these two convents also serve the elderly living alone and those who are in financial difficulties.

I am grateful to God for all of this and I think that all these things are definitely done by the Holy Spirit.

2. What impact did Pope Francis' visit three years ago have on your parish? Are there any ways that the Holy Father's visit continues to have a positive impact?

After the Pope's visit to Korea, the Korean church is the poor church and the joy of the gospel. Korean Catholics chose the "poor church for the poor" and the "church for the joy of the gospel" as subjects for the Korean church to change after the Pope's visit.

The Korean Catholic Pastoral Bishopric of the Korean Catholic Bishops 'Conference (Bishop Kang Woo Il) conducted a survey on Korean Catholicism issues after visiting Franciscan Pilgrimage to Korean Catholic believers in advance of the 2014 General Conference of the Bishops' On the first day of the afternoon of October 27, The survey was conducted with the purpose of providing the Korean Bishops with a discussion on the tasks of the Church since the Pope's visit.

The survey items were the most impressive scenes of the Pope's visit to Korea, the impressions of the pope's speeches and speeches, the words of the pope Franciscan, the central theme for the Korean church to change after the Pope's visit to Korea, And the task of evangelical growth, and allowed the choice of items to be duplicated.

There were a total of 680 respondents, of whom 218 responded by e-mail to the institute (6 bishops, 87 priests, 64 priests, and 61 laymen), 462 believers participating in the Bishop's homepage and SNS 33 clergymen, 23 religious and 40 laymen. The e-mail group had a higher proportion of clergy and monks, and the homepage group had a higher proportion of laity.

One of the most impressive and touching scenes during the Pope's visit to the United States was the approaching of people with no price, Items such as encounters with the weak, yellow ribbon, small cars and small signage showed high response rate. I chose the press conference of the Korean Bishops' Conference which emphasized 'the preservation of memory and hope, the poor church' and the press conference to Rome known as' not neutral before suffering 'as the most touching in speeches and speeches. After that, a lot of speeches were made about the monks who said that 'the lives of the rich living hurt the church.' All of the words that came to mind when thinking about the Pope Francis were the first to say "sympathy and communication".

After the Pope's visit to Korea, the main theme for the change of the Korean church was the poor church for the poor. Especially, laity, religion, women, and elderly believers have chosen this theme. Then, "the church that lives the joy of the gospel" and "the church that implements the justice and peace of the world" showed high preference.

The two most prominent tasks for improvement of Korean bishops were 'dialogue and communication' and 'social justice practice'. Pastoral vision and lack of leadership, self-righteousness, authoritarianism, and rich and comfortable life were pointed out together.

All of the priest's points to improve are "self - righteousness and authoritarianism". Next, he pointed to 'lack of prayer and spiritual life', 'rich and comfortable life', 'lavish hobbies', and 'pastor focused on possessors'. As for the religious people, I chose 'prayer and lack of spiritual life' and 'narrow-minded and one-sided thinking' in my first hand. He pointed out to the lay people 'lack of prayer and spiritual life', 'lack of social justice practice', 'sectarian behavior' and 'antagonism with neighbors'.

Among the tasks for the renewal and growth of the church, 'the creation of the ambience for the poor' showed the highest response rate. The next task was to expand church participation for social justice and peace, to develop pastoral leadership and personality education, and to develop programs for believer spiritual life.

The institute has concluded that the Korean church is asking for the following tasks by synthesizing the survey results. Regarding the social participation of the church, ▲ active interest in social problems ▲ healing of social conflicts with evangelical gaze ▲ evangelical foundation of church and deepening of social teaching are needed. Regarding the members of the church, it is necessary to provide institutional help and education for leadership, such as a change from the upper level, a resolution to implement even a small practice, and priesthood leadership. For the poor church, which the pope Franciscus emphasizes and Korean believers also sympathize with, ▲ improve the attitude of the clergy, ▲ meet the solidarity and solidarity for the poor, ▲ the community structure that experiences the subjectivity of the poor, For the church, it is necessary to develop the program atmosphere for the believers and to make efforts to revitalize the small communities.

Although only three years have passed since the Pope's visit, the faded excitement has disappeared and a more realistic assessment of the present and future of the Korean Catholic Church, and even the past, is in place. I think we should move away from stereotypes that the Pope's visit will have a 'miraculous effect' on the lives of local churches. It is true that the visit of the Pope Francis opened the hearts of many people and moved them. The expectation was high before the arrival of the pope. The pope finally comes. Everything will be different, said the people. At last the pope came and the heat was hot, but the church did not seem to have changed much since the pope left. However, the Pope's word has also become the standard of church action so far.

On the other hand, Bishop of Kangwol Il said : "Many parishes, including our parish, have increased the number of people who decide to go to the cathedral after the visit to the Pope and who are willing to share the gospel. Many non-believers were opposed to the simplicity of the pope, and the number of prospective believers also increased. There was also a parish that increased by 50% compared with the previous year. In the church, the Pope was highly praised by those who felt urgent in the spiritual renewal of the church life. Those who did not have this sense of faith did not understand the heart of the Pope's message to Francis and soon forgot what the Pope had said."

Some of the harder critics in the Korean church have said that the message of the Franciscan pope did not spread enough to affect the Korean church. I think there is a tendency to think that the visit to the Pope has caused awe and change in the Korean church. "In the history of the Korean Catholic Church, it is clear that in the early days of the mission, the church was not born or grown by priesthood thoughts, planned strategies, or big events. The Gospel was brought to Korea by Catholic laymen who gathered at home and prayed and read the gospel. There were no missionaries or priests. Layers lived in daily life believing in the grace of ordinary. In the era of persecution, we gathered at home, prayed, read the gospel, and studied doctrine to maintain faith. When the Pope Franciscan arrived, the pope also suggested that the gospel be continued in our daily lives, in the family, in the community, and in the diocese." This is the way to radiate the charm of God's work, not human achievements, "Bishop Kang Woo-il" emphasized.

3. I am told that the Catholic Church has extensive respect in Korean society, even among non-Catholics? In your view, do you see and feel that respect? Why is respect important for the Church to spread the Good News in Korea?

Catholic horizons spread more quietly in the country of quiet morning. As the rainwater permeates into the dry land without people being conscious, the believer has continued to grow and the cross has expanded much faster and wider than other religions. It has revealed that many people have embraced or accepted Catholicism more than any other religion.

It is the result of the housing-population survey released by the government(National Statistical Office) in May 2006. In the survey, Catholics accounted for 51.46 million people, an increase of 74.4 percent from a decade ago, while Buddhists increased by 3.9 percent to 10.726 million. Protestantism, on the other hand, showed a decline of 1.6 percent to 8,616,000 people compared to 10 years ago. The results of this statistic have been accepted by the Protestants and Catholics as well as by the public.

Significant figures have also been derived from the growth rate of the past 20 years. Catholics accounted for 175.9% growth over 20 years ago. Buddhism was 33.1% and Protestantism was 32.3%. Compared to Protestantism, in which it was said that "over 10 million Catholics were over," Catholic missionary methods have been relatively quiet, and their behavior has been perceived as less active than comparable. Nevertheless, the Catholic believer has nearly doubled from 20 years ago, and the rate of growth has surpassed other religions.

These statistical presentations have shocked our religious world. In particular, the Catholic Church was the Catholic University, and the Protestant Church denounced the analysis, research, reflection, and countermeasures under the heading "Protestant Christians have decreased the number of Protestant believers, but Catholics have increased." In the process, the Catholic Church has found two other traits that go beyond the quantitative aspect of increasing believers. The first is the inference that the general public has an image of Catholicism, whether or not they are official registered believers.

With the announcement of the statistics of the government, I tried to examine the actual registered believers in the Catholic Council of Korea. That's 4.7 million people. So it is about 480,000 fewer than the government survey. Those who are not registered are more likely to say, "I am a Catholic."

Priest Bae Young-ho, the general secretary of the Catholic Council of Korea, continued to speak with these analyzes. Let's hear his analysis more. "The government statistics contain a lot of such people, and I think the number is actually larger than our registered believers. Then why did not people answer that, even if they were not registered? Conversely, it is interpreted that it is not Catholic, but is sympathetically inclined to Catholicism, and likes Catholicism."

Another qualitative feature is the phenomenon of Catholic conversion of other religious believers. Following Bae Young-ho's analysis. "Moving from Protestantism to Catholicism, or from Catholicism to Protestantism, has never made much sense because it is a family, a brother, in God anyway. I had a chance to look at that part with the statistics of the government. When registering as a believer in the cathedral, there is a part that clarifies the process of admission. How he came to the Catholic Church, and what religion he had before. When I counted the number of registered believers and looked at the process of their admission, I noticed a person moving from the Protestant to the Catholic."

There is a limit to asserting that Catholicism is becoming a haven for souls, capturing the hearts of Koreans tired of everyday life and reality, simply by covering the increase in the number of believers. But at least it will be possible to say, "Now Catholic is attracting the attention and hearts of Koreans." The Catholic Church, which was known to be 'quiet and calm' in Korea, where the world's major religions coexist and compete, was unexpectedly more active than other religions and became a subject of interest. In any case, the results of the government's statistics show that Korean Catholics are making another episode of "episode" (whether it is from world church history or Korean church history).

In Catholic history, Korea is said to be an unprecedented blessing (from a Catholic point of view) all over the world, where missionary work is not coming in, and Catholic evangelism has been achieved through self-study and mission. It is considered as the first history(role). The second history is that Catholicism is not a state religion, and the country is far ahead of the tradition of Buddhism and Protestantism, but there are two cardinals. It symbolizes the status and influence that Korea has in the Catholic world.

The statistics also show that Catholic believers are increasing day by day. It is certainly noteworthy that the religious freedom of choice and the choice of religion is also accepted, or at least perceived, as a 'shelter for the soul' by a variety of today's Koreans, with the exception of other religions. We can group this series of events into one line and call it 'the resurrection of Catholicism in Korea'. The Catholicism, which had long ago collapsed by self-corruption and corruption, is now resurrected in Korea, beyond time and space.

So what brings Catholic to life? What causes Catholics to attract people? What is the power to revive the Catholicism today before looking for the answer? Why is Catholics attracting people's eyes and hearts? Father Oh Kyung hwan (Professor Emeritus, Catholic University of Korea) who studies this issue is one of the great powers of Catholicism. "The important thing is that Catholics are never more religious than any other religion. I would like to say that Catholics are more religious in the eyes of the general public than other religions. I think that religiosity first comes from integrity, especially from the integrity of the clergy. It's different from being poor. In the Catholic Church, the bride and the nun are very much concerned about the integrity of their lives. I do such spiritual training during the long training period of being a priest and becoming a nun."

In fact, Catholic clergy do not own houses or collect private property. If there is any problem, take precautions immediately in each precinct. The priest can not touch the offering, and the disciples are gathered in the center by the believers, and the discipline is applied to the line according to the regulations. The living and activity costs of clergy are also provided according to regulations. Naturally, priests pay income taxes on living expenses and activities. It is their belief that it is the foundation of the clergy. The strict confidentiality of individual donations is a virtue of

Catholicism. In any case, donations are voluntary. It is never revealed to anyone who contributed. There is a tradition that any act that discloses the amount of the offerings of the believers or induces competition for offerings does not conform to the spirit of Jesus Christ. Everyone will be able to offer it on their own terms.

"It is the power of the Catholic Church to maintain a religious image not only in the church but also outside the church", explains Father Oh Kyung hwan. "In Catholics, mission and evangelism are the primary mission. Mission and evangelism include social justice and human rights activities. Since the beginning of the Catholic Youth Movement in Korea in the early 1960s, the Catholic Church has emerged whenever major political and social events or human rights problems have arisen. I pointed out the problem and argued for it. The Myeongdong Cathedral is one of the many individual churches in Korea, but its position and meaning are different. Our democratization movement, Catholicism, as well as the symbol of our conscience have been positioned. Those things would have strengthened Catholic righteousness, and even religiousness."

However, there is a limit to asserting that Catholicism is becoming a haven for souls, capturing the hearts of Koreans tired of everyday life and reality, simply by covering the increase in the number of believers. But at least it will be possible to say, 'Now Catholic is attracting the attention and hearts of Koreans.' The Catholic Church, which was known to be 'quiet and calm' in Korea, where the world's major religions coexist and compete, was unexpectedly more active than other religions and became a subject of interest.

In any case, the results of the government's statistics show that Korean Catholics are making another episode of "episode" (whether it is from world church history or Korean church history). In Catholic history, Korea is said to be an unprecedented blessing(from a Catholic point of view) all over the world, where missionary work is not coming in, and Catholic evangelism has been accomplished through self-study and mission. It is considered as the first history(role). The second history is that Catholicism is not a state religion, and the country is far ahead of the tradition of Buddhism and Protestantism, but there are two cardinals. It symbolizes the status and influence Korea has in the Catholic world. The statistics also show that Catholic believers are increasing day by day. It is certainly noteworthy that the religious freedom of choice and the choice of religion is also accepted, or at least perceived, as a "shelter for the soul" by a variety of today's Koreans, with the exception of other religions. We can group this series of events into one line and call it 'the resurrection of Catholicism in Korea'. The Catholicism, which had long ago collapsed by self-corruption and corruption, is now resurrected in Korea, beyond time and space.

And the message that the experts put forward could be the answer to why Catholicism revived today as a resting place for souls in Korea. In recent years, various media and public opinion agencies have reported positive public perceptions of the Korean Catholic Church. It is said that the role of the church in the democratization and human rights promotion of Korean society is becoming a trustworthy religion in dedication to social service and social welfare, openness and tolerance for other religions, and trust in clergy. In the meantime, we know that many clergy, monks, laymen, and laymen of the Korean Catholic Church have played the role of light and salt in the darkness of society without sound. Their devoted practice of love is a key element in bringing a positive assessment of Catholicism in Korean society. Their simple and powerful life tells us the direction of our church. It is constantly practicing love and serving based on love against the wrong values and materialism of the world.

These factors are combined and Catholicism is resurrected and grown to the point where Koreans regard it as a religion to entrust their souls. What is the significance of such a Catholic resurrection to the secular world beyond its religious significance?

Father Oh Kyung hwan, he said this. "I've heard that roughly 300 times more water is needed to clean a drop of rotten water. Anything is easy to fall, but it is a very difficult process to revive, and it takes a long time. Religion does not have to be. How long will it take for religion to save people's souls, human souls, and corruption and corruption before it again gains people's trust? It is now 500 years that corrupt Catholicism has been counterattacked by Protestantism. It can be said that today, through long repentance, self-restraint, asceticism, and martyrdom, it is only when we are digging the souls of people." He added that Catholicism is still lacking as a soul water source You must always be afraid of yourself or that there is no contaminated place.

4. In the United States, often the only thing we hear about with regard to Korea is the menace of North Korea? What prayers does your parish have about North Korea and ending the conflict that divides the Korean peninsula.

* **Problems of Education**

The reason why Korean students are treated as being unconditionally studying is because they are too obsessed with the preoccupation for college entrance examinations, and they are overcompeted by competition. It was derived from one of the aggressive problems in the Korean society that if the other side was weak, it would be easier to define the other as a loser.

In other words, it is not a matter of education system, but Korea is already an established educational society, the attitudes of the parents and the parents who are concerned about the victim's consciousness, The effect on the students, the phenomenon of the expatriate subsidy from the Joseon Dynasty and the heat of the pipeline can be considered as a problem.

A big problem in Korean education is that it has been a persistent phenomenon that it is obsessed with the entrance examination that does not fit with the purpose / social consensus of the mandatory education to nurture citizen with average level of knowledge. The reason for this was that in the early 1940s, when the government of the Republic of Korea was in the early stage of establishment, even though only high school students were enthusiastic, the average level of education in Korea was extremely low, As a result, the people who lived at that time called college college songs, and as a result, the only way for their children to enter college was because of the prevalence of all Koreans living in college. It is altered. In fact, there are not many countries that enter the university as much as Korea. In the United States, only 25% of the population enter the university.

* **Problems of Society**

The most important reason is that the government, which entered the stabilization period in the 21st century, applied the system with the majority of the old-generation system instead of reorganizing to the present age. In fact, it causes a great deal of wounds in society, but it does not solve the root cause, but only when the event occurs. In order to solve these problems, the government should provide counseling services to the soldiers who are in the position of returning to the army without any problem in the society, as it is the cases of the Republic of China, Singapore, Turkey, Italy, If you do that, "would you need extra budget?" I can think of that. Unless the perception changes, the above mentioned phenomena have no reason to be improved. I do not think it's a problem because there is something wrong with Singapore, which is better than Korea, but even Turkey, Spain, and Italy, which can not live in Korea better than Korea. Can be seen from the Soviet Union. The absurdity of the Soviet Union, which had abused soldiers and elementary officers as much as the ROK troops, eventually broke out at the end of the Soviet era and became one of the causes of the Soviet - Afghan war.

In other words, the biggest problem of Korean society at present is chronicity conservatism. It is not just political conservatism, politically supportive conservative parties. The chronicized conservatism of Korean society means conservatism, which is not just a right - wing or conservative in politics, but a socially and culturally stubborn obsession with the existing ones almost unconditionally. The word "closed" rather than "conservative" seems appropriate. Imagine what causes the contradictions in the age gap and various institutions described earlier. Eventually, the age is changing, and the Korean society is a phenomenon of incongruity that is caused by trying to stay in the past. At present, the phenomenon of cultural delay in Korea is unprecedentedly serious. If we go this way, technically we will stay behind the developed countries and stay below the institutional and qualitative levels, and eventually we will fall out of the international society. Right next to Japan is North Korea, which has been bullied in international society because of institutional problems rather than technical problems, and is undergoing twenty years of lost Galapagos.

Fortunately, there are more and more movements in the current era to move away from these conservative perceptions centering on younger people, middle-aged and elderly educated people, and applying them to real life with more flexible and open thinking. In addition to this, it is necessary to think that discrimination is also necessary because it is not the same word because it is different from social and individualist thinking is common. In short, it is essential to improve the awareness of those who are high and some citizens. But the problem is that people do not change or change easily. The older you get, the more stubborn you get.

Korea has the lowest birth rate among the 200 countries. One out of every four voters in the 19th presidential election in 2017 is said to be over 60. Among voters, 15.9% in their 20s, 17.8% in their 30s, 20.8% in their 40s, 19.9% in their fifties, and 24.1% in their 60s or more.

We have been interested in the pursuit of economic security, which is the most important element of international order change, due to the perception of the ongoing threat of military security from North Korea. Currently, other countries are focusing on economic security by changing into the international order flow that has developed in the post Cold War era, while Korea has not yet escaped from the framework of military security, North Korea relations, and bilateral diplomacy that were characteristics of the Cold War era. Therefore, it is not an exaggeration to say that it was difficult to carry out various strategies and it was centered on North Korea's nuclear and missile issues. As a result of this situation, we were constrained to deal with relations with neighboring countries and diplomacy for 100% national interest became difficult. The biggest problem I think is that the government of the Republic of Korea is unable to achieve its diplomatic goals because of its lack of diplomatic ties.

To improve this, the concept of security must first be expanded. It is necessary to move toward a comprehensive policy approach based on expanding the security concept centering on existing military security to a comprehensive one including economic security. North Korea should be set as an object to be managed by the Republic of Korea in order to normalize the Korean peninsula and the peace regime on the Korean peninsula should be developed into a system in which the participating countries of the Six Party Talks can separate and manage North Korea's politics and economy for normalization.

Recently, diplomatic experts in each country have emphasized human security as well as traditional military security. South Korea's diplomacy should be focused on North Korea, and human security diplomacy should be paid attention to maintain universal values of the international community. The concept of human security is that the real world peace can be achieved only if human rights, environmental protection, social stability, democracy, etc. are basically guaranteed in addition to military reduction or reduction of armament. It is a strange concept to us, but the scope of the security concept is expanding and it is necessary to set our position because it can raise the diplomatic position as effectively as the existing military security. In conclusion, Korea should be set to strengthen its comprehensive security capabilities to combine efforts to strengthen its economic power.

Second, the leading powers of the great powers are distributed. Everyone would have thought about this problem once. I also have been thinking about this issue a lot and I was worried about it once every time there was an agreement with the US such as FTA. In particular, we have been increasingly reliant on the United States, which has a dominant power. Now, of course, our country has developed a lot and its dependence has been lowered a bit, but the United States still occupies a large part of us. The status of international economic power in major countries including the United States is a determining factor in international problem solving. The localization trend is spreading and the global management of the international order is forgotten.

Therefore, the independence of Korean diplomacy has been lost. From the past, our foreign relations focused on ideological centered diplomacy, and centered on the West. In other words, he was engaged in passive diplomacy. When we consider that the ultimate objective of our nation, the unity of the Korean people, is unity, our diplomacy has suffered from the loss of independence, although there should have been many policy changes to escape from various problems. Moreover, it is necessary to cope with the uncertainty of the localization that continues despite the new balance between the great powers through the relative strengthening of the US position and the reestablishment of bilateral relations.

Finally, in Northeast Asia, there are always political conflicts, diplomatic friction, and possible conflicts due to historical confrontation and distrust between nations. Therefore, we should establish a trustful diplomatic atmosphere and make peace

In the Hongjeongdong Cathedral, there is no prayer for North Korea, and the 9th day prayer for reconciliation and reconciliation of the nation is carried out once a year at the Archdiocese of Seoul.

5. In the United States, during last year's elections the Catholic vote helped elect President Trump. The American Catholics were in particular preoccupied with the issues of abortion, gender, and protection of Christians in the Middle East. How important was the Korean Catholic vote in the election of President Moon? Can you reference any statistics?

Here we analyzed the outcome of the 19th presidential election, the outcome of the exit survey, the follow-up survey, the election day and the pre-election poll. Because of the nature of the secret ballot, the result of this election is worth checking out because it does not know the gender, age, and candidate approval rating by party. Particularly, in this election, we conducted an in-depth exit survey that analyzed not only age and gender but also ideology and policy orientation.

The exit survey was conducted jointly by three terrestrial broadcasters.
According to the results of the exit survey on the day of the presidential election, The left side is the exit poll, and the right side is the actual final

vote rate.

1. Candidate Moon Jae-in: 41.4% → 41.1% (-0.3%)
2. Candidate Hong Joon-pyo : 23.3% → 24.0% (+ 0.7%)
3. Candidate Ahn Cheol-Soo : 21.8% → 21.4% (-0.4%)
4. Candidate Yoo Seung-min : 7.1% → 6.8% (-0.3%)
5. Candidate Shim Sang-jung : 5.9% → 6.2% (+ 0.3%)

Although there was no change in the actual vote count results, Candidate Moon Jae-in, Ahn Chul-soo, and Yoo Seung-min received slightly lower votes than the exit polls. Candidate Hong Joon-pyo and Shim Sang-jung received somewhat higher votes.

Analysis by religion

Outbound survey respondents were 23.1% of Buddhists, 19.1% of Protestants, 11.4% of Catholics, 1.7% of other religions, and 44.7% of non-religions. In comparison with other religions, Buddhist believers are followed by Hong Joon-pyo (35.5 percent), Moon Jae-in (33.7 percent), Ahn Cheol Soo (18.7 percent) and Catholic believers Mun Jae-in (46.6 percent), Ahn Cheol Soo (21.8 percent) did. For reference, Candidate Moon Jae-in is Catholic, Candidate Hong Joon-pyo is Protestant, and Candidate Ahn Chul-soo is no religion. Looking at the religion with the highest percentage of votes per candidate, Candidate Mun Jae-in received the highest support from Catholic, Candidate Hong Joong-Pyo from Buddhism, and Candidate Ahn Cheol-soo from Protestantism.

Some argue that it is not necessary to make a big deal about these results. Because before the religious support, the Greedy Taoism(Protestant + Catholic) is strong in Honam, and Buddhism is strong in Yeongnam. It is also argued that it is pointless to examine the correlation between election and religion, since the domestic religious system has a strong tendency to secularism and separation of sophistication from the outset. Actually, there is no big problem in the past elections or presidential elections in Korea that religion itself had no significant effect on electoral dominance.(See the internet : https://namu.wiki)

* P.S. : I am sorry that my interview reply is late. Please do your best. - Priest Paul Yoo.

RFA(자유 아시아 방송)와의 전화 인터뷰

앵커: 교황청을 방문한 문재인 한국 대통령이 현지 시간으로 18일, 교황을 단독 면담하면서 김정은 북한 국무위원장의 방북 초청 의사를 전달했습니다.

프란치스코 교황은 북한의 공식 초청장이 오면 갈 수 있다는 뜻을 밝혔는데요, 만약 교황이 북한을 방문한다면, 한반도의 평화와 인권 등 여러 부문에서 적지않은 메시지를 던질 것으로 예상됩니다. 교황 방북 초청의 의미는 무엇인지, 교황의 방북이 한반도 정세와 북한 주민의 인권에는 어떤 영향을 미칠 것인지에 관해 유종만 신부의 견해를 들어봤습니다. 유종만 신부는 문재인 대통령이 출석한 성당의 주임 신부이기도 한데요, 진민재 기자가 대화를 나눠봤습니다.

교황 방북 전 바티칸 · 북한 수교 기대

- 신부님, 안녕하세요. 우선 인터뷰에 응해주셔서 감사합니다. 문재인 대통령이 프란치스코 교황을 만나 김정은 북한 국무위원장의 방북 초청 의사를 전달했는데요. 어떻게 내다보시나요?

[유종만 신부] 지금 현재 관계자들은 방북 가능성이 크다고 예견하고 있습니다. 무엇보다 교황 자신이 늘 한반도 평화와 남북화해를 바라고 계시기 때문에 평양 방문을 전향적으로 검토하시지 않을까 생각합니다. 2014년에 한국을 방문했던 프란치스코 교

황이 한반도 분단과 치유에 남다른 관심을 보이셨기 때문에 어느 때보다 방북 가능성은 크지 않을까 생각합니다. 그런데 교황 방북이 실현되면 좋겠지만, 현실화하려면 북한의 사전 작업이 선행돼야 하지 않을까 생각하고요, 아시다시피 북한은 가톨릭 성직자도 없고 종교의 자유가 필요한 상황입니다. 교황님이 방북에 어떤 조건을 내걸지 않을 것 같지만, 이런 사전 작업이 이뤄지면 더 좋지 않을까 생각해보고요. 방북 시점이 언제가 될지 모르겠지만, 그 전에 바티칸 시국과 북한의 수교가 먼저 이뤄지면 더할 나위 없이 좋은 환경이 되지 않을까 생각합니다.

- 북한에는 종교의 자유가 없는 나라이기도 하고, 일부에서는 교황이 방북하면 신변 안전을 이유로 우려하는 시각도 있거든요. 이런 부분은 어떻게 풀어갈 수 있을까요?

[유종만 신부] 그 점은 기우에 불과할 것으로 봅니다. 한국 대통령도 세 분이나 평양에 다녀오셨고, 경호 문제에서 아무 문제가 없었잖아요. 오히려 세계의 지도자인 교황이 가시는 데 경호문제는 전혀 생기지 않을 것으로 생각하고 확신합니다.

- 북한이 교황을 초청하려는 시도가 이번이 처음이 아니죠. 알려진 바로는 적어도 세 차례 정도인 것으로 알고 있는데요. 북한이 계속 교황 방북을 추진하는 이유가 있지 않을까요?

교황 방북, 미북 관계 개선 기여할 것

[유종만 신부] 제 생각도 그렇지만 전문가들도 외교적 고립에서 탈피하기 위한 방법이 아닌가 생각합니다. 북한이 현재 160개 국가와 외교 관계를 맺고 있고, 40개 이상 재외공관을 유지해왔는데, 지금은 사정이 좀 달라졌고요. 교황 방문 못지않게 어떤 조건에서 방북하느냐도 중요한 것 같습니다. 북한이 오래전부터 세계적으로 영향력이 크신 교황님을 평양에 초청함으로써 북한에도 천주교와 개신교 등 종교자유가 있다, 종교자유를 인정하는 정상국가라는 점을 영상을 통해 전 세계에 심어주고, 김정은 위원장 자신도 정상국가의 정상적인 지도자라는 점을 보여주고 싶어서 그렇지 않을까 생각합니다. 또 이를 통해 미국과 북한의 관계도 개선되지 않을까라는 기대도 해봅니다.

- 신부님은 문재인 대통령이 관저로 거처를 옮길 당시 축복식을 해주실 만큼 문 대통령과 개인적인 인연도 깊은 것으로 알고 있는데요. 이번에 김정은 국무위원장의 교황 방북 요청을 이끌어낸 점이나 교황청 방문 등이 갑작스러운 외교 행보는 아닐 것 같은데, 어떻습니까?

[유종만 신부] 문재인 대통령은 대통령이 되시기 전부터 매우 독실한 가톨릭 신앙을 갖고 계셨고, 이념적으로 평화를 매우 중요시하는 대통령인 것 같습니다. 지금 한국 현실에서 중요한 것이 비핵화와 평화인데, 여기에 가장 큰 도움을 주실 수 있는 분이 교황님이 아닐까라는 생각을 가지신 것 같습니다.

북한, 고립 탈피해 국제사회 나오는 계기

- 3차 남북정상회담 당시 평양에 같이 가셨던 유흥식 주교님은 현재 로마 교황청 방문에 동행하셨죠? 이렇게 모두가 한반도 평화를 위해 최선의 노력을 다하고 있는데 앞으로 교황의 방북이 실제로 성사된다면 할 일이 많으시겠어요.

[유종만 신부] 북한이 종교의 자유 보장 등 풀어야 할 문제가 있지만, 교황의 방북이 북한의 정치적·종교적 고립에서 탈피하는 것과 국제사회에 나오는 좋은 계기가 될 것으로 봅니다. 그리고 북한과 미국 간 좋은 관계가 유지되는 데 많은 영향을 미칠 것으로 생각합니다. 교황이 평양에 가시면 주민 앞에서 연설도 하시고, 강론, 기도 등도 하실 테고, 종교의 자유와 인권 문제의 해결을 언급하실 것 같은데 북한이 이를 받아들일 수 있을지는 의문으로 남습니다. 하지만 이런 기회를 통해 북한의 종교자유를 더욱 촉진할 수 있는 계기가 됐으면 하는 바람을 갖고 있습니다. 개인적으로 저도 부모님 모두 고향이 이북이셔서 통일이 되면 아버님의 고향인 평양에 가서 신부를 하고 싶은 소망이 있습니다.

- 네 신부님. 인터뷰에 응해주셔서 다시 한번 감사드립니다.

[유종만 신부] 네. 고맙습니다. 건강하세요.

사랑하는 이에게
- 한국ME 30주년에 부쳐 -

유종만(바오로) 신부 (서서울ME 대표신부)

손가락 끝으로 시작된
우리의 만남은
마냥 행복했습니다.

과거와 미래도 필요 없고
현재만이 우리에게는
존재하고 필요했습니다.

서로의 입장을 이해해 주고
안개 속의 미래를 알면서도
나는 당신을 사랑했습니다.

서로에게 길들여진 지금
나는 또 다른 당신을,
또 다른 모습을 요구합니다.

서로 닮아서인지
나는 아무것도 아닌 일에
화를 내고 변명합니다.

이제는
처음으로 돌아가서
우리의 사랑을 다시 시작하겠습니다.
모든 자존심을 접어두고
사랑 속의 미움을 갈무리하고
이제는 운명을 감싸안습니다.

죽어서도 결코 후회하지 않을
운명과 맞서면서 이룬 사랑을
눈 감기까지 지켜 나가겠습니다.

훗날 그 누가 나에게
평생 기억에 남는 것이
무엇이냐고 묻는다면

분명 단 한 사람을
사랑했던 추억이라고
대답할 것입니다.

사랑하는 이여!
우리의 사랑은
그렇게 약하지 않습니다.

이 세상에
당신이 존재한다는 그 자체로
나는 행복할 수 있습니다.

사랑하는 이여!
신뢰, 이해, 인내, 헌신, 결심
이 모두는 우리의 말들임을
순간순간 기억해 봅니다.

등촌1동 〈광헌지〉와의 인터뷰

유종만 신부님! 진심으로 환영합니다! 유종만(바오로) 주임 신부님은 등촌3동 성당에서 사목하시다가 2009년 9월 1일자로 교구 발령에 따라 등촌1동성당의 주임 신부님과 15강서 지구장 신부님으로 부임하셨습니다. 좋은 사목자를 보내주신 하느님께 감사드리며, 전 교우들은 주임 신부님을 진심으로 환영합니다. 은총 안에 일치하는 기쁨의 공동체가 될 수 있기를 기대합니다. 〈편집부〉

신부님께서 등촌1동성당 주임 신부님과 15강서지구 지구장 신부님으로 임명되셨습니다. 간단한 인사 말씀과 소감을 부탁드립니다.

안녕하십니까? 9월 1일부로 15강서 지구장 겸 등촌1동 성당 주임으로 부임한 유종만 바오로 신부입니다. 이렇게 지구장이라는 중책을 맡게 되니 솔직히 마음이 무겁습니다. 하지만 하느님의 뜻이 분명 있다고 생각합니다. 그것은 아마 5년 뒤에 알게 되겠지요. 저는 많이 부족한 사람입니다. 제가 '과연 지구장으로서, 또한 주임신부로서 잘살 수 있겠는가?' 하는 걱정이 앞섭니다. 하지만 하느님을 믿고 용기를 가져봅니다. 최선을 다해서 노력하면 부족한 부분은 하느님께서 채워주시리라 굳게 믿고 있습니다. 또한 늘 배우는 자세로 열심히 살 것입니다. 그리고 모든 신자들이 기쁘고 행복한 신앙생활을 하도록 최우선적으로 배려할 것입니다. 끝으로 당부 드리고 싶은 것은 늘 사람의 일만 생각하지 않고 하느님의 일을 먼저 생각하는 우리가 되었으면 좋겠다는 것입니다.

미사포 쓰기, 미사 시간 준수 등 미사 예절 강조, 미사해설·독서 전례단 모집, 구역 활성화를 위한 54일 기도와 구역 미사, 축구 등 동호회 모집, 주임 신부님의 부임으로 활기차고 기쁨이 가득한 본당으로 변화의 바람이 감지되고 있습니다. 주임 신부님의 본당 사목 방향과 계획이 궁금합니다.

무엇이든지 기본이나 기초가 되어 있어야 그것을 바탕으로 무엇인가를 이룰 수 있습니다. 세상의 이치도, 신앙생활의 이치도 같습니다. 산수가 없으면 수학이나 물리학은 존재하지 않게 됩니다. 그래서 우선은 미사 시간을 준수해 주셨으면 합니다. 나 하나로 인하여 몇백 명의 사람들이 분심이 들어서는 안 될 것입니다. 그리고 시간이라는 것은 하느님께서 만드신 것입니다. 때문에 시간약속은 마치 하느님의 얼굴을 대하듯 해야 하는 것입니다. 미사해설과 독서도 마찬가지입니다. 나 하나 때문에 전례를 망치게 되면 미사에 참례하고 있는 모든 사람들이 분심하게 될 것입니다. 그래서 해설과 독서 또한 매우 중요한 전문적인 일이라는 사고방식을 갖고 있어야 합니다.

구역모임은 어느 본당이나 다 이루어지고 있지만 참여하는 사람은 몇 명 되지 않는 실정입니다. 참석하는 사람만 참석하고 나머지는 수수방관하고 있습니다. 그것은 서로를 모르고 관심도 없기 때문입니다. 그래서 구역의 단합과 일치를 위한 54일 기도를 시작하려고 합니다. 54일 기도를 하는 과정에 분명 성령께서 함께하실 것입니다.

각종 동호회는 신자와 비신자를 포함하여 같은 취미를 가진 사람들이 함께 모여 우정과 신앙을 다지고 단합과 일치함으로써 더 많은 시너지 효과를 낼 수 있습니다. 비신자들에게는 선교의 장이 될 것이며, 신자들에게는 또 다른 신앙생활의 맛을 줄 수 있을 것입니다.

15강서지구 소속 본당의 지구장 신부님으로도 임명되셨습니다. 지구장 신부님으로서 가지신 남다른 각오가 있으시다면 한 말씀 부탁드리며, 지구장좌 본당의 역할과 교우들의 마음가짐에 대해 말씀해주십시오.

우선은 지구 내 사제들과 주교님 사이에서 가교 역할을 하는 것이라 생각합니다. 사제들의 어렵고 힘들어하는 점이나 고민거리 등을 수렴해서 주교님께 건의도 드리고 면담을 주선하는 등의 일을 해야 할 것 같습니다. 아직 우리나라는 주교님과 사제 간에 벽이 높다는 것이 사제들의 일반적인 생각입니다. 그래서 주교님 만나기를 어려워하는 실정이라 그런 부분을 조금이라도 도와주는 것이 저의 임무라는 생각을 해봅니다.

우리 본당은 그냥 등촌1동성당이 아니라 서울대교구 서서울지역 제15지구 지구장좌 성당입니다. 때문에 지구 내 모든 본당보다 모범을 보여주어야 합니다. 신앙생활과 사회생활 모두 포함됩니다. 지구 차원의 모든 모임과 교육 등 우리 본당에서 이루어지는 모든 행사에 있어서 어른답게 처신해야 할 것이고 실제로 '역시 지구장좌 성당 사람들은 뭐가 달라도 달라'라는 말을 들을 수 있어야 할 것입니다.

끝으로 저희 본당 교우들에게 주임신부님으로서 당부하고 싶으신 말씀이 있으시다면 한 말씀 부탁드립니다.

부족하기 짝이 없는 저이지만 저를 믿고 따라와 주십시오. 일은 합리적으로 처리할 것이며 본당의 모든 결정 사항은 독자적으로 하지 않고 사목협의회와 협의를 거쳐 이루어질 것입니다. 또한 전례나 신심행사에 적극적으로 임해 주시기를 부탁드립니다. 아울러 이제 곧 시작되는 구역의 단합과 일치, 활성화를 위한 54일 기도에도 많은 참여를 바랍니다. 사제를 믿어 주십시오. 양을 사막이나 낭떠러지로 몰고 가는 목자는 없습니다.

대구 평화방송 인터뷰

　사진에 관심을 갖게 된 것은 1990년 사제서품을 받고 건전한 취미생활을 찾던 중에, 태어나서 죽기까지 우리가 얼마나 많은 찰나를 놓치고 사는지에 대한 생각을 했고 내가 보는 아름다운 기억들을 사진에 담고 싶었습니다.

　사진은 새로운 시각으로 사물을 바라보게 해줍니다. 단순히 멋있는 사진을 찍는 것이 아니라 사진을 촬영해 가면서 남이 인정해 주건 말건 나의 시선으로 찍은 사진들을 보고 만족하고 아주 새로운 의미를 부여해 보기도 하면서 소수의 사람에게라도 아름다운 추억들을 선물할 수 있고, 정지된 피사체를 프레임 안에 담으면 그것이 피사체 그 이상의 존재가 될 수 있습니다. 또한 늘 그렇지만 사진작가의 작품에는 거의 본인의 모습이 나오지 않습니다. 그럼에도 불구하고 그 사진 작품에서 사진작가의 개성과 특성이 드러나고 사진작가로서 조금씩 성장해 가는 모습을 볼 수도 있습니다. 사진을 찍는다는 것은 순간을 기록하고 영원을 추억하는 행위입니다. 그래서 사진 작품은 늘 하느님께로 향해 있습니다. 셔터를 누르고 있는 순간에도 시간은 끊임없이 흐르지만 사진 속에서의 시간은 그 순간 정지합니다. 항상 그렇듯 사람은 떠나고 변하지만 사진 속에서는 그대로 남아 있습니다. 추억은 그대로 둘 때 가장 아름답습니다. 사진은 그 추억을 가장 아름답고 생생하게 기록할 수 있다는 사실이 매력이라고 생각합니다.

이번에 전시하는 사진 작품들은 마치 사진 같기도 하고 그림 같기도 합니다. 그래서 '빛과 색의 드로잉'이라는 주제를 붙였는데, 모든 대상은 빛의 방향과 세기에 따라 다양한 명암과 크고 작은 그늘이 생깁니다. 빛이 사물에 반사 또는 복사되어 눈을 통해 들어옴으로써 대상을 인식하게 됩니다. 빛을 통한 인식이 되어야 비로소 아름다움에 대한 인식이 가능하게 됩니다. 그것은 그림이나 사진이나 동일합니다.

이번 사진 작품들은 하루가 시작될 때 동쪽에서 떠오른 해가 정오를 지나 하늘 가운데에 머물고 저녁이 되면 붉은 노을과 함께 서쪽으로 넘어가며 만들어내는 자연의 빛처럼 제가 사진 속에 담고자 하는 빛이 머무는 풍경을 좇는 여정이었습니다. 자신의 눈에 보이는 것을 표현하는 것이야말로 진정한 예술이라고 생각합니다. 그래서 우리가 현실이라고 부르는 것의 위대함에 대해 존경하고 경의를 표하고 현실을 표현할 수 있는 자유에 감사하고, 자기감정을 믿을 수 있고 나름대로 포착한 진실과 아름다움을 표현할 수 있는 것에 크게 기뻐해야 합니다. 빛과 색을 찾아 떠난 여정은 우주의 끝에서 막을 내릴 것입니다. 하지만 그 너머에는 또 다른 빛이신 하느님께서 존재하고 계실 것입니다.

포스터나 배너에서 볼 수 있듯이 이탈리아 폴리뇨에서 찍은 사진과 포르투갈 파티마 성모 발현 성

지에서 찍은 사진입니다. 폴리뇨 작품은 초록색이 물결치는 밀밭 속에 평화로운 집 한 채가 있는 사진인데, 그냥 바라만 봐도 힐링이 되는 그런 작품입니다. 파티마 삼위일체 성당이라는 작품은 정말로 사진의 색감이 빛과 색의 드로잉을 실감할 수 있는 그런 작품입니다. 한 번 확인해 보시면 좋겠습니다.

대자연의 황홀경 앞에서 우리는 자신도 모르게 감탄하고 찬미하며 감사할 때가 많습니다. 대자연이 우리를 하느님께 찬미하고 감사하도록 만듭니다. 우리를 압도하는 대자연의 아름다움 앞에서 창조주 하느님을 찬미할 수 있다면 그곳이 바로 주님을 만나는 거룩한 장소가 됩니다. 우리가 얼마나 자연에 가까운 존재였는가를 새삼스럽게 깨닫게 됩니다. 우리 인류가 공기를 단 한순간도 마시지 않고는 살아갈 수 없듯이, 단 하루도 대자연 속에서 빛과 함께하지 않을 수 없습니다. 그래서 저의 사진들이 하느님의 교향곡인 대자연 앞에서 순수와 겸손이 무엇인지 그리고 찬미와 감사가 무엇인지 분명히 알 수 있도록 여러분을 초대하도록 만들었으면 하는 것이 작은 바람입니다.

우선 몸과 마음이 건강할 수 있도록 늘 하느님께 기도하는 것이고, 하느님께서 허락하신다면 이번 사진 전시회가 끝나면 잠시 쉬고 10년 뒤인 2030년 사제서품 40주년이 되는 해에 개인 사진 전시회를 갖는 것이 저의 바람입니다. 지금 구상중에 있는 것은 빛과 색의 드로잉을 더욱 심도 있게 발전시킨 사진 작품들을 전시하는 것입니다.

쇼생크 탈출

유종만 신부

가여연 미디어영성팀 연구위원

쇼생크 감옥의 무기수라는 상상할 수 없는 절망 속에서 실낱 같은 '희망'을 잡고서 19년을 버티다 마침내 자유라는 희망을 찾아가는 앤디 듀프레인의 처절한 삶을 극적으로 그린 감동의 영화. 공포 소설의 귀재 스티븐 킹의 원작이지만, 공포물이 아닌 휴먼 드라마다.

2시간이 넘는 러닝타임을 흥미진진하게 펼친 각본과 신예 프랭크 다라본트의 '수작' 연출 솜씨, 여기에 팀 로빈스와 모건 프리먼의 명연기가 잊을 수 없는 영화로 만들었다.

흥행 요소와 작품성을 동시에 갖추고 있는 이 영화는 비평면에서도 〈빠삐용〉과 〈뻐꾸기 둥지 위로 날아간 새〉 이후 오래간만에 보는 감동적인 휴먼 드라마라는 찬사를 받았다.

아카데미 7개 부문 — 작품. 각색. 남우주연(모건 프리먼). 촬영. 편집. 음악. 녹음상 — 에 노미네이트 됐지만 유감스럽게 수상은 하나도 하지 못했다. 감옥에는 자유가 없다. 그러므로 자유롭지 않다는 상징적 의미는 감옥이다. 감옥에서의 일상이란 오줌을 누러 갈 때도 허락을 받아야 하는 수동적 생활의 연속일 뿐이다. 영화 〈쇼생크 탈출〉의 주인공 앤디는 재수 옴붙은 사람이다. 아내와 골프 코치는 불륜에 빠지고, 그는 아내와 정부를 살해한 혐의로 기소되어 유죄 판결을 받았다. 두 사람을 죽였기 때문에 두 배의 종신형을 받은 그는 사랑에 배신당하고 자유마저 속박당했으며, 사회로부터 격리되었다. 그러나 감옥 속에는 또 하나의 사회가 존재한다. 탐욕스럽고 무자비한 노튼 소장과 그의 부하들이 군림하는 '무법'의 폐쇄 사회가, 곧 쇼생크다. 앤디는 그 속에서 매우 위험한 단어인 '희망'을 가지고 있는 유일한 사람이었다.

그의 희망은 희망만으로 존재하는 것이 아니라 하루하루 구체화되는 희망이었다.

비록 그것은 자루의 길이가 15센티미터 남짓한 돌 공예용 망치로 쇼생크의 벽에 터널을 뚫는, 위험하고 지지부진한 것이었지만, 그는 날마다 한 주먹씩의 돌을 뜯어내었다.

그러나 오랜 시간이 지난 후, 그는 결국 탈출하여 바깥세상으로 간다. 그러나 앤디의 매력은 그가 각고 끝에 탈출에 성공한다는 통속적인 결과에 있지 않다. 그는 감옥 안에서 적어도 두 가지의 일을 자신의 일상으로 끌어들인다. 그는 수동적 일상에서 빠져나와 능동적 일상을 만들어간다. 첫 번째는 감옥 안에 도서관을 만드는 것이다. 10년에 걸쳐 훌륭한 도서관을 만들어내 그는 두 번째 프로젝트를 시작한다.

그것은 토미라는 좀도둑 청년에게 글을 가르쳐, 고등학교 졸업 자격을 딸 수 있도록 도와주는 일이었다. 나는 이 영화 속에 나오는 〈피가로의 결혼〉의 음률을 잊을 수 없다.

이것은 앤디라는 인물의 삶에 대한 태도를 가장 잘 읽을 수 있는 대목이다. 도서관을 만들기 위한 작업을 시작한 지 오래된 어느 날, 6년 동안의 끈질긴 앤디의 편지질에 넌더리를 낸 외부 단체로부터 기부된 헌책들 속에서, 그는 Mozart의 Opera : Le Nozze Di Figaro K.492(피가로의 결혼) 중에서 제 20곡 Soprano 2중창 〈포근한 산들바람〉을 발견하게 된다. 그리고 방송실로 가서 이것을 틀어놓는다. 죄수들에게 항상 명령만 내리던 스피커 속에서 한 여자 가수의 노래가 흘러나오자 모든 죄수들은 기립한 채 스피커를 쳐다보며 넋을 잃는다. 그것은 영문을 모르는 기적이었다. 그것은 자유의 바람이었으며, 영혼의 음성이었다. 죄수들은 이탈리아 여가수가 부르는 이 노래의 가사를 알지 못한다. 그러나 그것은 무엇인가 아주 아름다운 것을 노래하고 있는 것이다.

쇼생크의 벽이 무너져내리고, 죄수들은 새가 되어 날아오른다. 어떻게 이런 일이 일

소리

현대 문화 읽기

쇼생크 탈출

유 종 만 신부
가여연 미디어영성팀 연구위원

쇼생크 감옥의 무기수라는 상상할 수 없는 절망 속에서 '희망'이라는 실낱을 잡고서 19년을 버티다 마침내 자유라는 희망을 찾아가는 앤디 듀프레인의 처절한 삶을 극적으로 그린 감동의 영화. 공포 소설의 귀재 스티븐 킹의 원작이지만, 공포물이 아닌 휴먼 드라마다. 2시간이 넘는 런닝 타임을 흥미진진하게 펼친 각본과 신예 프랭크 다라본트의 '수작' 연출 솜씨, 여기에 팀 로빈스와 모건 프리먼이 잊을 수 없는 영화로 만들었다. 흥행 요소와 작품성을 동시에 갖추고 있는 이 영화는 비평면에서도 <빠삐용>과 <빠꾸기 둥지위로 날아간 새> 이후 오래간만에 보는 감동적인 휴먼 드라마라는 찬사를 받았다. 아카데미 7개 부문 – 작품, 각색, 남우주연(모간 프리만), 촬영, 편집, 음악, 녹음상 - 에 노미네이트됐지만 유감스럽게 수상은 하나도 하지 못했다.

감옥에는 자유가 없다. 그러므로 자유롭지 않다는 상징적 의미는 감옥이다. 감옥에서의 일상이란 오줌을 누러 갈 때도 허락을 받아야 하는 수동적 생활의 연속일 뿐이다. 영화 <쇼생크 탈출>의 주인공 앤디는 재수 옴 붙은 사람이다. 아내와 골프 코치는 불륜에 빠지고, 그는 아내와 정부를 살해한 혐의로 기소되어 유죄 판결을 받았다. 두 사람을 죽였기 때문에 두 배의 종신형을 받은 그는 사랑에 배신당하고 자유마저 속박 당했으며, 사회로부터 격리되었다. 그러나 감옥 속에는 또 하나의 사회가 존재한다. 탐욕스럽고 무자비한 노른 소장과 그의 부하들이 군림하는 '무법'의 폐쇄 사회가, 곧 쇼생크이다. 앤디는 그 속에서 매우 위험한 단어인 '희망'을 가지고 있는 유일한 사람이다. 그의 희망은 희망만으로 존재하는 것이 아니라 하루하루 구체화되는 희망이었다. 비록 그것은 자루의 길이가 15센티미터 남짓한 돌 공예용 망치로 쇼생크의 벽에 터널을 뚫는, 위험하고 지지부진한 것이었지만, 그는 날마다 한 주먹씩의 돌을 뜯어내었다. 그러나 오랜 시간이 지난 후, 그는 결국 탈옥하여 바깥세상으로 간다. 그러나 앤디의 매력은 그가 자고 끝에 탈옥에 성공한다는 통속적인 결과에 있지 않다. 그는 감옥 안에서 적어도 두 가지의 일을 자신의 일상으로 끌어들인다. 그는 수동적 일상에서 빠져나와 능동적 일상을 만들어간다. 첫 번째는 감옥 안에 도서관을 만드는 것이다. 10년에 걸쳐 훌륭한 도서관을 만들어내 그는 두 번째 프로젝트를 시작한다. 그것은 토미라는 좀도둑 청년에게 글을 가르쳐, 고등학교 졸업 자격을 딸 수 있도록 도와주는 일이었다.

나는 이 영화 속에 나오는 '피가로의 결혼'의 음률을 잊을 수 없다. 이것은 앤디라는 인물의 삶에 대한 태도를 가장 잘 읽을 수 있는 대목이다. 도서관을 만들기 위한 작업

소리

안의 끈질긴 앤디의 편지질에 넌더리를 낸 외부 단체
... Mozart의 Opera : Le Nozze Di Figaro K.492 (피... rano 2중창 [포근한 산들바람])을 발견하게 된다. 그
...는다. 죄수들에게 항상 명령만 내리던 스피커 속에서
... 모든 죄수들은 기겁한 채 스피커를 쳐다보며 넋을
... 이었다. 그것은 자유의 바람이었으며, 영혼의 음성이
... 부르는 이 노래의 가사를 알지 못한다. 그러나 그것
... 노래하고 있는 것이다. 쇼생크의 벽이 무너져 내리고,
... 떻게 이런 일이 일상 속에서 생길 수 있었을까? 앤디는 이 작은 '반역'의 대가로 독방생활을 하게 되었지만, 그는 수동적으로 주어진 삶 위에 자신이 생각하는 삶을 쌓아가고 있었다.

속세에는 걸리는 것이 많다. 무엇 하나 마음대로 할 수 없다고 모두들 불평을 한다. 결혼하기 전에는 돈이 없어, 하고 싶은 것을 못한다고 중얼거린다. 결혼하면 아내와 아이들 때문에 마음대로 하지 못한다고 슬픈 목소리로 말한다. 아이들이 커서 곁을 떠나면, 이제 몸이 말을 안 든는다고 말한다. 인생은 언제나 하고 싶지만 못 하는 것과, 할 수 있지만 하고 싶지 않은 것으로 구성되어 있는 것처럼 보인다. 그들에게 세상은 감옥이며, 감옥으로부터 탈출은 희망이 아니라 곧 죽음일 뿐이다.

오줌을 누는 때도 허락을 받아야 했던 늙은 브룩스는 출감 후, '브룩스가 여기 있었다.'(Brooks was here)라고 대들보에 각인을 해놓고, 목을 매달아 죽고 만다. 누가 시키지 않으면 아무것도 할 수 없었던 그에게, 출감 후의 생활은 견딜 수 없는 것이었다. 앤디의 친구 레드는 먼저 출감한 앤디와의 재회를 위해, 약속 장소로 간다. '레드도 역기 있었다.'(So was Red)라고 브룩스의 각인 옆에 칼로 파놓지만, 그는 죽지 않는다. 앤디의 희망에 감염된 것이다. 희망은 전염성이 강하다. 이제 레드에게 그것은 '위험한 단어'가 아니라, 생을 지속하게 하는 힘이었다.

희망을 가지고 매일 조금씩 그것을 구체화시켜가다 보면, 우리 역시 언젠가 쇼생크에서처럼 지루한 일상의 감옥으로부터 빗물조차 자유로운 바깥세상, 내가 일상을 만들어갈 수 있는 세상으로 나올 수 있을 것이다. 세상은 '하고 싶고, 할 수 있는 곳'으로 바뀌게 되는 것이다.

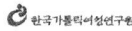
● 글쓴이 : 수색성당 주임사제, 가톨릭대 문화영상대학원

상 속에서 생길 수 있었을까? 앤디는 이 작은 '반역'의 대가로 독방생활을 하게 되었지만 , 그는 수동적으로 주어진 삶 위에 자신이 생각하는 삶을 쌓아가고 있었다. 속세에는 걸리는 것이 많다. 무엇 하나 마음대로 할 수 없다고 모두들 불평을 한다.

결혼하기 전에는 돈이 없어, 하고 싶은 것을 못 한다고 중얼거린다. 결혼하면 아내와 아이들 때문에 마음대로 하지 못한다고 슬픈 목소리로 말한다. 아이들이 커서 곁을 떠나면, 이제 몸이 말을 안 듣는다고 말한다. 인생은 언제나 하고 싶지만 못 하는 것과 할 수 있지만 하고 싶지 않은 것으로 구성되어 있는 것처럼 보인다. 그들에게 세상은 감옥이며, 감옥으로부터 탈출은 희망이 아니라 곧 죽음일 뿐이다. 오줌을 누는 데도 허락을 받아야 했던 늙은 브룩스는 출감 후, '브룩스가 여기 있었다.'(Brooks was here)라고 대들보에 각인을 해놓고, 목을 매달아 죽고 만다. 누가 시키지 않으면 아무것도 할 수 없었던 그에게 출감 후의 생활은 견딜 수 없는 것이었다.

앤디의 친구 레드는 먼저 탈옥한 앤디와의 재회를 위해, 약속 장소로 간다. '레드도 여기 있었다.'(So was Red)라고 브룩스의 각인 옆에 칼로 파놓지만, 그는 죽지 않는다. 앤디의 희망에 감염된 것이다. 희망 역시 전염성이 강하다. 이제 레드에게 그것은 '위험한 단어'가 아니라, 생을 지속하게 하는 힘이었다. 희망을 가지고 매일 조금씩 그것을 구체화시켜가다 보면, 우리 역시 언젠가 쇼생크에서처럼 지루한 일상의 감옥으로부터 빗물조차 자유로운 바깥세상, 내가 일상을 만들어갈 수 있는 세상으로 나올 수 있을 것이다. 세상은 '하고 싶고, 할 수 있는 곳'으로 바뀌게 되는 것이다.

글쓴이 : 수색성당 주임사제, 가톨릭대 문화영성대학원

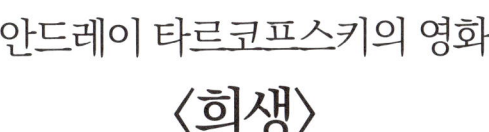

안드레이 타르코프스키의 영화
〈희생〉

유종만 신부

가여연 미디어영성팀 연구위원

이 영화는 감독 자신이 암과 투병을 하면서 만든 작품이다. 타르코프스키는 죽음을 마주하면서 영화에 대한 불 같은 열정, 인간에 대한 사랑, 신에 대한 믿음을 잃지 않은 채 자기 자신과 싸우면서 만들었다. 물론 개봉은 볼 수 없었다. 안드레이 타르코프스키는 살아 있었다. 〈희생〉은 그만큼 영혼의 심연을 뒤흔드는 영화였다. 살아서 나의 영혼을 쥐어흔들고는 어딘가로 사라졌다. 그 지독한 가슴 뭉클함으로 인해 온몸의 피가 전율했고, 영화를 다 보고 난 바로 그 순간 눈시울이 뜨거워지지 않을 수 없었다. 연극적 구도의 영화며, 완벽한 대칭으로 균형 잡힌 영화였다. 〈희생〉은 타르코프스키를 바흐와 레오나르도 다빈치에 비견시킨 영화고, 시이며, 철학이고, 그림이며, 신이고, 인간이며, 사랑의 충만 그 자체다. 숨막히는 엄청난 롱테이크로 시작되는 첫 장면부터 시작해서 바흐의 수학적인 음악과도 같이… 다빈치의 과학에 근거한 그림과도 같이… 면밀히 계산된 틀 속에서 숨을 거두어가는 거장의 소망이 영화 전편에 잔잔히 살아 숨 쉬고 있었다. 두 사람, 막연한 기다림과 소망… 기다림의 장소가 되는 넓은 벌판에 한 그루 앙상한 나무….

이 영화에서 타르코프스키는 우리와 대화를 나누고자 한다. 우리가 그의 이야기를 기꺼이 경청하려는지는 별로 중요하지 않다. 그것은 그의 영화에 대한 신념으로부터 비롯한다.

1958년 첫 습작영화 〈오늘 저녁에는 외출허가가 나오지 않았다〉에서부터 그의 유작이 된 〈희생〉까지 그는 줄곧 영화는 '진실'이며 '구원의 메신저'라는 믿음을 놓치지 않고 있다. 타이틀 롤에서 그는 바흐의 〈마태 수난곡〉을 배경으로 다빈치의 '마리아' 그림을 화두처럼 꺼낸다. 긴 호흡의 화면으로 마치 최면이라도 거는 듯이 그는 우리에게 이야기를 시작한다. 그러나 시작한 지 15분도 더 지난 것 같지만 단지 세 컷이 지나갔을 뿐이다. 죽은 나무를 심는 알렉산더의 모습과 그의 아들 고센 그리고 오토의 모습. 죽은 나무에 물을 주며, 희망을 가지고 살라는 알렉산더, 영화는 스웨덴의 한 섬에 살고 있는 전직 교수이자 연극배우였던 알렉산더가 해변가의 소로(小路)에 자신의 아들 고센과 죽은 나무를 심는 데서부터 조용히 시작한다. 그러나 의외로 영화의 줄거리는 간단하다.

폭격기의 굉음과 함께 라디오에서는 핵전쟁에 의한 인류 멸망의 위협을 예고하고, 알렉산더는 종말을 막아준다면 자신의 모든 것을 바치겠다고 기도한다.

그는 인류를 구원하는 마지막 방법은 마리아와 동침을 하는 것밖에 없다는 우편배달부 오토의 말에 따라 촌녀(村女) 마리아의 집을 찾는다. 다음날 아침 깊은 잠에서 깨어난 알렉산더는 자신의 약속대로 집에다 불을 지르고 결국 정신병원에 끌려가고 만다.

타르코프스키의 영화를 여유 있는 긴 호흡이라 표현하고 싶다. 그는 절대로 필요 이상으로 겉멋을 부리지 않는다. 일절 군더더기는 다 빼고 반드시 필요한 것만 자세히 보여준다. 서두르지 않고 여유 있고 편안하게… 롱테이크가 많이 쓰이는 이유도 여기에 있다. 긴 호흡, 〈희생〉이 지루하지 않음은 내가 인내심이 많아서가 아니라 그와 함께 긴 호흡을 하며 편안히 보았기 때문이다. 알고 보면 타르코프스키의 영화는 너무도 편안하고 진솔하다. 이 영화의 긴 호흡은 한숨 같기도 하고 탄식 같기도 하다.

나는 이 호흡이 편안했다. 자고 있던 조카가 울어서 잠시 우유병을 물려주고 와도 사람들은 아까 그 장소에서 계속 고뇌하고 있고, 깜박 졸다가 깨어도 사람들은 같은 곳에

여성을 품는 여성들

안드레이 타르코프스키의 영화 <희생>

유종만 신부
가여연 미디어영성팀 연구위원

이 영화는 감독 자신이 암과 투병을 하면서 만든 작품이다. 타르코프스키는 죽음을 마주하면서 영화에 대한 불같은 열정, 인간에 대한 사랑, 신에 대한 믿음을 잃지 않은 채 자기 자신과 싸우면서 만들었다. 물론 개봉은 볼 수 없었다. 안드레이 타르코프스키는 살아 있지 않다. <희생>은 그만큼 영혼의 심연을 뒤흔드는 영화였다. 살아서 나의 영혼을 휘어흔들고는 어딘가로 사라졌다. 그 지독한 가슴 뭉클함으로 인해 온몸의 피가 전율했고, 영화를 다 보고 난 바로 그 순간 눈시울이 뜨거워지지 않을 수 없었다. 연극적 구도의 영화이며, 완벽한 대칭으로 균형 잡힌 영화였다.

<희생>은 타르코프스키를 바흐와 레오나르도 다빈치에 비견시킨 영화이고, 시이며, 철학이고, 그림이며, 신이고, 인간이며, 사랑의 총만 그 자체이다. 숨 막히는 엄청난 롱테이크로 시작되는 첫 장면부터 시작해서 바흐의 수학적인 음악파도 같이...다빈치의 과학에 근거한 그림파도 같이...면밀히 계산된 틀 속에서 숨을 거두어가는 거장의 소망이 영화 전편에 잔잔히 살아 숨 쉬고 있었다. 두 사람, 막연한 기다림과 소망... 기다림의 장소가 되는 넓은 벌판에 한 그루 앙상한 나무...

이 영화에서 타르코프스키는 우리와 대화를 나누고자 한다. 우리가 그의 이야기를 기꺼이 경청하려는지는 별로 중요하지 않다. 그것은 그의 영화에 대한 신념으로부터 비롯된다. 1958년 첫 습작영화 <오늘 저녁에는 외출허가가 나오지 않았다>에서부터 그의 유작이 된 <희생>까지 그는 줄곧 영화는 '진실'이며 '구원의 메신저'라는 믿음을 놓치지 않고 있다. 타이틀 롤에서 그는 바흐의 <마태 수난곡>을 배경으로

넨다. 긴 호흡의 화면으로 마치 최면이라도 거는 듯이 러나 시작한지 15분도 더 지난 것 같지만 단지 세 커 알렉산더의 모습과 그의 아들 고센, 그리고 오토 지고 살라는 알렉산더, 영화는 스웨덴의 한 섬에 살 렉산더가 해변가의 소로(小路)에 자신의 아들 고센 작한다. 그러나 의외로 영화의 줄거리는 간단하다. 쟁에 의한 인류 멸망의 위협을 예고하고, 알렉산더 바치겠다고 기도한다. 그는 인류를 구원하는 마지 없이는 우편배달부 오토의 말에 따라 촌녀(村女) 잠에서 깨어난 알렉산더는 자신의 약속대로 집에다 만다.

타르코프스키의 영화를 여유있는 긴 호흡이라 표 걸맞을 부리지 않는다. 일체의 군더더기는 다 빼고

한국가톨릭여성

소리

두르지 않고 여유있고 편안하게... 통 테이크가 많이 쓰이는 이유도 여기에 있다. 긴 호흡, 희생이 지루하지 않음은 내가 인내심이 많아서가 아니라 그와 함께 긴 호흡을 하며 편안히 보았기 때문이다. 알고 보면 타르코프스키의 영화는 너무도 편안하고 진솔하다. 이 영화의 긴 호흡은 한숨 같기도 하고 탄식 같기도 하다. 나는 이 호흡에 편안했다. 자고 있던 조카가 울어서 잠시 우유병을 물려주고 와도 사람들은 아까 그 장소에서 계속 고뇌하고 있고, 깜박 졸다가 깨서도 사람들은 같은 곳에서 흐느끼고 있다. 이 편안함은 퍽 괜찮은 느낌이었다.

어린 아들 고센이 누워서 올려다보는 시선을 따라 카메라가 하늘로 수직 이동하면서 마른 나뭇가지들을 보여주는 그 장면은 정말 잊을 수 없다. 마치 꽃이 피어나는 기적을 경험하는 듯한 느낌을 준다. 이처럼 [희생]은 영상으로 드리는 기도, 영상으로 보는 신앙이다. 종말에 대한 절박한 인식이나, 죽음의 심연에서 타진하는 구원의 가능성 같은 것은 신약에서도 요한의 기록, 즉 요한복음이나 요한묵시록의 분위기를 떠올리게 한다. 요한은 예수의 신성을 초현실적인 이미지와 형이상학적인 사유를 통해 진술함으로써 자기 신앙을 고백한다. 나는 개인적으로 마르코나 루가의 복음서에 그려진 예수를 좋아하지만 신과 인간의 관계에 대한 신학적인 물음들을 붙들고 늘어지자면 요한의 기록들을 참고하지 않을 수 없다고 생각한다. 그러나 <희생>에 나타난 인간, 또는 인류에 대한 성찰이 <계7의 봉인>처럼 신을 향한 수직적 물음으로만 표현되는 것은 아니다. 이 시대 문명에 대한 강한 비판이 함께 나타나 있다. 그리고 영화는 깨어 있는 자의 뼈를 찎는 자기반성과 자기를 버리는 자세, 어린아이 같은 꾸준함만이 난세에 희망이 될 수 있음을 조용하게 그러나 고통에 찬 어조로 말하고 있다. 총체적인 부패구조 속에 너나 할 것 없이 일그러진 공범자의 표정으로 서로를 삿대질하기에 급급한 우리 현실을 생각할 때 이러한 메시지는 명료한 울림을 갖고 다가온다.

<희생>의 또 다른 울림은 영화를 만든 사람의 진정 어린 자세에서 연유한다. 해상도가 뛰어난 마지막 장면에서 누워 있는 소년과 한 그루 조출한 나무의 모습이 천천히 비춰질 때 한 감독이 영화에 모든 것을 건다는 것이 뭘 말하는지 어렴풋이 이해하게 된다. 또한 <희생>에서 '집'과 집 밖의 '세계'는 대별되는 의미로 읽힌다. 철저히 정돈되고 구획된 집안은 서구 문명의 사회의 '죽음'의 세계를 그리고 무수히 반짝이는 빛과 바다와 녹색의 초원은 '생명'의 세계이다. 이 두 세계를 이어주는 것이 '희생'이요 불의 이미지이다. 타르코프스키는 인류의 구원을 '동양정신'에서 찾았던 것이 아닐까? 알렉산더가 '집에 불을 지르기 전 일본의 음악을 들고, 일본의 옷을 입는 것은 일본어를 공부했던 그의 이력 이상의 의미를 짐작케 한다.

한편 바흐의 <마태 수난곡> 중의 아리아 "주여 나를 불쌍히 여기소서." 이 음악은 알렉산더의 내면세계에 담겨있는 우수와 애절함 그리고 절망 속의 희망의 느낌을 상징적으로 전달해 주고 있었다. 철저한 유럽적 우화임을 보여주는 긴 호흡의-그래서 2시간 반이 눈꺼풀과 힘겨운 싸움이 되어버리는-이 영화는 실어증에 걸린 고센이 첫 장면의 나무를 베고 누워 말문을 트는 마지막 장면에서 우리의 인내력에 보답해 준다.

"태초에 말씀이 있었다고요, 아빠.. 그게 무슨 뜻인가요?"

● 글쓴이 : 수색성당 주임사제, 가톨릭대 문화영성대학원

한국가톨릭여성연구원

서 흐느끼고 있다. 이 편안함은 퍽 괜찮은 느낌이었다.

어린 아들 고센이 누워서 올려다보는 시선을 따라 카메라가 하늘로 수직 이동하면서 마른 나무가지들을 보여주는 그 장면은 정말 잊을 수 없다. 마치 꽃이 피어나는 기적을 경험하는 듯한 느낌을 준다. 이처럼 〈희생〉은 영상으로 드리는 기도, 영상으로 보는 신약이다. 종말에 대한 절박한 인식이나, 절망의 심연에서 타진하는 구원의 가능성 같은 것은 신약에서도 요한의 기록, 즉 〈요한복음〉이나 〈요한묵시록〉의 분위기를 떠올리게 한다. 요한은 예수의 신성을 초현실적인 이미지와 형이상학적인 사유를 통해 진술함으로써 자기 신앙을 고백한다. 나는 개인적으로 마르코나 루가의 복음서에 그려진 예수를 좋아하지만 신과 인간의 관계에 대한 신학적인 물음들을 붙들고 늘어지자면 요한의 기록들을 참고하지 않을 수 없다고 생각한다. 그러나 〈희생〉에 나타난 인간, 또는 인류에 대한 성찰이 〈제7의 봉인〉처럼 신을 향한 수직적 물음으로만 표현되는 것은 아니다.

이 시대 문명에 대한 강한 비판이 함께 나타나 있다. 그리고 영화는 깨어 있는 자의 뼈를 깎는 자기반성과 자기를 버리는 자세, 어린아이 같은 꾸준함만이 난세에 희망이 될 수 있음을 조용하게 그러나 고통에 찬 어조로 말하고 있다. 총체적인 부패구조 속에 너나 할 것 없이 일그러진 공범자의 표정으로 서로를 삿대질하기에 급급한 우리 현실을 생각할 때 이러한 메시지는 명료한 울림을 갖고 다가온다.

〈희생〉의 또 다른 울림은 영화를 만든 사람의 진정 어린 자세에서 연유한다. 해상도가 뛰어난 마지막 장면에서 누워 있는 소년과 한 그루 조촐한 나무의 모습이 천천히 비춰질 때 한 감독이 영화에 모든 것을 건다는 것이 뭘 말하는지 어렴풋이 이해하게 된다. 또한 〈희생〉에서 '집과 집 밖의 '세계'는 대별되는 의미로 읽힌다. 철저히 정돈되고 구획된 집안은 서구 문명의 사회의 '죽음'의 세계를 그리고 무수히 반짝이는 빛의 바다와 녹색의 초원은 '생명'의 세계다. 이 두 세계를 이어주는 것이 희생이요 불의 이미지다. 타르코프스키는 인류의 구원을 '동양정신'에서 찾았던 것이 아닐까? 알렉산더가 '집'에 불을 지르기 전 일본의 음악을 틀고, 일본의 옷을 입는 것은 일본어를 공부했던 그의 이력 이상의 의미를 짐작케 한다. 한편 바흐의 〈마태 수난곡〉 중의 아리아 "주여 나를 불쌍히여기소서." 이 음악은 알렉산더의 내면세계 속에 담겨 있는 우수와 애절함 그리고 절망 속의 희망의 느낌을 상징적으로 전달해 주고 있었다. 철저한 유럽적 우화임을 보여주는 긴 호흡의 — 그래서 2시간 반이 눈꺼풀과 힘겨운 싸움이 되어버리는 — 이 영화는 실어증에 걸린 고센이 첫 장면의 나무를 베고 누워 말문이 트이는 마지막 장면에서 우리의 인내력에 보답해 준다.

"태초에 말씀이 있었다고요, 아빠, 그게 무슨 뜻인가요?"

글쓴이 : 수색성당 주임사제, 가톨릭대 문화영성대학원

'사제의 해' 본당 신부들의 수호성인 마리아 비안네 신부의 사목지를 찾아서 (상)

사제 직분의 정체성과 의식 깊이 되새겨

서울대교구 15-A (강서구) 지구 사제들이 '사제의 해'를 맞아
4월 5일부터 8박 9일간 본당 신부들의 수호성인인 요한 마리아 비안네 신부의
사목지 프랑스 아르스를 순례하고 돌아왔다.
지구장 유종만(등촌1동 본당 주임) 신부의 순례기를 상·하 두 차례 싣는다.
- 가톨릭 평화신문

여행은 항상 설렘을 동반한다. 몇 년 만에 가보는 성지순례인지라 가슴 벅찬 감동이었지만, 강서지구(15-A지구)의 일과 본당 주임사제로서 해야 할 일이 산적해 있어 준비도 제대로 못 하고 8박 9일간 프랑스 성지순례 겸 사제 연례피정을 시작했다. 함께 성지순례에 참가한 지구 주임사제들, 이종남(발산동)·이철희(등촌3동)·전경표(공항동)·이승철(화곡2동)·이형재(마곡 수명산)·장혁준(화곡본동) 신부님들 역시 마찬가지였으리라 생각한다. 지구 반 바퀴를 도는 해외여행, 그것도 영화나 책에서만 봤던 흔치 않는 성지순례 기회가 내게 주어졌다는 것에 하느님께 감사하는 마음과 설렘으로 비행기에 올랐다. 이번 여행은 물론 관광이 아니다. 교황 베네딕토 16세는 '아르스의 성자' 요한 마리아 비안네(1786.5.8 ~ 1859.8.4) 성인 선종 150주기를 맞아 2009년 6월 19일

부터 2010년 6월 11일까지 1년간을 '사제의 해'로 선포하셨다. 교황 베네딕토 16세가 선포한 '사제의 해', 그 의미는 최근 교황청 성직자성이 각국 주교회의 의장 앞으로 보낸 서한에서 잘 드러난다. 교황청 성직자성 장관 클라우디오 우메스 추기경 이름으로 작성된 공문은 "교황 베네딕토 16세 성하께서는 무엇보다도 사제 직무의 효력이 달려 있는 영적 완덕을 향한 사제들의 노력을 북돋우고자 '사제의 해'를 선포했다"고 설명하고 있다. 특수 사제직을 받은 일선 본당 사제들이 바쁜 일상을 뒤로하고 함께한 이번 성지순례는 그 어느 때보다도 더 큰 자부심과 정체성, 신원 의식을 다시 한 번 돌아보는 여정으로서의 피정이고 성지순례였다. 순례 사제단은 본당 신부들의 수호성인인 비안네 신부가 사목했던 아르스를 방문하기 전 프랑스 대표적 성지와 사적지를 먼저 둘러봤다. 베즐레 막달레나 성당, 쥬미에즈 노트르담 성당, 코드벡 앙코 베네딕토 대성당, 리지외의 성녀 소화 데레사 대성당과 성 피에르 대성당, 몽생 미쉘을 거쳐 CD로만 듣던 그레고리오 성가로 유명한 솔렘 베네딕토 수도원에서의 그레고리오 미사, 성녀 베르나데타의 유해가 안치돼 있는 느베르…. 그리고 아르스를 둘러본 후 파리외방전교회, 샬트르 대성당 등을 마지막으로 모든 여정을 끝냈는데, 성지순례 기간에 벅찬 감동과 함께 자그마한 기적이 일어났다. 그것은 바로 8박 9일 내내 현지에서 안내를 해 준 차길환 형제가 기적의 메달 성당에서 요셉이라는 세례명으로 세례를 받은 것이다. 오랫동안 프랑스에서 해외 여행인들을 위해 가이드 생활을 해온 차길환 형제는 주로 가

◀ 성지순례에 참여한 서울대교구 15-A(강서구)지구 주임사제들이 비안네 성인 기념경당에서 미사를 봉헌하고 있다. 사진 왼쪽부터 전경표(공항동), 유종만(등촌1동), 이종남(발산동), 이승철(화곡2동), 이철희(등촌3동), 장혁준(화곡본동), 이형재(마곡 수명산) 신부

◀ 비안네 성인이 평생을 사목했던 옛 사제관(앞쪽), 그리고 뒤편 기념대성당이 함께 어우러진 전경이다. 한 해 45만 명에 이르는 순례자들이 이곳을 찾아 성인의 생애를 묵상하고 돌아간다.

톨릭 신자들을 많이 안내해 교리에 대한 상식이 풍부했기에 우리 7명 사제들은 흔쾌히 동의해 세례를 줬다. 이탈리아를 둘러본 배낭 여행객이 프랑스 남동부를 거쳐 파리로 가려면 반드시 거쳐야 하는 도시가 있다. 바로 프랑스 제3의 도시 리옹이다. 프랑스 수도 파리를 서울에 비유한다면, 마르세이유는 부산, 리옹은 대구쯤 있다고 보면 된다. 오늘날 프랑스 축구 리그의 '올림피크 리옹'으로 유명한 리옹은 기원전 로마 군사주둔지가 되면서 도시화됐다. 이후 13세기에는 공의회가 두 차례나 열릴 정도로 우리 가톨릭교회로서는 중요한 종교적 의미를 지닌 도시다. 비안네 성인이 첫 본당 주임 사제로 발령받은 '아르스(Ars)'는 리옹에서 북쪽으로 직선거리 35~40km 가량 떨어진 곳에 있다. 일행이 리옹을 떠나 아르스에 도착한 날은 4월 11일이었다. 부활 제2주일이자 하느님의 자비 주일로 오전 10시를 조금 넘긴 시간이었고, 세계 각국 신자들은 성당에서 미사를 드리고 있었다. 성당 전체는 순례객들로 꽉 차 있었다. 11시 미사를 드리려고 사람들이 밖에서 줄을 서서 기다리고 있는 상황이었다. 프랑스의 자그마한 시골 아

▲ 아르스 대성당에는 성 요한 마리아 비안네 신부 유해가 모셔져 있다.

르스를 순례하는 사람들이 한 해 동안 무려 45만 명이나 된다는 사실을 그 행렬이 입증해 주는 것 같았다. 그리고 성당 정문 바로 앞에 게시판이 세워져 있었는데, 주일미사와 평일미사 시간, 성체조배와 저녁기도 시간이 게시돼 있었다. 주일미사는 오전 8시, 10시, 11시 그리고 오후 6시에 있고, 평일미사는 오전 11시와 오후 6시에 봉헌된다고 적혀 있다. 또 순례객들을 위한 프로그램으로 미사 이외에 고해성사와 성체조배, 묵주기도와 저녁기도 등이 있었다. 물론 지금은 비안네 성인처럼 하루에 18시간 동안 고해성사를 줄 수 없지만 현지 고해성사 시간은 평일에는 오전 9시부터 12시까지, 오후 1시 30분부터 6시까지이고 주일에는 오전 9시부터 12시, 오후 2시부터

▲ 사제관 앞에 세워진 비안네 성인의 동상. 비안네 신부는 묵주가 가슴에서 떠난 적이 없다고 한다.

6시까지다. 우리는 10시 미사가 끝나기를 기다리며 비안네 성인이 생활했던 사제관을 세심하게 둘러보고 성물방에도 들러 여러 가지 성물들을 구입했는데 그 중 제일 마음에 든 것은 영대였다. 원래는 전례복을 한 벌 구입하려고 했지만 너무나 고가(高價)라서 엄두가 나지 않아 그냥 부주임과 보좌신부 선물로 영대 2개를 더 사게 되었는데, 생각해 보니 본당 신자들이 마음에 걸렸다. 사목협의회 위원들 선물 30개도 부담이 됐지만 그냥 넘어갈 문제도 아니었다. 그래서 결국 묵주 30개를 또 구입하고서는 선물을 받고 입이 귀에까지 걸릴 사목위원들을 생각하면서 잠시 흐뭇해하기도 했다. 나중에 구역장과 반장에게 줄 선물도 결국 기적의 메달 성당에서 구입했지만, 정말로 돈을 쓰면서까지 이렇게 행복했던 시간은 아마도 손가락을 꼽을 정도인 것 같다.

글·사진=유종만 신부(서울대교구 15-강서지구장 겸 등촌1동본당 주임)

'사제의 해' 본당 신부들의 수호성인 마리아 비안네 신부의 사목지를 찾아서(하)

사제다운 한 사람의 사제로 교회가 살다

아르스에 살았던 주민 기욤 빌리에르의 요한 마리아 비안네 신부에 대한 증언

그가 성당으로 처음 들어섰을 때, 그는 선함과 기쁨과 상냥함으로 가득 차 있었다. 그러나 우리에게 좀처럼 고결하거나 도덕적으로 여겨지지는 않았다. 우리는 그가 자주 성당에서 오래 머물러 있는 것을 보았다. 그는 매우 엄격한 삶을 살았다. 그는 시종도 없었으며, 성 안 귀족들의 저녁식사 초대에 응한 적도 없었다. 그는 마치 성당을 자신의 집처럼 생각했다. 만일 누군가 그를 보기 원한다면 바로 성당으로 가야 할 것이었다.

비안네 성인의 말씀

내적 삶이 얼마나 아름다운가! 우리가 이 삶에 첫발을 들인다면, 우리가 그 삶을 손으로 더듬기 시작한다면, 그것을 멈춘다는 것은 쉽지 않을 것이다.

기계적 사목생활에 대한 자기반성과 결심

프랑스어로 본당 주임사제를 '뀌레'라고 하는데 '모든 것을 돌봐주는 사람'이라는 뜻이라고 현지 가이드가 설명해 주었다. 그런 면에서 '나는 과연 사제생활을 제대로 하고 있는가?'에 대한 반성을 많이 하게 됐다. 판공성사 때만 되면 밀려드는 신자들과 1㎡도 안 되는 고해소 안에서 계속해서 거의 같은 내용의 고백을 들어야 하는 상황이 사제들을 힘들게 하지만 그것도 1시간 성사 주고 잠깐 쉬는 데 비해 비안네 신부님은 하루에 18시간이나 고해성사를 주셨다니 과연 살아 있는 성인이었음을 실감할 수 있었다. 우리는 식사 때마다 이런 저런 이야기를 나눴는데 대부분 자기반성에 관한 내용이었다.

사제품을 받고 난 뒤 자기발전이 거의 없는 삶과 신자들에 대한 열정 없이 기계적으로 이뤄지는 사목생활에 대한 반성의 소리가 높았다. 그러나 나를 포함해서 성지순례에 동참한 사제들의 이러한 대화들이 자기반성과 결심에만 머무르지 않고 행동적 실천이 꼭 함께 이뤄지기를 바라는 마음 간절했다.

초자연적 신비를 체험했으며 자연과 가난을 사랑하고 회개와 성체성사를 강조하며 하느님을 사랑한 본당 사제들의 수호자 비안네 성인은 겉으로 보기에 가진 것 없는 가난한 사제였다. 그러나 비안네 성인은 내적으로 많은 것을 가지고 있었고, 그것을 사람들과 나눴다. 비안네 성인은 묵주와 지팡이 하나만을 들고 길을 떠난 사제다.

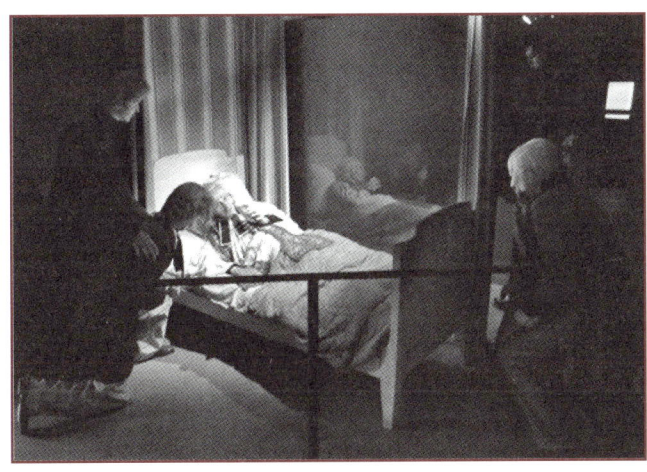

◀ 비안네 신부가 임종 직전까지 마지막 고해성사를 주는 모습이다. 당시 고해성사를 받았던 아타나스 형제와 가레 백작의 증언을 토대로 밀랍으로 제작해 박물관에 전시해 놓았다.

▲ 비안네 신부가 첫 부임지 아르스 본당을 찾아갈 때 지나가던 소년에게 "아르스 가는 길을 알려주면, 나는 너에게 천국 가는 길을 알려주겠다"고 말하고 있다.

▲ 아르스 대성당안 예수성심상 가슴에는 성인의 심장이 보존돼 있다. 사제들이 걸어야 할 길은 오로지 하느님과 사람을 사랑하는 일이라 하신 성인의 말씀을 상징하듯….

▲ 비안네 신부의 어린시절의 한 장면. 갑자기 집에서 없어진 아들을 찾던 어머니 마리아 밸리즈는 외양간에서 성모님께 기도하는 아들을 발견했다.

▲ 비안네 신부가 생활했던 사제관 우물터와 수레가 잘 보존돼 있다.

▲ 본당신부들의 수호성인 비안네 신부

비안네 성인은 새 사제들이 걸어야 할 길은 오로지 하느님만을 사랑하고 사람을 사랑하는 것이라고 하신다. 첫 부임지이자 평생 계셨던 아르스본당으로 찾아갈 때 지나가던 꼬마에게 "아르스 가는 길을 알려주면, 나는 너에게 천국 가는 길을 알려주겠다"고 말씀을 하신다. 성인께서 말씀하신 이 장소에는 꼬마와 성인 동상이 세워져 있다.

성성(聖性) 발휘, 충실한 종의 역할 - 비안네 성인 메시지 깨달아

▲ 아르스 성당에서 미사를 봉헌하는 사제들이 깊은 묵상에 잠겨 있다.

평생 남루한 수단을 입고 거의 먹지도 자지도 않는 생활을 하며 하느님의 기적을 행한 비안네 성인은 이 시대를 사는 우리에게 어떤 메시지를 전하고 있는가? 성인처럼 절제하고 금욕하며 청빈하게 살라는 것이 아니다. 다만 하느님 사랑을 전하는 사제가 되기 위해 그토록 충실한 삶을 살아낸 열정, 타인의 비웃음에도 굴하지 않고 자기 뜻을 좇았던 용기 등, 비안네 성인은 우리에게 희망의 메시지를 전해 준다. 또 하느님께 선택받은 특별한 사람이 성인으로 태어나는 게 아니라, 조금 부족한 듯 이 시대를 살아가는 우리가 마음만 먹는다면 자기 안의 성성(聖性)을 충분히 발휘해 누구나 성인이 될 수 있다는 진리도 새삼 깨닫게 해준다.

물질적 안락에는 강한 애착을 가지면서도 종교에 대해서는 무관심한 것이 우리 시대의 보편적 현상이다. 만일 외계에서 온 사람이 우리를 관찰한다면, 그는 우리가 목적을 향해 가고 있는 순례자라고는 판단하지 않을 것이다. 그러나 비안네 성인은 항상 목

▲ 비안네 신부가 머물던 사제관 2층에는 당시 사용하던 침대와 책상 촛대, 제의 등 성물이 보존돼 있어 성인의 검소했던 삶을 엿볼 수 있다.

적을 가지고 여행을 한 사람이었다. 고해성사를 하루에 18시간씩 주신 신부님, 하느님과 신자를 사랑하신 신부님, 신부님에게 고해성사를 본 사람이 무려 250만 명, 사제 한 사람이 그 당시 유럽교회를 살린 것이다. 우리 모두 내가 있는 그 지역을, 공동체를 나의 아름다운 모습으로 살릴 수 있는 멋진 그리스도인이 되었으면 한다.

기도하는 사제

침묵 속에 그리스도의 향기가 나는 사제
힘없고 약한 자의 고통을 나누며, 사회정의를 위하여 열심히 일하는 사제
사리에 맞지 않는 독선을 피우지 않으며, 평신도와 함께 본당을 이끌어 가는 사제
겸손하며, 남의 말에 귀 기울이며, 말을 끝까지 들어주는 사제
죽기까지 사제 성직에 충실한 사제

평신도들에게 적절한 강론을 준비하는 사제

검소하게 물질에 마음 쓰지 않으며, 공금에 명확한 사제

웃어른뿐 아니라 누구에게나 말과 행동에 예의를 지킬 줄 아는 사제

청소년과 친하게 대화를 나누며, 교리교육에 힘쓰는 사제

성사 집행을 경건하고 예절답게 하는 사제

교구장과 장상에게 순명하며, 동료 사제들과 원만한 사제

가까운 친척이나 친한 교우에게 매이지 않는, 양쪽 귀를 모두 여는 사제

글·사진= 유종만 신부

(서울대교구 15-강서지구장 겸 등촌 1동본당 주임)

3부

미디어의 창에 비친
나의 조각, 퍼즐 맞추기

서울, 한 번에 사제 45명 배출

9일 잠실체육관서 한국교회사상 最多기록
2월중 새사제 68명 탄생,
인천·부산·원주·프린치스꼬회도 서품식

가톨릭신문 발행일 1990-02-18 [제1692호, 1면]

금년 1월 중 19명의 새 사제가 탄생된 데 이어 2월 중 68명의 새 사제가 탄생, 2월 13일 현재 총 87명의 새 사제가 배출됐다. 특히 가톨릭대학신학부(학장·정의채 신부)는 학교 개교 이래 금년에 가장 많은 사제를 배출(총 79명=교구소속 70명·수도회소속 9명)하게 됐으며, 서울대교구는 한국교회사상 일시에 가장 많은 수의 사제(45)를 배출했다. 2월중 사제서품식은 2일 인천교구(10명)를 시작으로 부산교구(3일 9명) 원주교구(8일 2명) 서울대교구(9일 45명) 제주교구(10일 1명) 등에서 각 교구 및 수도회별로 거행됐다. 서울대교구는 2월 9일 오후 2시 잠실실내체육관에서 김수환 추기경 집전으로 사제서품식을 거행, 45명의 사제를 배출했다. 많은 수의 사제서품자들로 인해 지난해에 이어 두번째로 성당이 아닌 외부장소에서 거행된 이날 서울대교구 사제서품식에는 교황대사 이반 디아스 대주교·김옥균 주교·강우일 주교를 비롯 사제 2백 40여 명과 수도자 및 신자 1만 6천여 명이 참여, 탄생되는 새 사제들을 경축하고 새사제들이 좋은 목자가 되기를 함께 기도했다. 한편 앞으로 2월중 사제서품 예정자는 대전교구 9명(2월 20일), 꼰벤뚜알 성 프란치스꼬 외 1명(2월 24일)이 남아 있으며 가르멜회 1명은 3월중, 예수고난회 3명은 5월 24일에 예정돼 있다.

2월중 서품된 새사제 68명

유병만 (서울) 전종훈 (서울) 김기화 (서울) 김상영 (서울) 정세덕 (서울) 이운기 (서울) 김승철 (서울) 원충연 (서울) 김동훈 (서울) 김도영 (서울) 김연중 (서울) 김상국 (서울) 송천오 (서울) 류희수 (서울) 조용우 (서울) 오인섭 (서울) 송경섭 (서울) 박근태 (서울) 송락 (서울) 고비오 (서울) 너인호 (서울) 김효성 (서울) 조재연 (서울) 윤일선 (서울) 박선용 (서울) 정인호 (서울) 유종만 (서울) 이성국 (서울) 신경남 (서울) 박상수 (서울) 강계원 (서울) 이기양 (서울) 방정영 (서울) 변우찬 (서울) 변승철 (서울) 이상철 (서울) 정훈 (서울) 조호동 (서울) 김중훈 (서울) 김인환 (인천) 최경일 (인천) 김영욱 (인천) 김영재 (인천) 전승진 (인천) 김현수 (인천) 박유진 (인천) 한세만 (인천) 표신천 (원주) 유영구 (원주) 구경국 (부산) 배상복 (부산) 김정호 (부산) 강종석 (부산) 김용환 (부산) 김영규 (부산) 임형락 (부산) 오창열 (부산) 임석수 (부산) 유영진(프란치스꼬회) 이영조 (제주)

교회사연구소·문화선양회, 《문화사대계》 등 제작계획

3월엔 연극 〈안중근의사〉 공연

가톨릭신문 발행일1991-01-13 [제1737호, 2면]

한국교회사연구소(소장 최석우 신부)와 동 연구소를 후원하는 가톨릭문화선양회(회장 김실회, 지도 유종만 신부)는 91년 한 해 동안 《한국가톨릭문화사대계》 시리즈 등의 출판물과 교회사 관계 비디오와 슬라이드를 제작하는 한편 안중근 의사 연극을 기획, 무대에 올리는 등 다양한 사업을 계획하고 있다. 출판물로는 《한국가톨릭문화사대계》 시리즈 제2집 《한국가톨릭잡지기사 색인》 제3집 《한국가톨릭교회사》 제4집 《한국 가톨릭건축사》와 일반인들을 대상으로 한 간추린 《한국교회사》(최홍준 저)가 발간될 예정이고 《최석우신부 교회기념논총》도 하반기에 편찬할 계획을 세우고 있다. 특히 교회사연구소와 문화선양회는 한국가톨릭교회에서는 처음으로 시청각 교육 자료집 제작을 시도, 예비자교육용 《한국교회사》 슬라이드와 교회사에 나타나는 성지비디오인 《한국교회사 다큐멘터리 2백 년》 영화(비디오)를 편집·출판할 예정이다. 이중《한국교회사 다큐멘터리 2백 주년》 영화는 신자 재교육을 위해 한국교회의 뿌리를 영상화하는 것으로서 한국교회사를 박해기편·근대편·현대편 등 3시기로 나눠 각각 40분용으로 편집된다. 또한《한국교회사 다큐멘터리 2백 년》 영화 중 1962년부터 1989년까지의 시기인 현대편은 미래 한국교회에 대한 전망까지 제시할 것으로 보이고 있다. 이들 비디오와 슬라이드는 간추린《한국교회사》집필을 담당하고 있는 문화선양회 기획부 임원 최흥준씨(방송작가)의 책임하에 제작된다. 아울러 교회사연구소와 문화선양회는 한국가톨릭문화의 정착을 목적으로 지난해 결의한 바 있는 연 1회씩의 연극공연 기획을 금년부터 시행키로 함에 따라 첫 작품으로 〈안중근(도마) 의사〉를 3월중순경 공연할 예정이다.

교회사연구소·문화선양회 공동 주최
안중근 의사 연극으로 재조명

가톨릭문화 정착시도 첫 무대 안의사
신앙·조국관 젊은이에 심고자 기획
3월경 공연예정, 극단 '무궁단자촌' 맡아

가톨릭신문 발행일1991-01-27 [제1739호, 12면]

독립투사로서 또 신앙인으로서 짧은 일생을 살면서 후대의 젊은이들에게 용기와 올바른 가치관을 심어준 안중근(도마) 의사의 신앙관과 조국관을 재조명하는 연극이 3월 중순경 무대에 올려질 예정이다. 이토 히로부미를 저격한 독립투사로서 한겨레의 가슴속에 깊이 새겨진 안중근(도마) 의사에 대한 연극은 한국교회사연구소(소장 최석우 신부)와 한국가톨릭문화선양회(회장 김실희, 지도 유종만 신부)가 공동으로 주최한다. 문화활동이 특히 저조한 한국가톨릭교회에 가톨릭문화를 정착시킨다는 목적과 한국가톨릭문화사 연구의 일환으로 매년 1회씩 연극을 공연키로 한 학국교회사연구소와 한국가톨릭문화선양회는 '안중근 (도마) 의사'를 첫 작업으로 무대에 올리기로 했다. 또한 〈안중근(도마) 의사〉는 1909년 10월 26일 하얼빈역에서 이토 히로부미를 저격, 1910년 3월 25일 사형당한 안중근 의사 서거 81주년 추모기념 공연으로 기획, 발표된다. 한국가톨릭문화선양회 유종만 신부는 "가톨릭의 모든 문화활동이 저조한 가운데 한국가톨릭문화를 정착시키는 일환으로 1년에 1회씩 연극을 공연키로 했다."고 밝혔다. 또한 한국교회사연구소소장 최석우 신부는 "하느님께 대한 효성, 부모님께 대한 효성, 문화와 역사의 뿌리인 조국에 대한 효성은 그 맥을 같이하고 있다는 점에서 첫 작업으로 안중근 의사를 주제로 선정하게 됐다"면서 "이번 공연은 특히 억눌린 인생과 자주독립을 위해 압제자와 싸우고, 겨레의 끝없는 발전을 위해 교육에 힘쓰며, 온겨레의 구원을 위해 살신보국한 안중근 의사의 뜻을 이어받아 암울한 이 시대, 척박한 이 땅에서 살아가는 모든 젊은이들에게 올바른 가치관을 심어주려는 의도에서 기획했다"고 말했다. 오태영씨가 작품을 쓰고 채승훈씨가 연출하는 〈안중근(도마) 의사〉는 극단 '무궁단자촌'에 의해 공연된다. 한편 연극 〈안중근(도마) 의사〉는 가톨릭적 입장에서 거사, 빌렘 홍신부에게 종부성사까지 받은 안의사가 당시의 시대상황에 의해 교회로부터 '단죄' 받는 등 부정적 입장에서 비춰진 사실을 새로운 시각으로 재조명하고 있다.

《한국 교회사 통사》
금년 상반기중 간행

가톨릭신문 발행일1991-01-20 [제1738호, 2면]

내국인의 손으로는 국내 최초로《한국 교회사 통사》가 금년 상반기 중에 간행될 것으로 전망되고 있어 교회 내외에 큰 관심을 불러일으키고 있다. 한국교회사연구소(소장 최석우 신부)와 가톨릭문화선양회(회장 김실희, 지도 유종만 신부)가 공동으로 추진하고 있는 《한국가톨릭문화사대계 시리즈》 제3집으로 발간될 《한국가톨릭교회사》는 특히 달레의 《한국교회사》 이후 첫 통사란 점에서 의의가 큰 것으로 보이고 있다. 또한 《한국가톨릭교회사》는 지금까지 국내에서 출판된 교회사 관계 서적들이 한 시대에 국한돼 있거나 시기별로 조화가 잘 이루어져 있지 않다는 점에서 교회사를 연구하는 전문가들을 비롯 일반신자들에게 한국가톨릭교회사를 이해하는 데 많은 도움을 줄 것으로 기대되고 있다. 특히 이번에 발간될 《한국가톨릭문화사》 대계 제3집 《한국가톨릭교회사》는 개화기 이후 일제 강점기를 비롯 현대에 관한 교회사가 없는 상태에서 편찬될 예정에 있어 현대교회사의 토대를 구축할 것으로 보인다.

문화단신

서울 제8지구 청년성가대 제5회 정기연주회 개최

가톨릭신문 발행일1992-07-26 [제1815호, 11면]

서울대교구 제8지구 청년성가대 (단장=김지율, 지도=유종만 신부)는 7월 11일 오후 7시30분 서울 가락동본당에서 제5회 정기연주회를 개최, 성가를 함께 부르며 가까운 이웃 본당과의 화합과 우정을 더욱 돈독히 했다. 8지구 청년연합회 유종만 지도신부(마천동보좌)를 비롯, 각 본당 청년연합회 지도신부와 가족 및 친구 5백여 명이 참석해 성황을 이룬 이날 연주회는 1부 본당별 연주곡과 제2부 연합 연주곡의 순으로 진행됐다. 제1부 본당별 연주곡에서는 8지구 내 신천동·둔촌동·풍납동·마천동·잠실·오금동·암사동·문정동·길동·가락동 등 10개 본당의 청년성가대가 참가 각기 준비한 성가를 선보이며 지금까지 쌓아온 기량을 마음껏 발휘했다. 제2부에서는 1백80여 명 성가대원 전원이 〈주여, 영광 받으소서〉, 〈내 발을 씻기신 예수〉, 〈남촌〉 등 9곡의 합창곡을 부르며 서로의 우정을 다지기도 했다. 한편 8지구 청년성가대는 88년 6월 창단, 신천동 본당에서 제1회 발표회를 가진 이후 꾸준한 활동을 벌여왔다.

대방동본당, '보컬미사' 청년들에 인기

월 2회 생활성가 도입

가톨릭신문 발행일1996-05-19 [제2003호, 17면]

서울대교구 대방동본당 청년들은 젊은이들의 감각에 어울리는 리듬과 선율로 미사 축제를 더욱 흥겁게 봉헌하고 있다. 이른바 '보컬미사' 미사전례의 기본적 틀과 전례 성가의 본질적 구성 요소는 훼손하지 않는 범위 내에서 생활 성가를 도입하고 드럼과 기타, 키보드의 박진감 넘치는 리듬을 성가 반주로 활용하고 있다. 대방동성당 청년들이 청년미사에 보컬 반주를 도입한 것은 지난 89년으로 이미 7년이나 됐다. 하지만 그 동안 '거룩하고 엄숙한' 전례에 대중적(?)인 악기를 끌어들여도 될까 하는 우려로 활성화되지는 못했다. 지난해부터는 매월 1회 보컬미사가 자리를 잡았고 현재 보좌인 유종만 신부의 적극적 지원으로 5월부터는 매월 두 차례씩 봉헌하고 있다. 보컬 반주가 도입된 부분은 개회, 봉헌과 영성체 그리고 주의 기도, 폐회성가 등이다. 보컬 반주를 맡고 있는 '소리사랑'은 기타, 키보드, 베이스 기타, 드럼 등 20대 젊은이 6명으로, 이들은 전통 성가의 중요성도 잘 알고 있다. 유종만 신부는 "오늘날 젊은이들이 교회를 멀리하고 있는 것을 그들의 탓으로만 돌릴 수는 없다"며 "미사 안에 젊은이들이 공감할 수 있고 친근하게 느끼는 감각을 수용함으로써 그들에게 가까이 가려는 시도라고 볼 수 있다"고 말했다.

"행신동성당으로 〈넌센스〉 보러 오세요"

설립 2년 넘도록 비닐하우스에서 미사 봉헌
28일 오후 4시30분 · 7시20분
2회에 걸쳐 공연

가톨릭신문 1999. 3. 21 서상덕 기자

"성당으로 뮤지컬 보러 오세요."
한 본당이 국내에서 최장기 공연으로 기록중인 뮤지컬을 공연하기로 해 관심을 모으고 있다. 화제의 주인공은 서울대교구 행신동본당(주임=유종만 신부), 97년 2월 능곡본당에서 분리돼 나온 후 두 해가 넘도록 비닐하우스에서 미사를 봉헌해오고 있는 행신동본당은 최근 성전건립기금 마련을 위해 뮤지컬 코미디 〈넌센스〉를 본당 차원에서 공연하기로 했다. 하느님의 이끄심인지 〈넌센스〉의 본당 공연이 성사되기까지는 일반인들이 생각하듯 그리 어려운 일만은 아니었다. 일이 되려고 그랬는지 본당 활동에 열심인 신자 중에 〈넌센스〉의 제작자인 조민(요셉)씨가 있었던 것. 〈넌센스〉를 공연하고 있는 극단 대중의 대표이기도 한 조씨가 본당의 어려움을 전해듣고 자선공연에 흔쾌히 응했던 것이다. 마침 3월 7일까지의 공연을 마치고 휴식중에 있던 극단의 출연진들도 갤런티 한푼 안 받는 행사에 기쁜 마음으로 응해 줘 본당 관계자들을 한층 들뜨게 했다. 오는 3월 28일 오후 4시30분, 7시30분 2회에 걸쳐 성당 인근의 민방위교육장에서 막이 오르는 뮤지컬 〈넌센스〉에 대해 본당 신자들의 기대 또한 적지 않다. 김미희(마리아)씨는 "이번 공연은 나누려는 마음이 없었으면 생각지도 못했을 일"이라며 "이 행사를 통해 서로가 서로에게 힘이 되고 본당을 키워나갈 수 있는 계기가 됐으면 좋겠다"고 말했다. 각자의 능력을 나눔으로써 더욱 풍요로워지는 하느님 나라를 행신동본당 신자들은 IMF라는 시대 속에 더욱 의미 있는 모습으로 체험하게 될 것이다.

※ 문의=(0344) 978-0231, 978-0232 서울대교구 행신동본당

서울 행신1동, 방과후 〈열린 교회학교〉 개설

초등학생 대상…정서교육 · 생활지도 등
다양한 형태로 진행

가톨릭신문 발행일1998-04-26 [제2099호, 14면]

서울대교구 행신1동본당(주임=유종만 신부)이 초등학생들을 대상으로 방과후 〈열린 교회학교〉를 개설해 화제가 되고 있다. 본당 주일학교 교사회에서 주관하는 〈열린 교회학교〉는 장기적으로 초등학생뿐만 아니라 유아반, 중고등학생으로까지 대상을 확대하고 본당 신자들뿐만 아니라 비신자 지역주민들에게까지 문호를 개방해 지역사회에 뿌리를 내려 봉사하는 교회로서의 모습을 지향하고 있다. 4월 22일 첫 모임을 가진 〈열린 교회학교〉는 매주 월요일부터 금요일까지 오후 2시부터 6시까지 학교를 마친 초등학생들을 모아 다양한 방식의 프로그램을 운용, 학과공부는 물론 정서발달 교육, 취미생활 지도 등의 형태로 진행된다. 전체 프로그램 진행을 담당하고 있는 실무책임 교사인 윤은영(삐아)씨는 "학생들을 대상으로 설문조사를 한 결과 노래방이나 오락실 외에는 마땅하게 갈 곳이 없다는 대답이 대부분이었다"며 '비어있는 성당 교리실을 주로 이용해 아이들의 건전한 놀이와 학습 문화를 마련해 주자는 것이 일차적인 취지'라고 설명했다. 현재 기획된 프로그램은 기초적인 학과 공부 지도 외에 연극, 미술, 음악, 바둑 등 다양한 취미 및 문화 활동은 물론 교회의 특성을 살린 공동체 놀이도 개발할 계획이다. 이와 함께 프로그램 자체를 유연하게 운영하기 위해 어린이들의 의견과 요구를 살펴 지속적인 프로그램 보완을 계획하고 있다.

서울 행신1동본당 성전건립비 마련 위해 주말농장 분양

초등학생 대상…정서교육·생활지도 등 다양한 형태로 진행

가톨릭신문 발행일1998-04-05 [제2096호, 18면]

서울대교구 행신1동본당(주임=유종만 신부)은 성전 건립 기금을 마련하기 위해 본당 보유 대지를 주말농장으로 분양하고 있다. 행신1동본당은 또 이 자리에 수영장과 원두막, 운동시설 등을 마련해 신자들이 주말이나 휴일, 자녀들의 방학 등을 이용해 자연과 함께 쉴 수 있는 공간으로 활용할 계획이다. 본당측은 총1천3백여 평의 대지 전체를 주말농장으로 분양하기로 결정하고 본당 신자들은 물론 타본당 신자들에게도 개방, 5평 1년 임대 사용료 10만 원을 받고 분양한 후 수익금은 전액 성전 건립 기금으로 사용할 예정이다. 본당 주임 유종만 신부는 "신설된 지 얼마 되지 않은 본당으로 성전건립 기금을 마련하기 위해 신자들을 대상으로 주말농장을 분양키로 했다"며 "어린이들은 물론 어른들도 멀리 떠나지 않고서도 가까운 곳에서 자연과 함께하고 직접 농작물을 키워봄으로써 자연의 소중함을 체험하는 계기가 될 수 있을 것"이라고 말했다. 행신1동본당은 97년 2월 14일 신설돼 바자회 은모으기 행사 등 성전 건립 기금을 마련하기 위해 다각적인 행사를 추진하고 있으며 내년 봄 성전 기공식을 가질 예정이다.

서울대교구 행신동본당 주말농장 인기

"잃어버린 고향을 찾아드립니다" 97년초 본당 재정난 타개 위해 시작 일반인에게도 분양 선교기지 역할도

가톨릭신문 발행일1999-04-11 [제2146호, 17면]

한차례 비라도 오고 나면 코 앞의 개천에서는 물오른 고기들이 손짓하고 한여름 원두막에서는 깔깔대는 아이들의 웃음이 한없이 퍼져나는 시골, 이런 고향의 정취를 가까운 도시에서 맛볼 수 있다면…. 서울대교구 행신동본당(주임=유종만 신부)이 마련한 주말농장에서는 굳이 먼 곳을 찾지 않더라도 가슴 한 켠에 묻어왔던 고향을 되살려낼 수 있다. 우선 서울에서 한 시간도 안 걸려 마음 내킬 때 언제든지 찾아 떠날 수 있다는 이점에다 각종 편의시설이 미비해 자주 찾기가 꺼려졌던 다른 주말농장의 불편함을 덜었다는 점에서 도시탈출을 노리던 이들에게 희소식이 되고 있다. 지난해 처음으로 주말농장을 마련해 운영한 바 있는 행신동본당은 그간 쌓아온 노하우를 바탕으로 최근 접근성이 뛰어난 성당 부근에 2,200평의 밭을 새롭게 매입, 본격적인 운영에 들어갔다. 주말농장 운영은 지난 97년초 본당이 분할돼 나온 후 새 성전 건립을 위해 애쓰던 신자들이 IMF를 맞으면서 부닥뜨린 재정난을 타개하기 위해 낸 묘안이었다. "지난해는 직접 가꾼 무공해 상추, 방울토마토, 오이를 여름내 먹었지요. 아이들도 그렇게 좋아할 수 없구요" 주말농장을 분양받아 손수 가꾸는 재미를 봤다는 최영우(마태오)씨의 말이다. 지난해에 비해 싼 7만원에 농장을 분양하고 있는 본당측은 밭을 찾는 이들이 마음 놓고 언제든지 찾을 수 있도록 농장 관리소에 농기구는 물론 씨앗과 종묘, 비료 등 농사에 필요한 일체를 갖추어 놓고 있다. 올해의 주말농장은 작년의 먹는 재미에다 즐기는 재미까지 더했다는 게 특징. 가족 단위로 소풍 겸 자연학습장으로 이용할 수 있도록 곳곳에 원두막을 설치해 이용할 수 있게 했으며, 농장 내에 신자들이 손수 우물을 파 식수 등 물 문제도 해결하는 등 농장 이곳저곳에 숨은 애정이 내비쳤다. 또 족구장 등 놀이시설도 함께 갖춰 자연 속에서 부담없이 주말을 지낼 수 있도록 하고 있다. 주말농장을 관리하고 있는 본당 바오로회의 차재풍 회장은 "본당의 재정난 타개에 보탬이 되는 것은 물론 자연을 그리워하는 이들과 넉넉한 마음을 함께 가꾼다는 의미로 농장을 일궈 나가고 싶다"고 밝히고 "꾸준한 마음만 있다면 잃어버리고 살던 고향을 되찾을 수 있을 것" 이라며 웃음지었다. 행신동본당은 주말농장을 신자는 물론 일반인들에게도 개방해 자연스러운 선교의 장으로 가꿔나간다는 계획도 털어놓는다. 주말농장에는 벌써 30여 명이 분양신청을 해놓고 있다고. 고양시 덕양구 행신동에 위치한 농장은 3호선 화정역에서 운행하는 마을버스 종점에서 내리면 쉽게 찾을 수 있다. 문의=행신동본당 (0344) 978-0231~2 서상덕 기자

▲ 묵주를 만드는 유종만 신부

[새성당 봉헌식] 서울 행신1동본당
새성당 봉헌을 축하드립니다

가톨릭신문 발행일2001-04-29 [제2247호, 3면]

지난 4월 22일 오후 4시 경기도 고양시 덕양구 행신1동 208-2번지에서 교구장 정진석 대주교 주례로 신축 성당 축복식을 가진 서울대교구 행신1동 본당(주임=유종만 신부)이 장애인들의 보행을 배려해 모든 출입문의 문턱을 없애고 장애인을 위한 고해소, 화장실, 엘리베이터 등을 설치해 주목을 받고 있다. 행신1동 본당은 신축 성당 안에 장애인 화장실을 별도로 마련하는 한편, 휠체어를 타고 고해소에 들어갈 수 있도록 넓은 공간의 장애인 고해소를 설치했다. 장애인들이 아무런 불편 없이 활동하도록 돕기 위한 본당 차원의 배려다. 신축성당의 또 하나 특징은 1층 만남의 방에 구비된 PC방. 본당측은 청소년들이 여가 선용으로 언제든 이용할 수 있도록 컴퓨터 3대를 마련해놓았다. 하

▲ 서울 행신1동성당

지만 무엇보다 신축 본당이 돋보이는 것은 지난 3년간 본당 신자들이 성전 건립에 기울인 헌신적인 노력이었다. 구역반 중심으로 기금 조성에 나선 본당 신자들은 지역 내 아파트 단지는 물론, 지하철 입구, 학교 앞에서 음식류와 생활 필수품, 꽃 등 업종을 불문하고 이익이 될 만한 모든 것을 판매했다. 특히 유종만 주임 신부는 5단짜리 묵주 400여 개를 손수 만들어 그 이익금을 성전 건립 기금으로 내놓기도 했다. 이렇게 조성된 기금이 1억 원이 넘었다고. 여기에 타 본당 신자들과 어느 독지가의 정성이 모아져 성당 건립에 큰 힘이 됐다. 유신부는 "본당 전 신자의 노력과 헌신으로 뜻깊은 성전 봉헌식을 가지게 되어서 감회가 새롭다"고 밝히고 "이렇게 모아진 신자들의 열정이 계속 이어진다면 앞으로 본당 활성화에 큰 초석이 될 것"이라고 말했다.

가톨릭상공인회, 침체 벗어난 기지개 활짝

월례미사, 봉사 등 활기 되찾아 활동

가톨릭 신자 상공인들의 모임인 가톨릭상공인회(회장 황종석)가 기지개를 활짝 켰다. 서울대교구에 등록된 평신도 단체로서 현재 40대를 주축으로 회원 30여 명이 활동하고 있는 가톨릭 상공인회는 소규모 자영업에 종사하는 신자들이 한데 모여 신앙 안에서

▲ 가톨릭상공인회 회원들이 20일 성 빈첸시오의 집 어르신들과 기념촬영을 하고 있다.

친목을 도모하고 상호 협력하는 단체로, 비록 작은 규모지만 끈끈한 유대감을 가진 가족적 모임. 1989년 회원 170명으로 성대하게 출발했지만 지지부진한 활동으로 오랜 기간 침체기를 겪었던 상공인회는 지난 3월 제9대 회장으로 황종석(보니파시오, 52)씨를 선출하고 10월에는 한동안 공석이었던 지도신부에 유종만(서울대교구 수색본당 주임) 신부를 위촉하면서 새로운 도약의 발판을 마련했다. 상공인회는 10월 26일 한 회원이 운영하는 공장에서 유 신부 주례로 회원 부부 20여 명이 참석한 가운데 월례미사를 봉헌하고 분과위원장들에게 임명장을 수여했다. 또 20일에는 경기도 양주에 있는 무의탁 노인 보호시설 성 빈첸시오의 집을 방문해 내복을 전달하고 어르신들과 함께하는 등 소외된 어르신들을 위로하는 뜻 깊은 시간을 가졌다. 상공인회는 모임 활성화를 위해 상공인회 조기(弔旗)를 만들어 회원 가정에 초상이 나면 조기를 걸도록 하고 가급적 모든 회원들이 빈소를 찾도록 독려하고 있다. 황 회장은 "작지만 하느님 보시기에 아름답고 사람 냄새 나는 모임이 될 수 있도록 다양한 활동 프로그램들을 개발해 나가겠다"면서 상공인회가 좀더 커나갈 수 있도록 상공인 신자들의 많은 관심과 참여를 부탁했다.

문의 : 02-416-5150, 다음(Daum) 카페 '가톨릭상공인회' 남정률 기자 njyul@pbc.co.kr

가톨릭평화신문, 무단 전재 및 재배포 금지

공동체 일치 이렇게 해보세요
서울 수색본당 신자들 하나되기로 화합시대 열어

"본당 공동체 일치 이렇게 하면 된다."

서울대교구 수색본당(주임 유종만신부)의 '일치 방법론'이 주목을 받고 있다. 이 다양한 시도들은 '나 홀로 신앙인'들을 '함께 하는 신앙인'으로 바꿔놓았다. 수색본당의 '하나되기'는 1년 6개월 전 유종만 신부가 주임으로 부임하면서 부터 비롯됐다. 유 신부는 '겉'을 바꾸는 작업부터 시작했다. 성당 내부에 도색공사를 했으며, 만남의 광장을 마련해 신자들 간 대화의 장을 마련했다. 무슨 말을 하는지 알아들을 수 없을 정도로 '웅~웅'거리던 음향설비도 전부 교체했다. 종탑에는 예수성심상을 올렸고 대형 시계도 설치했다. 지하강당을 개조, 소성당도 만들었다. 새로운 환경에서 새로운 마음으로 다시 시작해 보자는 취지에서다. '속'을 바꾸는 작업도 동시에 이뤄졌다. 각 구역별로 '본당일치를 위한 54일 고리기도'가 시작됐고 7년 동안 없었던 본당 체육대회도 부활됐다. 때맞춰 월드컵에서 한국팀의 승승장구는 다시 일어서려는 본당의 노력에 활력을 불어넣었다. 신자들은 성당에 모여 한국 승리를 위해 함께 응원하면서 본당일치에 대한 '희망 싹'을 틔울 수 있었다. 빈첸시오회, 성소후원회 등 각종 단체들이 잇달아

▲ 서울대교구 수색본당이 본당 일치의 모델로 부각되고 있다. 지난해 10월 본당 체육대회에서 줄다리기를 하며 본당 공동체의 일치를 다짐하는 수색본당 신자들.

생겨났으며 평신도사도직 활동도 점차 활기를 띠기 시작했다. 본당 신자의 5분의 2 정도가 노인층이라는 것을 감안, 노인대학도 개설했다. 노인 당사자들은 물론이고 노부모를 모시고 있는 가정에서 크게 반겼다. 청소년들을 위해서도 월 1회 영어미사 봉헌 등 다양한 프로그램을 시도하고 있다. 이색 프로그램도 속속 시도됐다. 지난 3월 31일에는 관내 국회의원을 비롯한 기관장, 스님 등을 초청, 영화 〈동승〉 시사회를 가졌고, 그 전에는 보광사 전 주지 효림 스님을 초청, '종교인의 올바른 생활 자세'에 대한 강의도 들었다. 앞으로도 정기적으로 전문직 종사자나 평신도들을 초청, 강연회·신앙체험 발표회 등을 가질 계획이다. 수색본당은 지난달부터 주일미사에 참례하는 전신자에게 생강차 등 음료를 무료로 제공하고 있다. 미사가 끝나면 밀물처럼 성당문을 빠져나가던 그 신자들이 이제는 만남의 광장에 삼삼오오 모여 이야기꽃을 피운다. "처음에 성당에 도착했을 때 웃는 신자가 없었다"고 부임 당시를 회상한 유 신부는 "지금은 그동안 움츠러들었던 신자들이 기지개를 펴고 일어서는 과정"이라며 "앞으로 건의함을 별도로 설치해 신자들의 목소리를 경청하는 등 신자 중심의 사목을 하겠다"고 말했다.

가톨릭평화신문

서울 수색본당 8월 8일부터 6일간 우라와교구 답방

서울대교구 수색본당(주임 유종만 신부)은 오는 8월 8일부터 5박 6일간 지난해 자매결연을 맺은 일본가톨릭교회 우라와(浦和) 교구를 방문한다. 지난해 8월 수색본당과 자매결연을 맺고자 방한했던 다니 다이지(谷 大二, 우라와교구장) 주교 등 우라와교구 관계자들의 방한에 대한 답방이다. 수색본당의 방일에는 유종만 신부를 비롯해 지난해 우라와 교구 관계자들의 방한 당시 민박 봉사를 했던 신자 가정 등 20여 명이 참가한다. 일본 수도 도쿄 북쪽에 위치한 우라와교구는 성직자 68명(수도회 사제 포함)이 사목하고 있으며 본당 수는 60개다. 일본에서 가장 많은 한국인 교포 신자(6,000여 명)를 사목하는 교구이기도 하다.

가톨릭평화신문

서울 수색본당 -일본 우라와교구 자매결연… 본당간 교류 물꼬 터

젊은 바다 건너 주님 안에 하나

가톨릭신문 발행일2002-08-25 [제2312호, 3면]

"월드컵으로 다져진 우정, 신앙으로 이어가자!" 서울 수색본당(주임=유종만 신부)이 일본 우라와 교구와 자매결연을 맺고, 본당 차원에서 한일교류의 싹을 키워가기로 했다. 수색본당은 8월 17~22일 한국문화를 체험하고 성지순례를 하고자 한국을 찾은 일본 우라와 교구장 다니 주교와 교구민 15명을 맞이하고, 18일 교중미사 중에 자매결연식을 가졌다. 한국신자들의 신앙과 믿음의 삶을 몸소 체험하면서 일본교회가 활력을 얻는 기회로 삼고, 또 지속적인 교류를 통해 과거사의 과오를 반성하고 화해를 통해 신앙 안에

▲ 유종만 주임신부가 다니주교로부터 전달받은 자매결연패를 신자들에게 높이 들어보이고 있다.

서 일치를 이루자는 것이 이번 교류의 취지다. 자매결연식 후 유신부는 환영사를 통해 "하나의 신앙 안에서 형제적 일치와 친교, 영성적 발전을 이뤄가길 바란다"면서 "내년에는 수색본당 신자들이 우라와 교구를 방문해 일본교회를 체험하는 기회를 갖고 지속적인 만남을 가질 수 있었으면 한다"고 말했다. 다니 주교는 답사에서 "많은 신자들이 진심어린 마음으로 기쁘게 환영해줘서 놀랐고 감사하다"면서 "한국과 일본 두 본당이 교류를 이룰 수 있어 하느님께 감사드리고, 일본 주교의 한사람으로서 일본의 과오를 진심으로 사죄하며 두 교회가 함께 화합의 길을 갈 수 있길 바란다"고 전했다. 5박 6일간의 일정으로 명동성당, 절두산성지, 경주 등을 방문한 우라와 교구민은 신자가정의 민박을 통해 한국문화를 체험하는 시간을 가졌다. 수색본당 신자들을 통해 한국교회의 역동성을 체험했다는 니시무라 나오꼬(사라?23?일본 가와구치본당)씨는 "비록 말은 통하지 않았지만 한국 신자들과 함께 지낼 수 있어 즐거웠고, 처음으로 먹어본 한국음식은 아주 맛있었다"고 말했다. 수색본당은 향후 우라와 교구의 특정 본당과 직접적으로 교류하면서 매년 상호방문의 기회를 갖고 성물 교환 등 지속적인 만남을 이끌어갈 계획이다.

이진아 기자

▲ 8일 경로잔치에 참가한 지역 노인들이 전통 무용 공연을 보며 즐거워하고 있다.

정했다. 본당 부설 예수성심노인대학 강인학(요아킴, 70) 학장은 "지난 3월 말에 문을 연 노인대학 재학생 120여 명 중 20여 명이 비신자이고 그 중 10여 명이 현재 예비신자 교리를 받고 있다"며 "다양한 프로그램 개발을 통해 수색본당이 효도본당으로 거듭날 수 있도록 노력하겠다"고 말했다. 유종만 신부는 "어버이를 공경하고 은혜를 되새기는 어버이날이 핵가족화로 인해 오히려 노인들의 외로움을 증대시키는 날이 되고 있는 것 같다"며 "본당 노인대학이 지역 노인들의 삶에 활력을 불어 넣어주는 장이 되었으면 한다"고 말했다.

가톨릭평화신문.

서울 수색본당 지역 어르신 초청 어버이날 행사

서울대교구 수색본당(주임 유종만 신부)은 어버이날인 8일 지역 노인 200여 명과 그 자녀들을 초청, 민요공연, 장기자랑 등 다채로운 프로그램으로 '어버이날' 행사를 가졌다. 본당은 또 거동이 불편해 행사에 참석하지 못한 65세 이상 재가 노인들을 위해 직접 가정을 찾아가 카네이션 꽃을 달아드리고 주임신부 명의의 위로 서한을 전달했으며 별도 사은품도 증

서울 등촌3동본당, 일본 사이타마교구 오따본당과 자매결연

가톨릭신문 발행일 2008-04-20 [제2595호]

"주님 안에 우리는 한 형제"

서울 등촌3동본당(주임 유종만 신부)은 4월 13일 오전 11시 교중미사 중 일본 사이타마교구 오따본당(주임 김대열 신부)과 자매결연식을 가졌다. 이날 행사에는 등촌3동본당의 초청으로 4월 9~15일까지

"군국주의 시대 잘못 보속하러 왔어요"

일본 사이타마교구 청소년 광복절 60돌에 한국 성지순례

"한민족에게 말과 문자 사용을 금지하고 일본 문화와 일본어, 일본문자를 강제했던 만큼 이번 순례중엔 '묵언(默言)'하며 되도록 지하철과 버스로 이동하며 보속 순례를 하겠습니다." 성모승천대축일이자 광복절 60돌인 15일 서울 탑골공원(3·1독립선언서 기념탑)에선 '특별한 순례'가 이뤄졌다. 일본 식민지배 폐해를 새기며 일본 학생들이 독립선언서를 통해 한국인 자주독립 의지를 재확인한 것. 히로시 오카(사이타마교구 총대리 겸 마에바시본당 주임) 신부를 단장으로 한 일본 사이타마(埼玉)교구 성지순례단 소속 학생들은 30도를 웃도는 폭염 속에서 땀을 흘리며 3·1운동 부조(浮彫)를 일일이 돌아본 데 이어 경복궁(이상 15일)과 독립기념관(16일), 서대문형무소 기념관, 안중근기념관, 서울고속버스터미널성당(이상 17일), 제암리교회, 임진각(이상 18일), 절두산순교성지, 중림동성당, 서울역, 남대문 시장(이상 19일)을 둘러보고 분단의 땅, 순교의 땅에서 살아온 이들 얼을 되새겼다. 독립기념관과 제암리교회, 임진각을 제외하곤 전세버스를 타지 않고 버스와 전철로 이동한

한국을 방문한 오따본당 주임 김대열 신부와 일본인 순례단 30명이 참석했다. 오따본당은 일본 군마현에 위치한 사이타마교구 소속 본당으로 신자 수는 1만 5,000여 명이다. 오따본당은 대부분의 신자들이 전 세계 25개국 이주민공동체로 구성된 국제성당으로 사이타마교구 소속 김대열 신부가 사목하고 있다. 등촌3동본당과 오따본당은 이날 자매결연을 시작으로 앞으로 두 본당 간 정기적인 교류를 활성화 해 나가기로 했다. 마츠모토 에이시로(요한, 68)씨는 "나라와 민족을 떠나 하느님을 믿는 한 형제로 깊이 환대해 주신 한국 신자들에게 감사를 표한다"며 "앞으로도 두 본당 신자들이 자주 만나 서로의 신앙생활에 도움이 되길 바란다"고 말했다. 한편 일주일 일정으로 한국을 방문한 오따본당 순례단은 4월 10일 오전11시 서울대교구장 정진석 추기경을 예방한 것을 시작으로 서울 명동성당, 절두산성지, 감곡 매괴성모 순례지 등 한국의 성지를 차례로 방문했다. 아울러 4월 12일부터 13일까지 이틀간 등촌3동본당 신자가정에서 머물며 한국 신자가정의 모습을 체험하는 시간을 가졌다.

이승환 기자

▲ 정진석 추기경이 10일 서울 등촌3동본당과 자매결연을 맺은 일본 오따본당 순례단을 반갑게 맞고 있다.

▲ 오카 신부(오른쪽)의 안내로 서울 파고다공원내 독립선언서 기념탑에 관한 설명을 듣고 있는 일본 사이타마교구 성지순례단 소속 신자와 학생들.

순례단은 특별히 서대문형무소 기념관에선 고문실을 체험하고 서울고속버스터미널성당에선 파티를 통해 한국 신자들과 우의를 나누는 시간을 갖기도 했다. 이번 순례는 1995년 종전 50돌을 맞아 일본이 과거 '무엇을 했는지'를 배우는 계기를 마련하고자 사이타마교구가 10년간 추진해온 아시아교회와 교류 행사 일환인 '보상과 화해의 순례'. 10년 전에 이어 두번째인 이번 순례에서는 2002년 8월 자매결연을 맺은 수색본당(주임 유종만 신부)을 순례 파트너로 삼았다. 매년 정기적으로 '예수의 식탁' 헌금을 봉헌, 아시아와 교류를 계속해온 사이타마교구는 14일부터 7일간 일정으로 이뤄진 이번 순례엔 특별히 '학생'들을 순례단에 포함시켜 미래 세대에 한일간 교류와 화해의 징검다리가 되도록 했다. 오카 신부는 "이번 순례는 일본 청소년교육을 위해 과거 일본이 군국주의 시대에 무엇을 했는지 가르쳐주고자 하는 취지에서 기획, 교구 차원에서 순례단을 모집해 오게 됐다"며 "다양한 한·일 교류를 통해 학생들이 올바른 역사인식을 갖고 미래로 나아가게 하겠다"고 말했다.

오세택 기자 가톨릭평화신문

서울 등촌1동본당, 무료 심리상담 '샬롬 상담소' 열어

신자와 지역주민들 영혼의 쉼터

"샬롬 상담소는 고민과 아픔만 나누는 곳이 아닙니다. 기쁜 일이 있으면 찾아와 함께 나눌 수 있는, 신자들과 지역주민들 영혼의 쉼터로 자리매김하겠습니다." 서울대교구 등촌1동본당(주임 유종만 신부)이 3일 무료 심리상담소 '샬롬 상담소' 문을 열었다. 샬롬 상담소는 아동부터 어르신까지 심리적으로 어려움을 겪고 있는 이들의 고민을 들어주고 치유해주는 마

▲ 유종만 신부와 상담위원들이 상담소 축복기도를 바치고 있다.

음의 쉼터다. 정연순(안젤라) 소장은 "사회가 점점 각박해지면서 정신적으로 지쳐가는 사람들이 많아지고 있다"며 "그들이 찾아와 힘을 얻을 수 있는 상담 서비스를 제공할 것"이라고 말했다. 매주 화·수요일 오후 2시부터 5시까지 가족상담사·아동상담사·놀이치료사·트라우마(정신적 외상) 가족치료사 등 자격증을 가진 전문 상담사들이 상주하면서 방문자들의 이야기를 들어주고 조언을 해준다. 상담 내용은 부부 갈등을 비롯한 대인관계, 진로, 가족 갈등, 학교 폭력, 도박·알코올·인터넷 중독 문제 등 살아가면서 맞닥뜨리게 되는 다양한 문제들을 망라한다. 상담은 철저하게 내담자 눈높이에 맞춰 진행된다. 정 소장은 "미신자들에게는 일반 심리치료 방법만 사용하지만 신자들에게는 영적 치료를 병행한다"면서 "내담자들의 말을 될 수 있는 대로 많이 들어주고 상처 입은 마음을 보듬어주기 위해 노력할 것"이라고 말했다. 교구 본당 내에 개설된 심리상담소로는 5번째인 샬롬 상담소는 유종만 주임 신부가 전인상담교육연구소 소장 경혜자 수녀(영원한 도움의 수도회)에게 도움을 청함에 따라 문을 열게 됐다. 경 수녀는 "앞서 개설된 본당 상담소들이 상담을 받기 위해 몇 주를 기다려야 할 정도로 활발하게 운영되고 있다"면서 "심리상담소를 통해 미신자들이 '열린 교회'를 체험하고 성당과 친숙해지는 효과도 얻고 있다"고 말했다. 3일 교중미사 중 상담위원 4명에게 임명장을 전달한 데 이어 상

담실 축복식을 가진 본당은 앞으로 구청, 주민센터와 협력해 샬롬 상담소를 적극 알릴 계획이다. 유종만 신부는 "사제가 마음에 상처를 안고 사는 분들을 일일이 찾아가 위로할 수 있다면 가장 좋겠지만 현실적 어려움이 있어 상담소를 개설했다"면서 "많은 분들이 샬롬 상담소를 통해 마음의 평안을 얻길 바란다"고 말했다. 임영선 기자 가톨릭평화신문

서울 등촌1동본당 월간 소식지 <광헌> 지령 100호 맞아
신자와 미신자 아우르는 신앙의 등대

▲ <광헌> 100호 표지

서울대교구 등촌1동본당 (주임 유종만 신부) 신자들은 매달 마지막 주일에 주보와 함께 특별한 잡지를 받아 본다. 2001년 1월 창간돼 이번 3월에 100호를 발간한 본당 소식지 <광헌>이다. 본당 주보성인 이광헌(아우구스티노, 1787~1839)의 이름을 딴 광헌에는 교리마당, 교리 Q&A(묻고 답하기), 신자들의 신앙 수기, 이달의 성인, 본당 행사 소식 등 신앙생활에 도움을 주는 다양한 글과 사진이 20쪽에 걸쳐 펼쳐져 있다. 주임·부주임·보좌 신부, 수녀는 매달 한 꼭지씩을 맡아 글을 쓰며 신자들과 소통한다. 본당 기획홍보분과 위원 9명이 만드는 광헌은 위원들이 직접 취재한 공동체 탐방기사 등 성당에서 일어나는 모든 소식과 신자들이 신앙생활을 하면서 느낀 점을 쓴 글 등 알찬 내용을 꼼꼼히 전해 신자들에게 인기가 있다. 국판(가로 14.8cm, 세로 21cm) 크기여서 어느 곳에서나 편하게 읽을 수 있다. 2001년 유인물 형태로 본당 행사소식을 전하기 위해 시작된 광헌은 증면을 계속하면서 65호부터 목차를 수록, 잡지 모습을 갖췄다.

광헌은 시중에 판매되는 잡지에 뒤지지 않는 세련된 사진과 편집을 자랑한다. 사진관련 업종에 종사하는 신자들이 사진기자 역할을 담당하고 일간신문 편집기자 출신 신자가 편집장을 맡고 있는 덕분이다. 이민현(첼리나) 편집장은 <광헌>을 쉬는 교우나 신자가 아닌 분들에게 전해주는 신자들이 많다"면서 "신자들이 '잘 읽었다'는 반응을 보여주고, 또 <광헌>을 보고 다시 신앙생활을 시작했다는 신자들의 말을 들을 때 큰 보람을 느낀다"고 말했다. 단체·구역 탐방 취재를 맡고 있는 윤효주(스테파니아)씨는 "다른 구역, 단체에 대한 신자들 관심이 높아지고 교류도 늘었다"고 흡족한 미소를 지었다. 본당 신자들은 <광헌>을 통해 모르고 지나갈 수 있었던 본당 소식과 신자들의 다양한 이야기를 알게 되면서 성당에 더 애정을 갖게 됐다"고 입을 모은다. 전면이 컬러로 된 소식지를 매월 1,500부씩 발행하려면 비용이 만만치 않지만 본당은 적극적으로 <광헌>을 지원하며 편집부원들에게 힘을 실어준다. 유종만 주임신부는 100호 축하인사를 통해 "본당 소식지를 넘어 신앙 월간지로서 면모를 갖춰가는 광헌에 박수를 보낸다"며 "초심을 잃지 않는 광헌지가 되길 바란다"고 말했다. 광헌은 등촌1동본당 누리방(www.등촌1동성당.kr)에서도 만날 수 있다. 임영선 기자 가톨릭평화신문

▲ "광헌이 교우들에게는 신앙생활 길잡이 역할을, 미신자들에게는 천주교를 알리는 역할을 하길 바랍니다." 광헌을 만드는 기획홍보분과 위원들이 광헌을 들어보이고 있다.

서울 17강서지구, '청춘예찬, 마음을 열어요' 개최

청춘 남녀 신자들의 '두근두근' 소개팅 지구 내·외 본당서 70여 명 참여

가톨릭신문 발행일 2014-01-01 [제2876호, 4면]

서울대교구 17강서지구(지구장 유종만 신부)는 12월 21일 오후 3~10시, 등촌1동성당 광헌방에서 미혼남녀 만남의 장 '청춘예찬, 마음을 열어요' 행사를 가졌다. 서울대교구 지구 차원에서는 처음으로 열린 미혼 남녀 만남 행사에는 17강서지구 10개 본당과 타지구 본당에서 모두 70여 명이 참석했다. 이번 만남을 기획한 유종만 신부는 "가톨릭신자에게 최상의 결혼은 성사혼인데도 갈수록 관면혼이 늘어나고 있고 관면혼 부부 사이에서 종교 차이로 인한 갈등이 생기는 경우를 보곤 한다"며 "청년 신자들끼리 진솔한 신앙관과 인생관을 바탕으로 연결해 주면 좋겠다는 생각을 했는데, 예상보다 많은 청년들이 참여했다"고 말했다. 레크리에이션 강사 강민오(아우구스티노)씨가 진행을 맡은 행사는 서로를 환영하는 '파트너 게임'으로 시작해 어색한 분위기를 바꿨고 개인별 소개, 조별 모임과 게임 등의 순으로 진행됐다. 저녁 식사 후 분위기가 무르익자 청년들은 포크 댄스와 장기자랑을 하며 친교의 시간을 가졌다. 박지순 기자

▲ 서울대교구 17강서지구는 12월 21일 등촌1동성당 광헌방에서 '청춘예찬, 마음을 열어요'를 주제로 미혼남녀 만남의 행사를 가졌다.

사제의 해 폐막 기념 사진전 성황

서울대교구 등촌1동본당 주임 유종만 신부와 평화신문 전대식(프란치스코) 사진기자가 '사제의 해' 폐막 기념으로 9일 서울 명동 평화화랑에서 개막한 '보시니 좋았다' 사진전에서 교구 총대리 염수정 주교가 전시작을 관람하고 있다. 이 사진전은 명동대성당 들머리로 장소를 옮겨 22일까지 이어진다. 이힘 기자

가톨릭평화신문

명실상부한 지역 종합문화공간

서울 등촌1동본당, 열린교회 본보기로

성당에 멋진 카페와 심리상담소, 식료품 매장이 있다. 또 여름이 되면 마당에 간이 수영장까지 등장한다. 종합문화공간이라고 해도 지나치지 않다. 서울대교구 등촌1동본당(주임 유종만 신부)이 성당 문을 활짝 열고 지역주민들에게 다가서는 사목을 펼쳐 신자들과 주민들에게 큰 호응을 얻고 있다. 올 봄 무료심리상담소 '살롬 상담소'를 열어 다양한 상담서비스를 제공해 온 본당은 여름에는 마당에 간이 수영장을 설치해 수많은 동네 아이들을 성당으로 초대했다. 또 우리농 직매장 '하늘땅물벗'을 열었다. 최근에는 성당 야외 공간을 활용해 카페 '예랑'을 꾸몄다. 예수님 사랑이라는 뜻을 지닌 예랑은 천장을 투명 플라스틱

서울대교구 15지구 사제단, 비안네 신부 발자취 순례

"숭고한 사제의 길 따릅니다"

가톨릭신문 발행일 2010-04-25 [제2694호, 1면]

사제들이 사제의 해에 '돌봄의 사제직'을 묵상하고 돌아왔다. 본당 신부들의 수호성인인 비안네 신부 선종 150주년, 그가 걸었던 숭고한 사제의 길을 따르기 위해 서울대교구 15지구 본당사제들이 비안네 신부의 사목지였던 아르스 땅을 밟았다. 사제들은 깊은 인상을 받았다. 그 중에서도 가장 기억에 남는 곳은 비안네 신부가 하루 종일 머물렀던 '고해소'였다. 비좁은 공간에서 딱딱한 의자에 앉아 신자들을 위해 봉사하는 비안네 신부의 모습이 보이는 것 같았다. '과연 현대를 살아가는 우리 사제들은 그처럼 버텨낼 수 있었을까.' 자조 섞인 질문을 스스로에게 던져도 봤다. 사제서품 당시의 원대한 꿈을 까마득히 잊고 살아가고 있는 것은 아닌지, 혹시 정체된 삶을 살고 있는 것은 아닌지 다시 한 번 스스로들을 돌아보며 묵상했다. 하지만 사제 한 명이 사목해야 하는 신자가 평균 3,000~4,000명에 달하는 현실 속에서 그저 안타까움의 한숨만 내쉴 뿐이었다. 유종만 15지구 지구장 신부(서울 등촌1동본당 주임)는 "비안네 신부의 삶은 현대의 사제들에게 많은 걸 가르쳐주고 있다"며 "지치고 힘들지만 신자들을 배려하고 친절한 사제가 돼야겠다고 다짐했다"고 말했다. 이번 성지순례는 사제의 해를 맞아 사제성화 프로그램을 지구별로 운영하라는 교구의 요청에 따라 마련됐다. 11개 본당이 소속된 지구에서는 7개 본당 주임사제들이 참여했으며, 이들은 지난 5일부터 13일까지 8박 9일 일정으로 사제들은 아르스 외에도 중세 순례지의 중심지 베즐레와 루앙, 주미에즈, 소화 테레사의 고향 리지외, 아름답고 장엄한 몽생 미셸, 그레고리안 성가의 아름다움을 간직하고 있는 솔렘 등을 방문했다. 유 신부는 또 "5~6시간씩 차를 타고 이동해야했기 때문에 지

으로 덮어 실내지만 하늘이 보이는, 그 어느 카페 못지않은 아름다운 카페다. 유종만 신부가 탁자를 직접 고르고 실내 디자인 아이디어까지 냈을 정도로 정성을 쏟았다. 최고급 원두를 사용하지만 아메리카노 한 잔 가격이 1,000원에 불과할 정도로 가격이 저렴하다. 수익금은 전액 구역 내 불우한 이웃을 위해 사용한다. 이 같은 문화사목에 대한 신자들과 지역주민 반응은 무척 좋은 편이다. 상담소에는 내담자가 끊이지 않아 일주일에 두 번 열던 상담소 문을 이번 달부터 세 번씩 연다. 하늘땅물벗 매장은 '성당에서 믿을 수 있는 먹을거리를 판다'는 입소문이 퍼져 늘 손님으로 북적이고 여름에 수영장을 설치했을 때는 주일학교 아이들보다 신자가 아닌 동네 아이들이 훨씬 더 많이 놀러왔다. 성당 지하에 있어 카페는 아직 주민들에게 잘 알려지지 않아 신자들이 주로 이용하고 있지만 성당 입구에 간판을 설치할 계획이어서 곧 많은 주민들이 찾을 것으로 보인다. 카페 운영 봉사를 하고 있는 위경희(아녜스)씨는 "예랑에서는 다른 커피 전문점에 견줘 전혀 뒤지지 않는 맛있는 커피를 팔고 있다"면서 "커피를 많이 팔아 어려운 이웃들에게 조금이나마 도움이 됐으면 좋겠다"고 말했다. 유 신부는 "카페와 상담소, 식료품 매장 등에 신자가 아닌 사람들이 자주 드나들면 자연스럽게 성당과 가까워질 수 있을 것"이라며 주민들이 성당을 친숙한 곳으로 느끼고 자주 찾길 기대했다.

임영선 기자 가톨릭평화신문

▲ 유종만 신부가 카페 '예랑'에서 커피를 마시며 신자들과 이야기를 나누고 있다.

치고 힘들었지만 사제 생활에 대한 자기반성을 많이 하게 됐다"며 "'돌본다'라는 단어의 의미에 대해서 생각하게 하는 순례였다"고 고백했다. 이지연 기자

유종만 신부 – 전대식 기자 '사제의 해' 사진전

'하느님께서 보시니 좋았다'

가톨릭뉴스 2010. 6. 7. 0:47

'사제의 해' 폐막을 앞두고 특별한 사진전이 열린다. 유종만 신부(등촌1동 본당 주임)와 전대식 기자(평화신문)의 '하느님께서 보시니 좋았다(창세기 1장 10절)' 사진전이 6월 9일(수)부터 15일까지 평화화랑(중구 명동 가톨릭회관 1층 ☎727-2336)에서 열린다. 1990년 사제품을 받은 유종만 신부는 사제생활 20년 틈틈이 자연의 아름다움을 카메라에 담아왔다. 이번 사진전에는 프랑스 아르스의 비안네 성인 사목지를 비롯해 프랑스 몽셀미셸 수도원, 솔렘 베네딕토 수도원에서 촬영한 사진을 선보인다. 전대식 기자는 1989년 평화신문 입사 이래 취재 현장에서 만난 사제와 수도자들의 다양한 활동상을 작품으로 선보인다. 이밖에 메리놀외방전교회의 1910~50년대 한국교회 활동사, 1920년대 평양교구의 이모저모, 노기남 대주교 착좌식에서 전례를 돕던 정진석 추기경의 어린 시절 등 자료사진도 만날 수 있다. 자신의 이름을 건 첫 전시회를 준비한 유종만 신부는 "이 사진전이 하느님 모습을 닮은 아름다운 세상을 되돌아보게 하는 자리가 되길 바란다"고 말했다. 교황 베네딕토 16세는 전 세계 본당사제의 수호성인인 요한 마리아 비안네 신부(1786~1859)의 선종 150주년을 기념해 2009년 6월부터 1년간을 '사제의 해'로 선포했다. 프랑스 시골마을 아르스의 본당 신부였던 비안네 신부는 "사제직은 예수 성심에 대한 사랑"이라고 자주 말했다. 교황 베네딕토 16세는 이에 대해 "사제들

▲ 노기남 대주교 착좌식 후 복사(服事)들과 기념촬영. 왼쪽 맨 앞 소년이 정진석 추기경이다. 서울대교구 자료사진, 1942년

이란 교회만이 아니라 인류에게 주신 무한한 은총임을 감사하는 마음으로 묵상하게 해준다"고 사제의 해 개막 서한에서 밝힌 바 있다.

일본 사이타마교구 성지순례단 24명 방한, 서울 수색본당서 초청

'예수님 죽음 속에서 우린 한국 사람, 일본 사람이라는 껍데기를 벗어던지고 하나가 된다.' 일본가톨릭교회 사이타마(埼玉)교구 성지순례단(단장 시로세 쯔네오)이 자매결연 본당인 서울대교구 수색본당(주임 유종만 신부) 초청으로 15일 내한, 6박7일 일정으로 성지순례와 함께 한국을 돌아보는 시간을 가졌다. 지난 2002년 8월18일 수색본당과 자매결연을 맺은 사이타마교구 성지순례단이 내한하기는 이번이 두번째다. 한국인으로 지난해 8월 사이타마교구에 입적한 김대열(시부카와 본당 주임) 신부를 비롯해 에드윈 모니스(카푸친 작은 형제회, 시부카와본당 보좌) 신부, 단장 시로세 쯔네오(白勢庸夫, 62)씨 부부 등 24

명이 함께 했다. 순례단은 방한 중 서울대교구 중림동(약현)성당과 서소문 순교성지, 명동성당, 청주교구 진천성당 및 배티성지 등 유서 깊은 국내 성지와 교회사적지를 둘러보면서 한국교회 뿌리인 순교신심과 활력을 배우는 기회를 가졌다. 이와 함께 서울 상암동 월드컵경기장과 남대문 시장, 드라마 〈겨울연가〉 촬영지 남이섬, 설악산, 강릉 경포대 및 오죽헌, 정동진역, 독립기념관 등도 관광했다. 순례단은 특히 16일 오전 명동성당을 돌아본 뒤 서울대교구 주교관 1층 소성당에서 정진석(서울대교구장) 대주교를 만났다. 정 대주교는 이날 순례단과 만나 "비록 사회에서 실패했더라도 가정이 행복하다면 그의 삶은 성공한 삶이며 중요한 것은 가정의 행복"이라고 강조하고, 순례단원들에게 일일이 열쇠고리 선물을 건넸다. 서울에 체류하는 기간 수색본당 신자 가정에서 민박을 하며 우정을 다진 순례단은 17일 오전 수색성당 공동체와 합동미사를 봉헌하고 보편교회 안에서 하나임을 확인했다. 유종만 신부는 이날 미사 강론에서 "한번 형성된 편견은 없어지거나 변화되기가 어렵지만 이러한 편견을 버릴 때 하나가 될 수 있다"며 한일간 화합을 거듭 강조하고, 한일간 지속적 교류를 통해 이해 폭을 넓혀가겠다고 다짐했다. 시로세 쯔네오 단장도 "성지를 순례하며 한국 신자들이 심한 박해를 받으면서도 신앙을 지킨 것에 깊은 감명을 받았다"며 일본교회도 한국교회처럼 되기를 바라는 마음이라고 말했다. 일본 수도 도쿄 북동쪽에 위치한 사이타마교구는 사이타마시를 비롯해 이바라키현, 군마현, 도치키현 등 남한 2분의 1에 해당하는 지역(주민 1,400만명)을 관할하며 신자수 22만명(외국인이 80%, 한국인 6,000명), 사제수 70여 명, 본당사목구수 60여 개에 이르고 있다. 지난 2002년 우라와(浦和)시 행정명칭이 사이타마시로 바뀌면서 사이타마교구로 개칭돼 지금에 이르고 있다.

〈동승〉의 휴머니즘에 반했어요

중앙일보

영화계에 또 하나의 '○사모'가 뛰고 있다. 오는 11일 개봉하는 〈동승〉(감독 주경중)을 사랑하는 사람들의 모임인 '동사모'다. '박사모'(박하사탕), '파사모'(파이란), '번사모'(번지 점프를 하다) 등의 '후예'다. 구성원에선 차이가 난다. 주로 젊은층이 모인 '○사모'와 달리 '동사모'의 주축은 30대 이상의 중년이다. '동사모'를 이끌고 있는 개그계의 대부 전유성(54)씨, 저명 피아니스트 서혜경(43)씨, 서울 수색성당 유종만(41) 신부가 한자리에 모였다. 소위 총천연색 회장단이다. 전씨는 "지난 7년간 이 고생 저 고생 다해 만든 영화가 '죽은 아이 불알 만지기' 식으로 끝나지 않도록 자연스럽게 모였다"고 말했다. 흥행에 실패한 좋은 영화를 기억하는 여타 '사모'보다 더욱 적극적인 모임이라는 것. 알음알음으로 모인 회원수가 1천여 명을 넘었다고 했다. 예컨대 전씨는 지금까지 일반 시사회에만 네 번 참석해 영화를 알렸고, 서씨는 그와 가까운 사회 명사 1백여 명을 불러 별도의 시사회를 열었으며, 유신부는 성당에서 인근 사찰의 스님들과 함께 영화를 감상했다. 〈동승〉은 어린 시절 헤어진 어머니를 그리워하는 동자승, 성(性)과 불법(佛法) 사이에서 고민하는 젊은 스님, 또 이들을 감싸주는 노스님의 얘기를 따뜻하게 그린 영화. 근래 보기 드문 수채화 같은 작품이다.

동정

유종만 신부

유종만(서울대교구 등촌1동본당 주임) 신부는 12월 31일 서울 인사동 대일빌딩 2층 한국미술관에서 (사)한국전통문화예술진흥협회에서 주관한 제28회 통일맞이 대한민국 전통미술대전에서 우수상 수상의 영예를 안았다. 출품작은 2006년 일본 도쿄 인근 군마현 하루나산 이카호에서 촬영한 사진작품으로, 전시는 12월 27일 개막돼 31일까지 닷새 동안 열렸다.

가톨릭평화신문

"남은 날도 변함없이 사랑하겠습니다"

회혼 맞은 박상봉 할아버지·송치순 할머니 부부

"두 분은 오늘에 이르기까지 살아온 나날처럼 앞으로도 서로 이해하며 용서하고 도우며 변함없이 사랑하겠습니까?" "예, 변함없이 사랑하겠습니다." 말끔한 턱시도와 하얀 웨딩드레스를 차려 입고 제단 앞에 선 신랑과 신부는 주례 사제의 물음에 잠시의 망설임도 없이 "변함없이 사랑하겠다"고 대답했다. 박상봉(루카, 93) 할아버지와 송치순(마르가리타, 83) 할머니 부부가 결혼 60주년 회혼(回婚)을 맞아 11일 서울 등촌1동성당에서 유종만 주임신부 주례로 혼인갱신미사를 봉헌하고 영원한 사랑을 맹세했다. 모든 예식은 혼인미사와 똑같이 진행됐다. 결혼행진곡이 울려 퍼지자 웨딩드레스를 입은 송 할머니가 수줍은 표정으로 들러리와 함께 입장했고, 미리 기다리고 있던 박 할아버지는 환한 얼굴로 신부를 맞았다. 사랑 서약을 한 후 서로의 손가락에 반지를 끼워준 노 부부는 하객들의 뜨거운 박수를 받으며 세상에서 가장 행복한 표정으로 퇴장하며 회혼미사를 마무리했다. 신랑은 신부 볼에 입을 맞추며 사랑을 표현했다. "웨딩드레스를 입고 성당에서 혼인미사를 꼭 봉헌하고 싶다"는 소원을 이룬 송 할머니는 "서로 끊임없이 사랑해주고 아껴준 덕분에 긴 세월을 행복하게 살 수 있었다"면서 환하게 웃었다. 박 할아버지는 "기쁘다는 말밖에 생각나지 않는다"면서 하객들에게 거듭 고마움을 전했다. 유종만 신부는 "부부로 살아가면서 가장 중요한 것은 서로의 단점을 따뜻하게 감싸안고, 서로를 위해 끊임없이 나누는 것"이라며 "지난 60년 동안 그래왔듯이 앞으로도 서로를 배려하며 아름다운 사랑을 만들어가길 바란다"고 말했다. 부부는 중매로 만나 6·25 전쟁중인 1952년 2월 14일 전통혼례로 결혼식을 치렀다. 긴 세월 동안 큰 다툼 한 번 없었을 정도로 금슬이 좋았다. 그동안 아들 넷을 낳아 길렀고, 손자는 8명이 됐다. 40여 년 전 세례를 받은 부부는 신앙생활도 늘 함께했다. 항상 함께 기도하며 주일이면 꼭 같이 미사에 참례했다. 큰 아들 박창환(야고보)씨는 "내가 집사람에게 큰소리를 치는 모습이 아버지 눈에 띄면 어김없이 불호령이 떨어졌다"면서 "아버지는 아내에게 늘 따뜻하게 대해주라고 당부하셨다"

▲ "저희는 하느님이 맺어주신 부부로서 즐거울 때나, 괴로울 때나, 성하거나, 병들거나, 평생 서로 사랑하고 존경하며 신의를 지키기로 거듭 약속합니다." 박상봉·송치순씨 부부가 "신랑은 신부 볼에 뽀뽀를 하라"는 유종만 신부 말에 환하게 웃고 있다.

고 말했다. 둘째 며느리 신혜숙(실비아)씨는 "시부모님과 함께 산 22년 동안 두 분이 다투거나 갈등을 빚는 모습을 단 한 번도 본 적이 없다"면서 "기쁠 때나 슬플 때나 언제나 상대방을 먼저 배려하며 살뜰하게 챙겨주신다"고 말했다. 회혼미사를 막 마치고 나오는 송 할머니에게 60년 동안 행복하게 결혼생활을 이어온 비결을 물었다. "비결이 뭐 특별한 게 있나. 하느님 안에서 함께하면서 그냥 다 좋으니까 60년을 살았지!" 임영선 기자 가톨릭평화신문

"난생 처음 본당 캠프에 참가했어요"

서울 등촌1동본당, 전 신자 여름캠프에 장애인 초대

2013.08.25 발행 [1229호]

지적장애 1급인 권충안(바오로, 32)씨. 단 한 번도 본당 주최 여름캠프에 함께해 본 적이 없는 그는 올해 여름캠프에 첫 참가, 트로트 곡 〈둥지〉를 불러 인기상을 받았다. 본당 여름캠프에 처음으로 참가했다는 지적, 언어장애 1급 조성현(미카엘, 24)씨도 주일학교 아이들과 수영을 즐기느라 여념이 없다. 다소 차가운 수온에도 아랑곳하지 않고 수영장에 뛰어들어 물살을 가른다. 서울대교구 등촌1동본당(주임 유종만 신부)은 9~11일 경기도 양평 SN수련원에서 '그들이 모두 하나가 되게 해주십시오'(요한 17,21)를 주제로 개최한 전 신자 여름캠프에 본당 장애인들도 모두 초대해 전 공동체가 하나되는 기쁨을 누렸다. 이 캠프에 초대된 장애인은 본당 관할 지역에 사는 신자 장애인 48명으로, 이들을 보살피기 위해 이들 부모와 봉사자 50여 명이 캠프에 함께했다. 장애인들은 모둠별로 캠프를 가졌다. 한 팀은 본당 주일학교 장애아부 참가자 12명으로, 지적장애인과 지체장애 1~3급인 이들은 주일학교 학생들과는 별도 프로그램을 소화했다. 2박 3일 일정을 오전과 오후로 나눠 그림 그리기나 미니 게임, 물놀이를 즐겼다. 또 주일학교에 참가하지 못한 장애인들은 비장애인 신자들 300여 명과 똑같이 친교의 밤과 구역별 장기자랑, 미니 올림픽, 물놀이, 서바이벌 게임, 캠프파이어 등을 즐기며 친교와 화합을 다졌다. 캠프 중에는 수련원 정문 앞에 칭찬 카드를 비치, 캠프 일정 중 칭찬받을 만한 일을 한 신자들을 쓰도록 해 시상함으로써 서로의 모습 안에서 그리스도인의 진정한 모습을 찾도록 했다. 지적장애 2급으로 구립강서구직업재활센터에서 일하는 조성대(미카엘, 25)씨는 "비장애인들과 스스럼없이 어우러지는 이런 자리가 있을 수 있다는 게 너무 기쁘고 고마웠다"고 소감을 전했다. 어머니인 김영숙(젬마, 56)씨도 "지역사회 안에서 주민들과 함께 하는 자리가 있었으면 했는데, 이번에 성당에서 이런 자리를 만들어 주셔서 그저 고마울 뿐이다"며 눈시울을 붉혔다. 오관석(마태오, 60) 등촌1동본당 총회장은 "본당 설립 27주년을 맞아 처음으로 전 신자 캠프

▲ 서울 등촌1동본당이 처음 주최한 전 신자 여름캠프는 장애인, 비장애인이 함께 어우러지는 아름다운 모습을 보였다. 사진은 주일학교 장애아부 교사와 봉사자의 손을 잡고 풍선밟기 게임을 즐기는 한 장애인.
오세택 기자

를 기획했을 때만 해도 다들 가능할까 하며 의구심을 많이 가졌는데 본당 장애인들까지 함께한 가운데 이렇게 훌륭하게 캠프를 열고 보니 정말 기쁘고 감사하다"며 "처음이라 많이들 못오셨는데 다음에는 더 많은 분이 함께할 수 있도록 해보겠다"고 의욕을 보였다. 오세택 기자 가톨릭평화신문

청와대 관저 축복

〈가톨릭뉴스 지금여기http://www.catholicnews.co.kr〉

문재인 대통령(티모테오) 부부가 청와대 관저에 들어간 13일, 관저 축복식이 열렸다. 천주교에서는 신자들이 이사를 가거나 중요한 물건이 생기면 사제에게 축복을 해달라고 요청하는데, 문재인 대통령도 청와대 관저로 이사하면서 자신이 다니던 홍제동 성당 유종만 주임신부에게 축복을 부탁한 것이다. 축복은 준성사의 일종으로 사람이나 사물에 하느님의 복이 내리기를 비는 행위다. 보통 성직자가 축복 대상을 향해 오른손으로 십자가 형상을 그으며 기도함으로써 이루어진다. 유종만 신부는 5월 13일 저녁 6시 30분에 본당 수녀와 함께 청와대 관저에 가서 축복식을 했다고 15일 〈가톨릭뉴스 지금여기〉에 말했다. 그는 문 대통령에게 "솔로몬 같은 지혜로운 대통령이 되어 달라"며 "국정에 대한 결정을 하기 전에 기도를 먼저 하시라. 성령께서 함께하실 것"이라고 덕담했다.

문 대통령 부부는 지난해 1월 홍은동으로 이사온 뒤 홍제동 성당에 다녔다. 유 신부는 문 대통령이 "굉장히 겸손하고 소탈하며 신앙심이 깊다"고 했다. 그는 축복식을 한 날에도 문 대통령이 기자들과 산행을 다녀온 뒤 샤워하고 편한 차림이었고, 그냥 "우리 신자 집에 축복해 주러 간 분위기"였다고 설명했다. 그는 김정숙 여사(골롬바)도 마찬가지로 소탈하고 명랑하다고 했다. 유 신부는 문 대통령 부부에게 자신이 직접 찍은 사진 작품 〈평화〉를 선물했는데, 그는 "(대통령이) 외로운 자리니까…"라고 이유를 말했다. 문 대통령은 왼쪽 네 번째 손가락에 늘 묵주반지를 끼고 있다. 부산교구 정의평화위원회에 따르면 그는 인권변호사 시절인 1988년, 1990년, 1993년에 부산 정평위 인권, 노동 전문위원이었다.

문재인(티모테오) 대통령과 김정숙(골롬바) 여사와의 만남

당시 문재인(티모테오) 대한민국 제19대 대통령 후보자 부부는 2016년 1월 홍은동으로 이사 온 뒤 제가 주임신부로 재직하고 있던 홍은동 관할지역 성당인 홍제동 성당 교중미사에 참석했다. 대통령 후보자로서 바쁜 일정을 소화하느라 매 주일 미사에는 참석하지 못했으나 부인 김정숙(골롬바) 예비 여사님은 충실히 미사에 참석했다. 세례명인 '티모테오'는 '하느님을 공경하는 자', '골롬바'는 '평화의 상징인 비둘기'를 뜻한다. 그리고 시간이 흘러 2017년 봄, 대통령으로 선출이 되었다. 그리고 2017년 5월 13일, 홍은동 사저를 떠나 청와대 관저로 입주를 하게 되는데, 2017년 5월 12일 점심 직후에 성당 사무실에서 나를 급히 찾았다. 청와대 제2부속실에서 연락이 왔다는 것이다. 저는 제2부속실장인 유송화(안토니아) 자

▲ 5월 13일 문재인 대통령 부부가 청와대에 들어간 날 홍제동 성당 유종만 신부가 청와대 관저를 축복했다. (사진 제공 = 유종만 신부)

매님으로부터 "내일(2017년 5월 13일) 청와대 관저를 축성해 줄 수 있는지 김정숙(골롬바) 여사님이 물어보십니다"라는 내용이었다. 그래서 나는 내일 계획을 확인하고 나서 내일 오후 6시 30분에 가겠다고 말씀을 드렸다. 그러고는 즉시, 서울대교구장이신 염수정(안드레아) 추기경님께 보고를 드렸다. (지금까지도 내가 주교님들을 무시하고 축성하러 갔다고 알고 있는 신부님들이 많지만 그것은 사실이 아니다.) 또한 본당 원장 수녀님께 내일 청와대 관저 축성이 있으니 성수와 영대, 축성 예식서를 준비해 달라고 청했는데, 원장 수녀님은 "저희 수녀들 모두 데려가시면 안 됩니까?"라고 나에게 물었다. 나는 "이것은 내 마음대로 할 수 없는 일이니 청와대 쪽에 물어보겠다."라고 했고, 김정숙(골롬바) 여사님은 흔쾌히 허락을 해주셔서 네 분의 수녀님들(본당 수녀님 두 분, 본당 부설 유치원 수녀님 두 분)과 동행하게 되었다. 이렇게 되어 2017년 5월 13일 6시 30분에 역사적인 일이 이루어진 것이다. 가문의 영광이었다.

▲ 문재인 대통령 부부와 청와대 관저를 찾은 홍제동 성당 유종만 신부와 본당 수녀들(성가소비녀회) (사진 제공 = 유종만 신부)

나는 청와대 관저 축성 전날 많은 고민을 했다. '과연 대통령 부부께 무슨 선물을 드리는 것이 좋을까?' 많은 고민 끝에 저의 작품 사진 중 하나인 〈평화〉라는 제목의 사진을 드리기로 하고 사진 액자 뒷면에 대통령께 드리는 글을 유성펜으로 적었다. 이 사진은 일본 하루나 호수에서 찍은 사진으로 고요한 호수에서 뱃사공이 작은 배에 앉아 물고기를 잡는 사진인데, 2016년 전국 대학교수들이 선정한 한자 성어인 '군주민수(君舟民水)'가 떠올랐다. '군주는 배요, 백성은 물이라.' 물은 배를 띄울 수도 있고, 뒤집을 수도 있음에 비유하여, 왕이나 군주는 백성의 뜻을 잘 살펴야 한다는 뜻이다. "문재인(티모테오) 대통령님과 김정숙(골롬바) 여사님께! 우선 대통령 당선 축하의 말씀을 드립니다. 이 어려운 시기에 막중한 책임감을 느끼시리라 믿습니다. 신앙인으로서 늘 솔로몬과 같은 지혜로운 대통령이 되시기를 기도합니다. 아울러 대통령으로서의 모든 결단 전에 늘 기도하는 모습을 보

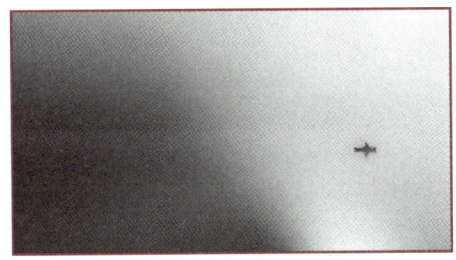

▲ 사진작가인 유종만 신부가 문재인 대통령 부부에게 선물한 작품 〈평화〉. (사진 제공 = 유종만 신부)

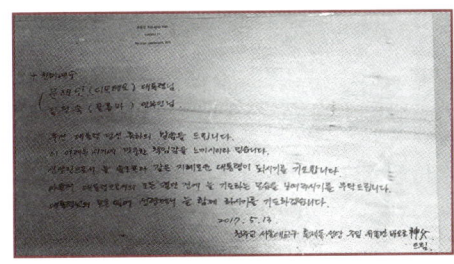

▲ 유종만 신부는 문 대통령에게 "솔로몬과 같은 지혜로운 대통령이 되길" 당부했다. (사진 제공 = 유종만 신부)

여주시기를 부탁드립니다. 대통령님의 모든 일에 성령께서 늘 함께하시기를 기도하겠습니다. 2017년 5월 13일, 천주교 서울대교구 홍제동 성당 주임신부 유종만(바오로) 신부 드림."

여러 가지 보안 절차를 거쳐 안내를 받아 청와대 관저로 들어간 나와 수녀님들은 김정숙 여사님의 환대를 받고 의자에 앉았는데, "우리 그이가 청와대 출입기자들과 등산을 마치고 방금 들어와서 샤워하고 있

으니 조금만 기다려 주세요."라고 여사님이 말씀을 하셨다. 조금 후에 대통령께서 나오시는데 청바지와 셔츠 차림이었고 그 소탈함에 놀랐다. 김정숙 여사님과 같이 마치 동네 주민 같은 분위기였다. 그냥 "우리 신자 집에 축복해 주러 간 분위기"였다. 잠시 저의 작품 사진 선물에 대한 설명을 드리고 곧바로 관저 축성에 임했다. 각종 방들이 많았는데 특히 보좌관들이 짐정리를 하느라 정신이 없는 상황에서 벽지를 새로 발라서 그런지 많은 선풍기들이 벽지를 말리고 있었다. 그러고는 그 수많은 방들을 일일이 정성스럽게 축성을 하였다. 성수 큰 통을 모두 사용을 했다. 그러고는 ME(Marriage Encounter) 프로그램에 대해 설명을 드린 후 대통령님께 한국 ME의 특명을 받은 인터뷰 요청을 했다. 한국 ME 40주년을 맞아 축하 말씀을 부탁드린 것이었다. 흔쾌히 영상 인터뷰를 해 주셨고 제2부속실장이 본인의 휴대전화로 동영상을 찍어주었다. 대통령님 내외도 퇴임을 하시면 꼭 ME 프로그램을 체험해 보시겠다는 약속을 하셨다. 이 영상은 다음날 저의 휴대전화로 전송이 되어 2017년 5월 21일 잠실 실내 체육관에서 열린 한국 ME 40주년 가족 모임 행사에서 그 빛을 발하게 되었다. 그 후 7인분의 저녁 식사가 나왔는데 아주 깔끔했다. 반찬 네 가지에 밥과 국이었다. 식사 시간 동안 그렇게 무거운 주제의 대화는 하지 않았다. 나는 두 분의 소박함과 소탈함, 겸손함에 대해 말씀을 드렸고 수녀님들은 약간 무거운 대화 주제일 것 같기도 한 '여권 신장'에 대한 이야기도 나누었다. 이런 저런 이야기를 뒤로하고 2시간 남짓한 우리의 청와대 관저 방문 및 축성은 잘 마무리되었다.

"그리스도의 평화가 저희 마음을 다스리고 그리스도의 말씀이 저희 가운데 풍성히 머물러, 저희가 말이든 행동이든 무엇이나 주님의 이름으로 하게 하소서."(새집 축복 예식 마침 기도)

주님 따른 25년 사제의 삶 음반에 담아 봉헌

「하느님, 당신은 내가 살아가는 이유」 음반 낸 유종만 신부

2015.06.14발행 [1318호]

「하느님, 당신은 내가 살아가는 이유」 음반 낸 유종만 신부

▲ 유종만 신부

"임 쓰신 가시관을 나도 쓰고 살으리라~♪" 생활성가 가수 신상옥(안드레아)씨의 가장 유명한 생활성가곡 '임 쓰신 가시관'을 남성 듀엣으로 부르면 어떨까. 결론은 '깊이가 더해진다'이다. 낮게 깔리는 신씨의 목소리 다음으로 그에 못지 않은 중후한 음성이 따라와 겹쳐졌는데, 평소 듣던 느낌과는 또 색다르다. 가수 못지 않은 음성의 주인공은 사제생활 25년 삶을 노래로 고백해 최근 음반 「하느님, 당신은 내가 살아가는 이유」로 낸 유종만(서울 홍제동본당 주임) 신부다. 유 신부는 시인이자 사진가, 미술가로 활동해오고 있는 '종합 예술가' 사제다. 사제생활을 하며 느낀 진솔한 삶을 글로 쓰니 시가 되어 한 편의 시집 「빗방울을 위한 협주곡」(성바오로출판사)이 됐고, 틈나는 대로 사진에 예술혼을 담아 전시도 열었다. 2010년 '사제의 해' 폐막 기념 사진전, 2014년 '빛의 광시곡' 개

인전 등으로 사진 속 주님 뜻을 전했다. 현재 한국가톨릭사진예술인협회 담당 사제로도 활동 중이다. 그의 페이스북에는 커다란 화폭에 그림을 그리는 모습도 있다. 신자들은 그를 '탤런트 백화점', '만능 엔터테이너'라고 부른다. "하느님께서 주신 재능을 썩히면 죄가 될 것 같아 음반 작업에도 도전하게 됐습니다. 조금씩 펼쳐온 저의 재능 가운데 노래로 제 마음을 표현한 것이죠. 성당에서 봉사하는 신자들도 모두 자기 재능을 주님 위해 쓰는 거잖아요. 같은 맥락이에요."
이번 음반은 유 신부 사제수품 25주년 은경축을 기념해 내놓은 작품이다. 생활성가부터 '아베 마리아', '넬라 판타지아', '오 솔레미오' 등 장르를 넘나들며 부른 사제의 노래 총 16곡이 실렸다. 특히 3번 '작은 희망'은 유 신부의 시집에 있던 '사제일기4'에 곡을 붙여 부른 노래다. 누군가를 잊는다는 것에 대한 아쉬움을 노래한 이 시는 1998년 시집을 낼 당시 본당을 옮겨 다니며 신자들과 늘 이별해야 하는 그의 말 못할 슬픔을 적은 작품이다. 유 신부 스스로 음반에 "아마추어리즘의 미덕을 빌었다"라고 언급했지만, 관중들의 이목과 박수를 끌어내기 충분하다. 신상옥씨를 비롯해 성악가 오영주(가브리엘라)·유영소(로사)씨, 본당 지휘자 한동일(스테파노)씨 등 기획과 노래에 여러 음악가의 재능도 합쳐졌다. 유 신부는 "노래를 결코 잘한다고 여기지 않는다. 그동안 축일 등 자리가 마련될 때마다 노래해 온 것을 이번에 주님께 제대로 답해드린 것뿐"이라며 "갖춰진 녹음실에서 헤드폰 끼고 부르려니 쉽지 않았다"고 털어놨다. "길다면 길고, 짧다면 짧은 25년 사제 생활 동안 어떻게 하면 더 예수님 닮은 사제로 살아갈지 고민해왔습니다. 이렇게 많은 은혜를 주셨는데, 주님께 더 감사해야겠다는 생각이 듭니다. 함께 노래 들으시면서 성가정이 되는 데에도 작은 보탬이 되길 바랍니다." 유 신부 음반 기념 음악회는 27일 오후 8시 서울 홍제동성당에서 열린다. 문의 : 02-396-7771

이정훈 기자 sjunder@pbc.co.kr

<갤러리 더차이, '빛의 광시곡 유종만 초대전' 전시오프닝>

2014. 04. 23

유종만 바오로 신부의 첫 개인 사진전시회 <빛의 광시곡 초대전> 전시오프닝이 지난 4월 24일 오후 5시 더차이 갤러리에서 열렸다. 이번 전시는 유종만 신부가 도시의 밤거리를 돌며 찍은 사진들로 빛의 변형을 통한 추상화적 작품을 선보인다. 이 날, 오프닝 행사에는 정순택(주교), 김철중(한건 종합건설 대표이사), 전대식(한국가톨릭 사진예술인협회장), 이정호(헤이리 이사장), 한상구(헤이리 이장), 이안수(헤이리 촌장) 등 헤

이리 회원 및 외부관계자 40여 명이 참석하였다.
행사는 정순택 주교의 시작기도로 막을 올렸으며, 한국 가톨릭 사진예술인 협회장의 축사와 함께 오프닝에 참석한 내빈들에게 유종만 신부의 약력 및 인사말씀을 전하는 시간을 가졌다. 주요 관계자들의 전시 오프닝 테이프 커팅과 함께 내빈들은 전시장 안으로 들어가 유종만 신부의 작품들을 감상하는 시간을 가졌다. 행사 중간에 특별공연으로 유영소(로사) 소프라노의 독창이 이어져 방문객들의 박수갈채와 함께 앙코르공연으로 이어졌다. 유종만 신부는 각 사진 작품을 내빈들에게 설명을 해주며, 그 의미와 해석에 대한 관람객들의 이해를 도왔다. 식순은 축하케익 전달식을 끝으로, 준비된 뷔페가 차려져 내빈들에게 따뜻한 식사를 제공하며 마무리되었다.

글 · 사진 | 김주호

[출처]갤러리 더차이, '빛의 광시곡 유종만 초대전' 전시오프닝(2014.04.23) | 작성자 헤이리

문 대통령 부인 김정숙 여사, 홍제동 성당 교중미사 참석

문재인 대통령 부인 김정숙 여사(세례명 골룸바)가 오늘 홍제동 성당 교중미사에 참례했습니다. 김정숙 여사는 문재인 대통령과 동행하지 않고 혼자 교중미사에 참례한 뒤 관저로 돌아갔습니다. 홍제동 성당 관계자는 "김정숙 여사가 혼자 왔으며 미사가 끝난 뒤 수행원과 함께 승용차로 이동한 것으로 안다"고 말했습니다. 본당 주임 유종만 신부는 김정숙 여사가 미사 참석을 위해 성당을 방문한 사실을 공지했고 김 여사를 알아본 신자들이 김 여사와 사진을 찍기도 했다고 이 관계자는 전했습니다. 문 대통령 부부는 경남 양산 자택에 머물 때는 덕계성당을, 서울 홍은동 사저에 거주할 때는 홍제동성당을 다녔습니다.

cpbc 이상도 기자 | 입력 : 2017-05-28

▲ 미사 참석을 위해 서울 홍제동성당을 찾은 김정숙 여사

마흔 살 한국 ME, 복음화의 기수로 새로운 도약 다짐

한국 매리지 엔카운터(ME) 40주년 전국 가족 모임

2017.05.28 발행 [1416호]

한국 매리지 엔카운터(ME)가 새로운 도약에 나섰다. 한국 ME는 21일 서울 잠실체육관에서 '그대가 받은 하느님의 은사를 다시 불태우십시오'(2티모 1, 6)를 주제로 40주년 전국 가족 모임을 열어 지난 40년 간 한국 ME에 베풀어주신 하느님 은총에 감사드리고, 복음화의 기수로 다시 태어날 것을 다짐했다. 전국의 ME 부부 8,000여 명은 17년 만에 열린 전국 가족 모임에서 대성기공(대화 · 성생활 · 기도 · 공

▲ 서울 ME 부부들이 흥겨운 공연을 펼치고 있다.

▲ ME 부부가 ME 주말의 주제가 적힌 팻말을 들고 입장하고 있다.

동체)을 통한 부부 사랑 재충전과 한 부부 이상 ME 주말로 이끄는 '하나 더'(ONE MORE) 운동에 적극적으로 나섬으로써 ME 활성화에 앞장서기로 했다. ME 주말의 13가지 주제를 적은 배너와 교구 및 한국 ME기 입장으로 막을 올린 가족 모임은 축사, 40주년 연혁 발표와 동영상 상영, 주제 발표, 교구별 공연, 감사 미사, 시상식 등 다채로운 프로그램으로 진행됐다. 한국 ME 대표팀 김홍기(프란치스코)·최계진(마리아)씨 부부와 김웅태(서울대교구) 신부는 인사말에서 "이스라엘 백성이 40년간 광야를 헤맨 끝에 약속의 땅으로 들어간 것처럼 오늘은 40주년을 맞은 한국의 ME 가족들이 약속의 땅으로 들어가는 축제의 날"

이라며 하느님과의 새로운 약속으로 재도약하는 한국 ME가 되기를 염원했다. 프란치스코 교황은 교황청 국무장관 피에트로 파롤린 추기경을 통해 모든 참가자 가족이 '가족의 기도가 파스카 신비를 표현하고 굳건히 세우는 특별한 방법'임을 잊지 말라고 당부하면서 강복을 전했다. ME 세계 대표팀 다니엘·쉘리 부부와 보이 신부는 영상 메시지에서 "한국 ME는 세계 ME의 귀감과 모범"이라고 치하하고, 교회와 사회를 위해 더 많이 헌신할 것을 요청했다. 이밖에도 조환길(주교회의 가정사목위원장, 대구대교구장) 대주교, 이기헌(의정부교구장)·권혁주(안동교구장)·김운회(춘천교구장)·이용훈(수원교구장)·유흥식(대전교구장) 주교 등이 영상 메시지로 40주년을 축하하면서 한국 ME가 우리 사회 복음화에 더욱 이바지하기를 기원했다. 한국 ME의 발자취를 영상으로 돌아본 참석자들은 박성우(니콜라오)·조연희(안나)씨 부부와 이용권(인천교구) 신부가 이끄는 주제 발표에 함께하면서 부부로서의 지난 여정을 돌아보고 좀 더 나은 부부관계로 나가기 위한 길을 찾았다. 점심 식사 후에는 '그대가 받은 하느님의 은사를 다시 불태우십시오'라는 주제로 각 교구 ME가 오랫동안 준비한 공연이 펼쳐졌다. 숨은 끼와 열정을 노래와 춤으로 아낌없이 불태운 전국 교구 ME 부부들의 흥겨운

▲ ME 가족이 자녀와 함께 입장하고 있다.

▲ 전 한국 ME 대표들이 한국 ME 로고가 그려진 대형 기를 들고 무대를 돌며 환호에 답하고 있다.

가수의 콘서트를 방불케 한 공연은 ME의 저력(?)을 한눈에 보여준 일치의 무대였다. 공연이 끝난 직후 깜짝 영상 메시지가 흘러나왔다. 문재인(티모테오) 대통령이 청와대 관저 축복식을 주례한 유종만(서울 홍제동본당 주임) 신부를 통해 한국 ME 40주년 축하 메시지를 보낸 것. 문 대통령은 "우리 부부도 기회가 된다면 ME에 한 번 참여해 보고 싶다. 부부 간 신앙과 사랑이 더 돈독해질 것으로 믿는다"면서 한국 ME 가 계속 발전해나가길 기원했다. 서울대교구장 염수정 추기경이 주례한 한국 ME 40주년 감사 미사는 장봉훈(청주교구장)ㆍ옥현진(광주대교구)ㆍ이성효(수원교구) 주교와 60여 명의 사제단 공동 집전으로 봉헌됐다. 염 추기경은 강론에서 "ME는 혼인성사의 진정한 의미를 일깨우며 혼인의 은혜로운 삶을 살도록 해줬을 뿐 아니라 성직자와 수도자들도 성품성사와 봉헌생활에 대한 깊은 이해를 통해 부르심에 맞갖은 헌신적인 삶을 살도록 이끌어줬다"고 높이 평가했다. 염 추기경은 "여러분은 이 시대에 무너져가는 가정들을 세우고 자녀들에게 행복을 선사하는 복음의 선교사들"이라면서 "ME에서 받은 은혜를 ME에만 머무르게 하지 말고 이웃과 세상에 전하는 데 헌신해 달라"고 요청했다. 장봉훈 주교는 축사를 통해 "갈수록 핵가족화하고 가정이 붕괴하는 이 시기에 하느님이 우리나라를 사랑하셔서 주신 선물이 바로 ME"라며 "ME를 더욱 활성화해 이 땅에 생명의 문화를 건설하고 상처받은 가정을 일으켜 세우는 데 앞장서 달라"고 당부했다. 미사에서는 한국 ME가 40주년 가족 모임을 준비하면서 전개한 캠페인에서 좋은 성과를 거둔 △최장 지속 매일의 대화(10/10) 부부 △ME 주말에 10 부부 이상 초대 부부 △최장 지속 매일의 대화 사제(서정혁 신부, 청주교구)와 다자녀ㆍ장수 부부 등이 상을 받았다. 가족 모임이 열린 5월 21일은 세계부부의날위원회(대표 권재도 목사) 청원에 따라 2007년 국가 기념일로 지정된 '부부의 날'이다.

글ㆍ사진=남정률 기자 가톨릭평화신문

전ㆍ현직 사진기자, 교수, 전문 사진가로 구성된 한국가톨릭사진예술인연합회
(회장 전대식, 담당 유종만 신부)

명동성당 평화화랑에서 창립전 열어

전ㆍ현직 사진기자, 교수, 전문 사진가 등으로 구성된 협회가 창립되어 첫 전시회가 열렸다. 한국가톨릭사진예술인연합회는 12월 25일 크리스마스 날 저

년 명동성당 평화화랑에서 창립전 "하느님에 대한 觀想"의 개막식을 열었다. 한국사진방송 이원택 수석고문(서울시 부시장 역임)을 비롯하여 사진계의 내로라 하는 중견 사진작가들이 장내를 입추의 여지없이 채운 가운데 시작된 이날 개막식엔 대충 훑어보아도 유병용 제물포사진 초대작가, 한국사협 김종호 전 이사장, 권기문 감사, 왕영상 이병윤 은효진 김완기 이원희 정창길 이사, 커피타임 홍순엽 회장, 한국사진방송 이용만 정태만 국장 등 일일이 열거할 수 없을 정도로 많은 사진인 및 예술인들이 찾아와 탄생의 첫 울음에 박수를 보냈다. 고문 이종상(요셉, 한국화가 서울대 명예교수 예술원회원), 담당 사제 유종만(바오로 신부), 자문위원 조명동(세례자 요한, 전 경향신문 사진부장), 회장 전대식(프란치스코, 전 평화신문 기자), 부회장 류재형(안드레아. 인천가톨릭대학 사진영상교수), 사무국장 고재우(모이세, 전례사진예술지도교수), 회원 권정호(시몬, 전 매일신문사 대구신문사 사진부장), 김경희(다리아, 갤러리 와 관장), 김대식(프란치스코, 전 영남일보 사진부장), 김창환(야누아리오, 여왕사진실 대표), 김철호(스테파노, 인터넷 신문 프레스포토 대표), 류창우(요셉, 딘 스튜디오 대표), 박영균(루피노, 전 서울신문사 사진부장), 백미혜(크리스티나, 대구가톨릭대학교 교수), 송창헌(프란치스코, 안양가톨릭사랑사진가회 회장), 오세실(세셀리아, 세실예술기획 대표), 은효진(베드로, APC뉴스 발행인)이 창립멤버들이다. 한편 새로운 이 협회는 이 시대를 사는 신앙인들의 모습과 교회의 역사를 영상 기록물로 보존하고 보급하는 것은 물론 선교와 교육 분야에서도 활동을 구상하고 있다. 특히 일본, 중국 등 아시아교회의 사진가들과 연대해 사진전을 열고, 한국교회의 아름다운 활동을 널리 알릴 계획이다. 전례 사진에 관심을 갖고 있는 신자들을 대상으로 한 교육 프로그램도 갖출 계획이다. 이번 첫 전시 작품들은 사람과의 관계, 자연 안에서 발견한 하느님을 담아낸 만큼, 연말연시를 더욱 풍성하게 보낼 수 있도록 돕는다. 협회는 도록과 작품 판매 수익금을 모아 불우이웃 기금으로 전달할 예정이다. 전대식 회장은 "전국 교구에서 활동하고 있는 전문사진가들이 하느님께 받은 탤런트를 교회에 돌려 드리고자 협회를 발족하게 됐다"면서 "우리 회원들의 수많은 자료가 교회 안에서 잘 활용되길 바란다."는 뜻을 전했다.
※문의 02-727-2336

문화단신

유종만 신부 네 번째 사진전
사제 서품 30주년 기념

발행일 2020-05-24 [제3196호, 20면]

▲ 유종만 신부 '바다'.(Istanbul, Turkey)

서울 독산동본당 주임 유종만 신부가 사제 서품 30주년을 기념해 사진전을 연다. 이번 사진전은 유 신부의 네 번째 개인전이다. 이번 전시에서는 유 신부가 세계 각국을 다니며 촬영한 풍경 사진들과 추상 사진들을 소개한다. 이탈리아, 스위스, 포르투갈, 프랑스 등 서유럽 국가를 비롯해 체코, 슬로베니아 등 동유럽 국가와 이스라엘의 다양한 풍경들을 만날 수 있다. 추상 사진들은 터키 이스탄불에서 촬영했다. 5월 27일부터 6월 2일까지 서울 명동 갤러리1898 제2전시실. 김현정 기자 sophiahj@catimes.kr

에서 열린다. 지난 4월 23일~5월 7일 경기도 파주 더차이 갤러리에서 열린 전시에 이은 전시로, 도시의 밤빛을 그림 그리듯 담아낸 작품 26점이 걸린다. 화려한 조명과 갖가지 빛의 변형이 불러오는 추상적 형태의 작품들이 신선하게 다가온다. 1990년 사제품을 받은 유 신부는 사제생활 20년 넘는 동안 틈틈이 자연의 아름다움을 카메라에 담아 왔으며 서울대교구 가톨릭사진가회 담당사제로도 사목하는 등 사진가 사제로서 활발히 활동해왔다. 유 신부는 "도시의 불빛이 자연스럽지 않지만, 이러한 인공의 빛을 아름다움으로 승화시킬 수 있음을 보여주고 싶었다"고 전했다.

문의 : 02-3662-8625, 등촌1동성당

이정훈 기자 sjunder@pbc.co.kr

사제, 주님 창조물 카메라에 담다
유종만 신부 '빛의 광시곡' 사진전, 8~25일

유종만(서울 등촌1동본당 주임) 신부의 개인 사진전 '빛의 광시곡'이 8~25일 서울 등촌1동성당 카페 예랑

홍제동본당 반려동물 축복식

서울대교구 홍제동 본당(주임 유종만 신부)은 10월 28일 성당 교육관에서 반려동물 축복식을 열었다. '동물 축복 예식'으로 진행된 이날 축복식에는 20여 가구의 반려동물이 축복을 받았다.

주임 유종만 신부는 "하느님께서는 모든 피조물에 은혜를 베푸시고 때로는 동물들을 구원의 은총을 드러내는 표징으로 사용한다"며 "반려동물을 아끼고 생명을 존중하는 교회 정신을 일깨우기 위해 축복식을 마련한 만큼 신자들이 동물을 더 사랑하고 유기 동물에도 관심을 가져 주었으면 좋겠다"고 희망했다.

리길재 기자 teotokos@cpbc.co.kr

ⓒ 가톨릭평화신문, 무단 전재 및 재배포 금지

서울대교구 유종만·정현영 신부 영화 관련 석사 논문 눈길

유종만 신부
- 공포영화에 등장하는 동서양 귀신 분석
정현영 신부
- 한국영화에 나타나는 사회 폭력성 연구

서울대교구 두 신부가 영화에 나타난 귀신 표현과 사회 폭력성을 분석한 논문을 각각 제출해 눈길을 끌고 있다. 2월 22일 가톨릭대 문화영성대학원에서 석사 학위를 취득한 유종만(서울 등촌3동본당 주임)·정현영(해외 연수 발령) 신부가 그 주인공.

유종만 신부는 '공포영화를 통해 본 동서양의 귀신 표현에 관한 분석'이라는 논문에서 공포영화를 정신분석학·문화·문화영성적으로 해석하고 동서양의 공포 문화에 대한 차이점과 공포를 느끼게 하는 메커니즘에 대해 고찰했다. 유 신부는 논문에서 가톨릭교회는 귀신의 존재를 인정하지 않으며, 하느님은 죽은 자들을 완전히 장악하고 있음을 밝히고 있다. 귀신, 영매(靈媒) 등의 현상들이 사실은 악령의 장난이며, 이 악령이 죽은 사람이 나타난 것처럼 귀신 행세를 한다는 것이다. 유 신부는 귀신이란 잡신들을 믿게 함으로써 하느님에게서 이탈시키려는 악령의 장난이라는 교회 입장을 재확인했다. 유 신부는 동서양의 공포영화에서 귀신이 원한을 갖는 원인은 사회·문화적 영향에 따라 각기 다르지만 결국 인간에게 있다는 것이 공통된 흐름이며, 더 나아가 인간 공포의 근원은 인간 자신에게 있다고 결론짓는다. '한국영화를 통해 본 사회의 폭력성에 관한 연구'라는 제목의 논문에서 정현영 신부는 2000-2004년에 제작된 한국영화 중 서울 관객 100만 명 이상의 영화 18편을 분석, 성공한 영화는 한국 현대사가 겪어온 폭력의 역사에서 자유로울 수 없다는 것을 밝혀냈다. 또 한국영화에 나타나는 폭력성과 폭력에 대한 다양한 해석을 실었다. 영화학 공부를 위해 4월 프랑스 유학길에 오르는 정 신부는 "한국사회의 폭력적 사회 현상이 이제는 치유의 방향으로 자리잡아 갔으면 좋겠다"고 말했다.

두 신부는 "영화는 어디까지나 영화일 뿐"이라며 "관객들이 현실과 허구를 혼동하지 말아야 한다"고 입을 모았다. 특히 유 신부는 신자들이 영화 내용을 맹목적으로 받아들이지 않도록 영화가 개봉되기에 앞서 교회가 영화와 관련한 지침을 마련해주길 희망했다.

이지혜 기자

가톨릭평화신문

생활ESG행동이 ESG국가전환을 선포식 29일 개최

생활ESG행동이 '30년 기후전쟁'을 선포하고 'ESG국가로의 전환'을 본격적으로 시작한다고 밝혔다. '생활ESG행동'은 8월29일(일) 오후3시 전진대회(비대면)를 통해 인류가 직면한 기후위기와 사회위기와 민주주의 위기를 돌파하기 위해 ESG대통령선거에 참여하겠다는 결의를 발표한다. 1만여 명의 활동가들은 '인류가 절대절명의 위기를 극복하기 위해서는 대전환을 위한 위대한 약속'(첨부1)에 참여하고 국민들에게 전하는 운동을 전개하겠다고 다짐했다. 생활ESG 최초제안자인 이낙연 후보는 전쟁보다 더 무서운 새로운 전쟁이 기후와의 30년 전쟁임을 밝히고 이 전쟁에서 반드시 승리하기 위해서는 ESG국가로의 전환이 필요하다는 것을 선언했다. 전진대회는 유튜브 채널 '이낙연TV', 생활ESG행동을 통해 생중계되고 Zoom, 메타버스플랫폼을 통해서도 함께할 수 있고 코로나19로 거리두기가 강화된 상황에서 방역지침을 철저하게 지킬 예정이다.

[생활ESG 참여인사] 고문으로 참여하는 분들은 생명살림운동의 상징이신 정성헌(DMZ평화생명동산이사장, 전새마을운동중앙회장), 일생동안 반독재 평화통일운동을 해오신 이해학 목사(겨레살림공동체이사장), 배다지선생(민족광장상임의장) 등 원로들과 김경영(한국종교인연대상임대표) 김현영(강원대학교총장), 김기석(성공회대총장) 등 사회지도층 인사들이 함께한다. 상임공동대표로는 유종만(독산동성당신부) 두재영(사랑실천공동체대표목사)와 조준호(전정의당대표)가 맡고 있으며, 이인식(청색기술포럼, 카이스트교수), 허억(안전안심플랫폼, 가천대교수), 허주영(생명다양성플랫폼, 수의사협회회장) 조태채(기업플랫폼, 포스코건설전상무), 박은철(청년센터아카이브대표, 광주청년정책조정위원회위원장), 김제홍(청주네트워크대표, 전강릉영동대총장), 김옥선(의열단사무국장), 현예린(대학플랫폼, 연세대) 등 50여 플랫폼과 지역네트워크를 대표하시는분들이 참여할 예정이다. 정책기획위원회는 쾌도난마 한국경제의 공동저자인 정승일 박사가 위원장으로 최남수(서경대교수, 전YTN사장), 이현상(농업정책금융이사회계사), 문성호(중앙대교수) 등으로 운영되며, 정책지원단으로는 김재현(건국대교수, 전산림청장), 임대웅(UNEP 대표)가 라운드테이블을 이끌고, 국민의 정책참여를 지원하는 국정비전전문가 그룹에는 송재성 전복지부차관, 송영중 전산업인력공단이사장 등 전문관료들이 참여한다. 이밖에 ESG워치에는 20여 년간 우리사회에서 ESG운동에 헌신한 박주원(지속가능경영재단CSR경영센터장), 안치용(CSR연구소장), 김충호(사회책임협동조합이사장), 김영환(나우사람과조직대표), 김용구(장애인인권포럼모니터링센터소장) 등이 활동한다고 밝혔다.

[행사의주요내용] 조준호 상임대표는 ESG국가로의 전환에 따른 정책과사업계획과 비전을 발표한다. 현애린 공동대표는기후위기, 사회위기, 민주주의 위기를 극복하기 위한 다양한 실천을 제안한다. 청소년들은 인터뷰를 통하여 가짜뉴스, 세대 소통단절 등 다양한 사회문제 개선을 위한 생활ESG행동에 동참하겠다고 선언한다. 이 밖에 지방네트워크 참여자들의 결의도 발표할 예정이다.

*생활ESG행동이란 생활ESG행동은 기후위기와 사회위기, 민주주의 위기 등 범지구적 문제에 대응하기 위해 국가적, 지구적 차원의 의식변화와 행동을 촉구하는단체다. 생활ESG행동은 신자유주의 경제체제로 무너진 인간의우정, 배려, 연대, 협력을 다시 살리기 위해 노력한다. 지구생태와 인류공동체의 회복을 위한 행동에 나서고 있다. '생활ESG행동'은 지난 3월25일 최초 제안자 비대면발대식을 개최했다. 4월 20일 여의도중소기업중앙회에서 생활ESG행동국민제안행사를 가졌고, 이날 행사에서는 플라스틱 사용을 줄이는 '굿바이플라스틱'을 제1호 제안으로 진행한다. '생활ESG행동'은청년위원회, 기업ESG플랫폼, ESG청색기술포럼, 시민참여본부, 생활ESG식품플랫폼, 환경에너지위원회, 에코플랫폼 등 다양한 직능별 플랫폼을 운영하고 있다.

[출처] 생활ESG행동이 ESG국가전환을선포식 29일 개최 작성자|유기현 기자 2021. 8. 29. 13:41

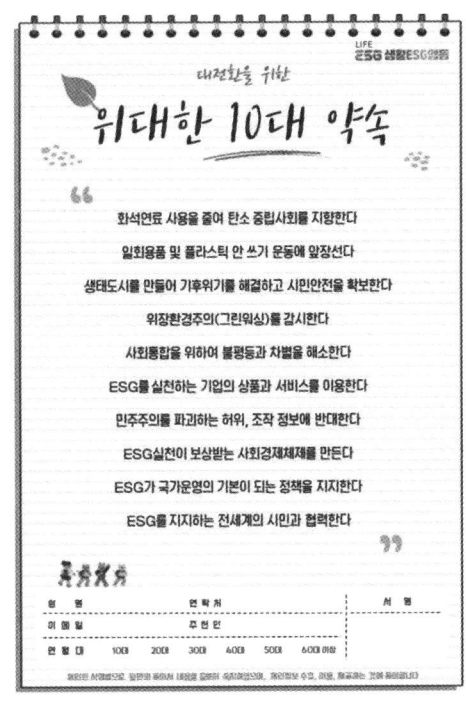

4부

가톨릭대학교 성심교정
문화 영성 대학원 과제물(2004.3.2-2007.2.15)

영성과 문화융합의 완성은 시간

성 적 증 명 서

제 028342 호　　　　　　　　　　　　　　　　　　　　　　　　가톨릭대학교 문화영성대학원

학위과정	석사	학 과	문화영성학과	전 공	영성·미학전공	학 번	200487004
성 명	유종만				입학일		2004 / 03 / 02
생년월일	1962 / 09 / 30 (성별 : 남)				졸업일		2007 / 02 / 15
외국어	2005/1학기 영어합격				학위명		문화영성학석사
종합시험	2005/2학기 종합시험합격				학위등록번호		가톨릭대2006(석)256
학위인정시험							
논문제목	공포 영화를 통해 본 동서양의 귀신표현에 관한 분석						
지도교수	박선영		심사위원	송성욱 박승찬 박선영			

년 도	학기	이수구분	교 과 목 명	학점	성적	학기 계
2004	1	전선	세계의 종교와 그리스도교	2	A0	취득학점 : 6
		전선	영성문화 이벤트 기획의 이론과 실제	2	A+	평 점 : 25.0
		공선	다문화 안에서 성서 읽기	2	A0	평점평균 : 4.17
2004	2	공필	문화영성과 비판적 사고	2	A+	취득학점 : 8
		전선	비디오문화와 정신사조	2	A0	평 점 : 34.0
		전선	페미니즘과 그리스도교	2	A+	평점평균 : 4.25
		전선	비잔틴예술과 영성	2	A0	
2005	1	전선	결혼과 가정의 영성	2	A0	취득학점 : 8
		전선	문학 속에 나타난 성모상	2	A0	평 점 : 34.0
		공선	종교미술과 영성	2	A+	평점평균 : 4.25
		공선	영상으로 본 문화영성	2	A+	
		선필	영어강독	0	P	
2005	2	공필	문화의 이해	2	A+	취득학점 : 6
		전선	서양고전음악과영성	2	A+	평 점 : 27.0
		전선	그리스도교 영성과 예술	2	A+	평점평균 : 4.50
2006	1	공필	개별 연구지도	0	P	취득학점 : 2
		전선	중세미술을 통해 본 영성	2	A+	평 점 : 9.0
						평점평균 : 4.50

- 이 하 여 백 -

총취득학점 : 30　　　총평점누계 : 129.0　　　총평점평균 : 4.30/4.5　　　환산점수 : 97.6/100

위와 같이 이수하였음을 증명합니다.

2022 년 7 월 11 일

가톨릭대학교총장

* 성적등급 평점 - A+ : 4.5, A0 : 4.0, B+ : 3.5, B0 : 3.0, C+ : 2.5, ... 0.0
* 보충과목 학점 및 성적은 취득학점과 평점계산에 반영되지 아니함.

크쥐시토프 키에슬로프스키 감독의
〈십계〉 The Decalogue, Dekalog

　〈십계〉에는 영화작가 키에슬로프스키의 특질과 미덕이 원형 그대로 녹아 있다. 제목만 보고 종교적 우화를 연상할지 모르겠으나 전혀 그렇지 않다. 키에슬로프스키는 〈십계〉를 현대 폴란드 사회를 건져올리는 그물로만 사용한다. 그 그물에 올라온 열 장의 실존적 지도, 그것이 영화 〈십계〉다. 《타임》지에서는 위대한 영화 100편으로 선정했다.

〈십계〉 1편 : 나 이외의 다른 신을 섬기지 마라
Dekalog : Thou shalt have no other gods before Me(1988)

감독 : 크쥐시토프 키에슬로프스키

출연 : 헨리크 바라노브스키(크쥐시토프/파벨의 아버지), 우시치 클라타(파벨), 마자 코모로프스카(이레나/파벨의 고모), 아투르 바르시스(양털을 입은 남자), 마리아 글라드코스카(소녀)

줄거리 : 크쥐시토프는 대학교수로 사이버네틱스를 가르친다. 그는 수학과 현대 과학의 합리주의를 신봉하며, 신을 믿지 않는다. 그에게는 영리하고 똑똑한 초등학생 아들 파벨이 있다. 매사에 호기심이 많은 파벨이 질문을 할 때마다 크쥐시토프는 현대 과학으로 확인할 수 있는 합리성과 이성의 세계만이 진실이라고 얘기한다. 그런 그에게 주위 사람들은 신의 문제를 가벼이 여기지 말라고 충고한다. 특히 파벨의 고모는 신앙인의 입장에서 자신의 세계관을 파벨에게 알려주려 애쓴다. 그런데 합리주의자를 표방하는 크쥐시토프는 완고하진 않지만, 그런 말을 들을 때마다 마음속에서 외면하고 만다. 성탄절이 가까운 어느 날, 스케이트를 선물받은 파벨은 아버지에게 '내일 얼음을 지쳐도 괜찮을까' 묻는다. 파벨의 질문에 그는 컴퓨터로 뽑아낸 정확한 답(얼음의 두께)을 알려준다. 기후와 수학적인 분석으로 볼 때, 얼음은 파벨의 무게를 견딜 정도로 단단하다는 것. 그런데 파벨이 스케이트를 타러 간 날 호수 주변에서 어떤 젊은 사내가 모닥불을 지피고 있다. 그는 악마일까. 어쩐지 불길한 느낌이 든다. 다음날 오후, 크쥐시토프는 사람들이 웅성거리고 있는 것을 목격한다. 아이들이 물에 빠졌다는 것이다. 처음에는 대수롭지 않게 생각했지만, 영어 학원에 있을 거라 믿었던 파벨이 집으로 돌아오지 않자 차츰 걱정이 된다. 그렇지만 어느 곳에서도 파벨을 봤다는 사람은 없다. 극도로 불안해진 크쥐시토프 사고 현장에서 발견한 파벨의 친구를 통해 아들이 스케이트를 탔다는 사실을 듣게 되고, 사고가 난 강가로 달려간 크쥐시토프와 파벨의 고모는 파벨의 싸늘한 주검을 확인하고는 큰 슬픔에 잠긴다.

〈십계〉 2편 : 하느님의 이름을 망령되이 일컫지 마라

Dekalog : Thou shalt not take the name of the Lord thy God in vain(1988)

감독 : 크쥐시토프 키에슬로프스키

출연 : 크리스티나 얀다(도로타), 알렉산더 바르디니(의사), 올기어드 루카제윅즈(안드레이), 아투르 바르시스

줄거리 : 의사(알렉산더 바르디니)는 아파트에서 독신으로 살고 있다. 혼자 사는 것이 그의 신념이다. 하지만 때로 흔들리기도 한다. 바로 안드레이(올기어드 루카제윅즈) 같은 중증 암환자 때문이다. 안드레이의 부인은 도로타(크리스티나 얀다)라는 젊은 바이올리니스트다. 도로타는 의사인 그에게 안드레이의 병세에 대해 확실한 견해를 듣고 싶어한다. 이들은 전에 알던 사이다. 그녀가 남편의 동태에 대해 불안해하는 이유 중의 일부는 자신이 그의 개를 친 적이 있기 때문이다. 당황한 그녀를 안심시키기 위해 의사는 그녀를 집안에 들이고는, 정확한 진단은 매우 어렵다고 말한다. 하지만 그녀가 그토록 집요하게 정확한 정보를 요구하는 주된 이유는 그녀는 임신중이며, 뱃속의 아이 아빠가 안드레이가 아니라는 것 때문이다. 만일 남편이 살아난다면 아이를 낙태할 것이고, 반대로 남편이 죽는다면 아이를 낳을 것이라는 딜레마다. 한 여인의 이런 현실적인 딜레마 앞에서 의사 역시 도덕적인 딜레마에 시달린다. 두 존재의 삶과 죽음을 놓고 지혜롭게 이 문제를 풀 방법은 무엇일까.

〈십계〉 3편 : 안식일을 지키라
Dekalog : Honor the Sabbath(1988)

감독 : 크쥐시토프 키에슬로프스키
출연 : 다니엘 올브릭스키(야누즈), 마리아 파쿨니스(에와), 조안나 스쩨프코스카(야누즈의 아내), 아투르 바르시스, 크리스티나 드로초카

줄거리 : 눈 오는 저녁, 화이트 크리스마스의 조짐이 보이는 이브에 택시운전사 야누즈(다니엘 올브릭스키)는 산타 클로스 복장을 하고 깜짝 파티 준비를 한다. 아이들을 기쁘게 해주려는 그의 행동이다. 택시에서 아이들에게 줄 선물꾸러미를 챙기던 그는 어느 아파트 블록에서 아내(조안나 스쩨프코우스카)와 헤어져 집에서 만나기로 한다. 아내는 넘실거리는 거리의 사람들의 물결을 싫어하지 않는다. 그런데 야누즈는 언뜻 그 거리

에서 아는 얼굴을 만난 듯한 느낌이 든다. 그것은 옛 애인 에와(마리아 파쿨니스)였던 것 같다. 그와 에와는 3년 동안 연인 사이였다. 비록 지금은 헤어졌고, 그가 말을 걸어보기도 전에 그녀가 사라져서 확인할 수는 없었지만. 한편 에와는 자신의 친척 아줌마(크리스티나 드로초카)를 방문하고 돌아가는 길이었다. 늦은 밤, 아이들과 함께 성탄 전야의 즐거움을 누리려던 야누즈와 아내가 갑작스런 인터폰 소리에 당황한다. 누군가가 자신들의 차를 훔쳐간다는 메시지다. 아내가 급히 경찰에 전화를 하는 동안, 부랴부랴 밖으로 나온 야누즈는 뜻밖에도 옛 애인 에와가 찾아온 것을 발견한다. 몹시 상심한 표정의 그녀는 자신의 남편이 실종됐다면서 도와달라고 부탁한다. 가족과의 특별한 밤을 준비한 야누즈는 주저하지만, 결국 마지막 순간 그녀의 부탁을 들어준다. 그런데 자신의 택시로 시내를 돌며 에와의 남편을 찾지만, 그들이 맞이하는 것은 두 사람 사이의 감정이다. 몇 시간 동안 드라이브를 하면서 에와는 자신의 문제를 털어놓고, 야누즈는 인간미를 발휘하지만 그녀에게 얽매이지는 않는다. 그러자 그녀는 두 사람의 추억이 서린 바르샤바 야생거위 몰이에 그를 데려고 간다.

〈십계〉 4편 : 부모를 공경하라

Dekalog : Honor thy father and mother(1988)

감독 : 크쥐시토프 키에슬로프스키

출연 : 아드리아나 비드진스카(앙카), 야누즈 가요스(미할), 아투르 바르시스(젊은 남자), 토마즈 코즐로윅쯔(자렉), 안드레이 블루멘펠드(미할의 친구)

줄거리 : 앙카(아드리아나 비드진스카)는 연극학과에 다니는 발랄한 여대생이다. 그녀는 아버지 미할(야누즈 가요스)과 함께 아파트에 살고 있다. 미할은 비즈니스 업무상 해외여행이 잦다. 앙카로선 사랑하는 아버지와 대부분 떨어져 지내야 한다는 것이 마음 아픈 일이지만, 한편으론 남자친구 자렉(토마즈 코즐로윅쯔)과 시간을 보내는 것이 즐겁다. 사

실 어머니가 죽고 난 후, 앙카는 아버지와 더욱 돈독한 사이가 되었다. 떨어져 살지 못할 정도로 아버지 역시 앙카를 아낀다. 그러던 어느 날, 앙카는 청구서를 정리하다가 어머니의 편지들을 우연히 발견한다. 그중에서도 미할이 죽은 뒤에 개봉하라는 겉봉의 문구가 유혹적이라 앙카는 읽어본다. 어머니가 직접 써내려간 편지였다. 내용은 앙카가 아버지 미할과 혈연관계가 아니라는 것이다. 그럼 그녀의 진짜 아버지는 누구일까. 앙카는 자신의 정체성으로 인해 혼란에 빠져들고, 가족이 하나의 구성물에 지나지 않는 것인가 하는 고뇌에 잠긴다. 이윽고 여행에서 돌아온 아버지에게 어머니의 편지를 들이대고 믿음이 깨어진 것에 격렬하게 항의한다. 처음에는 갈등을 하지만, 아버지는 나름대로 사정이 있었음을 털어놓는다. 결국 이들이 밤중 내내 대화하면서 느끼는 것은 혈연 관계보다 깊은 정서이다. 함께 살아온 세월의 정은 혈연관계의 형식보다 더 중요하다는 것. 그러나 미할은 자신이 그녀를 오래도록 속여왔음을 자책하고, 다음날 아침에 딸을 자유롭게 두고 혼자 떠나가려 한다. 앙카는 이내 알고서 미할을 좇아가서 따뜻하게 화해한다.

〈십계〉 5편 : 살인하지 마라

Dekalog : Thou shalt not kill(1988)

감독 : 크쥐시토프 키에슬로프스키
출연 : 미로슬라프 바카(라자르 야첵), 크쥐시토프 글로비즈(피오트르), 얀 테사르즈(택시 운전수), 즈비그뉴 자파시윅쯔(경찰), 아투르 바르시스

줄거리 : 폴란드의 바르샤바, 잿빛 거리. 그냥 보기에도 뭔가 삐딱한 야첵(미로슬라프 바카)은 도시를 떠돌아다니는 시골청년이다. 도시 어디에도 그를 필요로 하는 곳도 사람도 없다. 그리고 소외감과 증오심에 불타는 이 청년은 뒤틀리고 냉소에 가득찬 표정으로 맹목적인 공격성을 표출한다. 즉 행인에게 오줌을 갈기거나 지나가는 차에 돌을

던지기도 한다. 또한 아무런 죄책감 없이 강도짓이나 살인까지 꿈꾼다. 그러던 그에게 아파트에 살고 있는 택시 운전사(얀 테사르즈)를 죽이는 것쯤은 너무나 쉬운 일인지도 모른다. 물론 그를 태운 택시 운전사도 착한 사람은 아니다. 그 사람은 거대한 몸집의 중년 남자로 본인은 자유로움을 만끽하지만, 자신이 좋아하지 않는 사람은 무시하곤 한다. 돈 한푼 없는 야첵이 어떤 대접을 받았을지는 뻔하다. 하지만 야첵이 그 택시 운전사를 죽이는 것은 자신도 제어할 수 없을 정도로 너무나 충동적이고, 매우 잔인한 방법이었다. 경찰에 체포된 이 청년을 변호하기로 한 피오트르(크쥐시토프 글로비즈)는 변호사 시험에 합격한 후, 첫 업무로 야첵을 변호하게 된 인물이다. 그는 사형은 국가가 저지르는 또 다른 형태의 살인이라며 반론을 편다. 그러나 끝내 법정은 야첵에게 사형선고를 내린다. 피오트르는 야첵의 내면을 알지 못했지만, 사형선고를 받은 다음 그와의 면회에서 우연히 그의 마음과 상처를 알게 된다. 하지만 이미 그의 형집행은 눈앞으로 다가온다. 한 개인의 분별없는 살인 행위에 대한 응징으로서 국가의 살인은 과연 정당화될 수 있을 것인가. 합법적으로 매우 잔인하게 야첵을 죽이는 국가 폭력 앞에서 피오트르는 분노와 의문을 가진다.

〈십계〉 6편 : 간음하지 마라
Dekalog : Thou shalt not commit adultery (1988)

감독 : 크쥐시토프 키에슬로프스키

출연 : 그라지나 자폴로프스카(마그다), 올라프 루바스쳉코(토멕), 스테파니아 이윈스카(대모), 아투르 바르시스

줄거리 : 토멕(올라프 루바스쳉코)은 우체국에서 일하는 19세의 말 없는 청년이다. 외국으로 간 친구의 어머니와 함께 사는 그는 친하게 지내는 이가 없다. 일과후 집에 돌아오면 그가 하는 일은 망원경으로 맞은편 아파트에 사는 여자 화가 마그다(그라지나 자폴

로프스카)를 엿보는 것이다. 그녀는 지적인 타입의 매력 있는 여인이지만, 삶의 허무함과 마음의 공허를 견디지 못하는 인상이다. 그래서 남자친구를 줄지어 갈아치우면서 성적인 사랑을 탐닉한다. 그런 모든 광경을 다 지켜보면서도 토멕은 어느새 연상의 여인인 마그다를 사랑하고 있다. 그녀에게 끌린 토멕은 잘못된 송금 주문서로 그녀를 자신의 일터인 우체국으로 유인한다. 그리고 거듭거듭 그녀에게 전화를 걸지만, 아무 말도 하지 않는다. 이걸로 부족한 듯, 그는 우유배달 아르바이트에 나선다. 그녀의 집 앞에 우유를 매일 배달하는 것이다. 한편, 자신의 주위를 맴도는 타인의 존재를 눈치챈 마그다는 토멕이 몰래 예비해둔 행위들로 인해 곤경에 처한다. 그러자 토멕은 자신의 사랑을 그녀에게 고백한다. 처음에는 피하던 마그다지만, 관음자(엿보는 사람)가 있다는 것 때문에 자신의 파트너와 더 색다른 성적 자극을 누리게 된다. 토멕의 눈앞에서 보란 듯이 행위를 펼치는 것이다. 차차 토멕의 사랑하는 마음을 알게 되자, 그녀는 자신이 지금까지 그래왔듯이 그와의 섹스를 원한다. 하지만 토멕이 원한 것은 그런 것이 아니었기에 충격을 받는다. 엿보는 행위는 사라지고, 토멕도 보이지 않는다. 마그다가 조심스럽게 그의 집을 찾아가서 알게 된 사실은 그가 동맥을 끊었다는 것이다. 이윽고 혼란과 성찰의 시간 속에서 마그다는 토멕의 사랑을 이해하게 된다. 병원에서 퇴원한 토멕을 만나러 간 마그다는 자신을 보기 위해 설치해둔 그의 망원경을 들여다보며 자신의 모습을 돌이켜본다.

〈십계〉 7편 : 도적질하지 마라

Dekalog : Thou shalt not steal (1988)

감독 : 크쥐시토프 키에슬로프스키

출연 : 안나 폴라니(에와), 마야 바렐코프스카(마이카), 블라디슬라프 코왈스키(스테판), 보구슬라프 린다(워이텍)

줄거리 : 젊은 여인 마이카(마야 바렐코프스카)는 대학을 그만뒀지만, 다행히 캐나다에서 일자리를 얻었다. 그녀에게는 다섯 살 난 앙카라는 아이가 있다. 하지만 공식적으로는 자신의 어머니, 즉 앙카의 할머니 에와(안나 폴라니)의 호적에 올려놓았기 때문에, 지금까지 에와는 자상한 할머니를 자신의 어머니로만 알고 있다. 마이카가 나타나자 에와는 자신의 딸을 경계한다. 원래 앙카는 마이카가 고등학교 시절 한때 열렬히 사랑했던 국어 선생 워이텍(보구슬라프 린다)과의 사이에서 낳은 아이다. 또한 공교롭게도 그 학교의 교장 선생이었던 어머니 에와는 문제가 된 두 사람을 무난히 처리해 주는 조건으로 앙카를 떠맡았다. 그 아이 이름을 부를 때도 마이카는 안야라고 부르지만, 에와는 앙카라고 부른다. 이렇게 되자, 앙카는 자신의 진짜 어머니를 몰라보고, 할머니를 따른다. 이에 위기감과 안쓰러움 때문에 마이카는 어머니에게서 자신의 아이 앙카를 유괴한다. 함께 캐나다로 떠날 결심으로 아이와 함께 다니지만, 결국 어머니의 손아귀에서 벗어나지 못한다. 어쩔 수 없이 자신의 아이를 어머니에게 건네주고 기차를 타고 떠나는데, 이때 앙카는 뭔가를 눈치챈 듯이 그 기차를 유심히 바라본다.

〈십계〉 8편 : 거짓 증언하지 마라

Dekalog : Thou shalt not bear false witness(1988)

감독 : 크쥐시토프 키에슬로프스키
출연 : 마리아 코시알코프스카(소피아), 테레사 마르체프스카(엘즈비에타), 아투르 바르시스

줄거리 : 제8계 거짓 증언을 하지 마라. 육순이 넘은 바르샤바 대학의 저명한 윤리학 교수 조피아의 세미나 강좌에 미국서 온 젊은 엘즈비에타 여사가 참여하여 독일 점령 때의 한 이야기를 가지고 대결한다. 당시에 보호할 곳을 찾던 여섯 살 난 유태인 소녀와 사형선고나 다름없게 되는데도 보호를 기피했던 젊은 천주교인 부인이 40년 만에

다시 마주친 것이다. 이웃을 거슬러 거짓 증언을 하지 말라는 〈십계〉의 여덟째 계명과 관련하여 윤리 행위의 기본을 다룬 영화.

〈십계〉 9편 : 네 이웃의 아내를 탐내지 마라
Dekalog : Thou shalt not covet thy neighbor's wife(1988)

감독 : 크쥐시토프 키에슬로프스키
출연 : 에와 블라스칙(항카), 피오트르 마할리카(로만), 아투르 바르시스

줄거리 : 외과의로서 출세하고 비슷한 나이의 항카와 혼인하여 행복하게 살아온 로만이 성불능 진단을 받고, 아내가 혼인이란 성생활이 전부가 아니라고 다독임에도 불안과 자신감을 상실한다. 아내가 한 젊은이와 만나는 사실을 확인한 로만은 질투에 사로잡혀 현장을 덮치려고 노린다. 그러나 로만이 보게 된 것은 관계의 끝일 뿐이다. 남편의 불신에 두려움을 안고 사는 항카는 일단 여행을 떠나기로 하고 스키 휴가를 간다. 고약한 우연으로 남편은 또다시 혐의를 품게 되고 자살을 기도한다.

〈십계〉 10편 : 네 이웃의 소유를 탐내지 마라
Dekalog : Thou shalt not covet thy neighbor's goods(1988)

감독 : 크쥐시토프 키에슬로프스키
출연 : 예르지 스투르(예르지), 즈비그뉴 자마초프스키(아르투어), 올라프 루바스쳉코(토멕), 헨릭 비스타(점원)

줄거리 : 예르지와 아르투르 형제가 아버지의 죽음으로 고가의 우표 수집품을 상속

받게 되는데, 전문가들은 그것을 어떤 일이 있더라도 팔지 말라고 충고한다. 형제는 수집품을 완성시켜 값을 올려보려고 시도한다. 이례적인 값으로 거래가 이루어지고, 형의 콩팥이 우표상인의 딸을 위해 희생된다. 수술에 성공하고 우표 세트의 빠진 것을 손에 넣은 다음에 그러나 형제는 그 동안 다른 우표를 모두 도둑맞았다는 사실을 목도할 수밖에 없게 된다.

마하스웨타 데비^{Mahasweta Devi}[1]의
〈젖어미〉[2]

배경

〈젖어미〉는 탈식민화로 가지 못하고 신식민화로 치환된 공간에서 젠더[3]화된 하위 주체의 생산과 노동을 임신 – 출산 – 수유라는 시각에서 여성의 몸으로 각인한다. 이 작품에는 제1세계 부르주아 여성들과는 판이한 방식으로 작동되는 제3세계 여성의 노동과 몸이 등장한다. 소설의 공간적인 배경은 인도의 한 마을이다. 인도에는 '카스트'라는 특유의 신분제가 있는데, 자본의 영입으로 인해 실제적 카스트의 구분이 예전과 달리 자본의 유무로 결정되고 있는 현대 인도 사회 모습의 연장선상에 〈젖어미〉가 위치한다.

---

1 인도 카스트 바깥의 천민들, 특히 여성들의 이야기를 주로 썼던 인도의 소설가.
2 〈젖어머니〉의 낮춤말. (남의 아이에게) 어머니 대신 젖을 먹여 키우는 여자. 유모(乳母).
3 젠더[Gender] : 성(性)에 대한 영문 표기 섹스(Sex) 대신 새로 쓰기로 한 용어. 1995년 9월 5일 북경 제4차 여성대회 GO(정부 기구) 회의에서 결정했다. 젠더와 섹스는 우리말로 '성'이라는 같은 뜻이지만 원어인 영어로는 미묘한 어감 차이가 있다. 젠더는 사회적인 의미의 성이고, 섹스는 생물학적인 의미의 성을 뜻한다. 유럽연합(EU)과 미국 등 다수 국가가 주장하는 젠더는 남녀 차별적인 섹스보다 대등한 남녀 간의 관계를 내포하며 평등에 있어서도 모든 사회적인 동등함을 실현하게 해야 한다는 의미가 함축돼 있다.

카스트의 현상

카스트 제도의 계급은 '브라만(승려) - 크샤트리아(귀족, 혹은 카야사) - 바이샤(평민) - 수드라(천민, 노예)', 이렇게 4개의 계급이 존재한다. 인도의 새로운 통치 계급이 된 아리아족은 원주민을 다스리기 위하여 자신과 차별을 두어 엄격한 계급 제도를 만들었다. 이것이 발달하여 인도의 '계급 제도', 즉 카스트 제도가 되었다. 카스트 제도는 원래 크샤트리아('아리아족'. 귀족이나 무사 계급), 바이샤(원주민, 평민)로 나뉘어 있었으나, 창조자 '브라마신'을 섬기는 '브라만교'가 발달하면서 승려 계급이 귀족보다 높은 브라만 계급이 되었고, 정복당한 '드라비다족' 등에서 천민, 노예 계급인 수드라 계급이 생겨났다. 인도의 카스트는 넷으로 나뉘어져 그 누구도 자신의 계급에서 영원히 벗어나지 못하며, 다른 계급과 결혼은 물론 섞여 살지도 못하는 엄격한 차별 사회를 이루었다. 카스트는 첫째 서로 다른 사회계층 상호 간 통혼(通婚)의 금지 또는 제한과 거주지나 공동 음식의 제한 및 특정한 직업과 결부되어 그것이 세습적이라는 것, 둘째 사회계층 간의 서열이 있다는 것, 셋째 서열의 결정방법은 정도의 차이는 있으나, 항구적인 의례상의 정(淨), 부정(不淨)의 관념에 바탕을 두었고, 성원(成員)의 귀속은 생득적(生得的)이라는 특징을 갖고 있다.

이와 같은 입장에서 인도 사회를 좀더 깊이 파고들어가 보면 네 가지 카스트 계급은 오늘날 거의 고정되어 있으나, 중간의 크샤트리아와 바이샤에 있어서는 그 장벽이 실질적으로는 무너진 셈이어서, 분화된 직업이나 계급적인 서열도 부분적으로 중복되어 있어 판별하기 어려운 경우가 많다. 그러나 브라만 계급은 경제적으로 불리한 직종에 종사하고 가난한 경우에도 자신이 최고라는 우월감을 여전히 가지고 있다. 그것이 결혼이나 그 밖의 태도에도 드러난다. 또한 각 카스트의 내부는 다시 계급과 직업문화에 의해 세분되어 그 세분된 많은 서브 카스트[4]가 실생활에 있어서는 실질적인 기능을 하

---

4 서브 카스트 : 小 카스트 · 副 카스트

고 있다. 서브 카스트의 정확한 숫자는 확실하지 않으나 3,000 이상, 4,000~5,000 정도로 보고 있다. 카스트 밖의 통혼은 엄격하게 제한되어 있으나 같은 카스트 안의 서로 다른 서브 카스트 사이에서는 허용되어 있고, 한 계급에서 가까운 위치에 있는 서브 카스트 사이에서는 통혼에 대한 저항이 지극히 적다. 이 카스트제의 여러 가지 관행이나 터부의 이행(履行)에 있어서는 광범한 지역에 걸친 카스트의 경우는 여러 가지 명칭의 위원회가 힘을 행사하지만 작은 범위, 특히 촌락에서는 판차야트(Panchayat)[5]라고 하는 서브 카스트 단위의 회의가 담당하고 있다. 복잡한 구성을 가지고 있는 인도 사회에서, 특히 촌락에서 카스트제가 커다란 힘을 가지고 있다는 사실은 종교상의 이유에서, 뿐만 아니라 경제적 요인의 측면에서도 설명되어야 할 것이다. 즉 인도의 대부분을 차지하고 있는 촌락사회는 봉쇄적인 사회이며 자급자족적인 생산과 생활을 기초로 하고 있다. 따라서 대부분의 생산이 촌락 내부에서 이루어지고 있기 때문에 다종다양한 직업에 종사하고 있는 서브 카스트가 서로 어울려서 촌락사회를 구성하고 있다. 이것이 가장 많은 수를 차지하고 있는 전형적인 복합 카스트 촌락이다. 그 밖에 단일 카스트 촌락도 있으나 이 경우, 카스트(실질적으로는 서브 카스트) 내의 한 가족이 동시에 여러 가지 직업에 종사하여 자급자족을 하고 있다. 이와 같은 사실과 필연적으로 결부되어 있는 것이 카스트제가 포함하고 있는 직업분화의 동태, 토지의 잉여(剩餘), 인구와의 상관관계이다. 즉 직업분화가 발전하여 기존의 직업이 불필요해지고 새로운 직업이 필요해진다든지 토지가 부족해지는 경우, 기존의 서브 카스트가 소멸하고 새로운 서브 카스트가 생기고, 또한 과잉인구는 토지를 떠나 도시의 슬럼가를 찾아 나서지 않으면 안 된다.

이와 같이 카스트제는 끊임없이 동요하고 있고, 이와 함께 경제적, 정치적인 전통질

---

5 본래의 뜻은 '5인 집회'이지만 일반적으로 집회를 의미한다. 특히 촌락 내에서 일어나는 분쟁의 판정, 질서 유지 등의 기능을 수행하는 촌민 집회와 카스트 내의 문제를 해결하는 카스트 집회가 중요하다. 촌민 집회는 영국의 식민지 지배를 받으면서 근대적 사법기관이 생김에 따라 점차 쇠퇴하였으나, 독립 후 촌민의 호선(互選)에 의한 촌회(村會: 판차야트)가 촌의 관리와 운영을 담당하였다.

서의 파괴와 부정 현상을 찾아볼 수 있다. 그러나 종교, 의례, 사교면에서는 카스트제가 여전히 큰 영향력을 발휘하고 있다. 이 두 경향 사이에서 이를 조절하기 위해 국지적(局地的)으로 자주 마찰이 일어나고 있다. 한편 국가적 차원에서 살펴보면 독립 이전 종주국 영국은 종교 불개입이라는 구실 아래 카스트제도를 개혁하려고 노력하지 않았고, 정치적으로는 인도인의 국민적 단합을 방해하기 위한 분할통치책의 일환으로 교묘히 이용하였다. 또한 인도인 자신의 입장에서도 오늘날 정치의 중추적 역할을 담당한 사람 대부분이 브라만이라는 사실도 있어, 카스트 제도를 타파하기 위해 적극적으로 노력하는 사람은 얼마 되지 않는다. 현재 카스트제도는 헌법(1950 공포)에 따라 부정되어 있고, 군대, 공장, 대학, 공영기업체, 관청 등에서 부분적으로는 약화하고 있다. 그러나 행정상의 취급을 비롯하여 사회생활 대부분 분야에서 여전히 뿌리 깊게 남아 있어 인도의 발전을 가로막고 있는 것이 현실이다.

소설 〈젖어미〉

이 작품의 여주인공 '자쇼다'에게 임신과 수유는 생산수단이다. 자신의 아이들을 위해 어머니 몸에서 생산되는 모유는 사용가치를, 자기 아이들에게 먹이고 남는 젖은 교환가치를 발생시킨다. 자쇼다가 최적의 수유를 위한 최상의 조건 속에 있을 수 있도록 주인집 여자들은 그녀에게 좋은 음식을 제공하며 자쇼다의 남편인 '캉갈리'에게 가사 일을 맡게 한다. 캉갈리는 인도 카스트제도에서 최고 계급인 브라만 계급이지만 서구 자본주의와의 충돌로 하위계층으로 전락한다. 그는 두 번째 카스트로 제2차 세계대전 때 고철 매매로 경제적 부를 이룬 인물 할다르바부의 막내아들이 일으킨 교통사고로 다리를 잃어 돈을 벌 수 없는 상황에 부닥치게 되어, 자쇼다가 할다르바부 집의 유모로 들어가 돈을 벌게 된다. 그리하여 자쇼다는 자신의 젖을 팔아 가족의 생계를 유지하게 된 것이다. 여기에서 첫 번째 카스트가 경제력 때문에 두 번째 카스트의 집에서 일하게 되는 계급의 파괴가 보인다.

서구의 권위적인 분리주의에 편승한 토착 매판 자본가인 할다르바부와 봉건적인 전통 귀족 캉갈리는 권력을 선점하기 위한 주도권을 놓고 충돌하지만, 가부장적 태도에 있어서는 놀라울 만큼 유사한 모습을 보인다. 이 가부장제라는 연결고리를 통해 매판 자본가들과 토착 민족주의 세력들은 여성, 특히 하층 여성들을 착취하는 데 공모한다. 더구나 세속적인 술수에 능한 사원 안내인 나빈의 존재는 인도 문화의 정신적 지주라고 할 수 있는 종교적 영역까지도 이미 이 야합구조에 편승하고 있음을 여실히 보여준다. 즉 후식민사회를 지배하는 이데올로기와 자본주의 경제 논리가 여성 하위 주체들을 억압하고 착취한다는 것이다. 결국 자쇼다의 모성적 노동, 감성적 노동이 잉여가치를 산출하지만, 그것이 그녀를 위한 자본축적으로 이어지지는 않는다. 자쇼다는 젖을 생산하기 위해 20번 이상 계속된 임신을 하며, 또한 50명 이상의 수많은 아이를 먹이다가 유방암에 걸린다. 소외된 생산수단으로서 젖가슴에 기생적으로 얹혀 먹고 살았던 사람들은 병든 그녀를 외면하며 그녀는 외롭게 혼자 죽어간다.

여기에서 마르크스주의에서 말하는 노동은 남성적이라는 명제와 자쇼다가 보여주는 여성 노동은 육체적이고 양육적이며 정동적(전문직으로서의 젖어미)이라는 저자 '마하스웨타 데비'의 명제가 도출된다. 자쇼다의 모성과 모성적 노동에서 잉여가치가 산출되지만 '크리스테바'[6] 식으로 모성성을 찬양할 수만은 없게 된다. 이 자리에 부르주아, 제1세계 여성들과는 판이한 방식으로 작동되는 제3세계 프롤레타리아 여성(의 노동)이 등장한다. 〈젖어미〉에서는 임신 또한 자유로운 노동(팔 것이라고는 몸밖에 없어서 자유로운)으로 올라간다. 즉 경제 외적인 아무런 강제성 없이 전유될 수 있는 잉여생산에 들어가는 것이다. 그러므로 자쇼다의 문제를 해결하는 길은 단순히 재생산 권리만이 아니라 생산 권리를 확보하는 것이다. 그런데 자쇼다의 이 권리들은 남자들뿐만 아니라 엘

---

6 줄리아 크리스테바(Julia Kristeva) : 1941년 불가리아에서 태어났다. 소피아 대학에서 불문학 학사, 석사를 마친 후 1965년 파리에서 유학했다. 1968년 파리 대학에서 문학박사 학위와 정신분석의 자격증을 취득하고, '텔켈' 편집위원과 국제 기호학회 회장직을 역임하기도 했다. 현재 파리 제7대학 텍스트 자료학과 교수이자 종합병원의 정신분석의로, 왕성한 창작 평론 활동을 하고 있다. 소설 〈사무라이〉, 〈노인과 늑대들〉, 〈마귀 들림〉을 썼고 그 밖의 주요 저서로 〈세미오티케: 기호분석을 위한 연구〉, 〈시적 언어의 혁명〉, 〈폴리로그〉, 〈사랑의 역사〉, 〈언어, 그 미지의 것〉 등이 있다.

리트 여자들에 의해 부인된다. 여기서 엘리트 여성은 바로 여성의 '주이상스'[7], 모성성 운운하며 자쇼다의 유방암을 도외시하는 백인 부르주아 페미니스트 지식인뿐만이 아니다. 주인집 며느리들처럼 남편 따라 미국에 가서 제3세계 여성의 차이를 알고 싶어 하는 미국 문단에 제3세계 여성에 대한 정보를 제공하는 제3세계 출신 디아스포라 여성들도 해당한다.

소설을 통해 작가는 힌두의 신성한 어머니와 거룩한 아이를 국가적인 차원에서 가부장적으로 동원하는 현실을 비판한다. 하위 주체인 자쇼다를 인도의 지배적인 성이데올로기를 재는 척도로 사용하고 있다. 자쇼다의 젖가슴은 소외된 생산수단, 부분 대상, 어머니로서 여성을 부각해주는 여성기관이며 현학적 해석의 일관성을 위협하는 것이기도 하다. 자쇼다의 유방암은 젠더화된 하위 주체의 억압을 나타내는 기표가 된다. 젖어미라는 단어는 우리가 육체 정치를 소모시키며 인간이라는 숙주를 모두 희생시키고 퍼져나가 정동의 이름으로 젖가슴에 기생적으로 얹혀 먹고 산다는 뜻이다. '스피박'은 하위 주체를 기술함으로써 자신과 하위 주체를 동일시하거나 혼동하지 말고, 같은 하위 주체(혹은 여성, 주변)이면서 하위 주체에 대한 단순한 동정을 발하지 않으며, 시선의 대상으로 만들거나 그 경쟁자로 둔갑시키는 행위의 근절이 필요하다고 언급하고 있다.

읽고 난 후

아기 흰 긴수염고래 – 정진규

태어날 때부터 7m의 몸길이와 4t의 무게를 자랑한다는, 모든 비잠주복(飛潛走伏)이 쪽을 못 쓰는, 아기 흰 긴수염고래는 하루에 380리터씩의 젖을 먹어야 하는데 그 젖이

---

7 Jouissance : 불어로 '즐거움'을 뜻한다.

반도 나오지 않게 되었다고, 그만큼 바다가 좁아졌다고 포경선들이 바다를 바짝 조여 놨다고 어미 흰 긴수염고래가 수척한 몸으로 숨어 눈물을 흘리고 있는 장면을 내셔널지오그래피가 찍었다. 어쩌나, 그만한 젖동냥은 꿈도 꿀 수가 없다. 괜한 짓거리지 젖동냥 나서는 내 심 봉사의 지팡이소리가 잠깐 다급하다 만다. 그게 웃기는 내 오지랖이다. 그래도 그런 젖을 물릴 수 있는 여자를 찾아 나는 평생 떠나야 할 것이다. 가당치도 않은 일이지만 그런 식으로 나는 사랑을 믿어왔다. 과장이 지워지면 그만큼 사랑도 지워진다. 과장은 감동의 속살이다. 사실의 힘이다.

- 시집 《본색》〈천년의 시작〉 중에서

로버트 플레허티 Robert Flaherty

다큐멘터리의 탄생

다큐멘터리(documentary)는 사실의 기록을 필름을 통해 재조합함으로써 새로운 현실을 창조하는 예술적 영화라고 정의할 수 있다. 이와 같은 다큐멘터리의 새로운 장을 연 사람이 바로 '로버트 플레허티(Robert Flaherty)'이다. 다큐멘터리라는 용어는 영국의 영화평론가 '존 그리어슨(John Grierson)'이 1926년 플레허티의 두 번째 작품 〈모아나(Moana)〉를 지칭하면서 본격적으로 사용됐지만 사실 다큐멘터리 영화의 역사는 그의 첫 작품인 〈북극의 나누크(Nanook of the North,1922)〉로부터 시작된다.

에스키모의 생활을 그린 이 영화를 다큐멘터리의 시초라고 하는 것은 그의 제작 방법과 형식이 당시의 일반영화와는 다르기 때문이다. 또 이 영화는 극영화 이상의 상업적 흥행에까지 성공함으로써 다큐멘터리 영화에 대한 흥미도 고조시켰다.

1884년 미 북부 미시간주 아이언 마운틴(Iron-Mountain) 지방에서 태어난 플레허티는, 광산 기사였던 아버지를 따라 미국, 캐나다 등 여러 지역을 돌아다니며 유년 시절을 보냈다. 26살이 되던 해인 1910년 그는, 캐나다 철도 건설업자인 윌리엄 매킨지(William Mackenzie)경에게 발탁되어 광산 기사 겸 탐험가로서 첫 직업을 가지게 된다. 여러 번의 탐사 원정에서 플레허티는 벨처(Belcher)군도를 발견하게 되고 여러 가지 목재와 광물을 발견, 탐사하는 탐험가로서 명성을 떨치게 된다. 1913년 윌리엄경은 자신이 탐험으로부터 가지고 돌아온 사진 자료들을 완성시키기 위해 플레허티에게 이상한 사람과 동물이 살고 있는 희귀하고 아름다운 곳을 촬영하도록 부탁한다. 이러한 요청을 받은 그는 뉴욕주 로체스타(Rochester)에 있는 학교에서 3주 동안 필름에 대한 기본 교육을 받고 카메라, 현상 인화기 등 장비를 챙겨 세 번째 원정길을 떠나게 된다. 그는 그곳에서 에스키모의 환경과 여러 가지 생활상 등을 약 70,000feet(약 12시간 길이)를 촬영해 돌아온다. 토론토로 돌아온 플레허티에게는 다정한 여자친구 '프란시스(Frances)'가 기다리고 있었고 그는 그녀와 결혼하게 된다. 그가 부인 프란시스와 편집을 하고 있던 어느 날, 담뱃불이 테이블 밑에 떨어져 바닥에 쌓여 있던 필름 더미에 옮겨 붙음으로써 순식간에 원필름 30,000feet가 불타 버렸다. 그 또한 심한 화상을 입었으나 다행히 목숨은 건졌다. 이런 뼈아픈 실수를 한 플레허티는 1920년 모피회사 레빌론 브라더스사의 '존 레빌론(John Revillon)', '티어리 말레(Thierry Mallet)'로부터 재정 지원을 받고 다시 북쪽을 향해 떠난다. 16개월 동안 그는 에스키모의 이티비뮤치트(Itivimuit)족의 사냥꾼 'Nanook'을 주인공으로 영화를 제작한다.

이렇게 해서 세계 최초의 다큐멘타리 〈Nanook of the North〉가 1922년에 탄생되었다. 이 작품이 완성된 42년 후인 1964년 맨하임(Mannheim) 영화제에서 세계 다큐멘터리 필름 제작자들이 〈나누크〉를 가장 위대한 작품으로 선정함으로써 다큐멘터리라는 새로운 장르를 창조함과 동시에 그 전통을 세우는 데 확고한 초석을 이루었다.

작품 세계

최초의 다큐멘타리인 〈Nanook of the North〉는 북극의 추위와 황량함에 맞서 싸우는 '나누크'라는 사냥꾼과 그의 가족의 여러 가지 생활상 등 사실을 토대로 자연스럽게 묘사한 작품이다. 플레허티가 〈Nanook〉를 완성했을 때 뉴욕에 있는 필름 배급자들은 그 필름을 사는 것을 거절했다. 일반인에게 보여주어 흥미를 끌 수 있는 영화가 아니다. 관객들은 에스키모에게는 흥미가 없다. 그들은 유행하는 옷을 입고 있는 현대인들을 더 좋아한다. 누가 줄거리도 스타도 없는 에스키모에 관한 영화를 보고 싶어 한단 말인가? 결국 프랑스에 본거지를 둔 파테 픽처스(Pathe Pictures)가 이 필름을 배급하기로 결정하고 계약을 하게 되었다. 이러한 우여곡절 끝에 〈Nanook of the North〉는 1922년 6월 뉴욕의 캐피털(Capitol) 극장에서 상영되어 비평가들로부터 호평과 함께 흥행면에서도 크게 성공을 거둔다. 《뉴욕 타임스》는 "평범한 사진 그림으로 스크린에 드라마를 창조해, 오락 영화 이상으로 재미있게 만든 영화다"라고 평하였다. 또한 프랑스 한 비평가는 이 영화를 그리스 고전 드라마에 비유하기도 했다.

〈Nanook of the North〉는 자막, 음악 그리고 이미지로 작품이 구성된 사이런트 필름이다. 이 영화는 크게 나눠 전·후반부로 나눌 수 있는데, 전반부는 좀더 따뜻하고 경쾌하며 평화로운 정경 속에서 물고기를 잡는 여름 장면들이고, 후반부는 황량한 벌판에 매섭게 몰아치는 눈보라 속에서 식량을 찾아 용맹스럽게 짐승들을 사냥하는 겨울 장면들이다. 작살로 물고기를 잡아올리는 장면, 창으로 바다표범과 해마를 사냥하는 인상적인 모습, 그들이 사는 에스키모 얼음집. 스크린에 나타난 에스키모들의 생활은 관객들에게 이상하거나 특이한 모습이 아니었다. 이것이 〈북극의 나누크〉와 당시 모험, 기행 영화와의 다른 점이다. 영화 속에서 그들은 그냥 생활을 하고 있을 뿐이다. 주인공인 '나누크'는 유쾌한 혹은 위험스런 사건 후에 가끔 친구처럼 관객들을 향해 웃는다. 실제로는 이미 친구가 되어버린 카메라 뒤의 플레허티를 향한 웃음이다. 바로 이런 모습들이 관객들로 하여금 에스키모들의 생활 속에 파고들게 했다. 담담하게 담은 플레허티의 영상은 오히려 생존을 위해 살아가는 에스키모의 삶이란 주제를 성공적으로 끌어낸 것이다. 이를 가능케 한 것은 그의 특별한 관찰력이었다. 오랜 기간 에스키모인 나누크 가족과 생활을 함으로써 그와 에스키모들과의 관계는 그들에게 카메라를 전혀 의식치 않고 행동하도록 했다. 플레허티의 카메라는 그들 생활의 한 파트너로서 무한한 공감과 이해로 그들을 관찰했다. 그 결과 그들의 연기가 놀라울 정도로 자연스럽게 보이게 했다.

플레허티는 이 영화에서 다큐멘터리의 원리를 가장 명확하게 보여주고 있는데, 그는 어린아이와도 같은 순수한 관찰법으로 대상과 사물에 접근하여 소재를 배열, 처리하였다. 이런 작품이 나오기까지 그의 노력은 대단했다.

스토리, 즉 진실한 이야기가 그들로부터 나올 때까지 약 2년 동안 그들과 함께 현장에서 살면서 관찰했다. 〈Nanook of the North〉에서 가장 유명한 시퀀스(Sequence)가 바닷가에서 해마를 사냥하는 장면과 얼음 조각으로 이글루를 짓는 장면인데, 이 두 분이 이 영화의 제작 기법과 접근 방법의 중요한 열쇠가 되고 있다. 플레허티는 '나누크'에게 연기자 아닌 연기자가 되게 하였으며, 촬영과 그림을 위해 여러 번 행동을 반복하게 함으로써 과거의 모습을 재현케 하였다. 그러나 플레허티는 없는 내용을 만들어내거나 있는 것을 왜곡되게 조작하지 않았으며, 영화 속의 모든 행위나 사건들은 거짓이나 속임수로 제작된 것이 아니고, 실제 생활에서 일어나고 또 일어났던 일들을 토대로 구성한 것이다. 나누크나 그의 가족들이 가끔 카메라를 쳐다보면서 웃는 장면이나, 의식적인 표정과 행동, 특히 나누크가 축음기판을 들고 카메라를 응시하는 장면이나, 고기를 잡으면서 렌즈를 보고 웃는 장면 등은 연출의 냄새가 물씬 풍긴다. 이런 것들은 플레허티와 나누크, 두 사람의 관계가 협력자이자 공동 작업자임을 나타내 주고 있다. 그리고 이글루를 짓는 시퀀스에서 안에서 잠자는 장면들을 촬영하기 위해 본래보다도 훨씬 크게 짓게 하였으며, 더구나 실내가 너무 어두워 촬영에 지장을 주자 절반 가량을 허물고 촬영하였다.

플레허티는 과정이야 어떻든 결과의 진실성에 초점을 맞춰 제작하였는데 이러한 기교와 요령을 그는 무척 좋아했다. 그는 모든 일을 사전 스크랩에 의해 진행시킨 것은 아니지만, 스토리보드는 어느 정도 마음속에서 구체화시켜 진행해 나갔다. 플레허티에 의해 해석된 새로운 세계는 중요한 요소로 창조되었는데, 작품의 주제를 찾아 그가 간

곳은 지구의 오지로서 생존을 위해 자연과 싸우는 곳이었다. 실제로 작품의 많은 부분이 생활을 재구성하여 이루어졌는데, ⟨Nanook⟩와 ⟨Man of Aran⟩의 주인공들은 그들의 선조시대의 생활모습을 보여주는 밀랍 인형과 같은 사람들이라고 할 수 있다.

'프레더릭 오브라이언(Frederick O'brein)'의 《남태평양의 하얀 그늘》이라는 책을 통해 남해에 관심을 가진 플레허티는 책을 통해 사모아 군도의 고유한 문화와 풍속이 외부 사람들에 의해 훼손되어 사라져가고 있다는 것을 알게 되었다. 부인과 세 딸, 유모 그리고 남동생 '데이비드(David)'와 함께 남태평양을 향해 떠난 그는, 그곳 남태평양의 파라다이스 섬에서 약 1년 10개월이나 생활했지만 '나누크'와 같은 극적 요인을 발견하지 못한다. 자연은 믿을 수 없을 정도로 조용하고 평화로웠으며 식량은 풍부했다. 고민에 고민을 거듭한 플레허티는 결국 사모아인들이 온몸에 정교하고 복잡한 문신을 새김으로써 고통과 인내를 시험하는 성년 의식을 필름에 담기로 결정하고 모아나(Moana)라는 한 젊은이를 선정했다. 문신의 의식은 차려놓은 음식 앞에서 장식이 있는 옷을 입고 모아나와 그의 약혼녀가 시바(Siva)춤을 추며 추장들과 함께 몸에 문신을 새겨 넣는 전통 관습인데, 그 당시 거의 사라지고 있었던 생활 양식의 증언이었다. 따뜻함과 열대낙원의 풍성함으로 자연적 고통은 거의 없는 반면, 인위적 고통을 겪는 인간을 중심으로 모아나와 그의 가족이 멧돼지를 잡으려고 덫을 놓거나, 합조개를 모으고, 게를 굽고 거북이를 잡는 장면 등이 포함되어 있다.

⟨나누크⟩와 마찬가지로 1926년에 개봉된 ⟨모아나⟩는 비평가들로부터 아름다운 목가적 다큐멘터리라고 칭송받으며, 미국보다는 유럽에서 더욱 높이 평가되어 고전 레퍼터리로 오랫동안 상영되었다. 그러나 헐리우드에서는 흥행면에 성공하지 못하였다. 플레허티의 첫 두 작품 ⟨나누크⟩와 ⟨모아나⟩는 다큐멘터리 형식에 있어서 새로운 혁신을 일으켰으며 그는 각색한 줄거리나 사실의 뉴스영화 그리고 기행, 관광 영화와는 달리 다른 수단으로 사람들의 일상생활을 화면에 옮기는 방법을 발견했다. 하지만 ⟨나누크⟩와 ⟨모아나⟩는 여러 가지 점에서 상반된다. 무대 자체도 북극 동토 지대로부터 열기

가 가득한 남태평양으로, 생존을 위해 자연과 싸우고 있는 에스키모들로부터 큰 고민과 걱정이 없는 환경 속에서 목가적 삶을 영위하고 있는 사모아인들로, 〈나누크〉는 불굴의 용기를 가진 원시인의 상징으로, 〈모아나〉는 남태평양의 잘생긴 젊은 사모아인으로, 각기 묘사되고 있다. 플레허티의 모든 작품에서 극적 갈등은 장면과 대항하는 인간, 즉 자연과의 관계에서 이루어지고 있다. 〈Nanook〉는 북극의 매서운 추위 속에서 살아나가는 불굴의 의지를 지닌 인간을, 〈Moana〉에서는 따뜻함과 열대낙원의 풍성함 속에서 이른바 인위적 고통을 겪는 인간을 묘사하고 있으며 〈Man of Aran〉에서는 불모의 섬에서 생존을 위해 높은 파도에 대항하여 고기를 잡는 참된 인간 모습, 그리고 〈Louisiana Story〉에서는 자연과의 생태학적 관계에 놓여 있는 인간을 그리고 있다.

플레허티는 〈Nanook〉에게 훨씬 더 에스키모의 냄새가 물씬 풍기는 옷을 입게 하였으며 바다 물개를 잡을 때도 아름다운 그림이 되도록 방법을 가르쳐줘서 행동하게 했다. 또한 〈Moana〉에게는 고통스럽고 불필요한 문신의 고통을 받게 하였으며 오랫동안 대영제국의 지배로 피폐해진 사모아의 섬을 원시인의 천국으로 묘사하기도 했다. 이런 연출 기법은 결국 플레허티만의 독특한 요령이자 방법으로 이러한 창의성이 그의 영화 세계를 구축하는 데 톡톡히 한몫을 했다. 1933년에 플레허티는 부인 '프란시스 플레허티(Flances Flaherty)', 영국인 편집자 '존 테일러(John Taylor)', '존 골드만(John Goldman)' 그리고 그의 동생 '데이비드(David)'와 함께 아란군도의 세계의 섬 중 가장 큰 섬인 Inishmore에 자리잡고 약 2년간에 걸쳐 〈Man of Aran(1934)〉을 제작한다. 이 작품에서 플레허티는 아일랜드 서해안의 메마른 땅과 북대서양의 높은 파도와 싸우는 인간을 묘사하고 있다. 또한 이 영화는 플레허티 최초의 음성 영화로서 런던의 스튜디오에서 음악과 배경음 그리고 몇 마디의 말로 된 사운드트랙을 후시 녹음(post-recorded)으로 기록해 시적인 조화를 이미지화하는 데 성공했다. 주제는 척박한 자연환경으로부터 존재의 수단을 엮어내는 인간이라고 요약할 수 있다. 이 영화는 런던의 뉴 갤러리 극장에서 세계 최초로 상영돼 대성공을 거두었으며 이탈리아 베니스 영화제에서 1등상을 받기도 했다. 이것은 "하나의 이야기를 어떤 개인들의 행위가 아닌 민족 전체의 생활에서 그 본질을 끄집어내야 한다"는 플레허티의 개인적인 신념으로부터 나온 결과다. 그러나 돌묵상어를 잡는 과거의 모습을 재현하고 아란의 경제 문제의 핵심을 회피했던 〈Man of Aran〉은 특히 왜곡된 내용에 대하여 비판을 많이 받았다. 다시 말해 사회적 실상을 무시한, 즉 다큐멘터리의 뜻깊은 목적을 지니지 못한 감상적이고 낭만주의적인 다큐멘터리라는 비판을 받기도 하였다.

1939년 미국에 돌아온 플레허티는 농산부 후원으로 〈토지(The Land, 1942)〉를 제작하게 됐는데 지금까지 자연에 대항하는 인간의 도식과는 전혀 다른 새로운 주제로 접근했다. 공동의 부를 위해 기계를 다루면서 살아가는 인간의 투쟁을 중심 주제로 보여주고 있는 이 작품은 41-42년에 걸쳐 동부 펜실베니아로부터 서부 캘리포니아까지, 북부 미네소타부터 남쪽 텍사스까지 미국 전역을 돌면서 그 당시에 직면해 있었던 토지의 고갈과 황폐에 따른 실업이라는 문제를 영상에 도출시켰다. 십장 주위에 모여 희망 없이 앉아 있는 그룹들, 죽어가는 소, 쓰러져가는 빈집, 절망한 눈빛의 아이들, 직업을 잃은 허수아비와 같은 사람들이 카메라를 응시하고 있는 〈The Land〉는 영상으로 여러 가지 웅변적 이미지를 표출해내고 있다. 이 작품은 영웅도 악한도 없는 다만 희생자만 존재하는 영화이다.

플레허티의 마지막 필름인 〈루이지애나 스토리(Louisiana Story, 1948)〉는 기업이 스폰서가 되어 제작된 플레허티의 유일한 작품이며, 아름다운 자연의 모습을 인간 정신과 결부시켜 시적으로 형상화시킨 서정 드라마다.

1948년 아카데미상 후보에 올랐고 흥행에도 성공한 이 작품은, 미국 남부 루이지애나주 늪지대에 사는 '케이젼(Cajun)'족의 한 소년의 시각을 통해서 현대 문명사회를 날카롭게 조명하였다. 지금까지 플레허티의 작품과는 달리 이 영화에는 원주민의 생활 양식묘사 이외에 현대 문명이라는 외부세력을 비판하는 성격이 작품 속에 배어 들어 있어 새로움을 주고 있다. 또한 이 영화는 '리처드 리쿡'이 35mm Arriflex 카메라로 찍은 최초의 영화인데, '버질 탐슨(Virgil Thomson)'의 곡을 '유진 오먼디(Eugene Ormandy)'의 필라델피아 오케스트라가 연주해 영상과 음악을 조화시킨, 미적으로 가장 성숙한 작품이다.

비선입관 개념의 있는 그대로의 예술

플레허티가 남긴 업적 중 제일 중요한 것은 영화 매체에 대한 창조적 추진력이며, 다큐멘터리 발전사에 한 획을 그은 그의 특이한 영화 접근법이다. 간단히 말해, 플레허티는 그가 사랑하고 또 모든 이들이 감탄해하는 사람들을 보여주기 위해 영화를 만들었다. 그는 인류학자는 아니었지만 나름대로의 시각적 시상을 예술가처럼 해석하여 이상화하였다. 그가 보여주는 모습들은 두말 할 것도 없이 바로 그의 시각이다.

플레허티 작품은 해설이 없는 느슨한 화술형식으로 구성되어 있다. 선천적인 재담꾼이며 이야기꾼답게 그는 평범한 일상생활 속에서 신비와 서스펜스를 발견하여 극적으로 표현함으로써 관객들을 작품 속으로 깊숙이 끌어들이고 있다. 관찰적 입장과 순수한 태도를 유지하면서 대상에 접근한 플레허티는 편집의 수단보다는 현장에서 세밀한 관찰과 편견 없는 객관적 촬영기법으로 극적 긴장감과 함께 리얼리티를 함께 추구하고 있다. 그리고 해설 대신에 사용된 자막은 내용과 배경을 설명하는 데 있어 과장됨이 없이 간결하게 표현되어 있으며 호기심과 기대감을 유발시키는 작용과 함께 시·공간 처리를 위한 수단으로 적절히 사용되었다. 그리고 작품 전체에 일괄적으로 흐르고 있는 음악은 이미지의 내용과 배경에 따라 변화 있게 사용됨으로써 분위기를 창출하는 데 큰 몫을 해내고 있다. 작품 전반부에는 가볍고 빠르게 낭만적인 감응을 표출하고 있고, 황량하고 삭막한 후반부에는 좀더 느리고 무거운 음이 사용되어 긴장감을 고조시키고 있다.

다큐멘터리 원리를 최초로 가장 명확하게 이용하여 작품을 제작한 플레허티는 대본을 사용하지 않았다. 작품의 목적은 작품을 만드는 과정에서 저절로 드러나게 마련이며, 제작자는 다만 그 목적이 드러나도록 도움을 줄 뿐이라고 믿었다. 따라서 그의 연출방식은 직관적이며 독창적이다. 필름의 개념으로 현사회를 접근하기보다는 그 사회에 대한 필름 제작을 시도했다. 진실한 이야기를 발견하기 위해 그 사람들과 함께 살면서 관찰하기를 선택했고 조작 없는 사실만을 담기 위해 거의 모든 것을 촬영했다. 그의 소재가 실재로 존재하는 현장의 관찰을 요구했으며, 관찰 속에서 주제가 나타난다고 믿었다. 또 관찰을 통해 주제가 마음속 깊이 이미지로 남을 수 있을 만큼 그 양상을 충분히 이해할 것을 요구했다. 플레허티는 카메라의 눈이 사람의 눈보다 더 날카롭고 모든 것을 차별 없이 담는다고 보고 카메라로 최대한 많은 것을 담은 뒤 편집과정의 선별과정에서 숨겨둔 어떤 패턴을 발견할 수 있다고 보았다.

제작 방법은 혁신적이며 관례적이었다. 플레허티는 카메라를 항상 삼각대 위에 올려놓고, 배우가 아닌 사람들에게 그가 관찰한 일들을 여러 번 행동하도록 했다. 각 시퀀스(Sequence)는 long shot, medium shot, close up을 이용한 matching action으로 구성되었으며, 편집보다는 현장에서 카메라에 의존한 긴 장면(long takes)를 많이 사용했다. 시·공간성을 유지하고 현실적인 장면들을 이해하기 쉽고 드라마틱하게 느낄 수 있게끔 long shots로 화면을 구성했다. 즉 미장센(mise-en-scene)으로 프레임(frame) 내에서 시·공간의 연결성을 추구하였다. 그는 편집이 갖는 왜곡을 의심했다. 현실 세계 리얼리티는 분할된 일련의 샷(shot)을 연결, 배열함으로써 이루어지는 것이 아니라 현장에서 묘사되는 화면 자체를 통해 제시되어야 한다고 보고, 그는 작품의 주제를 편집이 아닌 촬영과정에서 표현하려 했다.

플레허티는 영화에 대해 풍부한 지식을 가지고 있지는 않지만 천부적 감각을 지닌 기술자였다. 1913년 북극지방에서의 최초 촬영에서 그는 1912년 제 Bell and Howell 스튜디오 카메라를 사용했으며, 그 후 뉴스영화 카메라맨들이 주로 쓰는 정밀 회전 카메라를, 다음에는 다큐멘터리 제작에 있어 표준 카메라가 되어버린 Newman Sinclair를 사용했다. 〈모아나〉에서 플래허티는 처음으로 전정색(Panchromatic) 필름을 사용했다. 그 당시 표준이었던 정색성(Orthochromatic) 필름과는 달리 전정색 필름은 광스펙트럼의 모든 색에 민감하여 섬의 찬란한 나무들과 원주민들의 피부색을 흑백으로 정확하게 재현했다. 그는 처음으로 긴 망원렌즈 효시가 되는 6인치(2인치가 표준) 초점 길이 렌즈를 사용해 원거리의 대상을 명확히 보여주었으며 사람들이 조금 떨어진 곳에서 촬영하면 좀더 자연스럽게 행동한다는 것을 알고 가능한 한 망원렌즈를 통해 해야 한다고 보았으며, 피사체는 그것을 사실성과 아름다움이 입체적 영상으로 표현된다고 믿었다.

로버트 플래허티만큼 한 방향을 지켰던 필름 제작자도 드물다. 또한 그와 같이 통일성과 동일한 연대성을 가진 작품도 많지 않다. 그의 작품의 모든 구도는 확실히 드러난다. 그는 자기가 무엇을 원하는지, 어떻게 화면에 담을 것인지 작품 자체의 수단을 통해 명백하게 나타내 주고 있다. 이러한 독창적이고 창조적인 그의 추진력은 플래허티만이 가지는 독특한 영화 접근 방법이다. 플래허티는 지구 구석구석에 있는 순박한 사람들과 함께 살며 그들의 전통적 존재 가치의 근본을 다루었다. 그의 영화는 에스키모인이나 원주민을 다루고 있으나 원색적인 원주민도 원주민적인 색채도 찾아볼 수 없다. 플래허티 시각은 그들 문화의 다르고 이상한 면을 표출시킨 게 아니라 그들의 전통과 문화를 우리 문화처럼 이해하려고 노력했다고 볼 수 있다. 그는 자연과 벗하며 사는 사람들과 만나는 것을 좋아했으며, 어린 시절을 인디언과 함께 북부 산간 지방에서 지낸 경험들이 그의 작품의 모티브로 작용했다고 할 수 있다.

플래허티가 택한 사람과 배경, 그리고 그것을 표현하는 방법은 19세기 화가들이 그린 이상형의 풍경화나 개인의 상상력과 주관적인 감정에 치우쳐 있는 낭만주의 흐름과는 거리감이 있다. 그의 작품은 낭만적이면서도 고전적인 양면성을 가지고 있다고 할 수 있는데, 플래허티가 보여주려고 선택한 것은 원시인들의 정신세계보다는 휴머니즘에 바탕을 둔 그들의 생활풍습, 의식 그리고 전통의 묘사였다. 사실 플레허티가 선택했던 모든 곳에는 표현되어야 하고 밝혀져야 했던 많은 사회문제가 존재했다. 원시인의 노동문제, 원주민들에 대한 백인들의 침투 문제 그리고 Aran의 지주들, 이러한 것들은 당시에 작품의 주제로서 중요한 소재가 될 수 있었다. 그러나 그는 이러한 것을 모두 피했다. 이러한 점 때문에 일부 비평가들로부터 "원시인에 대한 찬미와 영웅숭배만 있고 중요한 의미가 없는 낭만적 작품이며, 사회적 분석이 결여된 관념적 예술이다"라고 비판을 받고 있다. 결국 플레허티는 작품의 주제를 공장, 거리, 사무실 등 현대적 의미와 가치가 있는 현실 주변에서 발견한 것이 아니라 과거의 감상주의적 태도로 원시사회의 용맹성에서 찾았다.

플레허티는 세계를 개인적인 특수한 시각으로 관찰한 것보다는 "생존한다는 것은 문화나 태어난 환경 속에서 존재한다"는 아주 자연적이고 환경 지배론적인 관점으로 접근했다고 할 수 있다. 플레허티가 그의 작품을 통해 말하고자 했던 것은, 인간은 선천적인 품위를 지니고 있으며 아름다운 생존과 존재의 유형이 있다는 것이다. 그는 작품을 할 때 "카메라는 발견하는 데 사용해야 한다"라고 했다. 카메라는 창조하는 데 쓰이는 그의 도구이다. 기계는 인간의 눈보다 더 잘 보며, 현실을 더욱 잘 분석한다. 천 번이라도 같은 장면을 촬영하라. 항상 다른 것들보다 더 좋은 것을 얻게 될 것이다. 감독은 "네가(Nega) 필름의 미터 수에 한정되지 말아야 한다. 움직임은 무의식적으로 나타나며 선택된 순간에 나타나지 않는다. 원하는 움직임을 포착하기 위해 필요한 장소에 카메라가 항상 있다면 가장 이상적일 것이다. 그러므로 목표했던 것을 포착할 때까지 계속 촬영해야 한다"라고 말했다. 또 그는 "영화에서의 움직임은 영화의 가장 중요한 요소며 나는 항상 나의 이야기들을 움직임으로 나타내려고 노력한다"고 했다.

인생의 동반자이며 공동 편집자이기도 했던 그의 부인 프랜시스는 그의 사후에 남편에 대해 이렇게 서술하고 있다. "로버트 플레허티는 원주민을 사랑했다. 그는 원주민의 순수함과 품위를 사랑했고, 에스키모들의 순수함과 품위를 사랑했다. 그렇지만 사람들은 단지 그가 죽어가는 문명과 원시적 문명에 대한 영화를 만들고, 원시인들이 죽어가는 것과 상관없이 그들이 살아 있을 때의 모습에만 관심이 있었기 때문에 그를 낭만적이고 현실도피적인 사람이다"라고 했다. 사실, 그가 진짜로 이 기계문명을 모르는 사람들을 소재로 만든 영화에 관련이 있었던 것은 기계의 출현 때문이었다. 그가 〈Nanook〉, 〈Moana〉와 같은 작품에서 말하고자 하는 것은, 작품 속의 사람들이 자연과 융합하게끔 하는 기(정신)가 우리가 기계와 더불어 살게 하는 기(정신)와 같다는 것이었다. 즉 변화 속에서의 역사의 연속성에 인간의 영혼이 담겨 있는데, 우리는 위험을 무릅쓰면서 영속성을 잃어가고 있다는 것이다. 첫 다큐멘터리 영화인 〈Nanook of the North〉에서 사실 그대로의 모습을 담기 위한 노력이 면면이 엿보인다.

사실 플레허티가 에스키모인들을 영화화할 당시에는 이미 그곳에도 개화가 되어 많은 서양 문물이 들어와 있었고, 그들 또한 현대식 생활에 적응해 나가고 있었다. (〈모아나〉를 만들 때도 마찬가지였다.) 그럼에도 불구하고 플레허티는 예전의 순박했던 에스키모인들을 재현하려 노력했으며, 고유한 풍습이나 생활 방식을 그대로 보여주려고 애썼다. 최초의 다큐멘터리답게 〈Nanook〉에는 기행 영화 스타일의 잔존물로 보이는 장면들을 엿볼 수 있다. 나누크가 크게 웃으며 축음기를 들여다본다든지, 레코드판을 깨물어보는 장면, 나누크의 아이들이 피마자기름을 보며 신기하게 웃는 모습 그리고 카메라를 향해 웃으면서 의도적으로 포즈를 취하는 장면 등이 그것이다.

반면에 자막을 간결하고 호소력 있는 문장으로 구사하고 지나친 설명을 피함으로써 관객들의 상상력을 자극하게 한 점들과 어른과 아이들의 정감 어린 장면들, 즉 나누크가 이글루 짓기를 끝마친 후에 자기 아이에게 활 쏘는 법을 가르치는 모습, 꽁꽁 언 아이의 손을 녹여주는 자애로운 아버지의 모습 등은 예전의 기행물 스타일과는 전혀 다른 새로운 것들로서 플레허티의 독창성이 물씬 풍겨 나오는 장면들이다.

사냥꾼 Nanook이 연어를 잡기 위해 해빙 위에서 작살을 곤추든 채 물속을 주시하는 모습을 1분 이상의 롱 테이크로 처리함으로써 객관적 사실을 나타내려 했으며 장면을 강조하기 위해 짧게 처리하거나(No cut) 다른 조작을 하지 않았다. 잠수함처럼 생긴 배 안에서 사람들이 하나씩 꺼내 올려지고 개까지 식구처럼 따라 올려지는 광경에서 배 구조의 신기함과 그들끼리의 결속력이 돋보인다. 또한 축음기를 여우 털 몇 마리와 교환해 와서는 신기해하며 연신 다시 들으며 흐뭇해하는 모습들은 그들만이 가질 수 있는 순박함이 아닐까. 그런 모습들이 자연스럽게 와 닿는 것이 플레허티의 연출 탓이라면 과연 그는 다큐멘터리의 아버지라는 별칭이 무색하지 않은 제작자라고 할 수 있다. 그는 주인공에게 어떤 행동을 반복시켰으나 이는 작가 플레허티가 조작을 위해 취한 행동이 아니며, 사실에 접근하여 있는 그대로를 화면에 담기 위한 것이었다. 이는 후에 (1950-60년대) '장 루시'에 의해 발전된 관찰적 기록영화(Observational Documentary)에 큰 영향을 끼친다. 연어를 잡아 도망가는 것을 막기 위해 이빨로 죽이고, 바다 표범을 잡아 그 자리에서 입 주위에 피를 묻혀가며 먹는 장면에서 혹자는 어떤 역겨움 내지는 거부감을 느낄지 모른다. 하지만 부드러운 털로 아기의 얼굴을 씻겨주는 모성애, 아침에 일어나 사냥을 나가는 남편의 부츠를 어루만져 덥혀주는 사랑스러운 장면을 통해 험난한 자연과 싸우는 거친 인간의 모습과 자연과 더불어 조화로운 삶을 엮어가는 휴머니즘을 엿볼 수 있다. 이글루 밖의 세찬 북극 바람과 평온히 잠드는 Nanook의 행복한 미소를 대비시킴으로써 영화를 통해 단순히 발생한 장면을 전하는 것이 아니라 에스키모인들에 대한 삶과 이해를 관객에게 자연스레 전하려는 플레허티다운 면모가 엿보인다.

사람들의 생활 속에 젖어 그들의 일상생활로부터 드라마틱한 기록을 창출한 예술가인 플레허티는 다큐멘터리의 기본 원칙을 바탕으로 새로운 예술 형식을 창조한 최초의 제작자였다. 그는 작가에 의해 관찰된 실제 생활이 카메라의 수행 능력에 따라 새로운 세계를 창조하는 예술 형태로 이용될 수 있다는 것을 보여줌으로써 새로운 장르의 창출과 함께 영화에 대한 인식의 일대 전환점을 가져오게 했다. 그는 또한 배우 대신 실제 인물과 실제 장면들을 소재로 작품을 구성함으로써 가공된 이야기로 꾸며진 픽션의 세계보다 좀더 사실적이고 감동적인 강한 이미지를 심어주었다. 그는 자신의 심정을 이렇게 토로했다. "나는 백인들이 토착민들에게 행한 것을 영화로 만들 생각은 없다. 어쨌든 나는 백인이 토착민들의 인격과 민족성을 파괴하는 가해적 행위보다는 에스키모인들이 지닌 성품과 민족성을 우선적으로 재생하고 싶었다. 내가 근본적으로 〈Nanook of the North〉를 제작한 동기는 한 사람의 백인으로서 참회의 심정과 토착문화에 대한 경외감에서 나온 것이다. 나는 그들의 이야기를 온 세계에 알리고 싶었을 뿐이다."

플레허티는 오랜 시간 관찰력을 통해 마치 인류학자들처럼 왜곡되지 않은 시각으로 재생에 접근하였는데 영화를 만들 당시에는 학문적인 발로라기보다는 개인적인 성향과 관심 그리고 고유한 풍습이나 문화에 좀더 사실적으로 접근하려는 노력으로 제작했으나 결과적으로는 학문적으로 커다란 쾌거를 올린 셈이다.

조토 디 본도네 Giotto di Bondone, 1266-7(?) ~1337

서론

중세에서 근세로 전환하는 15, 16세기의 문화는 '르네상스(Renaissance)'[1]라는 이름으로 포괄되어 있다. 유럽 역사에서 르네상스라고 불리는 대략 15세기와 16세기의 시기는 커다란 변혁의 시대였다. 이때에는 오늘날 우리가 알고 있는 세계의 큰 윤곽이 결정되었다. 유럽의 여러 왕국들은 강국으로 성장했으며 종교와 사상 및 행동에서 변화들이 있었다. 이러한 변화들은 특히 이탈리아에서 위대한 예술가들의 작품 속에 반영

---

1 중세와 근세 사이(14~16세기)에 서유럽 문명사에 나타난 역사 시기와 그 시대에 일어난 문화운동. 르네상스는 학문 또는 예술의 재생·부활이라는 의미를 가지고 있는데, 프랑스어의 renaissance, 이탈리아어의 'rina scenza', 'rinascimento'에서 어원을 찾을 수 있다. 고대의 그리스·로마 문화를 이상으로 하여 이들을 부흥시킴으로써 새 문화를 창출해내려는 운동으로, 그 범위는 사상·문학·미술·건축 등 다방면에 걸친 것이었다. 5세기 로마 제국의 몰락과 함께 중세가 시작되었다고 보고 그때부터 르네상스에 이르기까지의 시기를 야만 시대, 인간성이 말살된 시대로 파악하고 고대의 부흥을 통하여 이 야만 시대를 극복하려는 것을 특징으로 한다.

되었다. 르네상스 사상의 토대가 됐던 주요 변화는 인간이 '모든 사물의 중심이자 척도'라는 인간 자신에 대한 새로운 자각이었다. 이러한 자각은 14세기 전체를 거치면서 시인, 철학자, 인문학자들에 의해 고대 세계의 문헌들이 재발견됨으로써 점진적이고 연속적인 과정을 통해 실현되었다.

16세기에 '미술가 열전'을 저술한 '바사리'[2]는 고대미술이 야만족의 침입과 중세의 우상 파괴 운동으로 멸망하고 그 후 거친 '고트족'[3]에 의하여 독일 양식, 즉 고딕이나 딱딱한 비잔틴 양식이 풍미한 뒤 13세기 후반 이후 화가 '치마부에'[4], 조토 및 조각가 '피사노'[5] 등이 나와 토스카나 지방에서 뛰어난 고대미술의 전통을 부활시킨 사실을 '리나

---

2 바사리[Vasari, Giorgio, 1511.7.30~1574.4.27] 이탈리아의 화가·건축가. 1511년 7월 30일 알레초에서 출생하였다. 피렌체에서 '안드레아 델 사르토' 밑에서 회화를 공부하였고, '미켈란젤로'의 영향을 많이 받았다. 피렌체와 로마에서 열심히 제작 활동을 하였으나 그림보다 건축 면에서 뛰어난 재능을 보였다. 피렌체의 '팔라초 베키오'가 대표작이다. 많은 벽화 외에 '메디치가(家)의 사람들'을 그린 초상화가 있다. 그러나 그의 불후의 작품은 《미술가 열전(列傳)》(1550)으로서, 후세의 미술사가들에게 귀중한 전거(典據)가 되었다.

3 타키투스 시대(55~120경)에 바이크셀강(江) 하류에 정주하던 동(東) 게르만계(系)의 부족. 이 종족은 동남쪽으로 이동하여 3세기경에는 흑해 서북쪽 해안에 정착한 동고트족과 도나우강 하류 북쪽 기슭에 정주한 서고트족으로 나누어졌다. 4세기에는 사제(司祭) '울필라'의 선교로 아리우스파(派) 그리스도교로 개종하고, 동고트는 국왕을 중심으로 통일왕국을 형성하여 '헤르만리크'왕 때 전성기를 이루나, 서고트는 몇 개의 키비타스로 갈라져 통일되지 않았다. 370년경 훈족의 침입으로 동고트 왕국은 멸망하고 그 지배하에 들어갔다. 서고트는 376년 '후리티게른'의 지도 아래 로마 영내로 이주, 그리스로부터 이탈리아·남(南) 갈리아를 거쳐, 5세기에는 에스파냐에 서고트 왕국을 세웠다. 동고트는 훈족의 왕인 아틸라가 죽은 뒤 그 지배로부터 독립하여 로마령인 파노니아로 이주하였으며, 5세기 말에 '테오도리쿠스' 왕(王)의 지도로 이탈리아에 침입, 동고트 왕국을 세웠다.

4 치마부에[Cimabue, 1240?~1302?] 이탈리아 피렌체 화파의 시조. 최대 걸작인 아시시의 성 프란치스코 대성당의 벽화는 아직 비잔틴 화풍을 남기고는 있지만, 르네상스의 여명을 보여주는 늠름한 조형 의욕과 자상한 감성의 추구로 조토에 의해 실현되는 신회화(新繪畫)의 탄생을 예고했다. 본명 Bencivieni di Pepo. B.조토의 스승이라고 하나 확증은 없다. 문헌상의 사실로는 1272년 로마에 있었고, 1301년에 피사에서 산타 키아라 성당의 성모자도를 그렸다는 것과 그해부터 그 이듬해에 피사 대성당 제실(祭室)에 모자이크 장식으로 성 요한상을 만들었다는 것 등을 들 수 있을 뿐이다. 같은 시대의 시인 '단테'의 《신곡(神曲)》의 〈지옥 편〉 제11가(歌)에서 "그림에서는 치마부에가 패자(覇者)의 자리를 유지한다고 생각하는데, 지금에 와서는 조토의 명성만이 높고 그의 이름은 희미하게 되었네"라는 것만 보아도 그가 조토 이전의 화단에서 이름을 떨쳤다는 것을 알 수 있으며, 전기작가(傳記作家) 'G.바사리'도 그의 《미술가 열전》(1550)을 치마부에부터 쓰기 시작하였다. 그의 작품으로 인정되는 것에는 현재 피렌체의 우피치 미술관에 있는 《성 삼위일체의 성모》(1290), 산타 크로체 성당의 《십자가에 못 박힌 그리스도》, 아레초의 성 도미니크 성당의 《십자가에 못 박힌 그리스도》, 루브르 미술관의 《성모자 제단화》 등이 있다. 피사 대성당의 《복음서 저자 성 요한》, 최대 걸작이라고 하는 아시시의 성 프란치스코 성당의 벽화 《그리스도 책형(磔刑)》과 《성모자와 4천사 및 성 프란치스코》가 있다.

5 피사노[Pisano, Niccolo, 1225?~1278] 이탈리아의 조각가. 출생지에 대해서는 피사설과 풀리아설이 있어 명확하지 않지만, 피사를 중심으로 주로 토스카나 지방에서 활약하였다는 사실은 현존하는 작품으로 보아 틀림없다. 대표작으로는 피사 세례당의 설교단(1260), 그의 아들 조반니와의 공동작품인 시에나 대성당의 설교단(1268), 아들들과의 공동작품인 페루자의 분수조각(1277~1280) 등이 있다. 특히 피사 세례당의 설교단 부조는 중요한 것이며, 여기에서 고대 로마의 석관부조(石棺浮彫)의 장식을 연구하여 고대적 양체(量體)처리를 시도하였고, 고대 부흥의 선구자로서 르네상스의 여명을 예고하였다. 그의 아들을 비롯하여 '아르노르포', '도너트', '라포' 등의 제자를 길러내어 피사파의 기초를 구축하였다.

시타'[6]라는 말로써 파악하였다. 이 말이 19세기 초엽 프랑스학자의 주목을 받아 르네상스라고 프랑스어로 번역되었다. 그리고 르네상스의 개념에 명확한 윤곽을 주고 오늘과 같은 의미로 사용한 최초의 학자는 스위스 미술사가 '부르크하르트'[7]이다. 그는 그의 저서 《이탈리아 르네상스의 문화》에서 이탈리아인들이 말한 14세기를 르네상스에서 빼고 15-16세기를 '초기 르네상스', 16세기를 '성기 르네상스'라고 불렀다. 고딕 말기 조토에 의해 열려진 사실주의 회화에서 르네상스로의 길은 15세기에 피렌체를 중심으로 플랑드르, 프랑스, 독일 등지로 퍼져나갔으며, 인간성의 회복, 자연의 재발견 등을 목적으로 하였다.

이러한 시대적인 추세와 병행해서 현세적인 것, 자연적인 것에 가장 먼저 눈을 뜬 최초의 한 사람을 단테와 동시대의 화가 조토에게서 발견한다. 성 프란치스코가 읊은 작은 꽃에 담긴 자연물에 대한 애정 어린 예찬은 바로 조토가 성 프란치스코 성당에 그린 연작 벽화인 〈성 프란치스코의 생애〉와 그 정신이 상통하며 그런 정신을 통해 드러나기 시작한 조형 예술의 새로운 방향 설정은 이후 르네상스의 회화 발전에 하나의 커다란 시사를 던져주었다. 그것은 먼저 많은 예찬자들의 말처럼, '자연에 따른' 또는 '자연의 진실로 되돌아가는' 회화에서 출발하고 있으며, 한편 당시 이 자연에 가까운 새로운 예술이라는 것이 얼마나 새롭고 중요한 전진을 뜻하는 것인가는 그 후의 미술 발전을 보면 그 진가를 알 수 있다. 이제부터 사실주의 회화에서 르네상스로의 길을 연 조토에 대해 자세히 알아보도록 하겠다.

---

6   14세기의 이탈리아 시인 '페트라르카'와 '보카치오' 및 역사가 '빌라니' 등이 잃어버린 고대의 문예 및 예술을 새 시대에 재현한다는 뜻으로 이탈리아어(語)의 '재생·부활'을 의미하는 '리나시타(Rinascita)'라는 어휘를 사용하였다.

7   부르크하르트[Burckhardt, Jacob, 1818.5.25~1897.8.8] 스위스의 역사가. 바젤의 신교파 목사의 아들로 태어나 처음에는 신학을 배우다가 역사·미술로 방향을 전환하였다. 1839년 베를린대학에 들어가, 'L. 랑케'에게 역사학을 배웠다. 한편 독일·이탈리아의 미술을 연구하여 미술사가(史家)로서도 인정을 받아, 1858년 바젤대학의 사학(史學)·미술사 교수가 되었다. 그의 대표작은 《이탈리아 르네상스의 문화》인데, 이것으로 그는 랑케가 정치사에서 차지한 것과 같은 위치를 문화사에서 차지하게 되었다. 또한 그것은 르네상스사(史) 연구에 결정적인 영향을 주는 명저로서, 이후 '르네상스'란 말은 역사상 일반 용어로 쓰이게 되었다. 그는 역사 연구의 임무란 '발전'이 아니라 '항상적(恒常的)인 것, 반복되는 것, 유형적인 것'의 3가지를 실증적으로 탐구하는 데 있다고 말하였다. 그가 세상을 떠난 후 제자들의 손으로 《그리스 문화사》(1898~1902), 《세계사적 재고찰》(1885) 등이 발간되었다.

초기생애

조토의 생애와 예술적 발전과정의 대부분은 현존 작품들(그중 상당수는 그의 것으로 단정하기가 어려움)과 대개 14세기 후반부터 나오기 시작한 이야기들에 의존하여 추론된 것이다. 조토의 출생연대는 1266(또는 1267)년이나 1276년으로 추측되고 있는데 10년의 연대 차는 그의 초기 발전과정을 평가하는 데 근본적으로 중요하며, 아시시의 성 프란치스코 대성당에 있는 프레스코들이 그의 작품인지 여부를 밝히는 데 결정적인 단서가 된다. 만약 그것들이 정말로 조토의 것이라면 그 프레스코들은 그의 중요한 초기작품이 될 것이다. 조토는 1337(구력 1336)년 1월 8일에 죽었다고 알려져 있으며 이것은 그 당시 '빌라니'[8]의 연대기에 그렇게 기록되어 있다. 1373년경 피렌체 사람으로 읍사무소 직원이자 아마추어 시인인 안토니오 푸치가 빌라니 연대기를 운문으로 각색했는데, 거기에는 조토가 70세에 죽었다고 되어 있다. 이 기록은 조토가 1266(또는 1267)년에 태어났다는 것을 암시하는데, 그것은 14세기의 자료(지금은 없어진 조토의 원래 묘비일 것으로 생각됨)를 근거로 한 것이 분명하다. 그러나 조르조 바사리는 1550년에 쓴 조토에 대한 중요한 전기에서 조토의 출생연대를 1276년으로 잡고 있는데, 이는 아마 16세기에 피렌체 미술가들에 관한 기록들을 집대성한 2가지 판의 〈안토니오 빌리의 책Libro di Antonio Billi〉 중 하나를 따른 것으로 추측된다. 그 책의 사본에서 미술가들의 생애를 다룬 끝부분에 조토가 1276년 베스피냐노에서 농민의 아들로 태어났다는 언급이 나오는데, 그것은 훨씬 뒤에 바사리의 글을 근거로 하여 덧붙인 것이라고 추측되기도 한다. 그러한 견해를 처음 내놓은 사람이 바사리든 아니면 안토니오 빌리든 간에 조토가 죽었을 때 27세쯤이었던 안토니오 푸치의 견해가 가장 타당할 것으로 보인다. 새로운 자료가 발굴되어 조토의 출생연대를 확실히 알 수 있다면 그의 양

---

8 빌라니[Villani, Giovanni, 1275~1348] 이탈리아의 역사가·문학자. 피렌체 출생. 청년 시절을 프랑스와 플랑드르 지방에서 보내고, 피렌체 시정(市政)에 적극적으로 참여하였다. 도시의 연대기의 필요성을 통감하고, 1348년 주저《연대기(年代記)》의 집필을 시작하였다. 이 책에 피렌체시(市)의 유서 깊은 여러 사항 등을 열거하고, 이탈리아 및 유럽 여러 나라에 관해서도 상세히 기술하였을 뿐만 아니라, 특히 당시의 경제·정치·인구에 관한 보고는 역사적으로 중요한 가치를 지녀 14세기 역사의 기본적인 문헌의 하나가 되었다. 당시 유럽을 휩쓸던 페스트에 관한 기사를 미처 마무리하지 못하고 그 병에 걸려 죽었다. 그의《연대기》12권 이후의 기술(記述)은 동생 '마태오 빌라니'(10권) 및 마태오의 아들 '필리포'(1권)가 계속하여 1264년에 완성하였다.

식의 기원에 관한 문제뿐만 아니라 아시시의 작품에 관한 문제를 푸는 데 큰 도움이 될 것이다.

치마부에의 제자

조토는 '치마부에'의 제자로 추정되어왔는데, 상세한 사항에 있어서는 각기 다르지만 2가지의 독자적인 견해가 모두 이것을 주장하고 있는 것으로 보아 그것은 사실일 듯하다. 더욱이 치마부에의 양식은 조토의 작품 경향과 매우 비슷하기 때문에 두 사람의 관계는 필연적인 것으로 보인다. 치마부에는 13세기 말 이탈리아에서 가장 뛰어난 화가였다. 그는 사실적 표현과 상상력을 통하여 중세미술의 도식화된 형태를 극복하려고 시도한 최초의 화가였다. 그는 완전히 성공하지는 못했지만, 그의 뛰어난 소묘력과 극적인 긴장을 표현해내는 능력에 영향을 받아 조토가 두드러진 발전을 보이기 시작한 것이 틀림없다. 조토가 스승인 치마부에를 어떻게 극복하였으며, 궁극적으로 조토가 르네상스의 문을 연 최초의 작가임을 두 사람이 같은 주제로 그린 〈옥좌의 성모〉를 비교함으로써 확인할 수 있다.

그가 등장했을 때 여전히 지배적이던 비잔틴풍 예술의 경직성 및 인위성과 대조를 보이는바, 그는 단순하고 이성적, 현실적인 시민예술의 대가였다. 조토의 대표작으로 파도바에 있는 스크로베니 경당 벽면에 그린 〈그리스도의 죽음을 슬퍼함〉(1306년 완성한 것으로 추정)을 보면 이 그림에서 비로소 중세적 평면성이 사라지며 그 대신 인물 사이의 공간이 형성될 뿐만 아니라 마치 연극의 한 장면을 보는 것처럼 한눈에 펼쳐지는 사건을 생생한 드라마로 제시한 그의 새로운 시각과 방법이 두드러짐을 알 수 있다. 물론 아직 원근법이 확립되기 이전의 상태이지만 고딕적 회화에 익숙했던 당시 사람들에게 이 작품이 불러일으키는 생생한 현실감을 원근법에 익숙한 현재의 시점으로는 이해하기 힘들 것이다. 조토의 이러한 예술적 성취는 당시 인문주의자들의 관심을 끌었고 《데카메론》의 저자인 '보카치오(Boccaccio)'[9]는 그에 대해 말하면서 고전, 고대로부터의 자연모방의 개념과 예술 감식가들의 개념을 환기시키고 있다. 즉 고대 로마의 '퀸틸리아누스'[10]는 "무지한 사람은 관능적인 것으로밖에 여기지 않는 예술의 부조리를 분별할 수 있는 사람이야말로 예술 감식가"라고 말한 바 있는데 보카치오는 조토에게서 비롯된 예술상의 새로운 시대를 인식하고 있었던 것이다. 단테 또한 치마부에와 조토에 대해 언급하며 그들이 자신의 작품에서 장식을 배제할 것을 요구하기도 했다.

한편 조토가 치마부에의 제자였을지라도 자신의 천재성으로 그보다 30년 가량 앞서 활동한 조각가 니콜로 피사노보다 훨씬 놀라운 혁신을 이룩했다는 것도 틀림없는 사실이다. 즉 조토야말로 진정으로 고전적 이상을 충실하게 재현하고, 13세기 초 성 프란치스코가 종교에서 주창한 새로운 인본주의 사상을 미술로 표현했던 것이다. 어린 시절의 조토는 자신에게 이런 재능이 있으리라고는 상상하지도 못했다. 이탈리아 피렌체 부근 베스피냐노에서 대장장이의 아들로 태어난 조토는 어린 시절 양을 돌보는 평범한 목동이었다. 그런데 어찌된 일인지 마을 사람들은 그가 그저 심심풀이로 마을 어귀의 담장이나 땅바닥에 양이나 강아지 등을 그린 것을 보면서 살아 있는 것 같다고 칭찬하곤 했다. 어느 날 그 지방을 여행하던 한 화가가 곱돌로 바위에 그림을 그리는 데 열중한 양치기 소년을 등뒤에서 조용히 지켜보았다. 그 사람이 바로 당대에 가장 뛰어난 화가로 명성을 떨치던 '치마부에'였다. 말없이 서서 한 천재의 탄생을 지켜보며 치마

---

9 보카치오[Boccaccio, Giovanni, 1313~1375.12.21] 이탈리아의 소설가. 파리 출생. '단테'의 《신곡(神曲)》에 대해 '인곡(人曲)'이라고도 일컬어지는 단편 소설집 《데카메론》을 지어 근대소설의 선구자로 칭송된다. 사생아로 태어났는데 피렌체 상인이었던 아버지가 파리에 있을 때 어느 공주와 사랑을 맺어 생긴 자식이라는 말이 있다. 또 그가 소설을 쓰게 된 동기는 엄한 계모를 피하여 나폴리에 왔다가 '로베르토' 왕의 서출(庶出)인 '마리아'(그의 작품에서는 '피아메타'라고 부른다)와 사랑하게 되어, 그녀를 위하여 소설가가 되었다는 낭만적인 이야기가 전하지만, 지금은 이 이야기가 모두 부정되고 있다. 그는 소년 시절 스승의 영향으로 단테의 위대함에 대해 강렬한 인상을 받았으며, 평생토록 단테를 존경하였는데, 후에 《단테전(傳) Vita di Dante》(1364)을 집필한 일과 만년에 피렌체의 교회에서 《신곡》 강의를 한 사실 등이 이를 증명한다.

10 퀸틸리아누스[Quintilianus, Marcus Fabius, 35?~95?] 고대 로마 제정 초기의 웅변가. 수사학자. 에스파냐 출생. '베스파시아누스' 황제의 신임을 얻어 로마에서는 처음으로 국가의 봉급을 받고 제1대 수사학 교수의 책임자로 활약하였다. 만년에는 그의 교육 실천과 활동의 경험을 담아 《변사가(辯辭家)의 육성》(12권)을 저술하였다. 이 작품은 웅변·수사학의 교과서인 동시에 인간 육성에 관한 글로서 '세네카'의 문체(文體)·철학에 반대하고, '키케로'를 언어·스타일의 전거(典據)로 삼았다. 제10권은 일종의 그리스·로마의 문학사와도 같다.

부에는 무엇을 생각했을까? 치마부에는 마을의 대장장이였던 조토의 아버지를 찾아가 아들을 화가로 키우라고 설득했다. 그러고는 조토를 제자로 삼아 자신의 공방으로 데려갔다. 이탈리아 르네상스 초기에는 그림을 그리는 작업이 렌즈를 깎거나 신발을 수선하는 것과 마찬가지로 하나의 장사였다. 어느 날 치마부에가 외출한 사이, 선생이 그린 인물화의 코에 조토가 파리를 그려놓았다. 외출에서 돌아온 치마부에는 캔버스에 붙은 파리를 쫓으려 했으나 날아가지 않았다고 한다. 그러나 이 일화는 이탈리아 화단의 샛별 탄생을 예고하는 서막일 따름이었다. 조토는 아시시, 로마, 파도바, 피렌체, 나폴리 등지의 수많은 성당을 프레스코와 템페라 패널화로 장식, 그의 뛰어난 예술적 기질을 발휘했다 .

작품세계

조토의 작품들은 중세 회화에 비해 대단히 소박하고 단순하다. 그러면서도 그의 작품에서는 중세 회화에서는 발견할 수 없었던 입체성과 구조성을 보여준다. 그의 그림 안에서 이야기의 줄거리는 화면과 평행하여 진행한다. 풍경이라든가 건축, 인물은 필수적인 것만으로 한정되어 있다. 그리고 색조의 범위와 강도에 한계가 있는 프레스코화의 검소한 기법은 조토의 소박한 면을 한층 강조하고 있다. 회화적 대상을 단순화한다는 것은 중세인들이 추구하였던 장식적인 것, 세련된 것, 신비스러운 것을 추방한다는 뜻이고 따라서 '신적인 것'으로부터 '인간적인 것'으로 나아가려는 르네상스의 사고를 뒷받침해 주는 회화적 요소라 할 수 있다. 입체성과 구조성은 있는 그대로의 자연을 긍정하는 조토의 사고를 반영하는 형식이지만 성 프란치스코가 가르친 자연에 대한 따뜻한 사랑을 회화를 통해서 구현한 것이라 하겠다. 조토가 나타남으로써 비로소 회화가 표현 양식의 하나로 자리잡기에 이르렀고, 조토는 그 회화적 표현으로 희곡적인 이야기를 표현하는 데 성공하였다. 또한 그려진 인물의 동작이나 마음을 명확하게 표현하기에 이르렀다. 그 후의 회화에서 보는 것처럼 자연에 대한 관찰이 폭넓지는 않으며 머리는 유형적이고 옷의 표현은 도식적이지만 인물에는 자주성이 있고 정신적인 감흥이 보는 사람에게 와 닿는 감동적인 데가 있다. 정해진 평면에 많은 인물을 탁월하게 배열해서 공간 구성을 하였고 많은 벽화가 그 건물과 잘 조화되도록 하였다. 그의 그림은 모두 성경의 내용을 그린 것이지만 기존 비잔틴의 장식적인 도식에 머물지 않고 새로운 감각으로 생명을 표현해냈다. 조토야말로 진정으로 고전적 이상을 충실하게 재현하고, 13세기 초에 성 프란치스코가 주창한 새로운 인본주의 사상을 미술로 표현했던 것이다.

조토는 작품의 주제로서 오직 인간만을 다루었는데, 그의 작품에 그려진 각 인물은 희생과 구원을 주제로 한 그리스도교의 숭고한 드라마에서 헌신적인 열정으로 그들의 배역을 연기하고 있다. 그의 미술사적 의의는, 선배 치마부에의 비잔틴주의를 극복함과 동시에, 조각가 'N.피사노'나 로마 화파 '카발리니'[11] 등의 영향을 발전시켜, 그림을 그리스도교 교의(教義)의 그림해석으로부터 해방, 인간성과 종교성이 융합한 예술적 표현의 세계로 높인 데 있다. 거기서는 주제로서 필요한 것만이 파악, 단순화되어 있다. 화면은 인물과 공간과의 합리적인 연관으로 무대적으로 구성됨과 동시에, 인물상은 조형적으로 형태화되어 각각 마음의 움직임이 개성적으로 표현되었다. 이탈리아 회화의 창시자로 불리며, 정신성과 현실성과의 종합으로 고딕 회화를 완성하였다. 회화에서 주제와 양식의 문제를 방법론으로 전환시킴으로써 르네상스 회화 탄생에 큰 역할을 하였으며 '서양 미술의 아버지'라 불린다.

그는 작품 형태에 있어서도 평면적이고 생동감 없는 기존의 비잔틴 양식에서 벗어났다. 그는 묘사하는 인물의 배경에 자연 풍경을 그려 넣음으로써 최초로 3차원적 원근법을 시도했다. 거기에 평면적이고 생동감 없는 비잔틴미술의 괴이한 형상을 몰아내

---

11 카발리니[Cavallini, Pietro, 1250?~1330?] 회화에 처음으로 고딕 조각 수법을 응용한 이탈리아의 화가·모자이크 공예가. 비잔틴주의의 극복을 시도했고 조소적(彫塑的)인 요소를 색조에 담은 새로운 회화식 표현 영역을 개척했다. 로마 출생. 회화에 처음으로 고딕 조각의 수법을 응용하여 표현 수단을 대폭 늘린 작가이다. 1291년경 로마의 산타마리아 성당에 제작한 모자이크 《성모의 생애》에서 이미 비잔틴주의의 극복이 시도되고, 이어 1293년경의 제작으로 알려진 산타 체칠리아 성당의 벽화 《최후의 심판》 및 《수태고지》에서는 조소적(彫塑的)인 요소를 색조(色調)에 담은 새로운 회화식 표현 영역을 개척하였다. 1308년 카발리니가 나폴리에 간 일이 있는 데서, '산타마리아 돈나 레지나' 성당의 벽화가 그의 것이라는 설도 있으나, 제자들에 의해 완성되었다는 견해가 유력하다.

고 대신 건실하고 사실적인 남녀의 모습을 끌어들였다. 그는 이것을 '프레스코'라는 혁명적인 회화 양식으로 표현함으로써 회화 발전에 획기적인 전기를 마련했다. 프랑스의 위대한 예술가 '앙리 마티스'는 "조토 회화의 의미를 이해하기 위해서 복음서의 이야기를 알 필요는 없다"라고 말했다. 그림 자체가 모든 것을 말해주기 때문이다.

작품활동 장소와 시기
로마 시기

로마에서는 3점의 주요 작품이 조토의 것으로 여겨지고 있다. 성 베드로 대성당의 입구에 있는 커다란 모자이크 그림인 〈물 위를 걷는 그리스도 Christ Walking on the Water〉(나비첼라 Navicella)와 '스테파네스키' 추기경의 주문으로 그린 제단화(바티칸 박물관), 산 조반니 인 라테라노 성당에 있는 프레스코인 〈희년(禧年)을 선포하는 보니파치우스 8세 Boniface VIII Proclaiming the Jubilee〉가 바로 그것들이다. 조토는 또 옛 성 베드로 대성당의 성가대석에 프레스코 몇 점을 그린 것으로 알려져 있지만 지금은 없어졌다. 이 로마의 작품들도 작가가 조토인지에 대한 확인과 평가에서 논란이 있다. 조토가 〈나비첼라〉를 그린 것은 확실한데, 그것은 스테파네스키 추기경의 주문에 의한 것이라고 알려져 있다. 그러나 모자이크 그림은 천사들의 두상 부분 2곳만을 제외하고는 17세기에 거의 완전히 개작되었으며, 그 결과 양식을 밝히기 위해서는 옛 모사품들을 이용할 수밖에 없다. 산 조반니 인 라테라노 성당에 있는 프레스코화는 20세기에 들어 깨끗이 복원되었으며 아시시의 프레스코화들과 비슷하다는 것을 근거로 불확실하게나마 다시 조토의 것이라고 평가되었지만, 원작자는 한참 뒤인 17세기의 화가로 여겨지기도 한다. 추기경 자신의 초상화가 들어 있는 〈스테파네스키 제단화 Stefaneschi Altarpiece〉는 추기경의 주문으로 만든 작품이 틀림없다. 그가 조토에게 〈나비첼라〉를 의뢰했다는 사실은 이 제단화도 조토의 작품임을 암시하지만, 솜씨가 너무 형편없어서 조토가 그린 것이라고는 볼 수 없다. 서명도 없고 실제로 기록도 없는 〈모든 성인의 축일의 성모 Omnis santi Madonna〉는 솜씨가 매우 뛰어나서 완전히 조토의 것으로 인정되고 있는 반면에, 조토의 서명이 들어 있는 여러 점의 작품들, 특히 〈아시시의 성 프란치스코 St. Francis of Assisi〉(파리 루브르 박물관)와 볼로냐 피렌체 성당들(산타 크로체 성당)의 제단화들은 그의 이름을 내건 유파의 것으로 여겨지고 있다. 이 시기에 조토는 또한 산타 마리아 노벨라 성당의 〈십자가에 못 박힌 예수 Crucifix〉와 산 조르조 알라 코스타의 〈성모 Madonna and Child〉를 그린 것으로 보인다. 이 작품들은 옛 문헌에서 언급된 작품들과 일치하는 것으로 생각되는데, 만약 그것이 사실이라면 그것들은 조토의 초기(1300년 이전) 양식을 밝히는 데 도움이 될 것이다. 또한 1305년경 조토는 프랑스의 아비뇽에 간 것으로 보이지만, 그 증거는 불충분하다.

파도바 시기

결국 조토의 초기 작품들 중 보편적으로 그의 것으로 확정된 그림은 1점도 없다. 따라서 아레나 경당 또는 스크로베니 경당으로 알려진 파도바의 경당에 있는 프레스코 연작에 관심을 돌리는 것이 낫다. 그 경당의 이름은 단테의 글에 나오는 악명 높은 고리대금업자의 아들 '엔리코 스크로베니'가 로마 시대 원형극장이 있던 곳에 경당을 지은 사실에서 비롯되었다. 경당의 서쪽 벽 전체를 메운 거대한 〈최후의 심판 Last Judgment〉을 보면 설립자가 경당의 모형을 제안하고 있는 모습이 보인다. 작고 꾸밈없는 이 경당의 나머지는 요아킴과 안나의 생애와 동정녀 마리아의 생애, 수태고지(內陣의 아치에 그려져 있음) 및 예수의 생애와 수난을 비롯해 끝으로 오순절 사건 등의 장면을 3층으로 나누어 그린 프레스코로 장식되어 있다. 이 3층의 이야기식 그림들의 아래에는 미덕과 악덕을 의인화한 단색조의 그림들이 또 1층을 이루고 있다. 이 경당은 1303년에 세워져 1305년 3월 25일에 봉헌되었다. 프레스코들은 1309년 이전에 완성된 것으로 알려져 있으며 일반적으로 1305경~1306년에 그려진 것으로 추산되지만, 그렇게 엄청난 규모의 작품을 완성하는 데는 여러 조수들의 도움을 받고서도 적어도 2년은 걸렸음이 틀림없다. 이 프레스코들은 비교적 잘 보존되어 있는데, 보통 소수의 인물을 단순하면서도 인상적으로 다루어 가능한 한 극적이면서도 간결하게 이야기를 전개함으로써 어떤 장면의 본질을 적나라하게 묘사하는 조토의 재능을 보여준다. 단순하고 수수하며 아시시의 프레스코에 나오는 인물들과 비슷하지만 좀더 추상화된 배경 속에 보다 장엄한 모습으로 그려진 이 인물들은 그의 양식의 정수를 이루며, 그는 뛰어난 이야기식 표현에 덧붙여 해부학적 묘사와 원근법을 창조했다고 할 수 있다. 그는 사실 15, 16세기의 많은 미술가가 잘못 생각했듯이 뛰어난 기교를 보여주지는 않았다. 아시시의 프레스코에서는 때때로 내용에 절대적으로 필요하지 않은 세부적인 것들을 마음 내키는 대로 강조하고 있는 반면, 파도바의 프레스코에서는 세부가 언제나 중요하게 다루어져 있다.

산타 크로체 성당의 프레스코

기록에 의하면, 조토는 1311~14년과 1320년에 피렌체에 있었다. 그는 나폴리로 가기(1329경) 전인 이 무렵에 산타 크로체 성당에 있는 주니가(家), 토싱기 스피넬리가, 바르디가, 페루치가 소유의 네 경당에 각각 프레스코들을 그린 것으로 보인다. 토싱기 스피넬리가 경당의 그림은 보통 조토의 것으로 여겨지지 않는다. 입구에 그려진 〈성모승천 Assumption〉을 제외한 이 경당의 모든 프레스코와 주니가 경당의 프레스코들은 지금 남아 있지 않다. 바르디가와 페루치가의 경당에는 성 프란치스코, 세례자 요한, 사도 요한을 주제로 한 프레스코들이 그려졌지만, 그 후 한동안 흰색 도료가 뒤덮여 있었다. 19세기 중반에 복원 작업이 이루어졌는데 회벽을 제거하는 과정에서 원작이 손상되기도 했으며 원작보다 두껍게 복원되었다. 마찬가지로 피렌체의 바르젤로에 있는 전통적으로 조토의 것으로 여겨지고 있는 단테의 초상화도 거의 같은 과정을 겪었다. 저술가들은 대체로 아시시의 프레스코에 관한 그들의 견해에 따라 이러한 복원 문제를 설명하려고 했지만, 20세기 중반에 오랫동안 이 두 경당을 복원하고 재보수하는 과정에서 페루치 경당의 인물들은 현재 대부분 희미한 모습이지만 바르디 경당에는 습식 프레스코 기법으로 그려진 인물들이 극히 소수이기는 하나 매우 선명하게 남아 있어서 이 두 작품이 각기 다른 기법에 의해 제작되었다는 것을 입증해준다. 이 두 프레스코가 동시대의 것이라고 보는 예전의 견해는 이제 더 이상 타당하지 않으며, 두 작품 모두 아레나 경당의 프레스코보다 늦게 그려졌을 것이라는 점 외에는 둘 다 연대를 밝힐 수 있는 증거가 없다.

나폴리와 후기 피렌체 시기

1330년 1월 나폴리의 '로베트토'왕은 조토에게 '집사'(왕실의 일원)의 지위를 수여했는데, 이것은 그가 아마 1329년 이래로 한동안 나폴리에 있었으며 1332~33년 계속 거기에 머물렀음을 암시한다. 그가 거기에서 만든 작품들은 모두 없어졌지만, 그의 양식 흔적은 그 지방의 유파에서 찾아볼 수 있다. 1334년 4월 12일 그는 피렌체 대성당의 '카포마스트로'(capomastro : 건축 책임자) 겸 그 도시의 건축 설계자로 임명되었다. 이것은 화가로서 그의 높은 명성에 힘입은 것이었고 건축지식을 가지고 있기 때문은 아니었다. 같은 해 7월 19일, 그는 피렌체 대성당의 종탑을 설계하기 시작했다. 그것은 뒤에 개조되었지만, 시에나에 있는 한 데생을 보면 적어도 그 원작의 일부는 알 수 있다. 그는 '안드레아 피사노'[12]가 그 종탑에 새긴 부조의 일부를 설계한 것으로 보이며, 피사노가 만든 그 세례당의 청동문들은 확실히 조토가 산타 크로체 교회에 그린 프레스코와의 연관을 뚜렷이 보여준다. 사실 토스카나에서 그림을 그리던 전 기간에 걸쳐 그는 많은 학생과 제자들(시에나에서 타데오 가디, 베르나르도 다디, 마소 디방코, 안드레아 오르카냐, 피에트로 로렌체티, 암브로조 로렌체타 등)을 가르쳤지만, 이들 가운데 그가 이룩한 모든 혁신을 제대로 이해한 사람은 1명도 없었다.

평가

조토는 생전에 대단한 개인적 명성을 얻었다. 〈신곡 Divine Comedy〉에서 단테는 그의 유명한 스승이자 피렌체의 미술가인 치마부에와 그의 관계에 대하여 이렇게 말하고 있다. "치마부에는 회화에서 자신의 지위를 지킬 수 있다고 생각했지만, 이제 조토가 등장하면서 치마부에의 명성은 떨어지고 있다." 단테가 그에 관해 언급했다는 사실만으로도 그

---

12 피사노[Pisano, Andrea, 1290?~1348?] 이탈리아의 조각가·건축가. 피사 근처 폰테베라 출생. 본명 '안드레아 다 폰테라다(Andrea da Pontedera)'. 'G.피사노'의 제자이며, 피사에서 피렌체로 초청받아 피렌체 세례당의 청동제일문비(靑銅第一門扉)를 제작하여 명성을 떨쳤다. B.조토의 사후 피렌체 대성당의 공사주임이 되어 대성당과 그 종탑 건설을 지휘하였다. 종탑 외벽 하부의 부조는 조토의 밑그림에 의한 그의 작품이며, '조반니'의 사실주의를 추진시킨 섬세성을 보인다. 1347년부터 올비에트 대성당의 공사주임으로 활약하였으나 다음해 병사하였다. 자연 관찰을 기본으로 한 제작 태도는 르네상스의 선구자로서 기여한 공적이 크다.

것이 그를 각별히 칭찬하는 내용이든 아니든 간에 14, 15세기의 이탈리아에서 그가 이러한 명성을 얻고 유지하기에는 충분했으며, 그의 이름을 둘러싸고 수많은 전설들이 만들어지기 시작했다. 1550년 미술가 겸 전기작가인 '조르조 바사리'는 〈이탈리아의 뛰어난 건축가·화가·조각가들의 생애 Le vite de' piú eccellenti pittori, scultori, ed architettori italiani〉를 출간하면서 당연히 조토를 시작으로 이탈리아의 미술사를 썼는데, 여기에서 조토는 중세와 단절하고 '뛰어난 근대 양식'을 개척한 인물로서 치마부에 보다 강조되어 있다. 르네상스 시대에 와서 마사초, 미켈란젤로 등 그의 진정한 후계자들이 등장했다.

결론

조토는 정말 대단한 사람이라는 걸 알았다. 한두 번 들어봤긴 했는데 이렇게 큰일을 했던 사람일 줄이야. 어떻게 그 시대의 흐름을 바꿀 생각을 할 수 있었을까. 아름다운 인간의 모습을 표현해내어 그 시대의 틀을 깬 그가 존경스러울 뿐이다. 조토에 대한 수업을 들었을 때 나는 처음 그를 알게 되었다. 여러 유명한 미술가들에 대해선 많이 들었었지만, 조토에 대해선 한 번도 들어본 적이 없었다. 그렇기 때문에 처음 조토에 대한 자료를 찾으려고 했을 때 '그냥 어느 시기의 대표적인 미술가 중 한 사람이겠지.' 하는 생각만 하고 자료를 찾았었다. 그런데 이 과제를 하고 나서 조토에 대한 많은 내용을 알 수 있었고 조금 더 미술에 가까이 갈 수 있었던 기회가 되었다. 처음 조토에 대해서 자료를 찾아서 정리했을 때에는 그냥 어느 정도 유명한 미술가이겠거니 생각하면서 자료를 정리했는데 막상 다 정리하고 보니 내가 여태까지 알고 있었던 많은 유명한 미술가들만큼이나 조토 역시 미술 역사에 있어서 많은 공헌을 한 유명하고 훌륭한 사람이라는 것을 알게 되었다. 또한 프레스코 양식이 조토에 의해서 만들어졌다고 하는 것을 알았을 때 놀라지 않을 수 없었다. 조토라는 미술가는 모르는데 프레스코 양식을 아는 것을 보면 내가 조토라는 미술가에 대해 수업 시간에 들어본 적이 없었던 것이 아니라 그 인물 자체에 관심이 없었던 것 같다. 이 과제를 하면서 별로 관심이 없었던 미술에 대해서 많은 호기심과 궁금증을 갖게 되었고 내가 생활하면서 얼마나 나 이외에 다른 것에 관심이 없었는가를 생각하게 되었다.

참고

1. http://www.kmib.co.kr/missiontoday/religion-art/sub8-18.html
2. http://plaza1.snut.ac.kr/~ctman/earlyrenaissance.htm
3. http://hoss1.interpia98.net/~quat/renaissan/rene/rene.htm
4. http://www.photosara.net/data/Aesthetics/spe-pjh/life2.htm
5. http://plaza1.snut.ac.kr/~ctman/renaissance.htm
6. http://gallery.euroweb.hu/tours/giotto/index2a.html

부록

조토와 성 프란치스코

　조토와 성 프란치스코는 매우 관련이 깊다. 먼저 성 프란치스코(1181-1226)란 인물이 어떤 인물인지 알아보자. 성 프란치스코는 우리에게도 낯설지만은 않은 인물이다. 미국의 유명한 도시 샌프란시스코가 바로 그의 이름에서 유래되었고, 유명한 '평화의 기도문'으로도 잘 알려진 인물이다.

　프란치스코는 1181년 이탈리아의 아시시에서 부유한 상인의 아들로 태어났다. 그의 본명은 'Francesco di Pietro di Bernardone'였다. 1202년 그는 아시시와 페루지아 전쟁에 참전했고 거의 일 년 동안 포로 생활을 하며 병에 걸리기도 했다. 건강을 회복한 후 1205년 후반 그는 교황의 군인이 되려고 했는데 꿈에 계시를 받고 돌아와 조용히 기도하는 생활을 하면서 하느님의 뜻을 찾았다. 그는 예수의 뜻을 따라 모든 것을 버리고 신앙을 추구하기로 결심하고, 아버지에게서 물려받은 것을 뿌리친 채, 속세를 떠난다. 프란치스코는 평신도였지만 동네 사람들에게 설교하기 시작했고 그를 따르는 사람들이 생겼고, 1209년에는 열두 명의 수사들과 함께 교황 '이노센트 3세'에게서

The Church of San Francesco at Assisi

프란치스코 수도회가 인정받기에 이른다. 프란치스코는 역사상 가장 그리스도를 닮은 삶을 살았던 분으로 여겨지며, 1226년 아시시에서 세상을 떠난 후, 교황청에 의해 성인으로 추대받고 훗날 성 프란치스코 성당이 지어지면서 그곳에 안치되었다. 프란치스코 수도회의 수사는 모자가 달린 갈색의 복장에 허리에는 새끼줄을 맨 복장을 한다. 조토는 프란치스코를 존경했을 뿐만 아니라, 아시시에 성 프란치스코 성당이 건립되면서 그곳에 벽화를 장식하게 됨으로써 프란치스코와의 인연이 더해졌다. 그럼 성 프란치스코 성당에 그려진 조토의 작품을 살펴보자.

The Upper Church of San Francisco

아시시의 성 프란치스코 상층 성당의 프레스코화 배치도

4부 | 영성과 문화융합의 완성은 시간

Legend of St Francis

1. 아시시 시청 앞에서의 경배(Homage of a Simple Man)

소박한 한 남자가 자기 옷을 벗어서 아시시 시청 앞을 지나는 프란치스코 성인의 발밑에 펴놓으며 "마음이 깨끗한 자는 언젠가 존경받으리라"라고 예언한다. 근사한 의복을 차려입은 프란치스코 성인의 모습은 그가 유복한 집안의 자제인 것을 알려준다. 그림 양쪽에 있는 사람들은 그 광경을 이상하게 바라본다. 배경에는 지금도 아시시의 광장에 있는 로마식 건축물인 아테네(미네르바) 신전과 콤네의 탑이 그려져 있다.

2. 망토를 벗어주는 성 프란치스코(St Francis Giving his Mantle to a Poor Man)

프란치스코 성인이 병에서 회복한 후, 원기를 되찾아 평소와 같이 값비싼 옷차림을 하고 집을 나섰다. 길에서 우연히 허름한 차림의, 가난하지만 신앙심 깊은 기사를 만났는데 그는 서슴지 않고 자신의 비싼 옷을 벗어 그 기사에게 주었다. 양질의 외투(망토)는 옷을 만들어 입을 수 있는 옷감이자 바로 돈으로 바꿔 사용할 수 있는 물건이었다. 외투를 건네는 행위는 어려움에 처한 사람을 돕는 가장 현실적인 방법이지만 그런 만큼 선뜻 실천하기 힘든 일이었다. 가난한 사람을 불쌍히 여기는 프란치스코 성인의 타고난 자비로움을 보여주고 있다. 배경은 두 개의 바위산을 대각선으로 대치시키고, 왼편에 아시시의 거리를, 오른편에 성당을 배치하고 능선의 교차점에 프란치스코 성인의 머리를 두어 프란치스코 성인에게 집중하게 만드는 구도이다. 중세 회화에서 보기 힘든 사실적이고 정교한 배경 묘사가 인상적이다.

3. 왕궁의 꿈(Dream of the Palace)

프란치스코 성인은 꿈에 주님을 보았는데 마치 커다랗고 아름다운 궁에 십자가가 새겨진 많은 무기들이 보이는 듯했다. 프란치스코 성인은 그 무기들이 누구의 것이냐고 묻자 하늘에서 "그것은 너와 너의 기사들의 것이다"라는 대답이 들렸다. 그는 그 꿈이 자신이 위대한 장군이 될 것임을 알려주고 있다고 해석한다. 프란치스코 성인은 종교에 귀의하기 전에 기사가 되고자 했고, 교회와 황제 사이의 전투 원정을 준비하고 있었다. 그리하여 오직 지상에서의 영광을 생각해서 풀리아로 떠난다. 그 후 스폴레토로 왔는데 하 꿈에서 "네 고향으로 돌아가라, 네가 앞으로 할 일을 알려주리라"라는 음성을 듣고 기사의 길을 포기하고 아시로 돌아온다. 이 프레스코화에서 프란시스코 성인은 오른손에 머리를 기대고 자고 있는 것으로 묘사된다.

4. 산 다미아노 성당에서의 기도(Francise before the crucifix at the San Damiano)

아시시로 돌아온 뒤 명상을 하러 나갔는데 너무 낡아서 무너질 것 같은 성 다미아노 성당을 주님의 영감을 받고 들어간다. 십자가 밑에서 기도하는데 그는 곧 영혼이 기쁨으로 가득 차고 눈은 눈물로 가득 차고 귀에 신비한 소리가 들렸다. 그 목소리는 십자가의 예수님의 입으로부터 그에게 전해지는데, 세 번 반복해서 말하기를 "프란치스코야! 낡고 쓰러져 가는 내 집을 새롭게 하거라"라는 소명을 받는다. 그 말은 몰락하고 있는 가톨릭교회에 대한 상징이었지만 프란치스코 성인은 그것을 말마디 그대로 받아들여 허물어져 가는 산 다미아노 교회를 재건하라는 의미로 해석한다.

5. 재물의 포기(Renunciation of Wordly Goods)

벌거벗은 프란치스코 성인 앞에 잔뜩 화가 난 남자는 '피에트로 베르나도네', 바로 프란치스코 성인의 아버지이다. 프란치스코 성인이 교회 재건축을 위해 의류상인 아버지의 옷감과 말을 몰래 가져다 팔았고, 이를 알게 된 피에트로는 아들을 상대로 소송을 제기한다. 수도 생활에 나설 것을 결심하고 아버지에게 옷감을 소유물의 일체를, 더욱이 입고 있던 옷마저 벗어서 돌려주면서 "제 아버지는 이제부터 진실로 좋은 것과 믿음을 주신 하늘에 계신 아버지가 진정한 아버지이시지 피에트로 베르나도네가 아닙니다"라고 말한다. 피에트로는 모욕감 속에 옷과 돈 자루를 들고 광장을 떠난다. 이때 하늘에서 하느님이 움직이시는데, 하늘에서 하느님의 손이 보이고 있다. 주교가 놀라서 그를 껴안고 자신의 옷으로 가려주고 있다. 이 장면은 건물과 더불어 두 개의 그룹으로 나뉘어져, 오른쪽에는 기도하는 성인과 아시시의 주교들, 왼쪽에는 옷을 손에 들고 화내는 아버지와 그를 달래려는 거리의 사람들이 그려져 있다.

6. 교황 인노센트 3세의 꿈(Dream of Innocent III)

교황 '인노센트 3세'가 꿈을 꾸는데 라테란 대성당이 쓰러져 가는 것을 가난하고 초라한 남자가 그의 어깨로 지탱하는 것을 본다. 그 후 교황이 말하기를 "이것은 분명 지지받을 교회를 뜻하며 교의로써 쓰러져 가는 것을 중지시킬 수 있다"라고 말한다. 꿈속에 등장하는 라테란 대성당은 로마 시대에 지어진, 가톨릭의 주요 역사적 결정들이 이뤄진 상징적 장소다.

7. 수도회 규칙의 승인(Confirmation of the Rule)

1209년, 교황 '이노센트 3세'가 프란치스코 수도회인 '작은 형제회'를 승인하는 장면이다. 교황은 "너희는 지리적 한계를 두지 않고 어디서든 설교와 전도를 하거라"라고 말한다. 회개의 설교를 할 수 있도록 삭발을 허용하여 하느님의 말씀을 전하도록 하였다. 당시 부패한 주교에 대한 반발로 프란치스코회와 같은 개혁 성향의 수도회가 종종 설립되었는데, 이들이 합법적으로 설교하기 위해서는 로마 교황의 승인을 받는 것이 무엇보다 중요했다.

8. 리보또르또 수사들의 환영(Vision of the Flaming Chariot)

프란치스코가 한 오두막에서 기도를 하고 있는 동안, 그곳에서 한참 떨어진 '리보또르또' 지방의 숙소에서 잠을 청하던 프란치스코회의 수사들은 프란치스코 성인이 휘황한 불빛 속에 화려한 마차를 타고 하늘로 날아가는 꿈을 꾸게 된다. 동시에 수사들은 잠에서 깨어나 모두 같은 꿈을 꾸었다는 사실을 알게 되고 그것이 프란치스코 성인의 영험한 기도의 힘이라고 입을 모은다. 프란치스코 성인과 그를 따르는 수사들에게 하느님의 은총이 있음을 보여준다.

9. 왕좌의 환영(Vision of the Thrones)

한 수사가 기도중에 무아의 상태에 빠진 성 프란치스코를 본다. 그의 눈에 하늘이 열리는 것이 보이고 여러 왕좌가 있었는데 그 중 눈에 띄는 가장 아름답고 값비싼 보석들로 장식되어 빛나는 왕좌를 본다. 그때 어디선가 목소리가 들리는데, "그 왕좌는 낙원에서 쫓겨난 천사의 것이었는데 이제는 겸손한 프란치스코의 것으로 남겨두었다"라고 한다. 여기서, 말하는 이는 공중에 떠 있는 아름다운 천사로 그려져 있고, 그 제자가 왼편 아래쪽에서 위를 올려다보고 있다.

10. 아레쪼에서의 악마 추방(Exorcism of the Demons at Arezzo)

아레쪼는 활개치는 악마들로 둘러싸인 지방의 도시다. 프란치스코 성인이 이곳에 갔을 때 악마들이 날뛰는 것을 보았다. 프란치스코 성인은 수사 신부 '실베스트로'를 시켜 전능하신 하느님의 이름으로 악마들을 내쫓게 한다. "성문 앞으로 가시오. 가서 하느님의 이름으로 소리를 질러 마귀들을 쫓아내시오." 그가 큰소리로 외치자 마귀들은 달아나고 아레쪼는 바로 평화를 회복하였다.

11. 술탄에게 도전하는 성 프란치스코(St. Francis before the Sultan)

순교자가 되기를 원하던 프란치스코 성인이 1219년 복음을 전하러 이집트에 간다. 당시 이집트는 이슬람교를 믿고 있었는데, 프란치스코 성인은 술탄 황제 앞에 끌려가서도 용감하게 복음을 전하러 왔다고 하고 "불을 지피시오. 그러면 나는 당신의 사제들과 함께 그 불 속으로 들어갈 것이오. 그러면 적어도 어느 것이 옳고, 진실한 믿음이며 성스러운 것인지 알게 될 것이오"라고 말한다. 술탄의 사제들은 대결을 거절하고 이교도인 프란치스코 성인의 목을 베라고 요청하지만, 술탄은 허락하지 않았다. 보나벤투라에 의하면 프란치스코 성인이 주저함 없이 불속에 스스로 걸어들어갔으며, 조금도 화상을 입지 않고 무사히 빠져나왔다고 전하고 있다. 그러자 두려움에 찬 술탄의 사제들이 도망치고, 술탄은 진정한 수도사로서의 프란치스코 성인을 인정하게 된다.

12. 프란치스코 성인의 황홀경(Ecstasy of St Francis)

프란치스코 성인이 황홀경에 빠져 있을 때, 십자가형으로 팔을 펴고 전신이 땅에서 들어올려지고 찬란히 빛나는 구름으로 둘러싸인다. 하느님의 은총을 받음을 다시 보여준다. 이 모습을 본 수사들이 놀라워하며 그 모습을 바라보고 있다. 한데 모인 수사들과 도시 풍경, 구름에 휩싸인 프란치스코 성인, 이에 응답하는 예수님의 모습이 균형 잡힌 구도 속에 배치되어 있다. 하느님의 머리의 후광은 아직도 중세시대 비잔틴 양식을 보여주고 있다.

13. 그레치오에서의 성탄 설교(Institution of the Crib at Greccio)

1223년 성탄절에 리에띠의 '그레치오'에서 프란치스코 성인은 성탄절에 아기 예수 탄생의 순간을 기념한다. 그는 말구유와 볏짚을 준비시키고, 송아지와 당나귀를 대령케 한다. 그가 가난한 자들의 왕인 아기 예수의 탄생에 대해 설교한다. 수사들은 희열에 차서 찬송한다. 그런데 프란치스코 성인이 기도하고 있을 때, 한 기사는 그 구유에 아기 예수가 있는 것을 본다. 그리스도 탄생 기념은 이처럼 프란치스코 성인에 의해 처음 시도되었고 그레치오 지역의 연례행사가 되어 이후 유럽 전역으로 퍼져나간다.

14. 샘의 기적(Miracle of the Spring)

계속된 선교 활동으로 몸이 병약해진 프란치스코 성인은 자유로운 묵상에 전념하기 위해 한 수도원으로 가고 있었다. 날씨는 무더웠고 갈 길은 멀고 험했다. 같이 가던 가난한 당나귀 주인은 자기는 더 이상 걸을 수 없고 목말라 죽을 지경이라고 했다. 그때 프란치스코 성인은 무릎을 꿇고 하느님의 답을 얻을 때까지 기도하여 돌에서 물이 솟아나게 했다. 프란치스코 성인은 그 남자에게 "달려가거라. 바위로 달려가면 하느님의 은총이 너를 위해서 샘물을 솟아나게 할 것이다"라고 한다. 그곳에는 전에도 물이 없었으며, 그 이후에도 다시는 물을 볼 수가 없었다. 바위산의 덩어리와 나무의 표현은 중세적인 딱딱함이 있으나, 인물의 묘사에는 다분히 부드러운 르네상스적 요소가 깃들어 있다.

15. 새들에게 설교함(Sermon to the Birds)

페루지아 인근의 베바니아 지역으로 향하던 프란치스코는 지저귀며 먹이를 쪼고 있는 한 무리의 새들과 마주한다. 프란치스코 성인은 새들이 노는 데로 가서 "내 형제 새들아, 너희들은 창조주 하느님을 크게 찬미해야 한다. 주님은 너희에게 날 수 있는 날개와 공기를 주고 모이 또한 주셨으며, 너희가 필요한 모든 것을 주신 분이다"라고 했다. 새들이 목을 길게 빼고 날개를 펴고 주둥이를 열고 진지하게 쳐다보던 그들에게 성호를 그어서 축복을 해 주자, 노래하며 하늘로 올라갔다. 길가에서 기다리던 그의 제자들은 이러한 모든 장면을 목격하였다. 이는 성인의 사랑이 인간뿐만 아니라 모든 피조물에 걸쳐 있다는 성 프란치스코의 사랑의 넓이를 보여주는 일화이다. 나무의 묘사와 인물의 묘사가 중세의 딱딱함을 거의 벗어나고 있다. 중세 회화에서 볼 수 없던 서정성을 담아낸 작품으로 평가된다.

16. 첼라노 기사의 죽음(Death of the Knight of Celano)

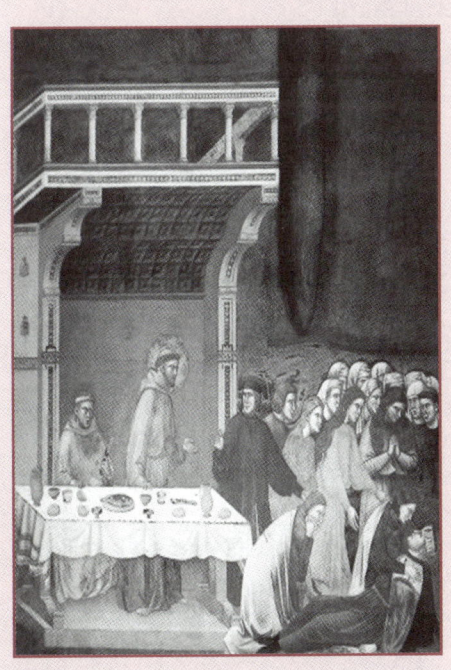

이 그림은 프란치스코 성인의 예언 능력을 보여준다. 첼라노의 한 기사에게서 저녁식사를 초대받은 프란치스코 성인은 식사를 하기 전에 주인에게 "당신은 여기가 아니고 다른 곳에서 식사를 하게 될 것이오. 그러니 죄를 고백하시오"라고 말한다. 그러자 기사는 죄를 고백하고 집의 일을 정리한 다음, 모두 식탁에 앉았을 때, 갑자기 죽는다. 프란치스코 성인의 예언 덕에 기사는 죽음의 준비를 마친 다음 하늘나라로 간 것이다.

17. 교황 호노리우스 3세 앞에서의 설교(St Francis Preaching before Honorius III)

프란치스코 성인이 교황 '호노리오 3세'와 추기경들 앞에서 예술에 대해 논하려고 열심히 외웠으나 막상 그들 앞에 나서자 그만 잊어버리고 벙어리가 되었다. 그때 겸손한 마음으로 성령께 고백하니 프란치스코 성인의 웅변이 강을 이루고 말들이 그의 입술로부터 저절로 용솟음쳐 나오자 높으신 분들이 감격해하고 있다. 프란치스코 성인의 설교는 교육받은 수사들의 것과는 달랐다. 라틴어로 설교하지도 않았고, 아시시 지역의 사투리를 쓰기도 했다.

18. 아를스에 나타난 프란치스코 성인(Apparition at Arles)

파도바의 안토니오 성인(왼쪽 서 있는 인물)이 '아를스 수도회'의 사제들에게 십자가상에 대해 강론하고 있을 때, 성 프란치스코(우측 상단)가 팔을 벌린 모습으로 발현하여 형제들에게 축복하자 형제들이 충만한 기쁨에 찬다. 이 모습을 모날도 형제(왼쪽에 앉은 인물)가 지켜보고 있다. 파도바의 안토니오는 뛰어난 학식을 바탕으로 복음을 전파해 이후 성인으로 추대되는 프란치스코회의 주요 인물이다. 학문보다는 믿음과 실천이 중요하다고 믿어왔던 프란치스코 성인은 안토니오를 통해 학문적 수양 또한 믿음을 전하는 데 중요하다는 것을 깨닫게 된다.

19. 오상(五傷)을 받는 프란치스코 성인(Stigmatization of St Francis)

1224년 9월 14일, 성 십자가의 날, 베르나산에서 프란치스코 성인이 기도하던 중 하늘 끝에서 날개가 여섯 개 달리고 빛이 나고 손, 발이 십자가에 못 박힌 모습을 한 세라핌 천사가 나타나 프란치스코 성인에게 예수 그리스도가 받았던 오상(다섯 군데의 상처, 즉 두 손, 두 발 그리고 우측 가슴)에서 은총이 내려 그의 몸에 새겨지게 된다. 이는 하느님에 의해 성인의 사명이 보증되었다는 뜻이다. 프란치스코 성인의 오상은 그의 신성을 설명하는 직접적인 증표이자 가장 놀라운 기적으로서 이후로도 많은 이야기와 논란을 불러온 사건이다.

20. 프란치스코 성인의 죽음(Death and Ascension of St Francis)

1226년 10월 3일, 프란치스코 성인은 고된 선교 활동과 철저한 금욕적 삶으로 일찍이 건강을 해쳐 마흔다섯의 나이에 숨을 거두게 된다. 프란치스코 성인이 운명하자, 한 수사가 그의 영혼이 하늘로 올라가고 여러 천사들에게 둘러싸여 별이 빛나고 구름으로 뒤덮이는 것을 보았다. 비통해하는 수사들, 장례를 거행하는 사제들, 천상의 천사들로 나누어진 구성은 르네상스와 그 이후 작품들 속에서 모범적 전례로 차용된다.

21. 아고스티노와 아시시 주교에게 나타남(The apparition to brother Augustine and to the bishop of Assisi)

죽을 듯한 고통을 느끼며 죽을 날만 기다리던 선천적 벙어리였던 이탈리 남부의 성직자인 '아고스티노' 형제가 프란치스코 성인이 죽는 순간 "아버지 프란치스코여, 기다려 주십시오, 제가 당신과 함께하겠습니다"라고 큰소리로 외치고 곧 프란치스코 성인을 따라 죽었다. 이탈리아 남부 '몬테 산 안젤로'에 있던 아시시의 주교는 "저는 이제 천국으로 갑니다"라고 말하는 프란치스코 성인의 음성을 듣고 그 모습을 지켜보았다.

22. 오상(五傷)의 확인(Verification of the Stigmata)

이 그림은 프란치스코 성인의 유해에 남아 있는 성흔을 로마 교회에 의해서 검증하고 있는 장면이다. 프란치스코 성인의 유해가 '포르치운쿨라'에 모셔져 있을 때, 유명한 의사이면서 학자인 '제로니모' 기사가 손톱과 발톱을 깎고, 자신의 손으로 성인의 손과 발과 옆구리(오상)를 검사하였다. 그림 윗부분에는 당시 성당 상원에 실제로 걸려 있던 대들보가 그려져 있고, 그 위에 성모자와 십자가의 그리스도, 성 미카엘의 화상이 서 있다.

23. 성녀 클라라의 애도(St. Francis Mourned by St. Clare)

프란치스코 성인이 운명하신 다음날, 수많은 군중의 목도 속에 아시시로 운구되던 성인의 유해가 성 다미아노 성당으로 앞에서 잠시 멈춰선다. 나뭇가지와 수많은 촛불과 함께 천상 보화로 꾸민 프란치스코 성인을 생전에 프란치스코의 영적인 동료로서 교류하던 클라라 성녀와 수녀들에게 성인의 성스러운 몸을 만지고 보여주고 입 맞추게 하는 장면이다. 이 작품은 조토가 로마로 떠나 있던 시기에 여러 화가들의 도움으로 완성된 것으로 알려져 있다.

24. 프란치스코 성인의 시성식(Canonization of St Francis)

1228년 7월 16일, 교황 '그레고리우스 9세'는 프란치스코를 시성하기 위해 직접 아시시를 방문하여 공식적으로 그를 성인으로 선언했다. 사망한 지 불과 2년 만에 프란치스코는 성인으로 추대된 것이다. 이례적인 일이었다. 이는 당시 시민들과 교구 내에서 프란치스코의 영향력을 보여준다. 엄숙한 의식에는 수사들, 중요한 군주들과 남작들, 그리고 많은 일반 사람들이 참석했다. 이 프레스코화는 훼손되었지만, 사실적인 인간의 모습을 묘사하는 작가의 기술은 여전히 매우 훌륭하다.

25. 교황 그레고리 9세의 꿈(Dream of St Gregory)

시성식 이후에도 교황 '그레고리오 9세'는 아직도 프란치스코 성인의 오상(五傷)에 대해 의문을 가지고 있었다. 어느 날 밤 프란치스코 성인이 꿈에 나타나 "내게 빈 유리병을 달라"고 말한다. 프란치스코 성인은 유리병을 가슴의 성흔에서 흘러나온 피로 가득 채워 건네주며 교황 그레고리오 9세의 의문을 풀어주고 있다.

26. 레리다의 환자를 치료함(The Healing of a Devotee of the Saint)

이 작품은 사후에 프란치스코가 성인으로서 행한 기적에 대해 이야기하고 있다. 심각한 부상을 입어 의사들까지도 희망이 없다며 치료를 포기한 채 침대에 누워 있는 환자 레리다의 '지오반니'는 진심으로 프란치스코 성인에게 기도하였다. 그러자 프란치스코 성인이 그 소리를 듣고 내려와 자신의 손으로 붕대를 풀고 상처를 어루만지자 즉시 완전히 치유되었다.

27. 죽음으로부터 살아난 여인의 고백(Confession of a Woman Raised from the Dead)

프란치스코 성인이 어떤 죽은 부인 한 사람을 환생시킨 후, 사제들과 다른 사람들이 지켜보는 데에서 아직 마귀에게 유혹당했던 고백하지 않은 죄를 고백하고 여인은 성직자들이 바라보는 가운데 고해성사를 하고 이내 평화롭게 숨을 거두자 마귀는 당황하여 달아났다.

28. 회개하는 이단자를 자유롭게 함(Liberation of the Repentant Heretic)

이단으로 고소되어 교황의 위임으로 '티볼리' 주교에게 맡겨져 있던 죄인을 프란치스코 성인은 석방하였다. 이 사건은 프란치스코의 축일에 있었던 일로 죄인은 그 전날 저녁 교회의 전통에 따라 단식을 했었다. 이는 성 프란치스코 축일마다 행해지는 관습이다. 이러한 관습은 생전에 프란치스코 성인이 보여준 자애로움을 상기하게 한다.

단테 알리기에리 Dante Alighieri 의 성모 찬가

'단테 알리기에리'(Dante Alighieri, 1265-1321)의 《신곡(神曲)》은 인간의 죄에 대한 하느님의 단순한 처벌과 구원 문제를 다룰 뿐만 아니라, 현세와 후세를 다스리시는 하느님의 공의와 섭리가 인간에게 개별적으로 또는 사회적으로 그들이 자유로이 택한 행동에 상응한 상이나 벌을 내리신다는 것에 대한 하나의 장엄한 선언이나 다름없다. 인류에 대한 하느님의 섭리를 입증해 나가는 그의 이 작품을 보노라면 우리는 14세기의 가톨릭 색채로 묘사된 수많은 천상적 진리를 발견하게 된다. 예를 들면 삼위일체, 말씀의 강생, 인류 구원 그리고 자비와 관용이 가실 줄 모르는 천상 모후이신 마리아에 관한 언급이 그것이다. 그리고 마리아가 천사들과 인류의 모후로 군림하시는 초월적 아름다움의 천국이 있는 반면에, 그것의 반대 개념으로 그리스도를 따라 천국에 이르기를 사악하게 거부한 자들이 벌 받는 우주의 최저점인 지옥이 있다. 끝으로 지옥과 천국 사이에는 정화의 산이 있는데, 그들이 영원한 고향으로 돌아가기에 합당하도록 충분한 보속이 끝날 때까지 영혼들이 이곳 연옥에 머물게 된다. 그러고 보면 단테의 《신곡》은 지옥 밑바닥에서 천상으로 가는 이 여정을 그린 가톨릭 교리의 불후의 명작이라 하겠다.

단테 자신이 단순히 '희극(Divina Commedia)'이라고 불렀지만 '보카치오'(1313-1375)를 위시한 후세 사람들이 《신곡》으로 개명한 이 작품은 3부작이다. 그리고 3부작의 중심은 어디까지나 〈지옥편〉이다. 〈지옥편〉 제1곡에 보면, 단테는 35세에 어두운 숲속에서 헤매다가 언덕 위에 있는 빛을 발견하고 이를 향하여 나아갔으나, 표범, 사자, 시랑이들에게 길이 막혀 다시 숲으로 돌아가려고 하던 중에 시성(詩聖) '베르길리우스'(70-19BC)가 나타나 지옥, 연옥, 천국을 구경시켜 주겠다고 하면서 길잡이가 되어줌으로써 먼저 지옥으로 내려갔다고 한다. 그가 치밀하게 설계한 지옥 세계는 아홉 개의 지옥으로 나누어지고 지옥마다 별도의 감방이 있어서 같은 지옥에서도 죄수는 그가 범한 죄의 경중에 따라 제각기 다른 옥에 갇히는 엄격한 법 집행 장소이다. 그러나 만일 단테의 《신곡》이 〈지옥편〉으로 끝난다고 한다면, 아마도 그것은 그가 당한 정치적, 종교적 탄압으로 인한 긴 유배 생활에 대한 반발이라고 치부될 수도 있을 것이다. 하지만 단테의 유례없는 성공은 가톨릭 교리의 풍부한 보고(寶庫)를 기초로 하여 그리스도교적 예지에 의한 사랑과 희망을 독자들에게 점화시키는 〈연옥편〉과 〈천국편〉이 있기 때문일 것이다.

〈천국편〉은 〈지옥편〉의 원한과 〈연옥편〉의 반성에 이어, 자신의 삶을 정리하는 단테의 겸허가 보인다. 그는 더 이상 목소리 높이지 않고 다만 객관적 중세철학관에 몸을 맡긴다. 이는 이 글이 그의 말년 베로나와 라벤나에서 스칼라가(家)나 노벨로의 보호를 받으며 살았던 삶과 뗄 수 없는 관계를 갖고 있음을 보여준다. 남에게 의지하고 살아야 하는 사람의 원래 모습, 차례대로 펼쳐지는 천국의 아홉 하늘은 의로운 황제, 신학자들, 가난의 성인들, 수도사들에게 자리를 내어준다. 한 사람이 자신의 시대 철학을 뛰어넘기는 어려운 것 같다. 이곳에서 그가 즐겨 읽었다는 《보에티우스의 철학의 여신과의 대화 ; 철학의 위안》을 연상시키는 스콜라 철학 대화편이 등장한다. '성 베르나르'에 의해 궁극적 상태에 도달하게 되는 단테는 그의 삶의 완성을 이와 같은 [귀의(歸依)]로 보는 것이다.

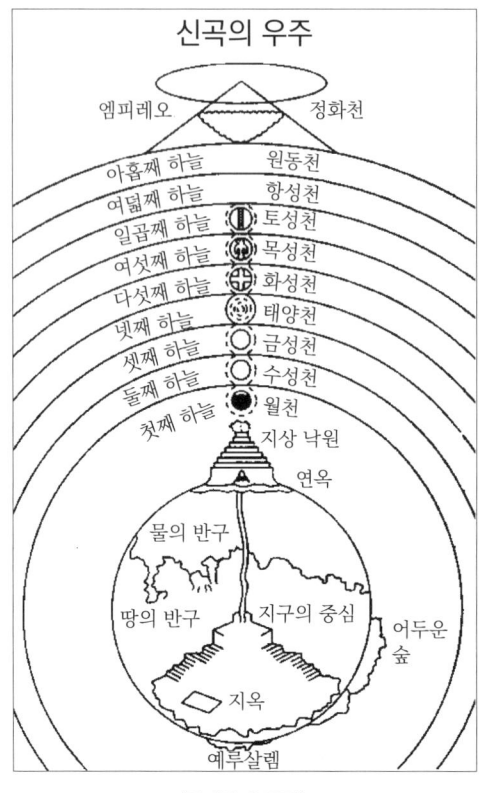

〈단테의 우주관〉

원	주요 인물들	주요 주제들
지고천(정화천) (30-33곡)	성 베르나르	하늘
원동천 (28-30곡)	베아트리체	천사들
항성천 (23-27곡)	성 베드로, 성 야고보, 성 요한	신학적인 미덕들
토성천 (21-22곡)	피에트로 다미아노, 성 베네딕투스	관조적인 삶
목성천 (18-20곡)	독수리	정의
화성천 (14-18곡)	카치아 구이다	단테의 삶
태양천 (10-14곡)	성 토마스 아퀴나스, 성 보나벤투라	탁발 수도회, 창조, 지혜
금성천 (8-9곡)	카를로 마르텔로	성좌의 영향
수성천 (5-7곡)	유스티니아누스 황제	로마 제국
월천 (2-5곡)	피카르다	달의 그림자들, 자유의지

〈단테의 우주관 속의 주요 내용〉[1]

---

1 《신곡(神曲)》하(下), 단테 알리기에리, 최현 옮김, 범우사, 2005(3판 5쇄), 367쪽.

단테가 천국을 여행하게 된 경위는 구원의 여인 '베아트리체'와 베르나르의 인도 덕분이다. 특히 성 베르나르는 신비가다운 노래로 성모 마리아께 간구하는데, 이 기도의 효험으로 단테는 은총을 입어서 마치 지복 직관의 한 영혼처럼 하느님의 본성을 관상하게 된다. 그는 하느님에게서 피조물의 원형을 보고 삼위일체와 강생의 신비를 직관한다. 이윽고 은총의 작용이 끝나자 따라서 직관도 막을 내린다. 〈천국편〉 곳곳에 마리아께 대한 언급이 나오지만 특히 제33곡에 단테가 드리는 성모 마리아께 대한 기도가 있는데, 이 시는 내용으로만 보면 성 베르나르가 드리는 것으로 표현되어 있다.

동정이신 어머니, 당신 아들의 따님[2]이시여,
낮고도 높으신 피조물이여,
영원한 하느님의 뜻이 예정하신 전환점이시여!
당신이야말로 인성(人性)을 거룩하게 하심으로써,
조물주로 하여금 스스로 만드신 피조물의
피조물이 되는 것도 꺼리지 않으셨나니[3]
당신의 태중(胎中)에서 다시금 불타오른 사랑[4]
그 온열(溫熱)에 의해 이 꽃[5]은 영원한 평화 속에
이처럼 피어났나이다.
당신은 여기 우리에게 사랑의 횃불이 되시고
지상의 인간들에게는
영원한 소망의 살아 있는 원천이 되시니
동정녀여, 당신은 참으로 위대하시고 유능하시므로

---

2 마리아의 아들 그리스도는 하느님과 일체이며, 그 하느님에 의해 창조되었기 때문에 (〈창세기〉 1장 26절) 마리아는 자기 아들의 딸인 것이다.
3 조물주로 하여금 인간을 지으신 창조주가 육신을 입고 인간(피조물)이 됨.
4 인간에 대한 하느님의 사랑.
5 장미. 비유로 쓰임.

은총을 구하면서 당신에게 의지하지 않는 것은,

날개 없이 날아가려는 것과 같습니다.

당신의 자비로움은 구하는 자를 도우실 뿐만 아니라

때론 구하기도 전에 스스로 도움을 주시나니

당신에게는 자비와 연민과 은혜가 깃들어 있고,

지음을 받은 자[6]의 모든 선(善)이 함께 있습니다.

이제 우주의 가장 깊은 구덩이(지옥)에서 이곳 천국까지

영계(靈界)의 광경을 잇달아 보아온 이 사람(단테)이

당신의 은총을 바라오니

모든 것을 치유하는 마지막 구원(하느님)을 향해

눈을 더욱 높이 들 수 있도록 은총과 힘을 주옵소서.

지금 하느님의 모습을 뵙기 바라는 그의 마음은

저 자신이 하느님의 모습을 뵙기 원할 때보다 더욱 간절하오니

저의 기도를 당신께 모두 바쳐, 부족함이 없기를.

당신의 간구로써 인간적 그림자의 자취를 이 사람에게서 거두어 주시고,

그로 하여금 가장 큰 기쁨[7]을 볼 수 있게 하여 주옵소서.

거듭 비옵나니, 무엇이든 뜻대로 하실 수 있는 여왕이시여,

그로 하여금 하느님을 뵙고 나서도 마음 변치 않게 하시고

당신께서 그를 지켜주사, 인간을 사로잡는 정욕을 이길 수 있게 하옵소서!

저의 기도에 맞추어 베아트리체와 모든 성도들이

당신을 향해 합장하고 있음을 보아주소서!"[8]

---

6   천사와 인간.

7   하느님을 뵙는 기쁨.

8   신곡(神曲) 하(下), 단테 알리기에리, 최 현 옮김, 범우사, 2005(3판 5쇄), 1988. 290-291쪽.

단테의 시대는 철학과 신학이 융성하던 때요, 스콜라 철학자들이 선대로부터 받은 여러 가지 교리를 단일화하고, 여기에 질서와 체계를 세워 후손에게 물려준 시대라고 할 수 있다. 그래서 그런지 우리는 이 기도문의 서두에서(1-3) '동정 어머니'와 '당신 아들의 따님'이라는 절묘한 융합을 보게 된다. 따지고 보면, 이 두 가지 사실은 엄청난 모순이요 파라독스라는 생각이 든다. 그러나 단테는 성모 마리아께서 여성의 최고 이상인 처녀성과 모성을 고스란히 한몸에 지니고 계신 분으로 그려내고 있다. 아마도 이것은 그 당시 교회의 성모상과 일치하는 칭호일 것이다. 그리고 '당신 아들의 따님'이란 표현은 마리아의 아들 그리스도가 하느님이시고, 마리아는 신이 아니라 피조물이심을 나타낸다. 그러나 마리아는 "보다 낮고도 높으신 피조물'이십니다"보다 '낮고도'라는 표현은 피조물의 처지를 가리키고, '높으신 피조물'은 마리아께서 하느님의 어머니가 되심으로써 피조물 가운데 제일 높으신 분이란 뜻이다. 그리고 '영원하신 성지가 결정하신 끝'이란 표현은 마리아께서 구세주의 어머니가 되실 것을 원으로부터 하느님께서 결정하시고 실현하셨음을 나타낸다.

이러한 신학 사상을 바탕으로 단테는 마리아를 '인간의 본성을 한껏 높으신 분', '천주께서 스스로 피조물이 되시기를 꺼려하지 않으실' 정도로 당신 복중에 사랑이 타올랐던 분, '인간의 인자하심은 청하는 자에게만 달려오실 뿐더러 흔히는 너그러우시게 청원에 앞서 미리 오시기' 때문이라고 그는 간파하였다. 말하자면, 단테는 마리아를 사랑과 자비뿐이신 어머니로 이해하고 있었다. 그리고 그가 마리아께서 빌어 얻고자 했던 것은 '구원으로 더욱 높이 그 눈을 들어올릴 수 있는' 힘이었다. 여기서 우리는 단테의 신곡이 지닌 위대성을 엿보게 되는 것이다.

참고

1. http://www.maria.or.kr
2. 《신곡(神曲)》하(下), 단테 알리기에리, 최현 옮김, 범우사, 2005(3판 5쇄).

대중문화와 애니메이션 animation

서론

 애니가 어린이들의 전유 오락물로만 여겨지던 과거에 비하여 현대적 의미에서의 애니는 대중문화예술, 커다란 산업으로 평가되면서 문화적, 사회적 관심의 대상으로 떠오르고 있을 뿐만 아니라 기존의 애니 형태인 어린이 위주의 재미있고 유쾌하기만 한 이야기의 틀에서 벗어나 인간의 정체성, 사회적 문제 등 성인 취향의 테마를 다루면서 그 대상이 폭넓게 확대되었다. 기원전 1천만 년 전경에 고대 원시인들이 동굴에 그린 벽화로부터 시작해서, 현재 첨단 컴퓨터 그래픽으로 제작되고 있는 애니는 그 어떤 장르보다 오랜 역사 속에서 발전되어 온 무한한 상상력과 창작력을 지니고 있다. 그 때문에 사람들의 마음속에 쉽게 파고들어 공감을 줄 수 있는 것이다. 애니는 현재 전 세계적으로 남녀노소 누구나가 좋아하고 부담 없이 즐길 수 있는 하나의 놀이 문화로서의 역할을 훌륭하게 수행해 내고 있다. 국내 애니는 40년 이상 이어온 짧지 않은 역사를 가지고 있다. 그러나 국내 애니 산업이 진정으로 고부가가치를 창출하는 산업으로 자리잡기 위해서는 애니의 제작 과정과 기획, 투자 및 마케팅에 이르는 전 부문에 대해 종합적인 분석과 대안이 제시되어야 하는 것이다. 국내 애니 산업 전반에 대한 실증적 분석과 대안을 제시하기 위한 종합적 연구는 아직도 국내 업계와 학계의 시급한 숙제로 남아 있으며, 이를 위해서는 많은 인력과 시간이 투입되어야 할 것이다.

애니메이션 산업의 특성

애니에 대한 관심의 증대는 다음과 같은 특성 때문에 이루어지고 있다.

첫째, 애니는 모든 영상산업의 소프트웨어 중에서 민족 문화의 특색, 호소력이 가장 낮다. 프로그램은 보통 이를 제작하는 국가의 문화를 함유하고 있다. 그래서 해당 프로그램이 제작된 국가의 시청자에게는 감정적 동일시가 용이한 반면 다른 국가나 지역의 시청자에게는 호소력이 줄어들기 십상이다.

둘째로 애니 산업은 연관 산업으로의 확장이 가능하며 연관 산업의 수익이 더 큰 고부가가치의 산업이다. 정보화 사회 추구에 따른 다매체·다채널 시대의 도래는 바로 이러한 애니의 특성을 더욱 부각시키고 있다. 애니 시장을 간단하게 직접시장과 간접시장이라는 구분으로 나누어 놓고 보았을 때 직접시장에는 극장용, TV용, 비디오용 등으로 구분될 수 있고, 간접시장은 출판만화, 전자오락게임, 테마파크, 캐릭터상품, 멀티미디어 등으로 구분될 수 있다.

국내 애니메이션 산업 현황과 문제점 - 시장규모

국내 애니 시장규모에 대한 실증적 통계자료는 아직 제시되지 못하고 있다. 1999년부터 문화관광부와 통계청에서 문화산업 통계조사를 실시하고 있으나, 조사 범위가 워낙 광범위한데다 해당 업계들의 유동성이 심하고 영세한 업체들이 많아 정확하게 조사하기가 쉽지 않은 상황이다. 현재까지 문화관광부 등을 통해 발표된 애니를 포함한 주요 문화산업의 국내 및 세계 시장규모 추정은 아래와 같다.

애니는 세계나 국내시장 공히 영화나 비디오 부문보다 큰 규모로서, 단일 부문으로는 영상 분야 중 가장 큰 시장을 형성하고 있다. 애니메이션은 관련 산업에 대한 직·간접적인 파급효과가 크다는 특성을 가지고 있기 때문에 관련 시장을 포함한다면 표면적으로 드러나는 시장규모보다 더욱 커질 것이다. 특히 애니와 밀접하게 연계된 캐릭터 산업 분야는 필수적으로 고려해야 할 관련시장으로서 직접적인 애니 영상시장의 몇 배에 달한다.

전 세계 애니 시장에서 국내 애니 산업이 차지하는 점유율은 약 0.37%로 매우 미미한 수준이다. 국내 애니 산업 중 가장 큰 비중을 차지해온 하청수출 부문은 1997년 약 1억 달러에 이르는 매출을 기록한 이후 동남아, 중국 등의 후발 하청제작국들의 OEM 시장 잠식과 애니 하청을 발주하는 해외의 대형 애니 배급사들이 제작물량을 축소시킴에 따라 수출액은 갈수록 감소되고 있으며, 2001년 애니메이션의 수출총액은 650만 달러 수준까지 감소했다. 아직도 국내 애니 산업에서의 해외 하청(OEM) 비중은 매우 높은 편이며, 이러한 해외 하청 편중구조는 국내 애니메이션 산업이 해외 발주회사들의 비즈니스 환경에 의해 큰 영향을 받을 수밖에 없는 주요 요인으로 작용하고 있으며, OEM 수출의 감소는 곧 국내 애니 산업의 세계 시장 점유율 감소로 직결되고 있다. 그러나 국내 애니 산업에서 OEM 산업의 비중은 점차 축소되는 대신, 국내 창작 애니의 비중이 높아지고 있어, 체질은 이전보다 개선되어 가는 모습을 보이고 있다. 국내 애니의 창작 규모가 이렇게 빠르게 성장하는 배경에는 위에서 살펴본 것처럼 하청수출이 감소됨에 따라 기존에 해외 애니의 하청 생산을 주로 해오던 국내 애니 제작사들이 생존을 위한 새로운 돌파구를 찾기 위해 국내 창작을 적극적으로 시도하고 있는데다 1998년을 전후로 시작된 정부의 적극적인 국산 애니 육성정책과 금융자본의 문화산업 투자 활성화가 큰 힘이 되었다.

(1) 일본의 경우

일본 애니는 실사를 방불케 하는 사실감으로 관객들을 빨아들이는 흡인력을 가지고 있다. 그리고 화려한 컬러링과 정교한 영상, 리미티드 기법(초장 8~12장 정도의 프레임)을 사용하며, 일상생활에서 소재를 가지고 와 넓은 공감대를 형성한다는 것이 특징이다. 또 일본 애니만의 독특한 장르를 개척했으며, 일본 특유의 강한 테마성과 드라마성은 애니를 영화의 느낌을 표현하려고 노력한 결과이다. 일본 애니 산업이 이처럼 전성기를 구가하고 있는 것은 우연이나 행운이 아니며, 출판만화산업의 발달 등 관련 인프라가 확충되어 있다는 데 주목할 필요가 있다. 한편 우리 정부가 일본 대중문화를 개방하기로 결정한 이상 일본 애니(극장용)의 국내 수입에 대비하여 국산 애니 산업의 적극적인 육성이 시급한 과제로 떠오르고 있다. 애니는 콘텐츠 산업 중에서도 가장 부가가치가 높은 유망산업으로 꼽히고 있으며, 이른바 'One - Source Multi - Use' 전략이 가능한 대표적 산업의 하나로 각광받고 있다. 즉 애니메이션은 캐릭터, 음악, 게임 소프트웨어, 테마파크, 영화관, TV, 비디오, 교육용 자료, 광고 등 다양한 장르에 활용할 수 있으며, 극영화보다 수출 가능성이 크고 투자수익률도 매우 높은 산업으로 고부가가치를 올릴 수 있다. 그러나 일본의 애니는 미적 평가를 받기보다는 문화 상품으로서 매스미디어를 이용한 것에 가깝다.

이제 일본의 애니는 아시아 제국뿐만 아니라 미국, 유럽 및 남미 등 전 세계 20여 개국의 TV로 방영되고 있으며, '저패니메이션'으로 불리며, 전 세계에 가공할 위력을 떨치고 있다. 저패니메이션은 할리우드를 중심으로 한 영상산업의 선진국인 미국의 애니 기업 디즈니와 어깨를 나란히 하고 있으며, 일본의 대표적인 콘텐츠 산업으로서 향후에도 세계적인 경쟁 우위를 유지할 것으로 기대되고 있는 분야이다. 일본의 TV용 애니 시장규모는 현재 제작비 기준으로 256억 엔, 광고료 기준으로 506억 엔에 달하고 있다. 일본에서 대중문화의 중심으로 자리매김한 출판만화를 기반으로, 일본 애니는 국내시장을 넘어 아시아, 유럽, 미국 등 세계무대를 휩쓸기 시작하였다. 이제 일본의 TV용 애니는 전 세계 시장의 65%를 점유함으로써 사실상 세계를 제패하고 있음을 알 수 있다. 일본의 극장용 애니 시장은 연간 평균 30~40편, 흥행수입 기준으로 1996년까지 대체로 90억~100억 엔대 선을 유지한다. TV용 애니에서 자신감을 얻은 일본은, 1990년대 들어서는 이제까지 막대한 제작비와 배급망으로 무장한 미국 애니메이션에 밀려 엄두를 내지 못했던 극장용 애니에서도 세계적인 경쟁력을 갖추기 시작하였다. 그러나 1994년 일본 현대 애니의 고전으로 꼽히는 〈이웃집 토토로〉가 미국에서 개봉되어 호평을 받았으며, 1995년에는 극장용 〈드래곤볼〉이 프랑스에서 50만 명의 관객을 동원하였다. 1997년 일본의 극장용 애니 산업은 사상 최고의 수익을 기록하였다. 미야자키가 일본 애니 사상 최고의 제작비인 23억 엔을 투자해 1997년 7월에 일본에서 공개한 〈모노노케 히메〉가 일본 영화사상 최고인 107억 엔의 입장료를 벌어들인 것이 결정적 계기가 되었다. 이 작품은 20~30대 샐러리맨까지 영화관으로 끌어들이면서 무려 1,300만 명의 관객동원에 성공했으며, 최근 수년간 상영된 애니의 입장료 수입을 상회하는 기록을 세웠다.

1997년 일본 영화 전체의 수입이 326억 엔이었는데, 그중 64%를 애니메이션 작품이 벌어들인 셈이다. 또 동년 일본 영화 베스트 10 중 7개 작품이 애니였다. 이는 다시 말하면, 극영화 부문에서의 흥행부진을 애니로 보전한다는 것을 의미하고 있다. 한국의 경우, 영화 대 애니의 비율이 대략 60 : 40으로 일본과 정반대로 아직 영화의 비중이 더 크다. 영상산업을 국가적 차원에서 육성하고 있는 우리나라도 이 점을 눈여겨볼 필요가 있다. 일본 만화의 세계를 얘기하려면 빼놓을 수 없는 인물이 한 명 있는데 바로 '데츠카 오사무'다. 그의 작품인 〈우주 소년 아톰〉, 〈정글의 왕자 레오〉, 〈사파이어 왕자〉, 〈불사조 블랙 잭〉, 〈로크 탐험기〉, 〈로스트 월드〉 등으로 비록 보진 못했더라도 한 번쯤 들어는 봤을 것이다. 당시는 전후라 일본 전체가 폐허나 다름없었기에 강한 것만이 선이고 약한 것은 악이라는 생각이 풍미했다. 그는 〈정글의 왕자 레오〉를 완성했고 그 후 〈아톰?〉을 그렸다. 이 두 만화의 메시지는 "작은 것이 더 아름답고 강하다"였다.

이제 현대 일본 애니에 대해서 이야기하겠다. 편의상 세 가지로 분류를 했는데 그 첫째는 '미야자키 하야오'의 스튜디오 지브리이다. 84년부터 〈나우시카〉, 〈라퓨타〉, 〈이웃집 토토로〉, 〈반딧불이의 묘〉, 〈마녀 배달부 키키〉, 〈추억은 방울방울〉, 〈붉은 돼지〉, 〈헤이세이 너구리 전쟁〉, 〈귀를 기울이면〉, 〈원령공주〉 등 작품들을 내놓을 때마다 그는 큰 성공을 거뒀다. 특히 〈붉은 돼지〉 때부터는 같은 시기에 개봉된 디즈니의 만화들을 수입 면에서 모두 이겼다. 그의 애니들이 하나같이 성공을 거둔 이유는 주된 메시지가 자연과의 공존이라는 일관된 목소리였기 때문이다. 인간이 자연을 그리워하고 묻히고 싶어 하는 본능을 적절히 이용한 것 같다.

둘째는 미래를 그린 작품들이다. 이것들은 두 종류로 나뉘는데 〈우주 소년 아톰〉, 〈철인 28호〉, 〈마크로스〉, 〈마징가 Z〉 같은 희망적인 것과 〈공각기동대〉, 〈아키라〉, 〈메모리즈〉 같은 비관적인 것으로 나뉘는데 〈아톰〉이나 〈철인 28호〉는 아이들을 대상으로 한 전형적인 선악의 구조이다.

셋째는 〈신세기 에반겔리온〉이다. 이것은 분류상 SF 애니로 들어가지만, 이 애니를 따로 떼놓고 얘기하는 이유는 이것은 다른 애니들과는 다른 독특한 인물 구조로 이끌어간다. 일본에서 이른바 '에바 신드롬'이라는 새로운 사회현상까지 낳았다고 한다. 보통의 만화는 10분만 봐도 주인공이 누구고 내용이 어떤 것인지 이해가 가지만 이것은 만화 전편을 다 봐도 이해가 잘 가지 않는다. 뭐든지 잘하고 용감한 대개의 주인공은 이 애니에 나오지 않는다. 대신 자폐증의 기질이 있는 아이와 어머니의 자살을 부정하기 위해 자신의 프라이드를 내세우는 강한 체하는 아이, 그리고 인형과도 같은 삶을 살아가는 클론이 주인공이다.

〈에반겔리온〉의 끝은 두 가지 경우로 나뉘는데, 첫째는 진정한 자아 확립이라는 평가를 받는 엔딩과 스토리 전개상의 의문점이 아직도 해결되지 않아 TV판이 끝난 후에도 엄청난 논란을 불러일으키게 되고, 둘째는 이것을 요약하고 또 다른 버전의 엔딩을 보여준 것이 극장판이다. 여기선 둘만 빼고 다 죽는 것으로 나와서 역시 상당한 파문을 불러일으킨다. 만약 모두가 다 잘되는 그런 식의 엔딩을 했다면 지금까지도 이슈가 되진 않았을 것이다. 일본 애니 산업이 세계 최강의 미국 월트 디즈니와 힘겨운 싸움을 하면서 이처럼 세계시장을 석권하게 된 데에는 여러 가지 요인이 복합적으로 작용하고 있다. 오늘날 일본 애니 산업의 눈부신 발전은 무엇보다도 연관 산업인 출판만화의 발전과 밀접한 관련이 있다. 즉 일본에는 어린이에서 50대층에 이르는 엄청난 수의 만화 독자층 저변이 존재하고 있다. 만화는 일본의 출판문화산업 중 핵심적 위치에 있으며, 세계적인 경쟁력을 자랑하는 분야임이 분명하다. 일본에서는 만화가 우리나라처럼 단순한 어린이들의 오락 정도로 간주되지 않고, '일본 = 만화왕국'이라는 등식이 성립할 정도로 어른들도 즐겨 읽으며 폭넓게 사랑받고 있다. 뿐만 아니라 다른 문화 장르에까지 큰 영향을 미치는 등 매우 높은 문화적, 경제적 부가가치를 생산하고 있다. 바꾸어 말하면, 다른 장르의 문화까지도 급속히 만화화하고 있을 정도이다.

초·중·고·대 등 각급 학교별로 무수한 만화 동아리와 대학의 정규 만화학과, 전문학원 등 이른바 '오타쿠'라 불리는 아마추어동호인 모임과 만화가 예비군 집단이 일본 전역에 깔려 있다. 서클 학생들은 단순한 그림 그리기에 머물지 않고 창작활동과 동인지 발간 등 조직적이면서도 수준 높은 활동을 전개하고 있다. 일본은 미국 애니 산업의 1/3에도 못 미치는 제작비로 작품을 완성시키기 위해 컷의 수를 줄일 수밖에 없었는데 미국의 경우 1초당 24컷이 들어가는 것이 보편적인 데 비해, 일본은 초당 8~12컷 정도가 들어갈 뿐이었다. 그 결과 미국 애니의 장면 전환이 전반적으로 매끄럽고 부드러운 느낌을 주는 데 비해 일본 만화는 속도가 빠르고 직선적인 느낌을 주며, 자극의 정도가 미국 만화보다 훨씬 크다. 그러나 오히려 이것이 세계 시장에서 열광적인 반응을 얻었고 일본식 애니가 세계 시장에 우뚝 솟아오르게 되었다. 즉 애니 영상 자체의 품질은 자금 사정이 좋은 미국 쪽이 더 좋은 게 사실이지만, 이야기의 구성이나 재미, 캐릭터의 매력 등은 저패니메이션이 더 앞섰다. 디즈니 애니메이션이 주로 고전 동화가 아니면 'American Dream'이나 미국 제일주의에 바탕을 둔 '영웅 만들기'에 주력하고 있는 데 반해, 저패니메이션은 자연 파괴 및 환경오염의 고발 등 전 세계 인류가 공감할 수 있는 보편적 메시지를 전달하는 데 성공하였다. 또 이야기 구성상으로는 고전 동화가 주류를 이루던 세계 시장에서, 주인공이 온갖 어려움을 물리치고 성공을 거두는 '성취 드라마'라는 일본 애니의 전형적인 내용도 세계적인 히트 요인으로 작용하였다. 또한 일본 애니는 디즈니 작품보다 훨씬 더 자극적이고 선정적인 화면으로 시청자들의 눈길을 사로잡는 경우가 많다. 최근에는 자극성을 더욱 높이기 위하여 화면에 과다한 빛과 광선효과를 넣는 등, 저패니메이션의 역기능도 적지 않다. 1997년에는 TV용 애니메이션인 〈포켓몬〉을 시청하던 어린이들이 집단 발작 현상을 일으켜 입원하는 등 사회적으로 물의를 빚기도 하였다. 또한 지나친 승부욕과 승리 지상주의, 반서구주의 및 쇼비니즘, 허무주의적 절망감, 과도한 폭력성과 저속성 및 선정성 등 주 시청자인 어린이들에게 비교육적인 장면이 너무 많다는 단점을 가지고 있다.

(2) 영국의 경우

영국은 영화의 전통이 매우 깊은 나라이다. 특히 다큐멘터리 분야의 경우 그 업적이 대단하다. 애니메이션의 경우에는 1953년 작인 조지 오웰 원작의 〈동물농장〉 같은 작품에서 알 수 있듯이 일찍부터 상당히 발전했다. 그리고 지금도 교육이 잘된 많은 수의 애니메이터들을 배출하고 있으며, 그들 중 대부분은 미국의 디즈니사 등에서 활발한 활동을 하고 있다. 또한 영국에는 〈월레스 앤 그로밋〉이나 최근 〈치킨 런〉을 제작한 인형 애니메이션 제작사인 아드만 필름이 있다. 이 제작사는 인형 애니메이션 제작 역량을 유감없이 드러내어 성공하고 있으며, 이 작품들은 진지하고 민감한 주제에서 벗어나 소시민층의 정서와 유머를 다루고 있으며, 인형 애니에서 좀처럼 볼 수 없었던 스피디한 동작과 역동적인 영상을 표현해냈다.

(3) 미국의 경우

미국의 애니는 유럽과는 조금 다르다. 미국에는 전 세계적으로 유명한 월트 디즈니사가 있다. 월트 디즈니사는 1990년대 초 〈인어공주〉를 시작으로 〈미녀와 야수〉, 〈포카혼타스〉 등의 연속적인 성공으로 전 세계를 열광시켰으며, 현재 〈토이 스토리〉 같은 컴퓨터 애니로도 성공을 거듭하고 있다. 이것은 대규모 자본과 탁월한 애니 제작 능력이 있는 월트 디즈니사가 아니면 불가능한 일이었다. 디즈니 애니로 대표되는 미국 애니는 부드러운 컬러링과 풀 애니메이션(초당 24매 정도의 프레임)으로 인간이 움직이는 것과 같은 착각을 불러일으킬 정도의 자연스러운 동작에 방점을 두었다. 주로 내용은 신화나 동화, 민담 등의 요소를 많이 다루어서 권선징악 요소가 많이 가미가 되었다.

그리고 한 작품에 한 가지 이상의 감동과 주제를 가지고 있다. 주로 관객층을 아동으로 정하고 있어 내용이 단순하며, 현대 과학이 발달을 보여주는 그래픽을 최근에 많이 사용하고 있다. 극장용 애니는 많이 제작을 하고 있지만, TV판은 주로 단편으로 만들고 있다. 또 우화적이며, 비극적이었던 동화나 민담들을 해피엔딩으로 끝내는 경향이 있어 세계 어린이들에게 디즈니만의 동화를 원작 동화처럼 생각되게 하기도 한다. 또한 철저한 상업성에 의해 제작된다는 것. 돈이 될 수 있는 경우에만 애니 제작을 한다는 것이다.

미국의 애니는 세계적으로 월트 디즈니의 극장용 애니들로 대표되고 있지만 TV 애니 역시 어린이·청소년 네트워크 방송들에 의해 매우 위력적인 산업 모델을 갖추고 있으며, 비(非)디즈니 계열의 애니도 매우 강력한 시장 주도력을 행사하고 있다. 미국의 애니 방송은 전국적인 네트워크 외에도 지역방송 등과 같이 250여 타임 블록을 보유하면서 광고 대행 기능까지 포괄하고 있는 대형 연합 교환 배급사들이 존재하고 있다. 수많은 신디케이터들뿐만 아니라 광고대행사, 아티스트 에이전시 기업 등 타임 블록을 갖고 있거나 방송 배급 활동이 가능한 회사들이 다양하게 포진되어 있다. 전국적인 네트워크와 방송배급사들은 서로 긴밀하게 연결되어 있고 뉴욕이나 LA 등 유력 지역에서 신디케이터에 의해 성공적으로 배급된 작품들은 자연스럽게 네트워크로 비싼 가격에 판매되기도 하고, 에이전시 기업들은 초기부터 네트워크의 메이저들을 대상으로 공동제작과 투자를 이끌어내기도 한다. 미국 내 TV 애니 방송 배급은 다양한 방식으로 진행된다. 그중 일반적인 방식은 네트워크에 의해 전적으로 투자·판매되는 방식이거나 네트워크 일부와 투자(Fund)가 결합된 방식, 혹은 〈포켓몬스터〉의 사례처럼 지역방송에서 출발하여 비싼 가격으로 네트워크에 판매하게 되는 방식 등이 있다. 미국은 TV 채널들이 다양하기 때문에 애니에 있어서도 여러 번의 기회를 활용할 수 있다. 여러 공동 투자자가 참여하는 제작이 빈번한 미국은 고도로 발달된 투자운영 시스템과 노하우를 구축하고 있다. 하지만 현재 전성기를 구가하고 있는 미국의 애니는 큰 난관에 부딪쳤다. 그것은 재패니메이션의 강력한 도전이다. 이로 인해 미국 애니의 절대적 입지가 흔들리고 있다.

결론

우리나라의 다른 다중문화는 전반적으로 크고 급격한 발전을 겪는 반면 애니 부문에선 눈에 띄는 것이 없는 것 같다. 이제까지 우리나라에서 주로 만든 것은 1단계 애니, 즉 어린이들을 대상으로 한 애니를 만들었다. 이제는 그 단계를 넘어서서 2단계, 3단계 애니를 만들 때이다. 우리는 1960년대 말에 〈황금박쥐〉, 〈요괴 인간〉 등을 일본과 합작이라는 허울 좋은 구실로 OEM 받았다. 일본은 자국의 폭등하는 인건비로 인한 고민의 해결책으로 한국을 택했고, 아직 제작환경이 정리되지 못한 우리나라로서는 기술 발전을 꾀할 수 있는 기회로 받아들인 것이다. 덕분에 우리 손에 제작된 애니를 역수입하여 방영하는 기현상이 아직까지 계속되고 있다. 우리나라의 작화 실력은 이미 세계가 알아준다. 마크로스의 후속작인 마크로스 플러스도 한국의 애니 회사인 〈Dr. Movie〉에서도 그려준 것이다. 또 이번에 MTV의 이온 플러스와 팬텀 2040은 한국 사람이 그린 것이다. 실력은 충분히 되는데 아이디어와 투자환경이 열악한 것이 가장 큰 문제이다.

(1) 만화·애니메이션에 대한 인식 전환 및 수요층을 확대해야 한다.

아직도 만화 및 애니를 단순히 어린이들의 오락물 정도로 여기는 등 주변 문화로 취급하는 일반대중의 인식이 매우 낮고, 만화가의 사회적 지위도 낮은 것이 애니 산업의 원활한 발전을 가로막고 있다. 또 수요 측면에서 저변 인구가 너무 적어 만화·애니 제작자의 의욕을 떨어뜨리고 있는 것도 사실이다. 애니의 기반이 되는 만화 독자층의 저변을 성인층에까지 넓히는 등 만화를 주변 문화에서 대중문화의 중심으로까지 지속적으로 끌어올리는 노력을 기울여야 한다.

(2) 마케팅의 활성화 - 방송환경의 개선

현재까지 지상파TV 방송사들은 국내 창작 애니의 제작 물량뿐만 아니라 작품의 기획 방향과 마케팅에 이르는 전 과정에 가장 큰 변수로 자리하고 있고, 국내 애니 업계에 미치는 이들의 영향력은 이변이 없는 한 앞으로도 지속될 것이다. 그런 이유로 정부에서 국산 애니 의무 방영제라는 강제 규정까지 신설하여 애니 산업의 진흥을 위한 정책으로 시행하고 있으나, 현재까지는 그리 만족할 만한 결과를 얻지는 못했으며 방송사들의 이에 대한 반발이 큰 것으로 보인다. 그러나 국산 애니의 국내 및 해외 마케팅이 활성화되려면 우선 지상파TV의 애니 편성기준이 좀더 국내 업계의 경쟁력이 강화될 수 있는 방향으로 개선되어야 한다. 국산 애니의 수익성이 떨어질 경우, 국내시장에서조차 저가에 수입할 수 있는 해외 애니의 경쟁력이 상대적으로 강화될 수밖에 없어 결국 국산 애니의 제작은 더욱 위축될 것이기 때문이다.

방송사들은 위와 같이 일괄 적용되고 있는 저단가의 광고 수익 현실을 재방, 삼방의 불가피성과 애니메이션 방송 시간대 및 공동제작(외주제작) 비중 축소의 배경으로 내세우고 있다. 이에 대한 근본적인 개선은 사실 제도적이고 법적인 개선을 통해서 가능한 것으로 장기간의 연구와 관련 업계 및 시민단체를 포함한 공청회, 국회 입법화 과정을 필요로 한다. 그러한 중장기 개선 활동을 한편으로 단기적이면서 현실적으로 가능한 방송사의 수익구조 개선방안에 업계가 함께 적극적으로 모색할 필요가 있다.

(3) 마케팅 기능의 전문화

국내 TV 애니도 효과적인 마케팅을 수행하기 위해서는 미국이나 일본같이 이벤트나 광고 활동을 좀더 강화할 필요가 있다. 지금까지 대부분의 애니들은 작품이나 캐릭터의 인지도를 높이는 활동은 거의 전적으로 TV 방영에만 의존해왔으나, 경쟁에서 우위를 점하기 위해서는 TV 광고라는 직접적인 수단을 포함하여 인터넷, 신문 등 다양한 활동을 전개할 필요가 있다. 이와 함께 라이센시들과의 네트워크를 활용하는 것도 좋은 방법이 될 수 있다. 이러한 방식은 현재로서는 자금력이 있는 일부 대형 마케팅회사 정도가 사용할 수 있는 방법일 수 있지만, 최근 OST 및 패키지게임 사업에서 애니 제작사가 음반사나 게임 제작사와 공동 제작하는 방법이 활성화되고 있듯이 여러 방안이 있을 수 있다.

(4) 자체 제작의 경험과 노하우를 축적해야 한다.

자체 제작의 경험이 별로 없어 노하우가 거의 축적되어 있지 않고, 제작비나 제작 기간 등 장애요인이 많았었다. 최근 들어 주요 대학에 만화·애니메이션 관련 학과가 잇달아 설립되었고, 정부도 애니를 21세기 유망산업의 하나로 선정하여 육성방침을 밝히는 등 늦게나마 공급 측면의 인프라는 조금씩 정비되어 가고 있어 애니 산업 발전에 긍정적 현상으로 비치고 있다.

(5) 창작 및 표현의 자유에 대한 제약을 완화해야 한다.

예전에 일부 만화작품이 불건전하다는 이유로 유명 만화가 '이현세'가 사법처분을 받아 사회적으로 찬반 여론이 들끓은 적이 있었다. 향후 창작 및 표현의 자유를 저해하는 당국의 이와 같은 과도한 심의, 검열 등을 자제하고, 가능한 한 만화가의 창작과 표현하고자 하는 바 등을 자율적 심의와 독자·관객의 판단에 맡기는 방향으로 바꾸어 가야 할 것이다.

(6) 기업들에 대한 투자 유도

국내 기업들이 애니에 대한 투자를 하도록 유도하는 것이다. 국내 기업들의 애니에 대한 투자 유치는 PPL 협찬 및 기타 방법을 통해 가능할 것이다. 이미 국내 영화, 드라마 등에 대한 기업의 PPL이나 협찬은 일반화되어 있고 기업들의 입장에서도 이러한 방식의 간접 마케팅이 상당한 효과를 거두고 있다고 판단하고 있기 때문에 많은 기업들이 PPL이나 협찬에 매우 적극적인 태도를 가지고 있다. 그러나 현재까지 애니에 대한 기업들의 PPL은 제도적으로 철저히 봉쇄되어 있고, 그렇기 때문에 이 분야에 대한 애니 제작사들의 마케팅도 그리 적극적이지 못했다. 그러나 만일 애니를 통해 국내 기업들이 간접적인 기업의 홍보 또는 광고효과를 거둘 수 있다면, 국산 애니에 대한 기업들의 투자는 활성화될 수 있을 것이다. 애니의 해외수출 가능성이 매우 높기 때문에 기업의 입장에서는 해외시장에 대한 기업의 홍보 효과를 거둘 수 있기 때문에 이 부문은 발전 가능성이 매우 높을 것이다. 국산 애니 제작에 투자, 또는 협찬하는 기업에 대한 세제상의 혜택이나 기타 방법을 통해서 인센티브를 줄 수 있다면 국산 애니에 대한 기업들의 투자는 더욱 활발해질 수 있을 것이며, 방송사로서는 낮은 구매가격 또는 투자 금액으로 인한 부담감에서 일부 벗어날 수 있을 것이고, 애니 제작사의 입장에서는 전적으로 방송사에게만 의존하는 마케팅의 다변화를 기할 수 있는 기회가 마련될 것으로 보인다.

(7) 해외시장에의 진출노력을 확대하고 애니의 국제화를 이루어야 한다.

소비층이 한정되어 있는 국내 시장에만 집착하지 말고 해외 수출도 염두에 둔 작품을 제작해야 하며, 여기에는 정부의 적극적인 지원이 꼭 필요하다.

(8) 디지털화 추세에 적극 대응해야 한다.

현재 국내 애니 업계는 디지털화 추세에 적극 보조를 맞추어 가야 하기 때문에 컴퓨터 그래픽 등 관련 분야의 인재 양성도 적극적으로 추진해야 한다. 우리나라를 비롯한 선진국들에선 디지털 위성방송이 개시되어 100개가 넘는 다채널 시대에 돌입하고 있다. 또한 PC와 인터넷의 급속한 보급으로 이 부분의 폭발적 수요가 이미 이루어지고 있다. 이에 따라 디지털, 인터넷에 대한 체계적인 대응책을 마련해야 할 것이다.

우리의 잠재된 기술력을 펼칠 수 있는 여건이 조성되고, 정부의 적극적인 지원과 우리가 우리의 애니에 대한 자긍심을 가지고 지속적인 관심을 보일 때 우리 애니는 우리만의 특징을 가진 독창적이고 창의력 넘치는 걸작들을 많이 만들어 낼 수 있을 것이다. 물론 그동안 쌓아온 기획 능력이 없다는 점에서 초기에는 실패를 거듭할지도 모르지만, 우리가 우리 애니에 끊임없는 관심을 가지면 언젠가는 세계 어느 나라와 비교하더라도 손색없는 작품들을 만들어 낼 수 있을 것이다. 우리는 우리 애니가 세계 각국의 극장과 TV에서 방영되는 날을 기대해 볼 수 있을 것이다. 그리고 더 나아가 일본과 미국을 능가하는 상업적 성공을 충분히 거둘 수 있으리라고 본다.

라벤나 Ravenna 의
산 아폴리나레 인 클라세 성당 San Appolinare in Classe

- 앱스의 세미돔과 개선문의 벽면 모자이크를 중심으로

서론 - 라벤나 Ravenna [1] 의 역사

이탈리아 에밀리아로마냐주 라벤나현의 주도. 위치는 이탈리아 에밀리아로마냐주 볼로냐의 동쪽 약 70km 지점이며, 인구는 13만 9771명(2000)이다. 볼로냐 동쪽 약 70km의 아드리아해에 가까운 옛 도시로서, 포강 하류에서 운하로 아드리아해와 연결된다. 로마시대에 이미 아드리아해 북부 해역을 감시하는 로마 해군의 기지였으며, 비잔틴제국 시대에는 동서교역의 중심지로서 경제적 번영을 이루었다. 도시 일대가 풍부한 농업지대이자 철도의 분기점이어서 농산물의 집산·가공이 활발하며, 1953년 천연가스가 발견되어 석유화학·정유·가스정제·합성고무 등의 공업도 발달하였다. 곳곳에 비잔틴제국 시대 모자이크 양식의 초기 그리스도교 건축유적이 많다.

(1) 단테가 극찬한 '지상의 낙원'

이탈리아 반도 북동부에 위치한 라벤나는 '모자이크 도시'다. 동로마(비잔틴)제국의

---

1 http://cafe.naver.com/mheurope.cafe

총독부가 자리했고, 5세기 한때 서로마제국의 수도가 됐던 관계로 중세 그리스도교 미술의 대표적 형식이라 할 수 있는 모자이크 작품이 많아서다. 성당 내부를 장식하는 데 주로 쓰였던 모자이크 가운데서도 최고의 것은 시내의 '산 비탈레 성당'과 클라세의 '산 아폴리나레 인 클라세' 성당에 있다. 단테가 '색채의 교향악'이란 찬사를 보냈던 라벤나의 모자이크는 1996년 유네스코에 의해 세계문화유산으로 지정됐다. 단테가 태어난 피렌체와 그가 말년을 보낸 라벤나는 열차로 2시간 정도 걸리는 가까운 거리지만 그가 살았던 13~14세기에는 서로 다른 국가였다. 당시는 다수의 미니 공화국이 이탈리아 반도 북부에 들어섰던 관계로 피렌체에서 형사 소추를 당했다 하더라도 라벤나로 숨어버리면 어떻게 할 수 없었다. 범죄인 인도 절차 같은 게 아직 없었으니까. 단테 또한 그런 이유로 라벤나를 찾았다.

황제파인 흑당과 교황파인 백당이 치열한 싸움을 벌이고 있는 피렌체에서 시인이자 정치가인 단테는 백당에 속했다. 그가 로마 교황청에 도움을 청하려고 떠난 사이 흑당이 정권을 탈취하는 일이 일어났고, 단테는 졸지에 공금횡령과 반역죄로 사형 언도를 받는 등 체포되면 극형을 면할 수 없는 처지에 내몰렸다. 어쩔 수 없이 유랑의 길을 떠났던 그는 북이탈리아를 전전하다 52세가 되던 1317년 라벤나를 찾았다. 라벤나 영주의 빈객 자격으로.

젊은 시절 우연히 만나 사랑의 감정에 빠졌으나 뜻을 이루지 못한 구원(久遠)의 여성 베아트리체. 그녀에 대한 비련을 종교적으로 승화시킨 《신곡》 집필을 끝낸 직후인 1321년 9월 13일 깊은 밤, 단테는 하늘나라로 갔다. 평생 그녀를 생각하며 살았던 단테의 유해는 라벤나 시내 성 프란치스코 성당에 매장됐다.

(2) 단테 무덤 놓고 피렌체·라벤나 마찰

라벤나를 찾는 사람이면 반드시 성당 옆의 작은 단테 묘당으로 간다. 성의가 있는 사람은 거기에 꽃 한다발을 기꺼이 바친다. 묘당 앞 단테 기념관(Centro Dantesco)에는 그에 관한 것들이 전시되고 있는데 특히 주목을 끄는 것은 '단테 비엔날레'에 출품된 단테의 조각상들이다. 50개국 2,000여 명이 출품한 4,000여 점 가운데 고르고 고른 것이라 상당한 수준이다. 조각상의 주제는 '유럽인, 단테(Dante Europeo)'. 유럽이 개별국가의 벽을 헐고 연합의 길을 걷고 있는 이 시점에서 중세의 주류 언어인 라틴어가 아니라 하나의 지방어에 지나지 않던 이탈리아어로 《신곡》을 펴냈던 그를 유럽인의 원형으로 삼고 있다는 게 좀처럼 이해되지 않는다. 그러나 그들은 개인의 가치와 위엄을 드높이고 중세로부터 벗어나 근대의 길을 단테가 열었다는 점과 인간 개인의 영혼 그리고 자유로운 정신이야말로 유럽 연합의 기둥이라면서 그를 높이 평가한다. 그런데도 피렌체와 라벤나는 지금 보이지 않는 전쟁을 벌이고 있다. 피렌체가 라벤나에 있는 단테의 무덤을 그가 태어나 오랫동안 살았던 피렌체에 돌려달라고 하기 때문이다. 그렇다고 라벤나가 순순히 들어줄 리 있겠는가. 단테가 단테일 수 있었던 이유는 라벤나에서 《신곡》을 완성했기 때문이라며, 그의 영혼을 위해서도 그럴 수는 없는 일이라고 말 같지 않은 소리는 하지 말라며 대꾸도 않는다.

(3) 라벤나의 초기 그리스도교 건물들[2]

아드리아해와 접한 항구 도시 라벤나는 중세에 최고의 영화를 누렸다. 5세기 초에 서로마제국 황제 호노리우스가 수도로 정한 후, 540년에 비잔틴(동로마) 제국의 총독부가 설치되었다. 그 뒤 라벤나는 중세 유럽에서 고대 로마 문화와 비잔틴 문화가 융합된 지역으로서 지극히 중요한 도시가 되었다. 세계유산에 등록된 8개의 초기 그리스도교 건물과 거기에 수놓인 화려한 모자이크 장식은 동방에서 직접 영향을 받은 중세 미술의 정수를 가장 단적으로 볼 수 있는 귀중한 예이다.

① 영광의 도시

원래 움브리아인(Umbrian)[3]에 의해 취락이 형성된 것이 라벤나의 기원이라고 한다.

---

2 http://blog.naver.com

3 고대 이탈리아 움브리아 지방에 살던 민족. 오스크움브리아 방언을 쓴다. 고대에 가장 일찍이 이탈리아반도에 남하하여 처음에 테베레강(江) 상류에 살았다. 뒤에 에트루리아인·켈트인에게 밀려서 테베레강 동쪽, 아펜니노 산맥으로 옮겨 중부 이탈리아에 정주하였다. 이어서 점차 로마의 세력권 내에 들어가, BC 3세기 초에는 완전히 로마에 예속되어 로마화하였다.

아드리아해와 접하고 포강(Po River)[4] 길이 680km. 유역 면적 약 7만km². 알프스산맥과 아펜니노산맥에 둘러싸인 지역으로부터 아드리아해에 이어지는 지향사(地向斜)에 이탈리아 최대의 기름진 충적평야를 이루며 흐른다. 하류지역은 선박의 항행이 가능하다. 이탈리아에서 가장 긴 강으로 알프스 산중의 몬테비소에서 발원하여 동쪽과 북동쪽으로 흘러 토리노·키바소를 지나 동쪽으로 향한다. 피아첸사·크레모나를 지나, 롬바르디아와 베네토 지방과 에밀리아 로마냐 지방을 나누고, 베네치아 남쪽에서 몇 개의 하구(河口)로부터 아드리아해로 들어가면서 바다를 향해 광대한 삼각주를 이룬다. 도라발테아·티치노·아다·올리오·민초 등의 주요 지류는 거의가 알프스에서 시작되며, 트레비아·타로·파나로·세키아 등 아펜니노 산중에서 발원하는 많은 지류들은 규모가 작다. 유역이 광대한 포 평원은 비옥한 농업지대·공업지대를 형성하고, 토리노·밀라노를 위시한 많은 대도시가 집중해 있다. 또한 평원의 남부와 아펜니노산맥의 북쪽 기슭을 따라 철도와 고속도로가 지난다.

하구의 대델타 지대 남부의 만에 위치한 라벤나는 교역의 중심지로서 발전했다. 그 후 로마 제국 초대 황제 아우구스투스 시대에는 인접한 해안에 아드리아해로부터 동지중해를 겨냥한 함대의 군항이 만들어져 해상을 통해 동방과 연결되는 항구 도시가 되었다. 이 군항은 함대를 의미하는 클라시스로부터 클라세라는 이름이 유래되었다.

313년의 밀라노 칙령에 의해 그리스도교가 공인되고, 395년 로마 제국의 동서 분열 그리고 401년 서고크족의 이탈리아 반도 침입에 따라 라벤나의 역사는 새롭게 전개되었다. 서로마 제국 황제 호노리우스는 402년 침입한 서고트족의 위협을 피해 밀라노에서 라벤나로 천도했다. 호노리우스 황제가 사망한 후에는 비잔틴 제국의 수도 콘스

---

[4] 길이 680km. 유역 면적 약 7만km². 알프스산맥과 아펜니노산맥에 둘러싸인 지역으로부터 아드리아해에 이어지는 지향사(地向斜)에 이탈리아 최대의 기름진 충적평야를 이루며 흐른다. 하류지역은 선박의 항행이 가능하다. 이탈리아에서 가장 긴 강으로 알프스 산중의 몬테비소에서 발원하여 동쪽과 북동쪽으로 흘러 토리노·키바소를 지나 동쪽으로 향한다. 피아첸사·크레모나를 지나, 롬바르디아와 베네토 지방과 에밀리아로마냐 지방을 나누고, 베네치아 남쪽에서 몇 개의 하구(河口)로부터 아드리아해로 들어가면서 바다를 향해 광대한 삼각주를 이룬다. 도라발테아·티치노·아다·올리오·민초 등의 주요 지류는 거의가 알프스에서 시작되며, 트레비아·타로·파나로·세키아 등 아펜니노 산중에서 발원하는 많은 지류들은 규모가 작다. 유역이 광대한 포 평원은 비옥한 농업지대·공업지대를 형성하고, 토리노·밀라노를 위시한 많은 대도시가 집중해 있다. 또한 평원의 남부와 아펜니노산맥의 북쪽 기슭을 따라 철도와 고속도로가 지난다.

탄티노플에서 되돌아온 누이동생 갈라 플라키디아와 그의 아들 발렌티니아누스 3세가 라벤나를 통치하였다. 이에 따라 동서 문화를 결합한 라벤나 문화의 기초가 세워졌다. 그 후 476년, 서로마 제국의 게르만인 장교 오도아케르가 반란을 일으켜 제국을 멸망시켰으나 수도 라벤나는 그대로 존속되었다. 493년에 라벤나를 정복한 동고트왕 테오도리크 역시, 526년까지 이곳에 궁정을 두었다. 테오도리크왕의 통치 시절 라벤나에는 장엄하고 화려한 왕궁과 수많은 그리스도교 건축이 세워졌다.

540년 이탈리아의 탈환을 목표로 한 비잔틴제국은 유스티니아누스 1세의 장군 벨리사리우스를 통해 라벤나를 직할령으로 정하고, 총독부를 설치해 이탈리아반도 일대를 장악하는 데 주력했다. 이 시대의 라벤나는 동서교역의 중심지로서 경제적인 번영을 구가하는 동시에, 이른바 유스티니아누스 황금시대를 만나 화려한 모자이크 양식으로 빛나는 각종 건축이 잇달아 신축되거나 증축되었다. 그러나 유스티니아누스 1세의 사망과 함께 라벤나의 영화도 무너지기 시작해, 결국 751년에 롬바르드족의 침입을 받아 도시는 파괴되고 756년에는 로마 교황령이 되었다. 그 후 1441년에는 신흥 도시국가 베네치아의 지배에 굴복하고, 1509년에는 교황령으로 복귀했으나, 항구를 잃은 라벤나는 더 이상 중세의 번영을 되찾을 수 없었다.

② **신비로운 모자이크**

라벤나에 세워진 각종 성당 건축의 특징은 내부 벽면을 장식하는 모자이크다. 고대의 신전은 외벽에 다양한 장식을 했으나 라벤나 건축의 겉모습은 극히 간소한 반면, 내부에 모자이크를 이용함으로써 공간에 정신적인 의미를 부여했다. 라벤나의 모자이크는 비잔틴의 추상적인 상징과 라틴의 합리적인 표현이 훌륭하게 융합하여 새로운 방향성을 제시하고 있었다. 정교회 세례당과 갈라 플라카디아 영묘의 모자이크도 현실을 뛰어넘은 깊은 정신세계를 표현하는 것을 목적으로 하고 있었던 것이다. 504년경에 동고트왕 '테오도리크'의 왕궁 부속 성당으로 건설된 바실리카식 산 아폴리나레 누오보 성당의 측랑을 장식하는 모자이크는 테오도리크왕의 궁전에서 그리스도에게 향하는 순교자의 행렬 등을 표현하였다. 그 중에는 클라세의 항구도 묘사되어 있으며, 미사 내용을 상징적으로 보여주는 《구약성서》의 삽화도 첨가되어 있다.

라벤나에서 가장 많이 사용된 모티프 중 하나가 십자가이다. 십자가는 보통 그리스도의 재림을 상징하는데 유스티니아누스 황금시대의 말미를 장식하는 산 아폴리나레 인 클라세 성당에서는 '예수의 거룩한 변모' 장면에서 그리스도를 상징하여 그려져 있다. 많은 별을 박은 후진 천장의 원형 무늬(메달리온) 중에는 그리스도의 흉상을 배치한 큰 십자가가 위풍당당하게 표현되어 있다. 이 성당은 549년 시내에서 5km쯤 떨어진 예전의 클라세 항구 근처에 세워졌다.

③ 색채의 심포니

라벤나의 성당 건축은 공들인 구상을 바탕으로, 초월적이며 성스러운 공간을 연출하는 것을 목표로 했다. 여기에서 결정적인 역할을 한 것은 내부를 장식하는 모자이크였다. 창을 통해 비치는 빛을 받아 청명한 모자이크가 성당 내부 공간을 신비의 세계로 변모시킨 것이다. 빛의 예술이라는 모자이크는, 색대리석과 색유리의 작은 덩어리를 천장이나 벽과 바닥에 칠한 덜 말린 회반죽에 메워 넣어 화상이나 장식 모티프(motif)[5]를 표현한다. 르네상스의 화가들은 모자이크를 '영원한 회화'로 칭송하였고, 시인 단테는 《신곡》에서 라벤나의 호화롭고 신비로운 모자이크를 '색채의 심포니'라고 찬미했다.

다른 벽화에는 없는 독특한 윤기가 나는 질감, 빛을 반사하여 반짝이는 찬란함 그리고 건축의 어떤 굴곡면에도 대처하여 자유자재로 모티프를 표현할 수 있는 수법들이 맞물려 고대로부터 이용되어 온 모자이크 장식은 5~6세기에 라벤나에서 절정에 달했다. 성당 내부를 가득 덮은 모자이크는 각각의 선명한 색상들에 더욱 화려함을 가미하

---

[5] 회화·조각·문학 등에서 표현·창작의 동기가 되는 작가의 내부충동. 창작에서는 우선 소재[題材]가 있고 이것이 주제(主題)에 부합되게 플롯(소설·희곡·각본 등의 이야기를 형성하는 줄거리 또는 줄거리에 나오는 여러 사건을 하나로 짜는 작업과 그 수법. 간단하게 '줄거리'라고 하기도 한다. 이야기가 시간적 경과에 의한 줄거리의 전개를 뜻하는 것이라면 플롯은 작품의 주제를 증명하는 데 관련된 등장인물 등의 내적(內的) 인과관계를 추가한 것이라고 할 수 있다. 아리스토텔레스가 《시학》에서 플롯을 비극의 가장 중요한 요소라고 주장한 이래 작품의 '묘사'에 선행하는 극적 효과의 중요한 지주(支柱)로 삼아왔다.)을 구성하여 작품이 완성된다. 작자는 소재로부터 주제를 얻었을 때 작자의 내부에 표현하려는 창작 의욕이 생긴다. 이와 같은 내부충동이 모티프이다. 음악에서는 선율이나 리듬을 구성하는 최소단위를 모티프라고 한다. 흔히 주제와 동시하지만 구체적으로는 주제보다 더 작은 박자상의 독립성을 가진 단위로, 뚜렷한 형을 가지고 있으며 청중에게 뚜렷한 인상을 준다. 이러한 여러 종류의 모티프를 결합하고 변화를 주어 종합함으로써 하나의 악곡을 구성한다. 장식에서는 모형으로서의 하나의 정돈된 형을 갖추고 하나의 장식작품을 구성하는 기본단위를 모티프라고 한다.

는 듯한 대비적인 배색으로 빛나는 성스러운 공간을 연출하였다. 모자이크로 표현된 모티프는 모두 현실의 시계를 뛰어넘어 시간과 공간을 초월하고, 정신적인 표현으로 승화되었다. 산비탈레 성당을 장식한 황제 유스티니아누스 1세와 황후 테오도라, 산 아폴리나레 인 클라세 성당 천장의 성 아폴리나리스와 그 발밑에 그려진 하얀 양들과 대지도 물론 현실이 아니다. 거기에 표현된 것은 성스러운 정신으로 가득 찬 존재와 영원한 천상세계인 것이다.

(4) 성 로무알두스(Romualdus) 아빠스(952?~1027)

이 분의 축일은 2월 7일이다. 가말돌리회(Camaldoli)를 설립했다. 이탈리아 라벤나에서 세르지오라는 귀족의 아들로 태어나 20세 되던 해 친척을 살해한 그의 아버지 대신 속죄하기 위해 클라세(Classe)에 있는 산 아폴리나레(San Apollinare) 수도원에 들어갔다. 이곳에서 성 아폴리나리오의 환시를 본 후에 수도자가 되기로 결심하였다. 그러나 수도원에 만연된 세속적 정신을 지적하자 사람들이 그를 미워하고 해치려는 자도 있었다. 어쩔 수 없이 수도원을 떠나 더욱 엄격한 삶을 찾아서 베네치아 근처로 가 마리노라는 은수자의 제자가 되었다. 978년경 로무알두스는 마리노와 함께 피레네산맥에 위치한 쿡사(Cuxa)로 갔다. 그곳 수도원 근처에서 10년 동안 은수 생활을 하던 중 수도자가 된 아버지의 강한 부름을 받아 이탈리아로 돌아와 여생을 보냈다. 당시 신성 로마제국의 황제인 오토 3세는 로무알두스를 매우 존경하여, 998년에 그를 클라세의 산 아폴리나레 대수도원의 원장으로 임명하였다. 그러나 다음해에 수도원장직을 사임하고, 이탈리아의 중북부와 피레네를 다니면서 수도원과 은수처를 만들었다. 이때 세운 수도원 가운데 가장 중요한 수도원이 1023~1027년 아레쪼(Arezzo) 근처에 세운 가말돌리회이다. 이 수도원은 오늘날까지 계속 엄격한 생활양식을 지켜오는 것으로 유명하다. 한때는 제자의 비방으로 교수형에 처하겠다는 위협까지 받았으나 이런 수치를 인내하며 순종한 그는, 1027년 6월 19일 파브리아노(Fabriano) 근처 발 디 카스트로(Val di Castro)에 있는 은수처에서 사망하였다. 1481년에 그의 유해를 파브리노로 이장하였다. 로무알두스 성인은 자신의 잘못이 아닌 타인 때문에 무수한 고통을 당하였지만 더욱 하느님을 믿고 모든 것을 하느님의 뜻에 의탁하는 삶을 살았다.

(5) 화가 클림트(Klimt, Gustav, 1862.7.14~1918.2.6)

황금빛의 화려한 화면과 장식성. 오스트리아의 화가 클림트(Gustav Klimt, 1862~1918)의 작품을 대하는 사람들은 화폭에 담겨진 화려함에 금세 매혹되고 만다. 세기말과 세기초, 낡은 전통과 새로운 도전이 혼재된 이 시기에 클림트는 벌거벗은 여성들을 구속과 억압으로부터 해방시킨 화가였다. 일상의 단조로움을 파괴하고자 비엔나 분리파[6]의 선구자를 자처하며 시대정신을 대변했던 화가가 바로 클림트이다. 이른바 클림트 미술의 황금기로 일컬어지는 1910년대 동안에는 알레고리와 상징이 양식화된 장식성으로 중화된 작품이 주목할 만하다. 빈 분리파 운동과 발맞추어 공예 분야에서 전개 중이던 비엔나 공예운동(Wiener Werksttaete)[7]에 참여하면서 어린 시절 아버지로부터 습득한 금속공예 기술을 환기하게 되었던 한편, 이탈리아 라벤나를 여행하면서 산 비탈레 교회당의 비잔티움 미술을 재발견하게 된 것이 그 계기였다. 〈유딧 II〉(캔버스에 유채와 금박, 178×46cm, 1909, 베네치아 근대미술 갤러리아)는 기하학적 문양의 아르데코 양식[8]이 유난히 돋보이는 작품이다.

---

6 제체시온[Sezession]. 근대 건축사상 중요한 혁신적 예술운동. 1897년 빈에서 시작되었고, 분리파(分離派)라고 번역된다. 과거의 예술 전반에서 분리하여 건축·공예·회화·조각 등을 새로운 시대에 즉응(卽應)한 예술로서 만들어내려고 하는 종합적 운동으로, 건축가 J. 올브리히, J. 호프만, 조각가 메슈트로비치 등이 중심이 되었다. 이 영향을 받아서 독일·오스트리아의 여러 도시에서 분리파 운동이 행하여졌으며, 그중에서도 다름슈타트의 제체시온이 이름 높다. 이것은 19세기 말에 일어난 일련의 건축, 공예미술의 혁신운동, 즉 파리의 아르누보, 영국의 미술공예운동, 독일의 유겐트스틸 등과 본질을 같이하는 것이며, 근대 디자인 혁신의 계기가 되었다.

7 19세기 말 영국에서 W.모리스를 중심으로 일어났던 공예개량운동. 18세기 말에 시작된 산업혁명은 빅토리아시대에 와서는 사회의 모든 분야에서 인간의 생활을 완전히 변화시킬 만큼 발전하였고, 공업생산과 기계생산에 의한 제품들이 대량 생산되었다. 모리스는 이러한 기계만능주의가 결국은 생활 속의 미를 파괴할 것이라는 우려에서 가구·집기·옷감 디자인·제본·인쇄 등 응용미술의 여러 분야에서 '수공업'이 지니는 아름다움을 회복시키려고 중세적 직인제도(職人制度)의 원리에 따른 공예개혁을 기도하였다. 모리스의 이러한 혁신운동은 1860년대부터 시작하여 건축가와 공예가들의 큰 호응을 받았으며, 1880년대에는 직인기술의 향상을 위한 몇 개의 조직도 결성되었는데, 1882년의 '센추리 길드', 1884년의 '아트워키즈 길드'와 '아츠 앤드 크랩츠 전람협회' 등이 그것이다. 이들 직인적 공예운동은 기계능력의 가능성을 무시하였다는 점에서 시대를 역행한 듯하나, 예리한 문제점 제기와 세련된 미의식은 그 후의 공예발전에 커다란 영향을 주었다.

8 아르 데코라티프(art d coratif:장식미술)의 약칭이며, '1925년 양식'이라고도 한다. 흐르는 듯한 곡선을 즐겨 썼던 아르 누보(art nouveau)와는 대조적이며 기본형태의 반복, 동심원(同心圓), 지그재그 등 기하학적인 것에 대한 취향이 두드러지게 나타나 있다. 그러므로 기계시대로 들어선 신생활과의 관련을 당연히 지적하게 되며, 기하학 형태는 꼭 합리적 또는 기계적인 해결에 의해서만 처리되지 않았고, 오히려 우아한 취미에 뒷받침되어 있다. 아르 데코 원천의 하나가 이국정서에 넘친 러시아발레단에 있었던 사실로도 알 수 있듯이, 어떤 때는 화려한 색채의 기하학적 형태가 펼쳐졌다. 이러한 뜻에서 같은 1925년전(年展)에 르 코르뷔지에가

(6) 1200년 만의 합동 성만찬[9]

전 세계 2억 정교회 신자들의 정신적 지주인 바톨로뮤 대주교가 9일 이탈리아의 베네치아로부터 136㎞쯤 떨어진 라벤나의 성 아폴리나레 교회를 방문, 정교회식으로 성만찬을 집전한 뒤 귀세페 베루치 로마 가톨릭 주교로부터 콘스탄티누스 황제의 얼굴이 새겨진 모자이크상을 받아들고 환하게 웃고 있다. 로마 가톨릭과 그리스정교회가 분열되기 전인 6세기쯤에 세워진 성 아폴리네르 교회에서 정교회식으로 성만찬을 집전한 것은 1200년 만에 처음 있는 일이다. 바톨로뮤 대주교는 성만찬을 집전한 뒤 "오늘 예배는 하나님의 축복이며 로마 가톨릭과 정교회 간의 보다 나은 관계를 예고하는 것"이라고 강조했다.

기독교계의 연합에 대해 남다른 열정을 가진 바톨로뮤 대주교는 1,000년 이상 서로 다른 길을 걸어온 로마 가톨릭과 정교회 간의 분열을 치유하는 데 심혈을 기울여 1980년대 이후 로마 가톨릭과의 대화를 적극 추진해 왔다.

모자이크에 대하여[10]

모자이크는 여러 가지 색상의 돌·유릿조각, 도편(陶片)들을 사용하여 이것을 평면에 늘어놓고 모르타르나 석회·시멘트 등으로 접착시켜 무늬나 그림모양을 표현하는 기법이다. 건축 등에서는 바닥이나 벽면 등을 장식하고, 공예품에서는 표면에 회화효과나 장식성을 나타내는 미술 방식이다. 고대 그리스의 모자이크는 자연석(백색과 흑색)으로 그림 모양을 구성하고 있으나, 헬레니즘 시대의 바닥 모자이크에서는 유색(有色) 대

순정(純正)한 기하학에 의거하여 출품, 전시하였던 '에스프리 누보관(新精神館)'은 뛰어난 합리적 정신에서 아르 데코와는 전혀 다른 경향을 나타냈다. 아르 데코를 대표하는 디자이너로는 공예의 폴로, 브란트, 르그랑과 포스터의 카상드르 등이 있다. 패션계에서는 포와레와 샤넬이 아르 데코의 취미를 받아들였다. J.호프만이 주재하였던 빈 공방(Wien 工房)의 작품은 그 고아한 취미성에 의하여 아르데코와 근접한다. 그리고 1930년 전후의 뉴욕의 건축 장식에도 흥미 있는 아르데코 양식이 나타났다.

9   2002년 6월 12일 자《국민일보》종교면
10   http://dragon.seowon.ac.kr

리석이 이용되었다. 로마시대에는 알렉산드리아를 중심으로 융성하였다.

색이 다른 조각을 사용하여 도안이나 문양을 나타낸다는 점에서 모자이크는 동양의 상감세공과 비슷하다. 그러나 모자이크에서는 밑바탕을 겹쳐 감추어 버리는 것에 반해서 상감세공에서는 밑바탕의 질감을 살리며 여기저기 파서 다른 조각을 박아 넣을 뿐이다. 그릇 자체가 가지고 있는 자연 그대로의 색감과 여백의 미를 소중히 여기는 동양에서는 상감기법이 고도로 발달하였지만 모자이크는 별로 선호하지 않았다.

(1) 모자이크의 발전

모자이크 기법은 고대부터 사용되었다. 현존하는 최고의 모자이크는 대영박물관에 있는 '우르의 스탠다드'이다. 우르는 세계 최초로 고도의 문명을 낳은 수메르인의 도시로서 영국의 고고학자 월리가 발굴했다. 그 밖에도 후세에 큰 영향을 끼친 것은 헬레니즘 시대의 마룻바닥 모자이크이다. 이를테면 마케도니아의 고도 페라의 유적에 가보면 정연한 기하학적 무늬의 모자이크가 남아 있다. 로마인은 그리스 문화를 무엇이든지 흡수해서 그것을 로마식으로 발전시켰는데 마룻바닥 모자이크로 장식하는 수법도 그 가운데 하나였다. 그러나 자연석으로 간단하고 소박한 모자이크를 만드는 것은 호화로운 로마인의 취향에는 맞지 않았다. 아름다운 색깔의 대리석을 끌로 톡톡 깨서 많은 양의 작은 조각을 만들어 모자이크의 재료로 썼다. 시간이 많이 걸리는 작업이었지만 로마인은 값싼 노예를 얼마든지 이용할 수 있었으므로 문제가 없었다. 대리석 조각은 1-2센티미터 크기로 색상은 그리 많지 않지만 자연석과는 달라서 완성품이 그만큼 더 정교한 인물, 동물, 식물, 건축물 등을 사실적으로 표현할 수 있었다. 공공의 욕탕이나 개인 저택의 마룻바닥을 모자이크로 장식하는 수법은 로마 제국의 전역으로 퍼졌다. 로마 제국이 멸망한 후 보도에 모자이크를 하는 전통은 유럽 중부에서는 쇠퇴했지만, 오직 포르투갈만이 오늘도 그 전통을 유지하고 있다. 로마인들은 저택 마루에 모자이크를 하면서 벽 장식은 줄 가벼운 벽화로 대신했다. 그러나 특히 호화로운 벽면이나 장식적인 벽면에는 모자이크를 했다. 마루와는 달리 사람이 밟을 염려가 없으므로 벽 모자이크는 자료의 선택이 자유롭다. 진주광택이 나는 조개껍질, 유약을 칠한 자기 조각, 색은 아름답지만 겉이 단단하지 않은 돌 등도 쓸 수 있다. 특히 금박이나 은박을 샌드위치 모양으로 유리 틈에 끼워 놓은 조각은 로마인의 빛나는 발명이었다. 빛을 받으면 눈부시게 빛나는 대단한 장식 효과를 자아냈다.

(2) 비잔틴 모자이크

로마 시대의 벽면 모자이크 기술은 비잔틴 시대에 들어와서(425-540년경) 성당을 장엄하게 만들기 위한 목적으로 더욱 발달하였다. 504년경에 제작된 《빵과 물고기의 기적》은 사람들의 신앙에 직접 호소하는 힘을 가졌다. 이탈리아에서는 비잔틴제국의 총독부가 있던 라벤나에 비잔틴식의 모자이크가 가장 많이 남아 있다. 그 다음으로 모자이크가 많이 남아 있는 곳은 비잔틴 제국과 관계가 깊던 시칠리아섬의 팔레르모 그리고 베네치아이다. 베네치아 산 마르코 대성당의 돔 끝머리에서 시작하여 벽 전체를 뒤덮고, 마룻바닥까지 장식한 모자이크는 보는 이의 감탄을 자아낸다. 비잔틴제국의 수도였던 콘스탄티노플에는 오스만투르크에 점령당한 후 거의 모든 교회가 회교의 양식으로 개조되어 버렸다. 그때 모자이크를 긁어내지 않고 그 위에다 석회칠을 덧칠해 버린 경우가 상당히 있다. 지금은 박물관이 된 하기아 소피아 대성당에서는 석회칠을 제거하자 비잔틴 시대의 모자이크가 다시 얼굴을 드러냈다.

(3) 로마 가톨릭교회

같은 그리스도교 교회라도 성당 안을 철저하게 모자이크로 장식하는 것은 주로 그리스 정교회에서 행해졌다. 로마 가톨릭교회에서는 성당 내에 모자이크를 했어도 그것을 부분적으로만 했다. 팔레르모나 베네치아의 경우는 상당히 이례적이라 할 수 있다. 그 대신 로마 가톨릭의 대성당에는 정면 외벽을 장식한 금빛 찬란한 모자이크를 볼 수 있다. 로마의 '성곽 밖의 산 파우로 바실리카', 올비에트 대성당, 시에나 대성당은 그 좋은 본보기이다. 이들 외벽의 모자이크는 석양빛을 받으면 더욱 빛난다.

산 아폴리나레 인 클라세 San'Appolinare in Classe 성당[11]

　은행가 율리아누스 아르겐타리우스는 현존하는 제2의 대형성당 건립의 자금을 후원하였다. 이 성당은 그 지역의 성인, 즉 라벤나의 초대 주교인 성 아폴리나리스에게 봉헌되었으며, 라벤나의 항구인 클라세에 있다. 그래서 이 성당이 산 아폴리나레 인 클라세로 불린다. 하지만 이 성당은 산 비탈레 성당과는 달리 통상적인 양식(측량의 남북으로 12개의 원주 배열)의 대형 바실리카식 성당이었다. 이 성당은 성 아폴리나리스의 묘지에 인접하여 세워졌는데, 성인전(이것이 처음 문자로 씌어진 때는 7세기)에 따르면 아폴리나리스는 성 베드로의 제자였다. 그러므로 성당 건립의 동기는 십중팔구 라벤나 주교구의 준(準)사도 도시로서의 출발을 강조하려는 것이다. 아마도 건립 당초부터 그런 목적이었고 그래서 이 성당은 로마에 대한 경쟁심이 모아졌던 곳이었다. 로마의 교황들이 성 베드로 대성당에 매장되었던 것처럼, 역대 라벤나 주교들(595년부터 765년까지)이 선택적으로 이 묘소에 묻혔다는 사실이 이를 말해준다.

　클라세에 현존하는 산 아폴리나레 성당의 모자이크 장식은 앱스와 '개선문' 벽면 부분에 한정되어 있다. 언뜻 보면 이 모자이크의 전체구도는 통일된 것처럼 보인다. 그렇지만 사실 그것은 여러 단계로 서로 다르게 구성되었다. 앱스의 세미돔 모자이크, 그 아래 창문들 사이에 있는 네 명의 주교들 그리고 아치 기부의 두 천사는 549년 봉헌 당시에 있었던 도상들이다. 그리고 개선문의 벽면 상부에는 모자이크가 있다. 모자이크에 있는 네 복음서 저자들의 상징 — 사자(마르코), 소(루가), 독수리(요한), 천사(마태오) — 은 예수 그리스도의 메달리온 양측에 있고, 그 하단부에 베들레헴과 예루살렘 밖으로 행진하고 있는 양들의 행렬이 그려졌다. 앱스 입구 부분에 있는 복음서 저자들의 모습은 아직 남아 있는데, 아마도 12세기 말에 제작되었으리라 추정된다. 앱스에 보이는 네 명의 주교들은 라벤나의 과거와 동시대를 연결하는 역할을 한다. '에클레시우스'와 '우르시키누스'는 520년대에서 530년대, 우르수스와 세베루스는 4세기에 속한다. 이 위

---

[11] 존 로덴, 임산 옮김, 《초기 그리스도교와 비잔틴 미술》, 한길아트, 2003, 125-138쪽

에는 그들보다 앞선 시대에 살았던 '성 아폴리나리스'가 있다. 아폴리나리스는 주교 복장을 하고 있으며, 손은 기도하는 모습으로 펼쳤다. 아폴리나리스 주교 바로 위에는 보석이 박힌 후광이 보이고, 그 안에 거대한 십자가가 있다. 십자가 좌우의 구름 사이로 예언자 모세와 엘리아의 모습이 나타나 있으며 그들 밑에 세 마리의 양이 있다. 이러한 구성은 일종의 거룩한 변모 장면이다. 아폴리나리스 주교의 양측으로 줄을 서 있는 열두 마리 양들은 천국의 풍경 속에 있다. 이들은 아폴리나리스 주교가 사목하는 양의 무리이자 라벤나의 시민이며, 동시에 열두 사도들을 표상하기도 한다. 이것은 아폴리나리스 주교의 중요성을 강조하고 있는 것이다.

부연 및 견해

"549년경에 제작된 산 아폴리나레 인 클라세(San'Appolinare in Classe)의 앱스 천장의 모자이크는 더욱 비잔틴 방식으로 변화된 풍경과 인물묘사를 보여준다. 우선 푸른 하늘은 황금색으로 변하고, 나무와 양들은 규칙적으로 배열되어서 매우 평면적이다. 이 모자이크의 주제는 두 가지이다. 즉 모세와 엘리아에게 나타난 예수의 거룩한 변모와 라벤나의 첫 번째 주교 성 아폴리나리스이다. 그러나 예수는 몸을 드러내지 않고 밤하늘의 십자가로 상징되어 있다. 비잔틴 미술은 현실의 색과 형태를 최대한 거부하고 있는 것이다. 황금색은 바로 이 세상에 존재하지 않는, 시공을 초월한 영원함, 신성함을 상징하는 추상적인 색이다. 승리의 아치 위에 예수와 함께 새겨진 네 복음사가도 이 땅에 살았던 인간이기보다 신성한 계시를 신으로부터 받은 네 상징물 즉 사자(마르코), 소(루카), 독수리(요한), 천사(마태오)로 묘사되어 있다."[12]

이 시기의 모자이크와 프레스코 양식은 신과 절대자를 정적, 상징적인 모습으로 나타냈다. 성숙한 비잔틴 양식은 초기 그리스도교 미술의 후기 고전주의 형태를 양식화,

---

12 http://home.mokwon.ac.kr

표준화하면서 발전했지만, 형태보다는 선이나 채색한 평면의 역동성에 기반을 두었다. 개성적인 얼굴형은 억제되고 표준 얼굴형이 채택되었으며, 몸매는 밋밋하고 옷 주름은 소용돌이치는 선 형태로 만들어졌다. 전체적인 분위기는 현세를 초월한 느낌이어서 3차원적인 개개의 인간상을 강렬한 선과 화려한 색으로 힘차게 표현함으로써 영적 존재로 대체시켰다. 비잔티움 양식의 형상은 대체로 사실적이지 않으나 오히려 그 때문에 상상을 통해 환상적인 해석이 가미되었다고 불신할 여지가 없으므로 자연주의적 고전주의 양식보다 더 간접적이기도 하며 더 직접적이기도 하다. 엄격한 정면 자세와 꿰뚫을 듯 커다란 눈을 그린 비잔티움 양식의 얼굴형, 그리고 동떨어진 인물의 배경으로 금색을 독특하게 사용하여 그 형상이 보는 이와 벽 중간 어디쯤에 떠 있는 것처럼 보이게 한 것 등으로 직접성의 효과가 증대되었다.

비잔틴제국에서 조상(彫像)은 거의 만들어지지 않은 것으로 알고 있다. 그 대신 조각은 책 표지나 유물함 같은 물건에 곁들여졌는데, 이 경우, 작은 상아부조가 주류를 이루었다. 콘스탄티노플의 세련되고 부유한 사회층에서는 자수, 금세공, 에나멜 세공 등 여러 가지 세밀한 예술이 번성했다. 채식본(彩飾本)[13]은 기념비적인 회화나 모자이크만큼 감동적인 효과를 주지는 못하지만 유럽 곳곳에 비잔틴 양식과 도상을 퍼뜨리는 데 중요한 역할을 했다. 그 자체의 수준과는 별도로 비잔틴 미술은 유럽의 종교 미술에 지대한 영향을 미쳤다. 비잔틴 양식은 무역과 정복 활동을 통해 이탈리아와 시칠리아로 퍼졌고 변형된 형태로 12세기 내내 지속되었으며 결국 이탈리아 르네상스 미술의 형성에 영향을 주었다. 비잔틴 양식은 또한 동방정교회의 확산에 힘입어 동유럽의 중심지, 특히 러시아로 퍼졌고 비록 지방에 따라 수정되기도 했지만 17세기에도 원래 형

---

13 로마 제국이 멸망한 뒤 활자 인쇄술이 등장하는 15세기까지 유럽에서 그리스도교의 수도원이 만든 서적. 서적 제작을 전담하는 수도사는 잘 가공된 한 장의 양피지(羊皮紙)나 송아지 가죽을 사자대(寫字臺)의 경사면에 놓고 자를 대고 납으로 얇은 줄을 긋고 몰식자(沒食子)의 즙(汁), 녹반(綠礬)·수지(樹脂) 등을 혼합하여 만든 잉크를 사용하여 조심스럽게 글씨를 썼다. 한 장을 쓰고 나면 그림을 잘 그리는 수도사가 빨강·파랑·금색·은색 등으로 공백으로 남겨 놓은 머리글자를 아름답게 채색하고 그 주위를 꽃이나 새, 작은 동물 등 여러 가지 모양으로 채식한다. 오랜 시간이 걸려 필요한 장수가 완성되면 질긴 가죽끈으로 철(綴)하고 앞뒤에 금속판 또는 목판을 대고 그 판을 다시 가죽으로 싼 다음 판과 가죽 사이에 가죽끈을 꿰고 그 끝에 쇠를 대어 책을 보호하였다. 서사(書寫)되는 내용은 그리스도교 관계의 것을 주로 하였으나, 때로는 그리스나 라틴의 고 전을 내용으로 한 것도 있다. 표지로는 가죽 대신 비단 등을 사용할 때도 있고, 그 위에 수를 놓아 금·은·보석류를 장식한 화려한 채식본으로 하나의 예술작품을 만들었다.

식을 유지했다. 미술의 양식은 각 시대와 지역에 따라 다양하게 나타난다. 이런 현상은 미술의 양식이 그 지역의 자연 환경과 미술 재료, 종교와 사상 등의 영향과 밀접하게 관련되어 나타나기 때문이다. 비슷한 시대의 미술품들이 지역에 따라 그 양식이 다르게 나타나고 있다. 이러하듯 미술의 양식은 여러 가지 영향을 받고 형성되는데 특히 그 시대와 지역의 종교의 영향이 미술 양식에 미치는 영향은 크다. 그러므로 그 시대와 지역의 종교와 미술 양식과의 관계를 이해하는 것은 미술의 특징을 이해하는 데 대단히 중요하다.

비잔틴제국은 그리스도교 세계에 대한 이슬람교도들의 침입을 막아내어 유럽의 중세 문화를 보존하는 데 기여했을 뿐만 아니라, 나아가 그리스 문화와 헬레니즘 문화를 계승하고 거기에 그리스 정교를 결합시켜서 유럽과는 다른 독자적인 문화를 발전시켰다. 비잔틴 미술의 특징은 그리스의 고전 미술 전통 속에 오리엔트의 미술을 흡수하여 그리스 정교 미술을 통일한 것이었다. 비잔틴 건축을 대표하는 성 소피아 성당은 페르시아의 돔과 로마의 바실리카 양식이 결합된 것으로 바깥 모습도 웅장하지만, 내부는 화려한 대리석과 모자이크 벽화를 장식하였다. 모자이크 벽화는 호화찬란한 색채의 아름다움에서 비잔틴 미술의 성격을 잘 나타내고 있다고 하겠다. 따라서 그 시대와 지역의 종교 문화 차이에 의해서 미술의 양식이 다르게 나타나기 때문에 종교가 미술 양식 형성에 크게 영향을 미쳤다고 할 수 있겠다.

참고

1. 존 로덴 저, 임산 역, 《초기 그리스도교와 비잔틴 예술》, 한길아트, 2003.
2. 데이빗 탈보스 라이스 저, 김지의·김화자 역, 《비잔틴 세계의 미술》, 미진사, 1989.
3. 미셸 카플란 저, 노대명 역, 《비잔틴 제국-동방의 새로운 로마》, 시공사, 1998.
4. http://cafe.naver.com/mheurope.cafe
5. http://blog.naver.com
6. http://dragon.seowon.ac.kr
7. http://home.mokwon.ac.kr

영화 〈미션〉 The Mission

　1986년 여름으로 기억된다. 군대에 입대한 지 — 그것도 4학년 마치고 늦게 간 군대 — 13개월 만에 14박 15일의 첫 정기휴가를 나와 첫 번째로 본 영화가 바로 〈미션〉이다. 내게 있어 영화 〈미션〉은 몇 가지 장면들과 함께 추억의 이미지들이 중첩되는 영화다. 그러나 무엇보다 이 영화가 내 인상에 깊이 각인된 이유는 영화 〈미션〉 자체가 매우 감동적이었다기보다는 '정의에 대한 목마름' 혹은 영화의 어느 한 장면이 내 뇌리에 깊이 인식되었기 때문이었다.

　1980년 10월 9일 한글날 휴일 아침, 나는 당시 대학교 3학년인 형과 함께 성당에서 빌려온 등사기(일명 가리방)로 무엇인가를 열심히 찍어내고 있었다. 대충 광주민주화운동에 대한 내용이라는 것만 알 뿐 자세한 내용은 알지 못했다. 일을 다 마친 후 형은 그것을 들고 나가더니 저녁때 두 손에 수갑이 채워진 채로, 얼굴은 주먹으로 맞았는지 시퍼렇게 멍이 든 채 성북경찰서에 잡혀 있는 것을 어머님과 함께 보게 되었다. 학교에서 불온전단지를 유포한 혐의가 적용되었던 것이다. 그것도 학장이 신고를 했다니…. 광주에 대한 작은 진실이나마 신문이나 방송에서 말한 것과는 다른 진실이 숨어 있다는 사실을 깨우친 것은 그때가 처음이었다. 그리고 얼마 후 천주교 성당마다 돌아가면서 상영되던 독일 ZDF(독일 제2TV 공영방송국)에서 녹화된 광주의 진실을 담은 비디오테이프를 보게 되었다. 영화 〈미션〉과 이 광주 비디오를 본 시기가 엇비슷해서였을까? 영화 〈미션〉에서 과라니족 출신 신부가 백인 군대의 총부리 앞에서 신부복을 벗던 장면과 광주에서 시민들이 계엄군의 총부리 앞에 러닝셔츠와 팬티 바람으로 서 있던 장면은 항상 오버랩된다.

영화 〈미션〉의 시대적 배경은 이렇다. 당시 가톨릭은 종교개혁으로 인해 그 권위와 실질적인 권세에 커다란 타격을 입었다. 그런 종교개혁에 대한 반동으로 가톨릭교회 내부에서 일어난 교회 쇄신 운동이 예수회였다. 종교개혁에 대한 반동이었던 만큼 보수적인 출발점을 가진 예수회였지만 그들의 전교(mission) 방식은 오히려 개혁적이었고, 상당한 융통성을 가진 것들이었다. 그들은 라틴아메리카의 다른 백인들처럼 원주민들을 사람과 비슷한 짐승으로 보지 않았고, 그들도 이성을 가진 인간이자 서구의 백인들에게서는 찾을 수 없는 순수한 영혼이 깃들어 있다고 생각했다. 따라서 그들에게 있어서 원주민들의 영혼은 진실한 신의 왕국을 세울 수 있는 순진무구한 영토였던 것이다. 하지만 예수회 신부들이 라틴아메리카에서 원주민들을 전도할 수 있도록 한 데에는 스페인 왕실의 특별한 이해가 그 밑바탕에 깔려 있었다. 라틴아메리카를 정복하고, 개척한 자들에게 스페인 왕실은 특별한 혜택을 주고 있었다. 그것은 '엔코미엔다(encomienda)'라는 것이었다. 엔코미엔다는 16세기 스페인령의 공역 제도로서 이것을 받은 정복 이주민들은 인디오 원주민을 기독교도로 개종시키고 보호(?)할 의무를 지님과 동시에 이들에게 강제 노역이나 공물을 요구할 수 있는 제도였다. 그리고 이런 혜택을 입는 자들을 일컬어 '엔코멘데로(encomendero)'라고 불렀다. 그런데 이런 혜택을 받고 있던 정복 이주민들의 힘이 점점 커지자 스페인 왕실은 이들을 적절히 견제해야 할 필요를 느꼈고, 그때 예수회 신부들의 전교 활동을 적절히 이용할 필요가 있음을 깨닫게 되었던 것이다.

예수회 신부들은 영화 〈미션〉에서 볼 수 있듯이 초창기에는 많은 순교자들을 배출하는 희생을 치르면서도 점차 원주민들의 영혼에 기독교의 정신을 심어나갔다. 그들은 원주민들에게 다가가기 위해 그들의 언어를 배웠고, 원주민 사회의 정치, 문화, 종교, 관습을 이해하려고 들었다. 예수회 신부들은 저마다 뛰어난 의사이자 신부요, 목수이자 음악가, 농부이자 미술가였고, 어부이자 저술가였다. 그들은 단순히 라틴아메리카의 원주민들만을 교화시킨 것이 아니라 라틴아메리카라는 대륙의 새로운 정체성을 만들어 나가고 있었다. 예수회 신부들은 원주민들의 소박한 공동체적 생활에서 원시 그리스도교 신앙(원시 공산제적인 공동생산, 공동 분배)의 본체를 발견했고 그들 영혼의 구원을 확신했다. 예수회 신부들은 잔악한 노예 상인들로부터 원주민들을 보호하는 자치 구역을 만들었고, 많은 도망 노예들이 이곳으로 탈출해왔다.

영화 〈미션〉의 '산 미겔 보호구역'의 경우 90%가 이런 원주민 보호구역으로 이용되었다. 이 공동체는 약간의 개인 재산을 허용했지만, 기본적으로는 원주민 농업공동체의 성격을 기본으로 하는 공동체적 생산양식을 경제적 기반으로 하고 있었다. 물론 그리스도교적인 가르침에 반하는 원주민들의 생활양식은 기독교적인 제례로 대체되거나 사라져갔다. 그 대표적인 것이 일부일처제였고, 그런 가족 단위의 구성은 전에 없던 가족 이기주의를 불러일으켜 때때로 공동체적 삶을 위협하는 요소가 되기도 했다. 그러나 이런 원주민 보호구역이 이렇게 흥성할 수 있었던 가장 큰 요인은 그들이 정복 이주민들과 노예 상인들의 집요한 공격으로부터 상대적으로 안전한 곳을 만들어 주었기 때문이었다. 이런 예수회의 활동은 정복 이주민들의 반감을 불러왔고, 정복 이주민들은 시시때때로 원주민 보호구역을 무력으로 공격하는 일도 잦았다. 실제로 예수회 신부들은 스페인 국왕의 승인 아래 무장을 허가받아 정복 이주민들과 전쟁을 벌인 적도 있었다. 1641년 약 4,200여 명의 원주민들이 450여 명의 정복 이주민(주로 노예 상인들이 중심이 됨)들과 전쟁을 벌여 자신들의 보호구역을 지키기도 했다.

영화 〈미션〉은 바로 이런 시대적 배경에서 출발한다. 그러나 1750년 1월 13일 스페인과 포르투갈 사이의 영토를 교환하는 국경조약이 체결되고 스페인은 브라질로부터 '라 플라타강' 북부의 '산 사크라멘토' 지역을 받는 대가로, 약 30만 명의 과라니 원주민들이 살고 있는 우루과이강 동쪽의 넓은 지역을 포르투갈에 넘겨주었다. 이 조약으로 인해 안심하고 살 수 있었던 보호구역을 포르투갈에게 넘겨주고 쫓겨나거나 노예로 살아야 했다. 결국 이에 항의하는 원주민들과 예수회 신부들은 두 차례(1754년과 1756년)에 걸친 포르투갈과 스페인 군대의 무력 공격에 학살당하고 만다. 그리고 얼마 후에 스페인에서 예수회 추방이 시작되었다.

영화가 시작되면 거대한 폭포의 상류로부터 한 명의 사제가 십자가에 묶인 채 떠내려온다. 그는 잠시 후 거대한 폭포의 물줄기 속으로 사라지고 가브리엘(제레미 아이언스) 신부는 호전적인 과라니족 원주민들을 개종시키기 위해 본인이 직접 갈 것을 다짐한다. 이때 그를 배웅하기 위해 따라오는 신부가 영화배우 리암 니슨이다. 나중까지 상당히 비중 있는 역으로 나오므로 다시 보게 되거든 주목해 보기 바란다. 그는 험준한 계곡과 절벽을 지나 원주민 지역으로 들어간다. 그리고 자신의 가방에서 오보에를 꺼내 연주를 시작한다. 그는 음악을 통해 원주민들에게 다가가고 가브리엘 신부에게 마음을 연 원주민들은 그를 믿고 신뢰하기 시작한다. 이때 노예 사냥꾼인 로드리고 멘도자(로버트 드니로)의 습격을 받아 몇 명의 과라니 원주민들이 납치당하고 살해당하는 사건이 발생한다. 가브리엘 신부와 용병 출신의 노예상인 로드리고의 첫 만남은 이렇게 시작된다.

다시 마을로 돌아온 로드리고는 사냥해온 과라니족 원주민을 다른 상인에게 넘기고 자신은 사랑하는 여인과 동생 펠리페가 있는 집으로 돌아온다. 집에 돌아온 로드리고는 자신이 사랑하는 여인으로부터 사실은 자신의 동생을 사랑하고 있다는 고백을 듣게 되고, 이성을 잃을 정도의 충격을 받게 된다. 그리고 자신의 동생을 우여곡절 끝에 숨지게 만든다. 하지만 동생을 너무나 사랑했던 로드리고는 그 자책감에 예수회 수도원에서 곡기를 끊음으로써 죽으려고 한다. 이때 원주민 지역으로부터 돌아온 가브리엘 신부는 원장 신부에게 이런 이야기를 전해듣고 로드리고를 설득하여 원주민 마을로 데려가게 된다. 로드리고는 속죄하는 의미에서 그가 용병 생활을 하면서 착용했던 무거운 갑옷과 칼 등을 등에 짊어지고 고행의 행군을 시작한다. 드디어 도착한 과라니족 마을에서 그는 자신이 학대하고 노예로 사냥했던 마을 사람들에게 용서와 사랑을 받으며 자신의 죄를 뉘우치고 결국 예수회 신부의 일원이 된다. 노예상인 로드리고는 이곳에서 사랑의 마음에 눈뜨게 되고, 마을 사람들과 융화되어 훌륭한 신부로서의 삶을 살고자 하지만 앞서 말한 스페인과 포르투갈 사이의 조약은 그가 사랑하는 원주민들을 다시 노예로 살아갈 것을 강요하게 만든다. 이때 가브리엘 신부는 신의 대리자로서 그들의 영혼을 구제하기 위해 기도와 무저항을, 로드리고 신부는 그들에게 현실에서의 자유와 믿음을 주기 위해 저항을 택한다. 마을의 한 원주민 소년은 로드리고가 예전에 버렸던 칼을 가져다주며 그가 원주민들을 위해 싸워주길 무언(無言)으로 강변한다. 로드리고가 무력으로 저항할 것을 결심하고서 가브리엘에게 축복해줄 것을 부탁하는 장면이 또한 기억에 남는다.

로드리고 신부 : 신부님! 축복을 부탁드리러 왔습니다.
가브리엘 신부 : 아니오. 만약 그대가 옳다면 신의 축복은 필요 없을 것이오. 그리고 만약 틀렸다면 나의 축복은 소용이 없소. 만약 무력이 옳은 것이라면 이 세상에 사랑이 설 곳은 어디에도 없을 것입니다. 만약 그렇다면 난 이 세상에서 살아갈 기력을 얻지 못할 것이오. 로드리고, 나는 당신에게 축복을 해줄 수 없소.

그러나 가브리엘 신부는 로드리고에게 자신이 걸고 있던 십자가를 풀어줌으로써 그에게 무언의 의지를 전한다. 이 두 사람은 각자 자신의 양심이 이르는 길로 발길을 옮겼다. 그것이 비록 방법적으로는 서로 정반대의 길이었으나 결국 하나의 길이었을 것이다. 그것은 사랑이었다. 결국 사랑과 믿음을 위해 십자가를 들었던(영화 속에서는 십자가가 아니었음) 가브리엘 신부도, 총과 칼을 들었던 로드리고 신부도 모두 죽고 만다. 그에 앞서 이야기했던 과라니족 출신 신부의 옷 벗는 장면과 원주민 아기들이 비 오는 맨땅에 놓이는 장면들 역시 인상 깊게 본 장면이었다. 중재라기보다는 예수회 신부들을 설득하기 위해 교황청에서 파견되었던 추기경은 다음과 같은 보고서를 쓴다.

표면적으로는 신부 몇몇과 과라니족의 멸종으로 끝났습니다만, 죽은 것은 저 자신이고 저들은 영원히 살아남을 것입니다. 사람들의 마음속에서 말입니다.

살아남은 과라니족 아이들이 줄 끊어진 바이올린을 들고 더 깊은 정글로 숨어들며 영화는 다음과 같은 자막이 올라간다.

"그 빛이 어둠 속에서 비치고 있지만, 어둠은 그를 깨닫지 못하였다"라는 〈요한복음〉 1장 5절의 말씀으로 끝을 맺는다.

영화 〈미션〉은 '데이비드 퍼트냄'이 제작을 맡은 영화였다. 그렇기에 이 영화는 전형적인 헐리우드 영화의 일반적인 해피엔딩으로부터 상당히 멀어진 영화가 되었고, 영화 〈아라비아의 로렌스〉의 시나리오 작가가 각본을 쓴 영화답게 제국주의의 본질에 대해서는 모호하게 처리하고 있음을 알 수 있다. 또한 감독 '롤랑 조페' 역시 그의 재능을 마음껏 발휘하지 못했다는 느낌을 주는 등 영화적인 완성도면에서는 깐느 영화제 그랑프리가 아니라 그보다 더한 상을 받았다고 해도 인정할 수 없는 면이 있다. 그 외에도 물론 이 영화는 모든 것을 설명해주지는 않는다. 또한 이 영화는 이들 가톨릭 신부들이 라틴아메리카의 정신세계를 어떻게 정복해 나갔는지, 양극화된 라틴아메리카에서 가톨릭교회의 두 얼굴에 대해 명확하게 말해주지는 않는다. 그러나 우리는 이 영화를 보며 진정한 크리스천이란 폭력적인 민중학살의 살인마가 지배하는 세상에서 어떤 형태의 저항과 삶의 방식을 택해야 할 것인가를 고민하도록 만들었다. 그런 고민들이 우리들로 하여금 '디트리히 본회퍼'로부터 '하비 콕스', '구스타보 구티에레즈'를 읽게 만들었고, 그 후 사람을 사랑한다는 일이 진정 사람을 미워해 본 적이 있는 사람들만이 할 수 있는 행위란 사실을 깨닫게 해주었다. 또한 로드리고나 가브리엘 두 사제 모두 가톨릭 교회가 가난한 자와 억압받고 있는 자를 구원하고 해방시키는 일에 앞장서야 한다는 점에 있어서는 일치된 견해를 보이고 있다. 그러나 "그리스도의 사랑과 사회적 활동을 어떻게 조화시키는가?" 하는 문제가 두 성직자들을 괴롭히고 마침내 각각 다른 순교의 길을 걷게 만든다. 과연 어느 쪽이 더 설득력이 있을까? 복음의 진리와 정치적 참여 사이에서의 선택은 로드리고와 가브리엘 신부의 비극적인 순교가 있은 지 1세기가 지난 오늘날에도 여전히 현대의 많은 성직자들을 괴롭히고 있는 딜레마로 남아 있다.

영화 〈엘 시드〉

로드리고 디아스 데 비바르(Rodrigo Diaz de Vivar). 일명 '엘 시드'는 1043년 스페인 브루고스 인근에서 태어나 1099년 그가 탈환했던 발렌시아에서 죽었다. 그의 이름처럼 되어버린 엘 시드(El Cid)는 본래 아랍어로 "나의 주군(mi senor)"이라는 뜻이다. 걸출한 야전 지휘관으로 무어인들을 상대로 스페인 영토를 재탈환하는 여러 차례의 전투에서 빛나는 승리를 거두며 '승리자(캄페아도르[Campeador])'라고도 불렸다. 〈엘 시드〉라고 하면 아마 나이가 좀 있는 사람들은 찰톤 헤스톤과 소피아 로렌 주연의 영화를, 요즘 신세대는 마이크로소프트사의 컴퓨터 게임 〈에이지 오브 엠파이어Age of Empire II〉를 먼저 떠올리게 될 것이다. 예전부터 업데이트 목록에 올려두고 있었는데, 본 지 좀 오래된 영화라 묵혀두고 있다가 마침 어제(2003년 6월 6일) 현충일 특집으로 해준 것을 본 덕분에 이 글을 쓰게 되었다.

어째서 현충일에 울궈먹을 대로 울궈먹은 〈엘 시드〉를 재방영했는지는 모르겠지만 그가 스페인인이란 사실만 제외하고는 이민족 일본의 침략으로부터 우리나라를 구원한 성웅(聖雄) 이순신. 성웅이라는 말은 가만히 따져보면 참으로 재미있는 말이 아닐 수 없다. '성'이라는 것은 종교적·제의적인 의미이고, '웅'이라는 것은 세속적인 의미에서의 'hero'인데 이 둘이 결합됨으로써 국가와 민족은 신적인 영역에 속하게 된다. 현충일이라는 것이 순국선열을 기리는 날이란 점을 생각해보면 그 안에 스민 의미가 남다른 것일 수도 있다. 사회를 이루고 생존해온 인류가 사회를 유지하는 한 방식으로 공동체를 위해 희생한 이들을 기리는 일이야 뭐라 할 수 없는 일일 것이다. 그러나 국가는 때로 이런 사회적인 의미의 행사를 종교적인 행사로 승격시키고 싶어 하는 충동을 강하게 느끼고 그것을 실천한다. '성웅'이란 말에 담긴 정치적 함의와 그것을 이용한 박정희 독재정권의 국가주의를 생각해보자.

엘 시드는 이슬람의 침공으로 이베리아반도 남부 지역에서 산악 지역인 북부와 중부로 밀려난 기독교 왕국, 레온 - 카스티야 왕국의 알폰소 6세를 섬기면서 이슬람교도들인 무어인과의 싸움에서 용맹을 떨친 무장이었다. 그는 용맹한 무장이었고, 독실한 그리스도교도였으며 이교도에 대해서 자비로웠다. 그러나 그의 곧은 성격 탓이었던, 아니면 다른 이유에서였건 간에 정확하게 알려지지 않은 이유들로 인해 여러 차례 국왕이었던 알폰소 6세와 불화를 일으켰고, 1083년과 1087년 두 차례에 걸쳐 왕과 충돌하고 화해했다. 그는 1089년 세 번째로 궁정에서 추방당하였고, 그 후 이슬람의 무어인들이 정복하고 있던 발렌시아 정복에 나서 결국 그곳을 점령하는 데 성공한다. 그는 정복의 성공으로 왕과 동등한 위치에 올랐고, 발렌시아의 왕이 될 수도 있었으나 왕관을 국왕에게 바침으로써 에스파냐의 국민적 영웅이 되었다. 이런 그를 기리는 많은 작품들이 있는데 코르네이유의 《르 시드》가 가장 대표적인 작품이다.

엘 시드 역의 '찰톤 헤스톤(Charlton Heston)' - 1924년생. 〈벤허〉, 〈엘 시드〉, 〈혹성탈출〉 등 고전 영화들에서 활약했던 배우. 〈트루 라이즈〉나 〈애니 기븐 선데이〉 등에 조연으로 계속 연기 생활을 하고 있으며, 미국총기협회 회장으로도 왕성한 활동을 하고 있다.

국토 회복 운동 Reconquista

711~1492년까지 780년 동안 에스파냐의 그리스도교도가 이슬람교도에 대하여 벌인 실지(失地) 회복 운동.

이슬람 세력이 이베리아반도를 정복하였을 때, 에스파냐 귀족들은 북쪽의 칸타브리아산맥, 동쪽의 피레네산맥으로 도피하였으며, 이 지역을 거점으로 동서양 방면에서 국토 회복 운동을 벌였다. 먼저 서부 방면에서는 718년 펠라요라는 서(西)고트족 귀족이 이슬람군을 격파하고 아스투리아스 왕국을 건설하였다. 그 후 레온을 수도로 삼고 두에로 계곡까지 진출하였으며, 10세기에는 레온 왕국과 카스티야 왕국이 성립되었다. 카스티야는 1085년 이슬람 세력의 중심지 톨레도를 점령하고, 1212년 '라스 나바스 데 라 톨로사' 결전에서 승리, 과달키비르강 유역에 도달하였다.

한편 동부 방면에서는 피레네산맥 주변에서 활동이 개시되어 10세기에 나바라가 독립하고, 11세기에는 아라곤이 독립하였다. 아라곤은 1118년 사라고사를 점령하고, 에브로 계곡을 장악하여 세력을 넓혔다. 13~15세기에 이들 운동은 에스파냐 통일국가 건설운동의 형태로 추진되었다. '라스 나바스 데 라 톨로사'에서 승전한 아라곤은 코르도바(1236), 세비야(1248), 알헤시라스(1343) 등을 잇달아 회복하였으며, 카스티야의 이사벨 1세와 아라곤의 페르난도 2세의 결혼은 에스파냐 통일국가를 탄생하게 하였다.

1492년 페르난도와 이사벨은 이슬람 최후의 거점인 그라나다를 함락시킴으로써 국토 회복 운동을 완성하였다. 에스파냐의 종교 통일운동은 이 같은 독립운동 속에서 이루어진 것이었다.

서사극 전문 배우 - 찰톤 헤스톤과 <엘 시드>

영화 <엘 시드>는 무려 3시간(180분)의 러닝타임을 가진 대작이다. 이 영화의 주인공 역을 맡은 찰톤 헤스톤은 진지해 보이는 고전적인 외모 탓인지 <벤허>를 비롯한 할리우드의 여러 서사 장르 영화에서 주연을 맡았다. <하르툼(kahrtoum)>에서는 영국 제국주의 시대 식민지 수단의 총독 찰스 고든 역을, <북경에서의 55일(55 days at peking)>에서는 의화단의 난의 공격으로 위기에 빠진 외교관들을 지켜내는 미국 대사관 해병대 무관역을 그리고 <행성 탈출>, 중·소 위기로 촉발된 군사적 긴장이 세균 전쟁으로 번져 인류를 멸망시킨다는 설정의 <오메가 맨>에 이르기까지 찰톤 헤스톤은 그의 선배 존 웨인과 마찬가지로 미국의 대표적인 보수 영화인으로 한자리를 굳건히 하고 있다. 게다가 최근까지 전미총기협회 회장으로 미국 내 우파와 총기 기업들의 이익을 대변해주는 역할도 마다하지 않았다.

'찰톤 헤스톤'이 스페인의 영웅 '로드리고 디아즈 데 비바르'로, '소피아 로렌'은 그의 전설의 사랑 치메나로 분해 불꽃 튀는 연기를 해주었다. 찰톤 헤스톤은 이 영화를 <벤허>의 '윌리엄 와일러' 감독이 연출했더라면 고전의 반열에 오를 수 있었으리라 말하지만 몇 가지 스토리적인 문제를 제외한다면 <엘 시드>의 감독 '앤서니 만' 역시 그리 호락호락하게 볼 만한 상대는 아니라고 생각한다. 앤서니 만 역시 1965년 <로마 제국의 멸망>은 <엘 시드>만한 호평이나 흥행 성적은 올리지 못했지만 서사극 장르에 강한 감독이었기 때문이다. 앞서 스토리적인 문제가 있었다는 것은 이 영화가 전체적으로 '엘 시드'라는 한 인물의 서사와 레콩키스타의 주요한 국면들을 모두 잡아내겠다는 욕심을 부렸다는 데 있을 것이다. 물론 부분적으로는 훌륭한 성공을 거두었지만, 장장 3시간에 이르는 이 영화의 러닝타임이 증명하듯 때로 영화는 숨가쁘게 다음 시퀀스로 넘어가 버리고 만다. 그도 그럴 것이 이 영화의 가장 중요한 역사적 배경을 이루고 있는 '레콩키스타(Reconquista)'라는 사건은 거의 700여 년에 걸친 대사건이자 그리스도교 왕국 스페인의 정체성(그러므로 라틴아메리카의 정체성을 이루게 될 미래의 사건들에도 영향을 주는)을 이루는 결정적인 사건이었기 때문이다. 그렇다면 '레콩키스타'는 무엇인가?

국토회복운동 레콩키스타^{Reconquista} – 이슬람 왕국과 그리스도교 왕국의 격돌

'레콩키스타(Reconquista)'란, 말 그대로 재정복 사업이었다. 로마의 몰락 이후 이베리아반도를 차지한 서고트족을 비롯한 여러 민족(그냥 게르만 민족이라고 해두자)들이 711년경부터 시작된 이슬람 세력의 침공에 밀려 비옥한 남부를 빼앗기고, 북부로 밀려나게 되자 이들 이슬람 세력을 이베리아반도에서 축출하기 위한 정복(실지 회복) 사업을 말하는 것이다. 이베리아반도는 과거 카르타고의 장군 한니발의 주요 근거지 중 하나였다. 로마군의 침공으로 그들의 수중에 떨어진 이래 이베리아 지역은 로마에 대항하는 반란의 염려가 거의 없어 로마 제국은 이 지역의 방비를 위한 군단을 하나만 둘 정도로 로마화가 가장 충실하게 진행된 곳으로 매우 오랫동안 평화로운 곳이었다. 이후 로마 제국의 멸망과 게르만족의 침입이 있기는 했으나 이베리아반도 곳곳에는 로마의 흔적이 남아 있었다. 그러나 로마를 대신해 이 지역을 통치하게 된 서고트족들은 그리스도교화되었다고는 해도 아직 야만인이었고, 711년부터 그 세력을 확장하기 시작한 이슬람 세력의 상대가 되지 못했다. 서고트족 최후의 왕 '로드리고'는 이 타호강가에서 벌어진 8일간의 피비린내나는 전투에서 패하여 더 이상 무어족의 침입을 막아낼 수 없었다. 이렇게 이베리아반도 남부에 상륙하여 북상해 가는 이슬람 세력을 저지할 수 있었던 것은 역사적으로 가장 잘 알려진 전투 중 하나인 732년의 '투르 푸와티에 전투'였다. 이 전투에서 카를 마르텔이 이끈 그리스도교 군대는 이슬람 세력의 침공을 간신히 그러나 결정적으로 막아낼 수 있었다. 피레네산맥을 경계로 이슬람과 그리스도교 세력은 대치하게 되었고, 이것이 지중해 서부에서 이슬람의 진출을 막고 그리스도교 세계를 구원한 서구의 원체험이 된다.

이슬람인 무어족에게 밀려난 그리스도교 군대의 잔존 세력은 아스투리아스 지방의 깊은 산중에 은거하며 그들의 세력을 키워 나가기 시작했고, 무어인들은 말에서 내려 지주계급이 되었다. 그들은 군사와 농업의 기반을 장악하고 다시 여러 도시들을 건설했는데, 코르도바, 세비야, 그라나다 등은 군사적·상업적인 주요 거점 도시들이었다. 무어인들은 이베리아반도에 화폐경제와 관료제, 도로, 항만 등 기타 서비스 부문에서 발군의 능력을 보여주었다. 비록 군사적인 침공은 막혔으나 이슬람에 의해 보존된 그리스, 헬레니즘 문화는 무어인의 도시 코르도바로부터 피레네산맥을 넘어 유럽으로 퍼져갔다. 그러나 이슬람에 의해 장악된 남부 지역이 경제적 융성과 더불어 세련되고 화려한 문화를 즐기고 있을 때 북부 산악지역으로 쫓겨난 그리스도교 세력은 산 아래의 이슬람 세력의 풍요와 문화를 시기하며 더욱더 전투적인 신앙으로 무장했다. 이 무렵 이슬람에 정복당한 많은 지역이 영구히 이슬람화된 것에 비해 이들이 이슬람화를 피한 것은 물론 투철한 종교적인 신심도 작용했을 테지만, 오랫동안 진행되었던 로마의 지배도 큰 역할을 했을 것이다. 어쨌거나 셰익스피어를 비롯한 많은 문인·시인들이 노래한 스페인인들의 놀라운 정열과 불타는 시기심, 전투적인 신앙은 이 무렵부터 형성되었다고도 할 수 있을 것이다.

그리스도교 왕국 스페인은 이슬람 세력이 세운 무어 왕국에 대해 매우 오래고 질긴 장기전을 펼칠 만반의 준비가 되었고, 이 전쟁은 1492년 완전히 종결될 때까지 무려 800년에 걸쳐 이루어진다. 바야흐로 그리스도교와 이슬람 세력 간의 '천년 전쟁'이라 일컬을 만한 것이었으니 이후 구교와 신교세력 간에 펼쳐진 '30년 전쟁'의 잔인함이 이보다 더했을지는 몰라도 그 기간만 놓고 보자면 참으로 길었던 전쟁이었다. 이 전쟁은 유럽인들의 종교적 열망이 불러일으켰던 십자군 전쟁 당시에도 계속되었고, 당시 스페인은 이 십자군 전쟁에 참전하지 않은 유일한 그리스도교 국가였다. 왜냐하면 이교도와의 전쟁은 그들의 영토 안에서 이미 이루어지고 있었고 그들은 철저하게 고립된 채 그들의 영토 안의 문제를 해결하기 위해 바깥 일에는 신경 쓸 겨를이 없었기 때문이다. 훗날 스페인이 넘치는 정열을 동원해 정력적인 식민지 확장에 들인 에너지는 이 시기의 고립에 대한 보상을 원했기 때문인지도 모르겠다.

적과 대결하며 닮아가는 스페인의 정체성

그리스교도인 스페인인들과 이슬람의 무어족이 이베리아반도에서 살았던 것은 거의 몇백 년에 이르는 일이었고, 이들은 서로 섞이지 않으면서도 서로를 알고 배웠다. 영화 속에서 로드리고는 전투 끝에 잡힌 무어족 포로를 같은 스페인인이라며 석방시켜 주고 그 덕분에 추종자들에게는 '엘 시드'라는 칭호를, 그의 반대자들에게는 '반역자'로 의심받게 된다. 과거 페르디난드 국왕의 경호 대장이었던 로드리고의 부친은 국왕 앞에서 현재의 경호 대장인 고마즈에게 모욕을 당하고, 로드리고는 연로한 부친을 대신해 자신이 사랑하는 약혼녀 치멘느의 아버지이기도 했던 고마즈와 결투를 벌여 그만 고마즈를 죽이고 만다. 부친의 죽음 앞에서 자신의 사랑을 부인하고 싶지만 부인할 수도 없었던 치멘느, 로드리고는 이교도에게 관용을 베풀었다는 이유로 같은 그리스도교도들에게 용서받기 어려운 처지에 놓이게 된다. 실제 역사 속의 무어족들과 그리스도교도들 사이에서의 갈등은 상존하고 있었지만 한 지역에서 오랫동안 함께 살아오다 보면 서로 영향을 주고받게 마련이다. 무려 8세기에 걸쳐 이루어진 전쟁은 때로 포용하기도 하고, 때로 싸우기도 하며 매우 밀접한 관련을 맺으며 이루어졌다.

영화 속에서는 잘 드러나지 않지만 실제로 알폰소 국왕과 불화하고 있는 동안의 로드리고는 사라고사의 무어 왕을 섬기기도 했고, 그의 주요 참모 중 하나였던 '알바르 파녜스' 역시 무어인인 무르시아 왕 밑에 들어가 또 다른 이슬람 군주인 그라나다 왕과 싸웠다. 이것은 단지 '로드리고' 개인의 관용적인 모습이 아니라 오랜 세월 이슬람교도와 그리스도교도 사이의 전쟁을 치렀던 스페인의 역사 속에 빚어진 혼혈들 — 실제 혼인에 의한 것, 문화, 정치·경제·군사 동맹 — 의 결과이기도 했다. 레콩키스타가 이슬람 세력과의 전쟁인 것은 분명했지만 그것은 또한 같은 그리스도교 국가들 사이의 전쟁이

기도 했다. 그들은 전후 스페인의 헤게모니를 장악하기 위해서도 서로 투쟁했다. 어쨌든 영화 속에서 영웅 '엘 시드'는 같은 그리스도교 왕국의 도전으로부터 페르디난드 국왕의 명예와 자신의 결백을 증명하기 위해 1대 1 대결에 나서게 된다. 그는 마치 〈아더 왕 전설〉이나 〈롤랑의 노래〉와 같은 기사 무용담에 등장하는 '승자가 곧 결백하다'라는 것을 다시 한 번 증명해 보인다. 상대편 기사와의 대결에서 힘겹게 승리를 거둔다.

페르디난드 국왕의 경호 대장이 된 로드리고는 이후 왕의 장남과 친하게 지내지만, 차남인 알폰소 국왕은 이런 로드리고를 못 마땅해한다. 극중에서 로드리고는 매우 우직하고, 신심이 도드라진 인물로 그려지고 있지만, 실제 역사 속의 엘 시드는 물론 훌륭한 인물이긴 했지만, 정치적으로 둔한 인물만은 아니었던 듯하다. 그는 기회를 잡으면 어느 순간에 밀고당기기를 해야 할지 알고 있는 인물이기도 했다. 페르디난드 국왕의 사후 형제 간의 왕권 다툼에서 일정한 거리를 유지하고 있던 로드리고는 차남인 알폰소가 왕위 다툼에서 우위를 차지하고 있던 장남을 암살하고, 그가 왕위에 오르는 과정에서 자신이 그에게 도움을 주지 않았음을 공포해 달라고 요구한다. 이것만 놓고 보더라도 로드리고는 야심이 결코 적지않은 인물이었음을 알 수 있다. 영화 속에서 로드리고는 알폰소 국왕의 즉위식에서 홀로 충성 맹세를 유보하고, 그에게 성서에 대고 자신은 형의 암살 음모와 아무런 관련도 없음을 서약하라고 강요한 뒤에야 비로소 충성을 맹세하지만 추방당하고 만다.

추방당한 영웅의 귀환 신화 – 엘 시드

그리스·로마 신화의 세계로부터 《일리아드》·《오디세이아》의 세계에 이르기까지 영웅들이 때로 신들의 주사위 놀음으로, 때로는 그들이 받드는 주군들의 어처구니없는 실수와 판단 미숙으로 고난을 겪는 이야기들이 끊이지 않는다. 이것은 다시 중세에 이르러 〈엑스칼리버〉의 기사 랜슬롯, 〈롤랑의 노래〉의 충용스러운 기사 롤랑에게 이어지고 다시 기사 엘 시드에게까지 이어진다. 마치 임진왜란의 충용스러운 장군. 이순신이 원균의 억울한 모략에 빠져 백의종군하게 되는 것처럼 말이다. 불세출의 영웅을 위해서는 못난 주군과 협잡꾼들 또한 존재하는 법이니 말이다. 아버지 고마즈를 죽음에 이르게 한 로드리고를 원망해 억지로 결혼하게 되기는 했지만 이때까지 그를 원망해온 로드리고의 아내 '치멘느'는 남편이 고난에 처하게 되자 그를 따라 나선다. 그러나 백성으로부터 두터운 신망을 얻게 된 남편을 사람들은 그냥두지 않는다. 영화 속에서는 이 시기가 생략되는데 아마 이 무렵에 그는 사라고사 왕국의 무어왕을 위해 그의 군사적 재능을 발휘하고 있었을 것이다.

군인의 기회는 국난의 시기이듯 무어족이 다시 스페인을 침략하려 들자 국왕 알폰소는 원치 않았지만 추방했던 로드리고를 다시 불러들여 이들에 대한 방비를 하도록 한다. 그런데 로드리고는 자신을 따르는 무어족 족장들의 군대와 동맹을 이루어, 이를 상대하겠다는 방책을 제시한다. 그리스도교도 왕국의 국왕 알폰소는 이에 대노하여 다시 로드리고를 물리치고 단독으로 무어족과의 대결에 나섰다가 패하고 만다. 그는 치멘느와 그의 쌍둥이 두 딸을 유폐시켜 로드리고에게 복수하고자 한다. 이 무렵 로드리고는 무어인들의 전략적 근거지인 발렌시아를 공격하고 있었으나 자신의 가족이 알폰소 국왕에게 핍박당하고 있다는 소식을 듣고 가족을 구하기 위해 군대의 일부를 회군시키기까지 한다. 과거 치멘느를 사이에 두고 로드리고와 반목하던 오르도네즈 백작은 스페인과 치멘느를 위해 로드리고의 가족을 지하 감옥에서 빼내 로드리고의 군대와 합류한다.

복합 상영관이 일반화되어 버린 오늘날에는 구시대의 유물처럼 되어 버렸지만, TV의 등장 이후 영화가 TV와 경쟁하는 한 방식은 70mm 와이드 스크린을 활용한 스펙타클이었고, 이런 70mm 와이드 스크린에 가장 잘 어울리는 영화는 역시 대형 사극이었다. 로렌스 올리비에 주연의 〈헨리 5세〉의 장쾌한 전투 장면과 더불어 〈엘 시드〉의 발렌시아 전투 장면은 이런 영화의 전투 장면 중 단연 백미에 들 만한 것들이었다. 실제 스페인 현지에서 촬영된 발렌시아 전투 장면에서는 수천 개의 화살이 하늘을 가득

메우며 날아가는 장대한 스펙터클이 미클로스 로자의 웅장한 음악과 어우러져 기억될 만한 명장면을 선사하고 있다. 발렌시아 포위 전투에서 성 내의 무어족 백성들을 움직이며 내분을 촉발하는 식량 투척 작전의 성공으로 발렌시아 함락에 성공한 로드리고, 그의 추종자들은 로드리고에게 발렌시아의 왕관을 씌워주려고 하지만 로드리고는 발렌시아가 국왕 알폰소의 것임을 선포한다. 이번에는 무어족의 대대적인 공격으로 반대로 발렌시아에 입성한 로드리고의 군대가 포위되고 만다. 발렌시아 입성 소식을 알리러 알폰소 국왕에게 달려간 로드리고의 사자는 푸대접을 받고 응원군은 한 명도 보낼 수 없다는 최후의 통첩을 받게 된다.

영웅의 장렬한 최후와 자기희생

영웅서사시의 완성은 영웅의 행복한 말로가 아니라 비극적인 최후로 대단원의 막을 내려야 더욱더 장려해지는 법이다. 이순신 장군이 노량대첩에서 죽지 않고, 살아남아 임란 이후 조선의 정치에 영향을 미쳤다면 영웅담의 내용은 많이 달라졌을 것이다. 나폴레옹이 황제가 된 것과 그렇지 않은 것의 차이처럼 말이다. 로드리고가 이끄는 군대는 무어인과의 마지막 일전을 겨루기 위해 성문을 열고 치열한 공방을 벌이며 싸워 나간다. 그때 영웅의 가슴에 꽂히는 한 발의 화살, 전투는 로드리고의 부상으로 말미암아 중도에서 끝나게 되고 성 밖에 진을 치고 있는 무어족의 군대는 로드리고의 죽음을 소리 높여 떠들며 자신들의 승리를 믿어 의심치 않는다. 의사는 그를 살리기 위해서는 화살을 뽑아내고 치료해야 한다고 말하지만, 로드리고는 마치 이순신 장군처럼 자신의 최후를 적에게 알리지 말라며 치료를 거부하고 내일의 작전을 자신이 직접 지휘해야 한다고 강변한다. 이때 도착하는 알폰소 국왕과 그의 군대. 알폰소 국왕은 로드리고의 사자가 돌아간 뒤에야 자신의 충성스러운 신하의 충정을 알게 되고 그를 구원하기 위해 직접 군대를 이끌고 도착한 것이다.

로드리고는 국왕에게 "자신의 잘못을 되돌이키는 것은 쉽지 않은 일인데, 이를 실천에 옮기다니 국왕이 참으로 훌륭하다"며 나이 어린 국왕을 격려해 마지않는다. 그리고 자신이 죽거든 자신을 말에 태워 마치 살아 있는 것처럼 하여 적을 격퇴하라고 말한다. 로드리고는 죽고, 사람들은 그의 몸에 철제 부목을 대어 말에 태우고 해안의 무어족들과 최후의 결전을 벌이러 나간다. 로드리고는 죽었으리라 생각하며 크게 사기가 올라 있던 무어인들에게 성문이 열리면서 가장 먼저 등장한 것은 틀림없이 죽었으리라 생각한 바로 로드리고였다. 온몸에 흰색 기사복을 입고 등장을 한 로드리고의 출현은 일순간에 무어인 군대의 사기를 떨어뜨리고 그 기세를 몰아 스페인의 기독교 군대는 발렌시아를 침공해온 무어족 군대를 격퇴하게 된다. 무어족이 격멸된 해안가를 이미 죽은 로드리고의 시체와 말이 달려가며 영화는 끝난다.

레콩키스타Reconquista의 완성과 1492년

영화 속에서 엘 시드는 이 대결이 그리스도교 세력과 이슬람 세력 사이의 최후의 대결인 양 말하지만 실제로 레콩키스타(Reconquista)가 종결된 것은 1492년에 이르러서의 일이다. 엘 시드, 그는 분명히 위대한 군인이었지만 동시에 그는 대중동원에 매우 뛰어난 정치인이었다. 그는 무어인들과의 대결에서 "무어인과 싸우며 빵을 얻는다"라고 선언했다. 엘 시드의 무훈을 노래한 그들의 전통 무훈 시 〈엘 시드의 노래Poema del Mio Cid〉에서는 엘 시드의 이런 성공의 이면에 자리한 것이 무엇이었는지를 잘 보여준다. 이 시에는 "땅을 요구한 사람들은 응분의 대가를 받았고, 엘 시드는 발렌시아에서 집과 경작지를 가질 수 있도록 돈을 지불했다"라고 기록되어 있다. 엘 시드와 그의 군대는 무어인들을 격퇴하기 위한 군대를 결성하는 데 있어 민중의 동원이 무엇을 의미하는지 알고 있었고, 그들이 요구하는 것이 무엇인지 정확하게 파악하고 있었다. 그는 토지를 분배하며 전쟁을 치렀던 것이다. 이는 훗날 그의 후배라고 할 수 있는 스페인의 '코르테즈'나 다시 스페인의 압제로부터 해방되고자 했던 '시몬 볼리바르'에 의해 그대로 계승되었고, 멕시코에서는 '에밀리오 사파타'에 의해 다시 한 번 제기된다.

이베리아반도는 이슬람 세력과 그리스도교 세력 간의 치열한 각축을 통해 전선이 점점 남으로 이동해 갔고, 군대는 전선을 이동해 가며 새로운 거점에 도시를 건설해 나갔다. 이는 다시 훗날 스페인 식민지 경영자들에 의해 그대로 전수되어 라틴아메리카에서의 도시 건설에 응용되었다. 스페인들은 그들 내부의 전투와 건설의 경험을 통해 새로운 시대의 세계의 제패자가 될 준비를 하고 있었던 것이다. 실제로 엘 시드가 탄생한 것으로 알려진 브루고스(Burgos)는 현재의 수도인 마드리드 북쪽 약 210km 지역에 위치한 도시로 아를란손강 유역의 해발고도 800m 지역의 고원에 위치해 천연의 요새를 이루고 있는 곳이다. A.D. 884년 아스투리아스 왕국의 동쪽 전초기지로서 건설되어, 1035년엔 카스티야 왕국의 수도가 되었다. 스페인의 도시들은 카스티야, 레온, 아라곤 등 어느 왕국에 그들의 지원을 가할 것이냐를 결정하는 것에 따라 그들 도시의 운명이 좌우되기도 하면서, 또는 이들과 경쟁하면서 성장해 왔다. 새롭게 정복된 도시를 방비하기 위해서는 많은 이주민들이 필요했고, 스페인의 국왕은 때로 강제적으로, 때로 여러 가지가 이득을 제공함으로써 이주를 장려했다. 그리고 이것은 훗날 라틴아메리카에서 고스란히 반복되었다.

무어인(Moors)들과의 전투의 사실상 전환기를 이루는 1212년 '라스 나바스 데 톨로사' 전투로 세비야가 함락된 이후 이베리아반도는 5개의 왕국으로 분열된다. 대서양과 면한 서쪽의 포르투갈, 북부와 중부의 레온-카스티야 왕국, 동부의 카탈루냐 왕국, 북부 산악 지대의 나바라 왕국 그리고 스페인 남부 깊숙한 곳의 마지막 남은 이슬람 왕국인 그라나다, 이들은 기존의 봉건 영주와 자유 도시, 새롭게 태동해가는 전제 왕국 사이에서 세력의 균형을 이루었다. 그리고 레콩키스타가 완성되는 시점에서 이민족, 이교도와의 전쟁에서 승리한 스페인 국왕은 그 어떤 세력보다 강력한 전제왕권을 장악할 수 있었다. 그것은 이웃한 영국이나 프랑스, 독일의 그 어떤 전제 왕정과도 비교할 수 없을 만큼 강력한 것이었고, 이를 기반으로 하여 스페인 국왕은 유럽의 여러 정치적인 사건들에 깊이 개입할 수 있었다. 제국주의적 정복에 대한 열정, 신세계에 스페인 식민지를 건설하려는 본성, 신교세력인 프로테스탄트 유럽을 이단시하고 이들에 대항하려는 가톨릭 신앙의 수호자를 자임하는 스페인의 모습은 레콩키스타를 통해 획득한 성질인 것이다.

관용과 불관용 사이에서의 선택 – 엘 시드

레콩키스타의 영웅, 엘 시드는 분명히 스페인의 종교적 열정의 소유자였다. 그는 그리스도교도였으나 이교도인 무어인들을 포용해 그들을 수하에 두었고, 그들의 음식과 예법, 그들의 복장을 즐겨했던 것으로 그려진다. 그것은 영화 〈엘 시드〉에서도 마찬가지였다. 그가 발렌시아를 침공할 때까지는 무어인의 복장과 투구를 하고 있었으나 발렌시아가 함락된 뒤의 그의 복장은 다시 그리스도교도의 복장으로 돌아갔고, 죽음에 이르러서 그의 모습이 마치 성자의 반열에 오른 것처럼 빛나고 있을 때 그의 복장은 그리스도교도의 그것임을 알 수 있다. 물론 죽음에 임박한 신자가 자신의 믿음에 어울리는 복장을 갖추고자 하는 열망을 지적하고자 하는 것은 아니다. 이것은 레콩키스타 기간 동안 지속된 이교도에 대한 스페인의 관용 정책이 끝나가고 있음을 의미하는 것이기도 하다. 엘 시드는 포로로 잡힌 무어족 족장들을 스페인에서 오랫동안 살고 있었다는 이유로 그들을 같은 스페인인으로 대접하고 그들을 해방시켜 준다. 이에 감읍한 무어족 족장들이 그의 수하로 들어온 것은 당연지사였는지 모른다.

그리고 드디어 실지 회복 전쟁이 끝났을 때 다시 그리스도교도 왕국이 된 스페인은 이교도에 대한 이전까지의 관용 정책의 시대가 종료되었음을 알린다. 스페인 국왕에게 충성을 바쳤던 무어인들은 개종해야 했으며, 개종한 무어인들은 '토르나디소스(tornadizos ; 변절자)'라는 불명예스러운 이름으로 불렸다. 이전까지 이슬람 세력과 그리스도교 세력의 각축 속에서 살아남았던 유대인들의 대규모 인종학살이 벌어진다. 1391년 세비야에서만 4,000여 명의 유대인들이 학살당했고, 코르도바에서는 어린아이들을 포함한 2,000여 명의 유대인들이 불태워졌다. 시나고그(유대인 회당)마다 유대인들의 시체로 가득했다. 그 결과 수많은 유대인들이 그리스도교로 개종하여 목숨을 구명하고자 했다. 새롭게 그리스도교도가 된 유대인들은 식민지 개척민이 당해야 했던 거의 모든 박해행위에 노출되었고, 구그리스도교도들과의 적극적인 혼인을 통해 그들 자신이 또한 가장 강력한 박해자가 되어 다시 등장했다.

    1492년 10월 12일, '크리스토퍼 콜럼버스'는 서반구의 한 작은 섬에 도착했다. 스페인 왕실의 지원을 받아 항해를 떠났던 콜럼버스는 그곳에서 만난 원주민들을 "아주 온순한데다가 악을 모르며, 다른 사람들을 죽이거나 포로로 잡지 않고, 무기도 지니지 않은" 사람들이라고 표현했다. 그리고 곧 그는 스페인의 왕실에 진 빚을 갚기 위해 신대륙에서 그가 제일 처음 접했으며 의심없이 그에게 친절을 베풀었던 히스파니올라 섬의 타이노 원주민들을 노예로 데려다 스페인 새빌에서 팔았으며, 노예로 데려가지 못한 원주민들을 백인들의 이주와 농장 개척을 위한 농노로 삼았다. 오늘날 콜럼버스가 처음 신대륙에 도착할 무렵 이곳에는 1억 명 가량의 원주민이 거주했을 것으로 추정하고 있다. 콜럼버스가 히스파니올라섬에 도착한 지 4년 이내에 콜럼버스와 그의 추종자들은 30만에 달했던 토착 원주민의 3분의 1을 죽이거나 노예로 삼았고, 50년 뒤에는 타이노 원주민들은 전멸한다. 100년 뒤 신대륙 원주민의 90%가 유럽인이 옮긴 질병과 탄압으로 죽었다. 지리상의 발견 시대를 가져온 1492년의 스페인은 실지 탈환과 정복을 위해 숨차게 달려온 끝에 마침내 레콩키스타를 완성했고, 바로 그 국면에서 신대륙을 발견했다. 그들에게는 아직 남(타자)을 생각할 여유가 없었으며 정복은 바로 어제까지의 일이었다. 그들의 머릿속에서 "정복하자"라는 말은 의심의 여지가 없는 역사적 과제였으리라. 지중해의 서쪽 끝 이베리아반도의 남부 최후의 이슬람 왕국 그라나다의 정복은 동시에 신대륙 원주민들에게는 종말의 시작이었다.(신대륙 원주민들의 박해상에 대해서는 영화 〈미션〉편을 참조하라.)

관련 사이트 & 참고 도서

1. 《라틴 아메리카의 역사》, 카를로스 푸엔테스 지음, 서성철 옮김, 까치, 2000년 – 라틴 아메리카의 역사를 알기 위해서는 당연히 스페인의 역사를 알아야 한다는 발상에서 시작한 매우 뛰어난 저술이다. 푸엔테스가 해마다 노벨문학상 후보로 오른다는 사실이 무색하지 않을 만큼 놀랄 만한 통찰력을 보여 주는 책이다.
2. 《굿 모닝 밀레니엄》, 장회익, 최갑수, 최엽 외 지음, 기획.《교수신문》, 민음사, 1999년 – 새로운 밀레니엄을 맞이하여 《교수신문》이 기획하고 각 대학의 전문 교수들이 집필한 밀레니엄 역사에 대한 정리서이다. 각 분야의 매우 뛰어난 필자들이 저술한 읽기 쉬운 밀레니엄 역사서이다.

영화 〈데칼로그〉^{Dekalog}에 대하여

크쥐시토프 키에슬로프스키 | Kieslowski, Krzysztov, 1941~1996

어린 시절을 불우하게 보냈고 신부(神父)가 되려고도 하였다. 폴란드 국립영화학교에서 다큐멘터리에 대해 배웠고, 대학에서 영화·연극·텔레비전 학과의 석사학위를 받았다. 폴란드 출신이지만 프랑스가 주요 활동무대이다. 1966년부터 수많은 단편영화와 기록영화를 만들었는데, 〈궤도열차〉(1966), 〈첫사랑〉(1969), 〈어느 공산당원의 일기〉(1973) 등이 있다. 그중에서 〈어느 공산당원의 일기〉는 독일 만하임 영화제와 폴란드 영화제에서 대상을 받았다. 1979년 〈아마추어〉로 장편 극영화 감독으로서 데뷔하였고, 1987년 3월부터 1988년 4월까지 14개월에 걸쳐 텔레비전용 10부작 연작영화 〈십계〉(Dekalog)를 만들어 주목받았다. 〈십계〉는 성서의 십계명을 주제로 한 10부작으로, 빛·소리·음악이 유기적으로 작용하여 전체적으로 독특한 형식과 아름다움을 보여주고 있다. 10부작 중 두 편은 재편집되어 〈살인에 관한 짧은 필름〉(1988), 〈사랑에 관한 짧은 필름〉(1988)이란 이름으로 극장에서 상영되었다. 〈십계〉에서 보여주는 형식과 화면의 아름다움은 키에슬로프스키 영화의 특징이라고 할 수 있다. 또 키에슬로프스키의 영화에는 준비된 답이 없다. 다만 관객에게 문제의식을 던지고, 현실에서 일어날 수 있는 여러 갈등이 절대적인 윤리 규범에 의해 해결될 수 없음을 이야기한다.

1991년에 다국적 자본으로 제작한 〈베로니카의 이중생활〉은 처음으로 폴란드 밖에서 촬영한 영화로, 똑같지만 다른 두 여인을 통해 이데올로기로 나누어진 두 개의 유럽을 그린 정치영화이다. 이 작품은 칸 영화제에서 여우주연상과 촬영상을 받았다. 1993년부터 1994년 사이에는 세 가지 색 시리즈를 차례로 발표하였다. 〈블루〉(1993), 〈화이트〉(1994), 〈레드〉(1994)는 각각 프랑스 국기의 세 가지 색을 뜻하는 자유, 평등, 박애를 상징한다. 〈블루〉는 베네치아 국제영화제에서 황금사자상, 여우주연상, 촬영상, 음악상을 받았다. 1994년 〈레드〉를 끝으로 영화계를 은퇴하였고, 알려지는 바로는 심장절개수술을 받기 위해 병원에 입원하였던 1996년 3월 13일 당시 키에슬로프스키는 천국, 지옥 그리고 연옥을 주제로 한 새로운 3부작을 기획하고 있었다고 한다. 그러나 불행히도 그는 수술 도중 심장마비를 일으켜 54세의 나이로 세상을 떠나고 말았다.

시놉시스 Synopsis

제1편 : 한 분이신 하느님을 흠숭하라

사이버네틱스를 가르치는 아버지는 수학과 현대과학의 합리주의를 신봉하며, 신을 믿지 않는다. 그의 영리하고 똑똑한 초등학생 아들인 파웰은 매사에 호기심이 많다. 삶과 죽음의 의미에 관한 아들의 질문에 아버지는 현대과학이 지향하는 합리주의적 세계관에 따라 대답해준다. 그런 그에게 주위 사람들은 신의 문제를 가벼이 여기지 말라고 충고한다. 특히 신앙심이 깊은 파웰의 고모는 신앙인으로서의 자신의 인생관을 파웰에게 전달하려고 한다. 선물로 스케이트를 받은 파웰은 아버지와 얼음의 두께를 컴퓨터로 계산해보고, 기후와 수학적인 분석으로 볼 때 얼음은 파웰의 무게를 견딜 정도로 단단하다는 결론이 나온다. 그러나 아버지는 얼음이 깨졌다는 소식을 듣고 현장으로 달려가지만 결국 파웰의 죽음을 확인하고 울부짖는다. 결국 그의 판단에 의해 아들은 죽은 것이다. 그는 성당으로 간다. 아들을 잃은 아픔으로 화를 내보지만 아무런 대답이 없다. 새워진 촛대들을 쓰러뜨렸으나 하느님은 아무런 반응도 없다. 그는 얼어붙은 성수를 꺼내 입에 대며 자신의 교만과 잘못된 선택에 대해 깊은 눈물을 흘린다.

제2편 : 하느님의 이름을 함부로 부르지 마라

이 영화의 주인공인 도로타는 심각한 고민에 빠져 있다. 현재 임신 3개월인 그녀는 남편이 아닌 다른 남자의 아이를 가진 터라 아이를 낳아야 할지 말지 마음을 정할 수가 없는 것이다. 더구나 남편은 불의의 사고를 당해 병원에서 사경을 헤매고 있다. 도로타는 남편이 죽을 경우엔 아이를 낳고 살 경우엔 낙태를 하기로 생각을 정리한 뒤, 남편의 담당 의사를 찾아간다. 의사는 나이가 지긋한 노인으로 겉으로 보기에 딱딱하고 냉정한 성격이다. 다짜고짜 찾아와 남편이 죽을지 살지 분명히 말해달라고 재촉하는 도로타에게 최선을 다하며 기다릴 뿐 생사 여부에 대해선 알 수 없다고 잘라 말한다. 낙태 시술을 받기로 한 날, 도로타는 병원을 찾아가 의사에게 자신의 결정을 전한다. 그 사이 남편의 상태를 면밀히 살펴본 의사는 여전히 불확실하지만 그래도 조금씩 차도가 나타나고 있음을 확인했다. 그러나 낙태를 하겠다고 말하는 도로타에게 남편은 살 가망이 없으니 낙태를 하지 말라고 한다. 그녀가 묻는다, 맹세할 수 있냐고. 의사는 대답한다, 맹세한다고. 결국 남편은 기적적으로 살아난다는 것이 이 영화의 줄거리이다.

제3편 : 주일을 거룩히 지내라

눈 오는 저녁, 화이트 크리스마스의 조짐이 보이는 이브에 택시 운전수 야누즈(다니엘 올브릭스키)는 산타 클로스 복장을 하고 깜짝 파티 준비를 한다. 아이들을 기쁘게 해주려는 것이다. 택시에서 아이들에게 줄 선물꾸러미를 챙기던 그는 어느 아파트 블록에서 아내(조안나 스쩨프코우스카)와 헤어져 집에서 만나기로 한다. 아내는 넘실거리는 거리의 사람들의 물결을 싫어하지 않는다. 그런데 야누즈는 언뜻 그 거리에서 아는 얼굴을 만난 듯한 느낌이 든다. 그것은 옛 애인 에와(마리아 파쿨니스)였던 것 같다. 그와 에와는 3년 동안 연인 사이였었다. 비록 지금은 헤어졌고, 그가 말을 걸어보기도 전에 그녀가 사라져서 확인할 수는 없었지만. 한편 에와는 자신의 친척 아줌마(크리스티나 드로촉카)를 방문하고 돌아가는 길이었다. 늦은 밤 아이들과 함께 성탄 전야의 즐거움을 누리려던 야누즈와 아내가 갑작스러운 인터폰의 신호에 당황한다. 누군가가 자신들의 차를 훔쳐 간다는 메시지다. 아내가 급히 경찰에 전화를 하는 동안, 부랴부랴 밖으로 나온 야누즈는 뜻밖에도 옛 애인 에와가 찾아온 것을 발견한다. 몹시 상심한 표정의 그녀는 자신의 남편이 실종됐다면서 도와달라고 부탁한다. 가족과의 특별한 밤이 있는 야누즈는 주저하지만, 결국 마지막 순간 그녀의 부탁을 들어준다. 그런데 자신의 택시로 시내를 돌며 에와의 남편을 찾지만, 그들이 맞이하는 것은 두 사람 사이의 감정이다. 여러 시간 동안 드라이브를 하는 동안, 에와는 자신의 문제를 털어놓고, 야누즈는 인간미를 발휘하지만 그녀에게 얽매이지는 않는다. 그러자 그녀는 두 사람의 추억이 서린 바르샤바 야생거위 몰이에 그를 데리고 간다.

코멘터리 Commentary

제1편 : 한 분이신 하느님을 흠숭하라

　과학이 발달하면서 사람들의 사고는 합리적이며 이성적으로 변하였다. 영화에서 나오는 아버지처럼 그러한 사람들을 우리는 주변에서 쉽게 볼 수 있다. 아니 어쩌면 영화에서 나오는 아버지뿐만 아니라 모든 현상의 인과관계를 과학적으로 밝혀내길 원하는 것이 우리 인간일지도 모른다. 그렇지만 모든 것을 아는 듯하지만 아직도 모르는 것이 더욱 많은 것이 우리 인간이다. 과학의 발달과 컴퓨터의 발달로 우리는 예전보다 더욱 더 많은 것을 예측할 수 있게 되었고 또한 알게 되었지만, 신앙에 있어서만큼은 과학으로도 밝혀낼 수 없었다. 신앙이라는 것은 과학의 영역 밖에 속하는 문제이기 때문이다.

　호수 주변에서 어떤 젊은 사내가 모닥불을 지피고 있었는데 그는 악마일까? 어쩐지 불길한 느낌이 든다. 또한 매우 인상 깊은 장면이 나오는데 대학교수 아버지가 아들이 죽고 난 후 성당을 찾아와 촛대를 쓰러뜨리는데 쓰러진 촛대에서 촛농이 떨어진다. 쓰러진 촛농은 마리아상의 눈 밑으로 흐르고 그러한 촛농은 눈물처럼 보인다.

유독 십계 1편은 문득 "자신의 비참함을 알지 못하고 하느님을 아는 것은 오만을 낳고 하느님을 알지 못하고 자신의 비참함을 아는 것은 절망을 낳는다"라는 '파스칼의 《팡세》를 떠올리게 한다. 무표정하지만 때론 몹시 불안함을 드러내는 한 사내가 눈 덮인 겨울 호숫가에 모닥불을 피우고 앉아 있고 뛰어다니는 아이들 모습에서 한 아이의 얼굴이 클로즈업되고 한 중년여인이 슬픈 눈빛으로 허공을 바라본다. 이 세 사람은 앞으로 일어날 사건의 복선의 주인공들이다. 파웰의 학교에서 우유 급식에 대한 TV 취재가 있었는데 이때 찍힌 파웰의 모습이 클로즈업 화면에 나타난다. 이 장면을 키에슬로프스키 감독은 영화 시작과 끝날 때 모두 보여준다. 방과후 파웰의 고모 이레네가 그를 데리러 온다. 엄마가 없는 파웰이기에 데려다 저녁을 먹이는데 파웰은 최근 그가 만든 컴퓨터 프로그램을 고모에게 자랑한다. 저녁을 먹고 난 뒤 고모는 교황 사진을 보여주며 파웰과 대화를 나눈다. 다른 사람을 위한 존재가 되어야 삶의 진정한 의미와 기쁨이 있음을 말하는 고모에게 파웰은 하느님은 누구인지 어디 있는지를 묻는다. 이레네는 어린 조카를 끌어안으면서 무엇을 느끼는지 되묻고는 '네가 지금 느끼는 사랑 바로 그곳에 하느님은 계심'을 일러준다. 아버지는 합리주의자로 이성을 고모는 종교적 인간으로서 신앙을 중시하며 아버지의 합리주의 세계와 고모의 종교 세계에 모두 호기심이 발동한 총명하고 감수성이 많은 어린 아들을 두고 이 작품의 주제인 과학과 종교 이성과 신앙의 대립 구조를 보여주고 있다.

파르테논 신전

파르테논 신전Parthenon에 대한 개괄적 개요

 그리스에 온 관광객이 반드시 들르는 아크로폴리스 최대의 신전. 파르테논은 '처녀의 집'이라는 뜻이라고 한다. 아테네시의 수호신 아테나를 모신 곳으로, 아크로폴리스에서 가장 높은 곳에 지어졌다. 이 신전은 두 가지 목적으로 지어졌다고 한다. 하나는 페리클레스에 의해 아테네의 수호신 아테나를 모시기 위한 것이고, 또 하나는 델로스로부터 가져온 조공품들을 보관하기 위한 것이었다고 한다. 조각가 페이디아스[1]가 감독을 맡았고, 설계는 이크티노스, 시공은 칼리크라테스가 담당하여 BC 447년에 시작하여 BC 438년에 걸쳐 완성하였다. 평면은 동서로 8기둥, 남북으로 17기둥, 바닥 30.8m×69.5m, 재료는 천장과 지붕의 골조를 제외하고 대리석이며, 도리아식의 주주

---

1 조각가인 '페이디아스'에 대하여 부연 설명을 하자면 BC 5세기 고전 전기의 숭고양식을 대표하는 거장이다. 아테네 출생. '카르미데스'의 아들이다. 처음에는 회화를 공부하였으나 조각가를 지망하여 아르고스의 '하게라이다스'에게서 배웠다. 조각가로서 재능이 뛰어나 우수한 많은 신상(神像)을 제작하여 당시 '신들의 상 제작자'로 칭송되었다. 작풍은 단순·명료하면서도 어느 것이나 개개의 감정을 초월한 높은 정신성을 보여준다. 고대 문헌으로 알 수 있는 주요 작품으로는 〈아테나 알레아〉, '미르티아데스'를 기념하는 군상을 비롯하여 〈아테나 프로마코스〉, 〈아테나 렘니아〉, 〈아테나 파르테노스〉, 올림피아의 〈제우스 좌상〉 등의 신상이 있다. 이들은 청동 또는 금과 상아로 제작하였으나 원작은 남아 있지 않으며, 〈아테나 렘니아〉의 로마 시대의 대리석 모작품과 〈아테나 파르테노스〉를 축소한 로마 시대의 대리석 모사품(아테네 고고 미술관)이 남아 있는 정도이다. 그의 위대한 양식을 전해주는 유일한 것으로는 BC 447년에 착공하여 BC 438년경에 완성한 파르테논 신전의 장식조각이다. 동서 두 박공의 대군상 조각, 장대한 '파테나이아'의 행렬을 주제로 한 길이 163m의 대(大)프리즈(frieze)는 그의 구상과 직접 지도하에 제작된 것으로, 남아 있는 주요 부분은 대영박물관에 수장되어 있다.

식(周柱式) 건물이며, 내부는 동쪽에 전당(前堂)과 아테네상을 안치한 내진(內陣), 서쪽에 후실과 처녀궁 등 4실로 되어 있다. 내부 기둥이나 들보는 바깥의 장중한 도리아 양식과는 대조적으로 우아한 이오니아 양식을 채용하고 있다. 박공은 동쪽에 〈여신 아테네의 탄생〉, 서쪽에 〈아테네와 포세이돈의 아티카 지배권 싸움〉의 대군상 조각을 배치하였고, 지붕 밑의 사방을 빛내는 92면의 메토프에는 신화에 있는 4가지 이야기 그리고 내진 상부 프리즈에는 범(汎)아테나이아 축제 대행렬이 전체 길이 약 160m에 걸쳐 돋을새김[陽刻]되어 있다. 이들은 모두 고전 초기의 걸작이다. 이 건물은 비잔틴시대인 426년에 하기아 소피아성당으로 내부가 개수되었는데 그때 아테네상이 콘스탄티노플로 옮겨졌다고 한다. 투르크점령시대(1458~1833)에는 모스크로 바뀌었다.

파르테논 신전 각 부분의 명칭

좌측의 상단부터 용어를 적어보면 pediment, cornice, frieze, architrave, capital, shaft, stylobate, drepidoma이고, 페디먼트 안에 조각이 있는 곳은 tympanum, 프리즈에 세로 홈이 파진 부분은 triglyph, 프리즈의 조각 부분은 metope인데 참고로 파르테논의 페디먼트 안의 조각은 현재 대영박물관에 있다.

파르테논 신전에 숨겨진 숫자

기원전 447년부터 438년 사이, 10년 동안 지어진 파르테논 신전은 지금은 심하게 파손되어 있다. 아크로폴리스를 지키는 터키군과 이를 공략하던 베니스군 사이에 전쟁이 한창이던 1687년 9월 26일 아침 7시, 한 독일 출신 중위가 쏜 대포가 아크로폴리스로 날아들었다. 그 포탄의 파편 하나가 지붕과 천장 사이의 공간 사이로 튀었다. 그리고 운 나쁘게도 그 파편은 마침 그곳에 저장되어 있던 터키군의 화약 더미를 뚫고 지나갔다. 큰 폭발과 함께 그때까지 2,200년 동안이나 온전하게 남아 있던 파르테논 신전의 반이 날라갔다. 북쪽 기둥 여덟 개와 남쪽 기둥 여섯 개가 날라간 텅 빈 공간은 인간의 잔혹성과 폭력성을 지금도 조용히 호소하고 있다.

고대 그리스 신전의 세로와 가로의 비율은 항상 2n+1으로 되어 있다. 이런 비율로 건물을 지었을 때 가로와 세로의 비율이 황금 분할을 이룬다고 한다. '황금분할'이란 짧은 부분과 긴 부분의 길이의 비가 긴 부분과 전체 길이의 비와 같아지는 경우를 말하는데, 대략 '1.618 대 1' 정도가 된다. 황금분할은 인간이 보편적으로 가지는 심미안에 가깝기 때문에 고대 그리스시대부터 가장 아름답고 이상적인 비율로 인식됐다. 파르테논 신전 역시 이 비율을 지키고 있어 정면 부분 기둥이 8개, 옆 부분 기둥이 17개로, 총 46개의 기둥으로 이루어진 건물이다(네 모퉁이 기둥은 두 번씩 계산된다). 파르테논의 기둥들은 똑바로 서 있지 않다. 모두 조금 안쪽으로 기울어져 있다. 모든 기둥의 기울기를 그대로 이어가면 1,760미터 높이에서 한 점으로 모인다고 한다. 이 정도 기울기를 주어야 건물이 사람의 눈에 똑바른 것처럼 보인다고 한다. 또 파르테논 신전에는 직선이 없다. 반듯하게 보이는 기둥과 바닥, 지붕의 모든 선이 약간 구부러진 곡선이다. 배흘림 기법으로 지어진 최초의 건축물답게 기둥은 밑동에서 1/3쯤 올라간 부분이 제일 두껍다. 바닥 역시 곡선으로 이루어졌다. 건물의 모서리 부근에서 기초를 이루는 돌에 눈높이를 맞춰 자세히 보면 건물의 가운데 부분으로 갈수록 볼록하게 부푼 것을 볼 수 있다. 복판 부분은 끝부분보다 11센티미터 더 올라와 있다. 이 곡선을 쭉 이어나가면 반지름이 5.6킬로미터인 원이 된다. 파르테논 신전이라는 건물 하나에 숨어 있는 수많은 숫자들은 그리스인들이 신에게 바친 정성이 얼마나 대단했는지를 보여준다.

파르테논 신전의 단청

파르테논 신전에도 단청이 있었다. 많은 시인과 화가가 지중해 쪽빛 하늘 아래 하얗게 반짝이는 그리스 신전의 아름다움을 노래했다. 그런 예술가들뿐만 아니라 일반인들에게도 그리스 신전의 단순함은 깊은 감동을 자아낸다. 그러나 우리가 시간 여행을 할 수 있어 고대 그리스 세계로 간다면 사뭇 다른 모습의 신전들을 마주하게 될 것이다. 신전의 지붕과 기둥 사이의 공간은 온갖 강렬한 원색으로 채색된 조각으로 장식되어 있었기 때문이다. 우리가 흔히 보는 대리석 조각 위에도 각가지 색을 칠해 아름답게 꾸몄었다. 오랜 세월의 흐름에 따라 고대 그리스인들이 칠해 놓았던 색들은 모두 사라졌고 오늘날 우리는 흰 대리석 바탕만 볼 수 있을 뿐이다. 그러나 자세히 들여다보면 아직도 곳곳에 채색되었던 흔적들이 눈에 띈다. 한동안 서양의 고고학자들은 그리스 각지의 유적들이 예전에는 어떤 모습이었을까를 재구성해 내는 일에 몰두했었다. 19세기에서 20세기로 넘어오는 시기에는 면밀한 조사와 자료를 바탕으로 예술가적 상상력을 최대로 동원해 그린 신전들의 복원도가 석사 학위 논문을 대신하기도 했었다. 이렇게 만들어진 복원도들이 수많이 남아 있다. 지금도 아테네 국립고고학박물관 한 구석에는 갖가지 화려한 색으로 아름답게 채색된 아크로폴리스를 복원한 모형이 전시되어 있다.

그리스 건축에 대하여

그리스(지도 참조)의 도시국가는 위기 때 함께 대처하고, 같은 수호신을 모시는 공동체였다. 따라서 고대 신전은 신을 모시는 공간이었을 뿐 아니라 시민들의 공동체 의식, 즉 애국심을 결정하는 공공의 장소였다. 이러한 관점에서 볼 때 그리스의 도시와 신전, 그리고 정치는 서로 복합적인 관계를 맺고 있는 것이다. 신전은 산속이나, 바닷가 혹은 시장이나 극장이 이뤄진 도시의 한가운데 세워졌다. 그러나 어디에 세워지건, 신전

은 언제나 시민의식의 지향점이었으며, 그리스인들은 신전의 건축과 조각을 통해 국가의식을 공유하고 과시하였다. 최근의 미술사 연구는 미술을 독립적으로 다루기보다 정치, 사회와의 관계 속에서 그 참모습을 찾아내려고 노력하고 있다. 그리스 건축이라 하면 당연히 신전의 기둥 장식에 따라 도리아식(도1, 4), 이오니아식(도2, 5), 코린트식(도3, 6)과 같은 세 가지 양식이 떠오를 것이다. 그러나 고대 건축에 있어서 주식(order)이 단순히 주두 장식의 차이만을 일컫는 것은 아니다. 그들은 이러한 양식의 차이에 따라 각 부분의 비례와 조각의 배치 방법들까지 달리하였다.

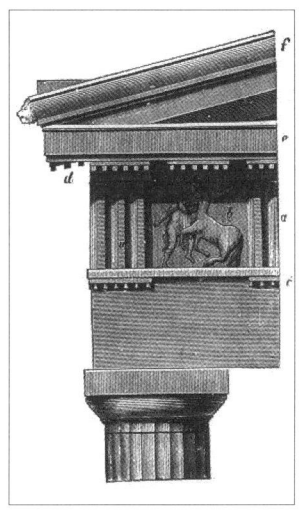  

도1, 도리아식 도2, 이오니아식 도3, 코린트식

도4, 도리아식 도5, 이오니아식 도6, 코린트식

아래 두 신전의 외양을 비교해 보자. 그리스 북방 도리아 민족이 가져온 도리아식은 육중하고 단순한 반면(도7), 해양 민족이었던 이오니아에서 유래한 이오니아식은 가늘고 경쾌하다(도8). 두 양식은 그리스 본토에서 융화되어 기원전 5세기경엔 같은 신전에 함께 쓰이기도 하며, 더 화려한 코린트 양식이 창안되기에 이른다.

〈도7, 도리아 신전, 헤라 신전〉
포세이돈 신전으로 알려져 옴
기원전 460년 경
이탈리아 파에스툼(고대 그리스 식민지)

〈도8, 이오니아식 신전, 에렉트레티움〉
기원전 421-405년
아테네 아크로폴리스

민족의 이름에서 유래한 두 양식과는 달리 코린트 양식은 코린트 지방의 한 건축가가 이오니아 주두가 땅에 떨어져 무성한 아칸투스 잎으로 둘러싸인 모습에서 영감을 받아 창안하였다고 전해지고 있다(도3, 6). 이외에도 긴 드레스를 입은 여성상이 무거운 건물을 떠받들고 있는 모양의 기둥인 카리아티드 양식도 있다(도9). 이 양식의 기원에 대해서 카리아티드 도시를 무찌른 후 여자들을 노예로 삼았던 데서 유래한 것이라 전해져 온다.

〈도9. 에렉테이온, 기원전 421-405년 경, 아테네, 아크로폴리스〉

같은 방식의 신전도 시대의 흐름에 따라 양식이 변한다는 사실은 흥미롭다. 기원전 6세기와 5세기의 도리아식 신전을 비교하면 6세기의 아르테미스 신전은 팀파늄과 엔타블라처가 전체 높이의 거의 반을 차지하는 데(도10) 이에 비해 기원전 5세기에 지어진 파르테논 신전에선 그 부분의 비중이 적어지고 기둥이 높아졌고, 기둥 사이의 간격도 넓어졌기 때문에 훨씬 조화롭게 느껴진다(도11).

〈도10, 아르테미스신전 정면도면, 기원전 6세기 초〉

〈도11, 파르테논 신전 정면도면, 기원전 447-438년〉

아크로폴리스 언덕에 자리잡은 흰 대리석의 파르테논 신전은 많은 부분이 손상되었음에도 불구하고 여전히 아름답다(도12, 13). 많은 학자가 이 건축물에서 황금 분할 비례를 찾아내어 이를 규범화했으며 그리스 고전기의 가장 훌륭한 신전이라고 칭송하여 왔다.

〈도12, 아크로폴리스, 파르테논 신전 전경〉

〈도13, 파르테논 신전, 기원전 447-438년, 아테네 아크로폴리스〉

〈도14, 파르테논 신전 정면, 기원전 447-438년, 아테네 아크로폴리스〉

파르테논 신전이 우리 눈에 균형 있게 보이는 데에는 건축가의 섬세한 계산이 있었던 결과다(도14). 건축가는 기둥의 가운데 부분이 가늘게 보이는 착시 현상을 방지하기 위하여 기둥에 배불림(엔타시스)을 주고 기둥 윗부분을 조금 안쪽으로 기울여 안정감 있게 보이도록 세심한 노력을 기울였다.

지금은 관광유적일 뿐이지만, 기원전 5세기 당시를 상상한다면 아테네의 모든 시민이 줄지어 신전에 봉헌하며, 범아테네 축제를 벌이는 모습이 실로 장관이었을 것이다. 당연히 그곳은 종교적인 역할을 넘어 도시국가(police)로서의 공동체를 인식하는 정치적인 공간이기도 하였다. 실제로 파르테논 신전의 건축은 그리스 연맹이 페르시아에 승리한 후, 연맹을 주도하던 아테네가 정치력을 확고히 하려는 의도에서 추진하였다. 페리클레스는 이 같은 거대한 프로젝트를 추진하는 과정에서 연맹의 군자금까지 전용했다고 하는데, 아테네가 신전의 건축과 조각에 이렇듯 큰돈을 들인 것은 미술이 민심을 결집시키는 가장 효과적인 수단이라 여겼기 때문일 것이다. 파르테논 신전의 위치와 신전 안팎의 조각들을 살펴보면 신전의 정치적인 중요성을 짐작할 수 있다. 신전은 아크로폴리스의 가장 높은 곳에 위치해 도시의 어디에서나 보이며 사방의 길이 이곳을 향하게 되어 있어서 파르테논 신전은 당시 아테네 사회의 중심이었다.

〈도15, 그리스 아테네, 아크로폴리스 전경〉

〈도16, 피디아스, 아테네 파르테노스 복원모형〉
원작품 : 기원전 438년경
토론토, 온타리오왕립박물관 제작

신전 안에 모셔 놓았던 아테네 파르테노스(순결한 아테네)상은 비록 실물이 남아 있지 않아 작은 모형으로 짐작할 수밖에 없으나 원래의 높이는 12m에 달하는 실로 거대한 상이었으며, 아테네상의 옷을 장식하는 데만 1,144Kg의 금을 사용하였다고 하니 화려했던 모습을 상상할 수 있다(도16). 순결을 상징하는 파르테노스상임에도 불구하고 아테네 여신은 여전사의 모습을 하고 있다. 투구 양쪽엔 날개 달린 말이 달려 있고, 아이기스 갑옷엔 무서운 고르곤이 꼼짝 못하고 있다. 창과 방패는 물론이려니와 오른손엔 승리의 신 니케를 들고 있다. 아테네 파르테노스는 이 도시의 초월적인 보호자인 것이다.

건축 안쪽의 이오니아식 프리즈에는 범 아테네(판 아테네) 지역 축제에 참가하는 봉헌자들의 긴 행렬이 새겨져 있다(도17). 이들 중엔 기마병과(도18), 물동이를 이고 가는 봉헌자(도19), 제물로 바칠 양과 소를 데려가는 봉헌자도 보인다(도20).

〈도17, 아테네, 파르테논 신전 서쪽 파사드 내부의 프리즈〉

〈도18, 파르테논 신전 내부〉
프리즈 행렬 중 〈말탄 사람〉

〈도19, 파르테논 신전 프리즈〉
〈물동이를 들고 가는 봉헌자들〉

〈도20, 아테네 파르테논 신전 프리즈〉
〈양을 바치는 사람들〉

그들의 의도는 건물의 외부의 장식에 더욱 잘 나타나 있다. 아크로폴리스 언덕을 오르며 제일 먼저 만나는 서쪽 팀파늄에는 이 도시를 놓고 아테네와 포세이돈이 겨루는 장면이 새겨져 있으며(도21), 그 반대편에는 아테네 여신의 탄생장면을 나타내는 조각들이 채워졌다(도22). 이러한 주제의 이야기들은 도시의 기원과 성격에 대해서 언급하는 것이다.

〈도21, 파르테논 신전 서쪽 팀파늄〉
〈아테네와 포세이돈의 경쟁〉 복원모형

〈도22, 파르테논 신전 동쪽 팀파늄〉
〈아테네의 탄생〉 복원모형

건물의 양 박공 이외에도 메토프와 프리즈에는 많은 장식조각들이 새겨져 있는데, 주로 거인족들과 싸우는 신들의 무용담, 아마존과 싸워 이긴 테세우스, 켄타우로스와 싸우는 아테네 영웅들의 이야기를 다루었다(도23, 24).

〈도23, 파르테논 신전 남쪽 메토프〉
〈켄타우로스와 싸우는 라피타이족〉

〈도24, 파르테논 신전 남쪽 메토프, 기원전 447-438년 경〉
〈켄타우로스와 싸우는 라피타이족〉

이 같은 주제에서 우리는 공통점을 발견할 수 있는데, 즉 아테네를 지킨 신(神)과 영웅을 선(善)에 놓고, 그와 싸운 트로이나 아마존, 거인족, 반인반수의 켄타우로스를 악(惡)에 놓은 기본 구조가 그것이다. 아래(도25)는 아폴로 신전의 프리즈 부분인 〈아마존을 내리치는 그리스 병사〉이다.

〈도25, 아폴로 신전〉
프리즈 〈아마존을 내리치는 그리스 병사〉
기원전 420-410년, 높이 64 cm, 런던 대영박물관

조각 작품들과 여러 측면에서 바라 본 파르테논 신전

(1) 동쪽 박공 조각-아테나의 탄생(파르테논의 동쪽 페디먼트, 런던 대영박물관 소장)

동쪽 페디먼트는 신전을 그리스도교 교회로 사용키 위해 바꾸는 과정에서 대부분이 제거되었다. 그러나 파우사니아스[2](1.24.25)의 기록 덕분에 이 페디먼트가 어떤 내용으로 만들어졌는지를 알 수 있다. 동쪽 페디먼트는 아테나의 탄생을 주제로 하고 있다. 신화에 따르면 아테나(미네르바)는 제우스의 딸인데, 제우스는 그의 첫 아내이자 오세아누스(Oceanus)의 딸인 메티스(Metis)가 그보다 더 강한 아들을 낳을 것이라는 두려움 때문에 메티스를 삼켜버렸다. 그래서 헤파이스투스(혹은 프로메테우스)가 도끼로 제우스의 머리에 틈을 내서 아테나를 태어나게 했다고 한다. 이렇게 하여 아테나는 완전 무장을 갖추고 태어났으며 영원한 순수(처녀성)의 여신으로 남게 되었다. 그러나 고대 아테나의 별칭인 트리토게네이아(Tritogeneia born of Triton)라는 말은 아테나가 물에서, 즉 오세아누스로부터 태어났음을 의미한다. 호머에 따르면 오세아누스는 모든 사물과 모든 신성한 것의 원천이다. 태양의 신이 오세아누스로부터 태양을 이끄는 말을 하늘 높이 끌어올리는 장면이다. 또 한쪽에서는 신들이 아테나의 탄생을 지켜보고 있다. 비스듬히 기대어 있는 신이 아래를 쳐다보고 있다. 이 신은 현존하는 페디먼트 중 유일하게 머리 부분이 남아 있는 조각이다. 또 깔고 앉은 것은 발톱모양으로 봐서 동물의 가죽인데, 이것 때문에 학자들은 이 신이 디오니소스 아니면 헤라클레스라는 추정을 하고 있다. 다른 두 신은 정확히 누구인지 알 수 없다.

---

2 '파우사니아스'는 2세기경에 활약한 그리스의 여행가·지리학자로서 팔레스타인·이집트·이탈리아·로마에 대하여 자세히 알고 있었으며, 특히 그리스에 대해서 소상히 알고 있어 《그리스 안내》를 썼다. 주로 그는 미신(迷信)·신앙·신화 등을 포함하여 주요 도시와 그 주변의 역사·지지(地誌)를 개략적으로 묘사하고 있으며, 풍경의 묘사는 별로 없으나 자연현상을 상세히 설명하였고, 뒤에 가서는 산물(産物)과 사회생활을 개관하고 있다. 또 모든 종교적 유물, 가령 올림피아와 델포이의 신앙, 아테네의 옛 영광, 또는 역사적 싸움터·기념물, 특히 예술적인 기념물을 사랑하였다. 이러한 것에 대한 그의 기술의 정확성은 유물에 의해서 확증되고 있다.

(2) 서쪽 박공 조각- 아테나와 포세이돈의 경연(파르테논의 서쪽 페디먼트, 런던 대영박물관 소장)

파르테논의 양쪽 페디먼트에 모두 같은 수호신(아테나)을 대상으로 한 장면을 조각하였다는 점과 인간이 전혀 등장하지 않는다는 점이 특징적이다. 예를 들어 올림피아에 있는 제우스신전을 보면 동쪽 페디먼트는 수호신인 제우스를 그리고 서쪽 페디먼트에는 아폴로를 대상으로 한 장면으로 장식되어 있다. 파르테논신전의 서쪽 페디먼트는 아테네 수호신의 자리를 놓고 여러 신들이 지켜보는 자리에서 아테나와 포세이돈이 경합하는 장면이다. 서쪽 페디먼트 역시 대부분의 신상은 그 몸통만 남아 있다. 아테나의 올리브나무가 경합하는 두 신들 사이에 서 있고, 4마리의 말이 끄는 마차를 타고 아테나와 포세이돈이 입장한다. 그러나 이 조각의 대부분은 훼손되었다. 그리스가 오토만 투르크의 지배를 받고 있을 때, 지중해의 새로운 강자 베니스 공화국과 전쟁이 터졌다. 오토만측은 파르테논을 화약고로 사용하고 있었기에 베니스군의 모로시니(Morosini) 장군이 대포를 한방 날렸던 것이다. 파르테논을 향해. 그때 신전은 지붕이 날아가는 참화를 겪었다. 그러나 1674년 Jacques Carrey가 그려놨던 페디먼트의 장면을 보고 다시 복원할 수 있었다. 헤르메스는 아테나를 모시고 이리스(Iris)는 포세이돈을 모신다.

그 외 다른 조각은 아테네의 전설적 속 왕들을 묘사한 것으로, 그 중 뱀 다리를 하고 있는 아테네 최초의 왕 케크롭스(Cecrops)는 아테네의 아크로폴리스 박물관에 전시되어 있다. 도릭 스타일의 건물 양쪽을 차지하는 커다란 삼각형인 페디먼트를 채우는 것은 힘에 벅찬 작업이 아닐 수 없다. 그 커다란 삼각형에 채워진 장면은 예술가들에 의해 창작되었을 것이며 현세의 인간들을 압도하는 것이다. 동쪽 페디먼트의 양쪽 구석이 하루를 열었다 마감하는 태양을 이끄는 말에 초점을 맞추어 장식된 반면 끝으로 갈수록 비좁아지는 서쪽 페디먼트는 마치 물이 흐르는 듯한 자세를 취한 물의 신들로 채워 넣었다. 비스듬한 자세를 하고 있으며 마치 바위와 하나로 섞여 있는 듯한 왼쪽 구석의 이것은 강의 신 일리소스(Illios)일 것이다. 아니면 올림피아의 제우스신전에서 발견되는 것처럼 알페이오스강(Alpheios)과 클라데이오스강(Kladeios)을 의인화 시킨 것일 가능성도 크다.

(3) 프리즈 - 大아테나제 행렬(Friezes, 파르테논의 서쪽 페디먼트, 런던대영박물관 소장)

파르테논의 프리즈에 대한 전통적인 해석은 그것이 大아테나제 행렬에 대한 규정(진행 방식)을 다시 돌에 새겨놓은 것이라고 한다. 이 행렬은 아크로폴리스의 에레크테움에 모셔진 아테나 신상에 아테네의 여인들이 9개월 동안 새로 지은 페플로스로 장식하는 것으로 끝난다. 행렬은 아테네에서 11마일(17km) 떨어진 엘레우시스(Eleusis)에서 시작하여 신성한 길(Sacred Way)을 따라 아테네의 아크로폴리스에 당도하였다. 파르테논의 프리즈는 사방으로 이 행렬을 묘사하고 있다. 행렬의 준비과정은 서쪽에, 그리고 남쪽과 북쪽에는 두 줄로 늘어선 행렬이 각각 묘사되어 신전의 가장 중요한 부분이면서 올림피아의 신들이 조각되어 있는 동쪽(입구)을 향해 나아간다. 동쪽 프리즈의 중앙 부분에는 페플로스를 나르는 5명의 사람이 조각되어 있다. 프리즈는 마라톤 전투에서 사망한 전사들을 기리기 위한 것이기도 하다. 마라톤에 10개의 부족이 모셔져 있는 것처럼, 파르테논의 프리즈에도 10부족을 상징하는 말과 전사들이 그려져 있다. 마라톤에서 전사한 192명의 병사들이 소로스(soros, 관 무명전사의 묘)에 박혀 있는 것처럼, 192명의 병사들이 프리즈에 새겨져 있다. 프리즈의 행렬이 올림피아의 신들에게 당도함은 전사들의 영혼이 이 신들과 하나 됨을 의미한다. 프리즈말고도 파르테논 신전에는 '인간의 승리'로 해석할 수 있는 많은 조각품들이 존재한다.

(4) 메토프- 4개의 전쟁(Metopes, 파르테논의 메토프, 런던 대영박물관 소장)

신전의 사방을 장식한 92개의 부조는 메토프는 모두 높은 부조(high relief)로 조각되어 있어 파르테논 신전의 가치를 더욱 높여주는 요소 중 하나다. 4면은 4개의 전쟁을 표현하고 있어 각각 그리스인들(특히, 아테네)의 페르시아 전쟁 승리를 비유적으로 묘사하고 있다. 동쪽은 대신 전쟁(對神戰爭Gigantomachy), 서쪽은 아마존 전쟁(Amazonmachy), 남쪽은 켄타우로스 전쟁(Centauromachy), 마지막으로 북쪽은 트로이 전쟁(Trojan War)을 형상화하고 있다. 페이디아스는 아테네 화가 카르미테스의 아들로 파르테논신전의 정면 입구와 소벽을 조각한 당대 제일의 조각가였다. 그리스 고전전기(古典前期)의 숭고양식(崇高樣式)을 대표하는 페이디아스는 신(神)들의 상을 많이 만들어 '신상 제작자'로 칭송받은 사람이다. 고대 그리스의 전설적 조각가 페이디아스가 제작하여 파르테논 신전에 봉안되었던 아테네 여신상에 대한 기록을 보면 이 조각은 금으로 만든 갑옷과 의상, 상아로 된 피부 등 온통 금은보화로 뒤덮인 약 11미터의 나무로 제작되었으며, 방패와 갑옷은 강렬하고 번쩍이는 색으로 채색하고 눈도 색깔 있는 돌로 만들었다고 한다.

그리스의 조각들이 살아 있는 것처럼 보이도록 채색되었음은 청동으로 제작되고 색깔 있는 돌로 눈을 표현한 델포이 출토의 〈전차병〉을 통해 확인할 수 있다. 그러나 대부분의 조각들이 기독교 시대에 우상 혐의로 파괴되고 그나마 로마시대에 그리스인들과는 다른 맥락에서 로마인들이 청동보다 비교적 싸게 제작할 수 있는 대리석으로 이 조각들을 복제하였기 때문에 우리는 이 복제품들을 통해 그리스 조각을 이해할 수 있는 것이다. 앞(도16)은 페이디아스가 만든 아테나 여신상이 어떤 것이었을까를 추정할 수 있는 로마시대의 대리석 모사품이다. 비록 페이디아스의 조각이 이것과 다른 것이었다고 할지라도 원형을 상상해보는 데 참고는 될 것이다. 페이디아스는 파르테논 신전 조각 이후에 제우스 신전에 봉안할 제우스 신상도 제작했던 것으로 전해진다. 이 작품 역시 현재 남아 있지 않지만 제우스 신상에 대한 많은 기록과 평가들을 볼 때 그리스인들이 실제와 닮은 형상의 재현에 목적이 있었던 것이 아니라 그들이 생각한 '이상적 형태'의 창조를 위해 헌신했음을 알 수 있다.

참고

1. http://chunho.or.kr/pilgrimage/story-121.htm
2. http://211.184.234.1/~mihomat/math8/mathw/oper/par...
3. http://www.pohangart.com/moogi007/art25-_25C6_25C4_25B8_25A3_25C5_25D7_25B3_25ED.htm http://home.mokwon.ac.kr/%7Earthistory/lecture/week03/w03_s3_1_lecture.html
4. http://www.poinix.co.kr/?doc=bbs%2Fgnuboard.php&bo_table=greece&sselect=&stext=&ssort=wr_subject&sorder=asc&soperator=&page=1&wr_id=14http://news.naver.com/ news/read.php?mode=LSD&office_id=028&article_id=0000049328&section_id=103&menu_id=103 http://howcolor.com/zboard/view.php?id=insideart&page=1&sn1=&divpage=1&sn=off&ss=on&sc=on&select_arrange=headnum&desc=asc&no=34
5. http://www.naju.ac.kr/%7Esyk1958/%BC%BC%B0%E8-%C0%AF%B7%B4.htm
6. http://100.naver.com/100.php?id=180129
7. 《서양건축사》, 배대승 지음, 현대건축사, 2001.
8. 《이야기 세계사 여행》 2, 현준만 지음, 실천문학사 펴냄, 1994.
9. 《클라시커 50 서양건축》, 롤프 H. 요한젠 지음, 안인희 옮김, 해냄출판사, 2004.
10. 《서양미술사》, 에른스트 H. 곰브리치 지음, 백승길, 이종숭 옮김, 예경, 2003.
11. 《그리스 미술》, 존 보드먼 지음, 원형준 옮김, 시공사, 2003.

성모송
- 어머님께 드리는 기도 -

우리가 매일 드리는 성모송은, 〈루카 복음〉 1장 28절에 나오는 가브리엘 천사의 인사와 42절 엘리사벳의 찬미에 교회의 기도가 덧붙여진 것이다. 첫째 부분인 천사의 인사와 엘리사벳의 찬미는 6세기경부터 기도문으로 사용되기 시작하였고, 거의 천 년의 형성 역사를 거쳐 16세기경에 둘째 부분인 교회의 기도가 덧붙여지면서 현재의 모습이 되었다. 성모송의 의미를 바로 알기 위해 첫째 부분을 먼저 살펴보고 정확히 이해하는 것이 중요하다.

가브리엘 천사의 인사인 〈루카 복음〉 1장 28절은 "기뻐하소서. 은총 받은 이여, 주님께서 함께 계십니다."이다. 엘리사벳의 찬미인 42절은 "당신은 여인 중에 복되시며, 태중의 아드님 또한 복되시나이다."이다. 그러나 우리말 성모송은 천사의 인사와 엘리사벳의 찬미를 한 문장으로 연결시켜 "주님께서 함께 계시니 여인 중에 복되시며"로 만들었다. 이것만 보아서는 어디까지가 천사의 인사이고 어디까지가 엘리사벳의 찬미인지가 분명하지 않을뿐더러 "여인 중에 복된" 직접적인 이유가 "주님께서 함께 계시기" 때문인 것처럼 보인다(물론 초 세기의 몇몇 필사본과 라틴어 성서 사본인 불가타 역에는 "여인 중에 복되십니다"라는 찬미의 말이 가브리엘 천사의 입을 통해서도 발설된 것처럼 되어 있지만, 오늘날 사본학의 연구 결과 "여인 중에 복되시나이다"는 천사가 아니라 엘리사벳의 찬미라는 것이 정설이다). 그렇지만 주님께서 함께 계신 것은 마리아가 축복받을 이유라기보다는 기뻐해야 할 이유에 더 가깝다. 마리아가 복된 이유는 오히려 45절에 "주님께서 약속하신 말씀이 꼭 이루어지리라고 믿으셨으니 정녕 복되십니다"라는 엘리사벳의 말에서처럼 믿음에서 찾아볼 수 있다.

기뻐하소서

성서 원문에서 천사가 마리아에게 건넨 첫 마디는 "기뻐하소서"(카이레)이다. 예로니모는 이 단어를 라틴어로 옮기면서 '아베'로 번역하였다. '카이레'는 '안녕하세요', '샬롬' 등으로 번역할 수 있는데 여기서는 천사가 마리아를 기쁨으로 초대하는 명령으로 해석해야 한다는 견해가 지배적이다. 인류는 처음부터 자기를 죄와 고통에서 구해줄 해방자, 세상에 평화를 가져다줄 구원자를 갈망하고 희망해왔다. 그런데 이제 그 메시아가 탄생한다는 데 기쁨이 넘치지 않을 수 없다. 천사는 마리아를 이 기쁨으로 초대한다. 이런 명령형은 구약의 여러 군데서 보인다(즈가 9,9; 스바 3,14-17 참조). 마리아가 기뻐해야 하는 이유는 하느님의 은총을 받았고(루카 1,30), 주님께서 함께 계시기 때문(루카 1,28)이다. 하느님께서는 마리아를 택해 당신의 성전으로, 당신의 거처로, 당신의 어머니로 삼으셨다. 잉태된 아기는 곧 하느님의 아들(루카 1,35)이다. 마리아의 모태에 성령이 작용하여 성자가 자라고 있으니 기뻐하지 않을 수 없는 것이다.

마리아

천사는 28절에서 마리아의 이름을 부르지 않고 다만 '은총 받은 이'라고만 하였다. 마리아의 이름은 두 절 다음에 나온다. 마리아라는 이름은 히브리어로 '미리암'이다. 미리암은 애인이라는 의미의 이집트어 '뮈르'와 하느님의 축소형 '얌'이 결합된 단어로 하느님의 애인을 뜻한다. 마리아는 영원으로부터 하느님의 사랑을 받는 여인이다. 하느님께서는 마리아를 통해서 구세주를 보내시고 세상을 구원하고자 하셨다. 고고학적 가치가 큰 시리아의 옛 도시 우라리트에서 발견된 문서에 자주 나오는 르림(마롬)이라는 단어에서 마리아의 어원을 찾을 경우 마리아는 '높이 들어 올린 여인', '고결한 여인'이라는 뜻이 된다. 마리아는 구원사에서 높이 올림을 받은 고결한 여인이었다.

은총이 가득하신 여인

성모송에서 세 번째로 중요한 단어는 "은총 받은 이"(케카리토메네 : 루카 1,28)이다. 이 표현은 '(하느님의) 은총을 붓다', '(하느님의) 은총으로 채우다'라는 동사의 수동완료 분사형으로 되어 있다. 이 표현의 수혜자인 마리아는 '하느님의 은총으로 이미 채워진 자'이다. 이는 "너는 하느님의 은총을 받았다"(루카 1,30)에서 잘 설명된다. '케카리토메네'에는 충만의 의미가 내포되어 있어서 예로니모 성인은 이 말마디를 라틴어로 번역할 때 '그라씨아 플레나'(충만한 은총)로 번역하였다. 우리 기도문 "은총이 가득하신"은 이 라틴어에서 옮겨온 것이다. "은총 받은 이"라는 천사의 인사에는, 인간이 자기의 피조성을 거부하고 하느님의 자녀임을 잊는 죄인임에도 불구하고 하느님의 용서와 사랑과 선하심에 의해 불림받고 또 받아들여졌다는 은총론의 내용이 담겨 있다.

이 은총론의 주제는 그리스도의 구원이지만, 그렇다고 마리아의 인격을 완전히 배제하지는 않는다. 우리가 마리아를 공경하는 이유를 마리아의 인간 됨에서도 찾아볼 수 있다. 마리아는 성령의 현존을 의미하기 때문이다. 마리아와 함께 우리는 천주 제2위이신 성자만이 아니라 천주 제3위이신 성령의 신비도 묵상하게 된다. 마리아는 성령의 소식을 받고 지속적인 성령의 소유자가 된다. 성령이 먼저 마리아를 사랑하였고 마리아 안에 머물러 계신다. 마리아와 성령의 관계는 "성령이 너를 감싸주실 것이다"(루카 1,35)라는 천사의 말에서 뚜렷이 나타난다. 성령이 마리아에게 내려와 머문다는 것은 마리아가 곧 성령의 집이 된다는 말이다. 성령이 성부와 성자로부터 직접 마리아에게 와 머문 것이다. 마리아가 바로 성전이 된 것이다. 마리아는 예수님의 어머니일 뿐만 아니라 성령이 머무는 성령의 집이 되었으니, 은총 그 자체를 받은 것이다. 제2차 바티칸공의회가 마리아를 두고 성령으로 형성된 새 창조물, 새 하와라고 서술한 것은 이런 근거에서이다(교회헌장 56항). 하느님의 아들을 세상에 보내기 위해서 하느님께서는 먼저 마리아를 신적인 인간(하느님의 성전)으로 꾸미셨다. 마리아가 신적인 인간으로 꾸며지고 성령의 집이 되었기에 마리아에게서 태어날 아기도 거룩하며 하느님의 아들이라 불릴 것이다(루카 1,35).

주님께서 함께 계십니다

은총은 마리아 안에서 삼위일체 하느님과 인간의 인격적 만남으로 실현되기 때문에, 천사는 "은총 받은 여인"이라는 말에 이어 "주님께서 당신과 함께 계십니다"라고 말한다. 이 말은 오늘날 미사를 드리면서 사제가 "주님께서 여러분과 함께"하며 신자들에게 인사하는 것처럼 단순한 인사말이기도 하지만, 힘과 용기를 북돋워 주는 말이기도 하다. 이 표현은 구약에서 모세나 예레미야 같은 하느님의 종이 그분으로부터 중요한 사명이나 신탁 및 예언자적 선언을 받을 때 자주 나온다. 천사는 이 말로써 마리아에게 "주님께서 도와주실 것"이라는 확신을 준다. 이 말은 또한 성령을 통한 하느님의 현존을 나타낸다. 하느님께서는 이스라엘 백성과 계약을 맺음으로써 당신께서 이스라엘 안에 지속적으로 현존하실 것임을 보증하셨다. 하느님께서는 이제 마리아를 하느님의 집, 성령의 궁전으로 만드심으로써 마리아를 신약의 계약의 궤가 되게 하신다. 이스라엘이 계약의 궤로부터 하느님의 현존을 체험하였듯이, 신약의 하느님 백성은 새로운 계약의 궤인 마리아를 통해서 하느님의 현존과 그분의 역사하심을 체험하게 된다.

여인 중에 복되시며

마리아의 문안을 받은 엘리사벳의 성령으로 가득 차서 큰소리로 "모든 여인들 중에 복되시며 태중의 아드님 또한 복되십니다"(루카 1,42)라고 외친다. '복되다'(에우로게인)는 말의 성서적 의미는 '감사를 표하다', '축하하다' '칭찬하다', '~에 대해서 기쁘다', '칭송과 영광을 돌리다', '찬미하다'(루카 1,64), '축복하다'(마르 11,9 ; 루카 12,13), '번영케 하다'(사도 3,26) 등이다. 루카에 의하면, 이 아기는 장차 어머니인 마리아에게 기쁨보다는 아픔을 가져다줄 존재다. 예수님은 마리아의 가슴에 칼을 꽂을 존재이다. 그는 지극히 높으신 분이셨지만 높은 데 머물러 계시지 않고 가난 그 자체가 되셨고, 고통과 십자가와 하나가 된 분이시다. 예수님은 보통 사람들이 바라는 구세주와는 거리가 먼 존재였다. 행복과는 거리가 멀고, 축복을 얻기 위해서라면 멀리 피해 달아나야 할 분이었다. 마리아가 축복받은 여인인 것은 이 고통의 예수님을 잉태하였기 때문일진대, 그것을 과연 축복으로 이해할 수 있을까? 어떻게 고통을 잉태하신 분이 모든 여인 중에 가장 축복받은 여인이 될 수 있을까?

엘리사벳은 인류가 그토록 박을 구하면서도(기원) 얻지 못하는 것은 예수님의 이 고통을 외면하고 피해가려고만 하기 때문이라는 것을 알았을까? 엘리사벳은 예수님의 이 미래를 아는지 모르는지 큰 소리로 마리아를 "여인 중에 축복받은 여인"이라고 부르고 "태중의 아들 또한 복되시나이다"라고 찬미한다. 이 찬미는 하느님께서 마리아를 당신의 구원 계획으로 쓰신 데 대한 찬미이다. 엘리사벳은 45절에서 마리아가 복된 이유를 댄다. "주님께서 약속하신 말씀이 꼭 이루어지리라 믿으셨으니 정녕 복되십니다" 믿음이 바로 복됨의 이유이고 원천인 것이다. 엘리사벳은 '복되다'라는 말에 이어 "여인들 가운데"라는 말을 덧붙인다. 엘리사벳이 보기에 마리아는 모든 여인들 중에 가장 뛰어난 방식으로 하느님의 선물을 받은 여인이다. "자신을 내세우는 사람이 아니라, 주님께서 내세우신 그런 사람이야말로 인정받겠기 때문"(2코린 10,18)이다. 선물은 하느님의 자비에서 오는 것이며, 선물받은 인간을 내면적으로 새로 정돈하고 새로 창조하여 하느님의 사람으로 만든다. 여기서 중요한 것은 '축복하.'가 수동부사로 쓰였다는 것이다. 즉 마리아가 하느님께 감사해야 할 이유는 원칙적으로 성령의 활동 덕분이라는 것이다. 마리아는 스스로 잘나서가 아니라 성령의 활동으로 말미암아 축복 받은 자가 되었다. 인간이 되시기까지 자신을 낮추신 하느님의 끝없는 사랑이 마리아를 은총의 여인으로 만드신 것이다. 마리아가 모든 여인 중에서 축복을 받은 것은 온전히 하느님의 덕이며, 마리아 안에 활동하고 계신 성령 덕분이다. 결국 천사의 표현인 '은총을 받은 자'나 엘리사벳의 찬미에 나오는 '축복 받은 자'는 같은 맥락에서 이해될 수 있다.

성 마리아

천사와 엘리사벳의 인사에 이어 성모송의 둘째 부분인 교회의 기도가 따른다. 이 기도는 "성 마리아님, 하느님의 어머니"(Santa 거룩한 / 성 Maria 마리아 / Mater 어머니 / Dei 하느님의 : 산타 마리아 마테르 데이)로 시작하는데, 우리말로는 "천주의 성모 마리아님"(하느님의 거룩한 어머니, 마리아)으로 번역되어 뉘앙스가 다르게 느껴진다. 라틴어 표현에는 "거룩한 어머니"가 아니라 "거룩한 마리아"가 강조되어 있다. 교회는 천사와 엘리사벳을 통하여 마리아를 기쁨의 여인, 은총의 여인, 신앙의 여인, 축복받은 여인으로 칭송하고는, 하느님 백성들로 하여금 조용히 "성 마리아님, 하느님의 어머니" 하고 부르며 우리 인간을 위하여 이제와 죽을 때에 하느님께 기도해 주시기를 간청하게 한다. "성 마리아, 하느님의 어머니" 하고 부르며 우리 인간을 위하여 이제와 죽을 때에 하느님께 기도해 주시기를 간청하게 한다. "성 마리아, 하느님의 어머니"라는 부름에는 인간이 처한 각박한 상황과 구원을 갈망하며 어머니께 매달리는 연약한 인간의 마음이 애틋하게 그려져 있다.

태중의 아들 또한 복되시나이다

예수님께서는 성령으로 가득차서 마귀를 쫓아내셨다(마태 12,28). 그 분의 몸은 영적인 몸이었다(1코린 15,44). 그 예수님께서 "주님의 이름으로 오시는 자, 축복받은 자"로 환영받는 것은 지극히 마땅한 일이다. 축복받아야 할 예수님의 삶의 의미는 예수라는 이름에서도 그대로 드러난다. 우리는 천사로부터 마리아에게서 태어날 아기가 '예수'라고 불리게 될 것이라는 예언을 듣게 된다(루카 1,31 ; 마태 1,21). 예수라는 이름은 원래 히브리 이름 '여호수아, 예슈아, 예슈'를 그리스식으로 표기한 이름이다. 팔레스티나에서도 헬레니즘이 일반화된 기원전 2세기경부터 예수라는 이름은 그 지역에서 흔한 이름 중의 하나였다. 이 이름은 야훼(백성과 함께하고 백성을 위하시는 하느님)와 '요'(해방하다, 돕다, 구하다, 승리를 구하다)의 복합어로 '하느님께서 구원하시다'라는 뜻이 된다. 따라서 예수라는 이름의 뜻은 구원자 하느님이다. 이처럼 예수라는 이름에는 벌써 인간이 되어 이 세상에 오신 마리아의 아들의 사명이 구체적으로 드러나 있다. 그 분은 인간의 체면을 깎아내리고 하느님을 모독하는 숙명적인 상황에서 인간을 해방하고 구원하고자 하셨다. 영원한 하느님의 아들이 파멸의 세상 속으로 인간이 되어 오신 것은 바로 그 파멸의 세상으로부터 인간을 구원하시기 위해서이다.

여기서 바오로가 왜 예수라는 이름에 구원의 의미를 크게 부여하고 있는지 이해하게 된다: "그러므로 하느님께서는 그분을 높이 올리셨고 모든 이름 위에 뛰어난 이름을 주셨습니다. 그래서 하늘과 땅 위와 땅 아래에 있는 모든 것이 예수님의 이름을 받들어 무릎을 꿇고 모두가 입을 모아 예수 그리스도가 주님이시라 찬미하며 하느님 아버지를 찬양하게 되었습니다"(필립 2,9-10). 예수라는 이름은 인간과 하느님의 모든 원수를 굴복시킨 완전한 승리를 의미한다. 예수님이야말로 주님이시며 그 분의 나라는 끝이 없을 것이다(루카 1,33). 이 사건을 두고 성목요일 예절 때 예수님을 다음과 같이 찬양한다: "예수님 안에서 구원이 우리에게 왔고 부활과 생명이 이루어졌다. 예수님을 통해 우리는 구원되었고 해방되었다."

예수님과 함께 성모송의 첫째 부분은 끝난다. 성모송 첫째 부분은 마리아에게서 시작하여 예수님의 이름으로 끝난다. 마리아와 예수님 안에서 우리는 은총과 구원의 핵심을 만난다. 마리아와 예수님과 함께 하느님 자신의 신비를 보게 되는 것이다. 하느님 아들과 성령의 신비를 우리에게 드러내 보이는 성모송에는 인생의 근원적인 진리가 표현되어 있다.

천주의 어머니

《신약 성서》 전반에 걸쳐 마리아를 두고 "하느님의 어머니"라고 표현한 데는 단 한 곳도 없다. 마리아는 다만 예수님의 어머니라고 불릴 뿐이다. 엘리사벳은 마리아에게 '내 주님의 어머니'(루카 1,43)라고 부른다. 여기서 주님은 예수님을 나타낸다. '하느님의 어머니'라는 표현은 3세기경부터 그리스도인들 사이에 널리 알려졌고 에페소 공의회(431)에서는 이를 공식적으로 신앙조문으로 삼았다. 마리아가 하느님의 어머니라는 신앙고백은 예수님의 신성과 관련된다. 이것은 예수님이 참 하느님이라는 것을 의미한다. 나아가 인간 예수님의 어머니 마리아가 하느님의 어머니라는 것은 예수님뿐 아니라 예수님과 같은 인간의 조건을 지닌 우리도 예수님처럼 하느님의 아들임을 인정하는 것이다. 우리와 같은 인간 예수, 동정 마리아에게서 태어난 인간 예수께서 영원한 성자이시기에 우리의 인간성은 그냥 부패해 버리는 흙덩이가 아님을 주장할 수 있다. 마리아가 하느님의 어머니라는 것은 마리아에게서 태어난 예수님이 참으로 하느님이심을 말하는 것이다. 마리아의 신적 모성을 부정하면 예수님의 신성도 부정하는 셈이 된다. 마리아가 하느님의 어머니인 것은 성령에서부터 생각해 볼 수 있다. 즉 마리아가 하느님의 어머니인 것은 마리아에게서 태어난 예수님이 참 하느님인 까닭도 있지만, 그 이전에 이미 성령께서 마리아에게 나타나 예수님을 낳게 될 것이라고, 성령의 궁전이 될 것이라고 알리면서 마리아의 모성을 신격화시켰기 때문이다. 마리아가 하느님의 어머니인 것은 마리아 자신이 성령으로 잉태하였기 때문이다. 하느님께서 마리아의 모성을 신적 모성으로, 다시 말해 영원한 성자의 어머니가 되도록 도구로 삼으셨기 때문이다.

저희 죄인을 위하여 빌어주소서

예수님의 어머니인 마리아를 "하느님의 어머니, 성 마리아님" 하고 부르는 교회의 의도는 "저희 죄인을 위하여 빌어주소서"라고 이어지는 기도에서 분명해진다. 인자하시고 축복받은 어머니 앞에서 우리 죄인들이 간구할 수 있는 최선의 것은 우리를 위하여 빌어달라는 것 말고 무엇이 또 있겠는가? 성령의 궁전이며 하느님의 어머니인 마리아를 감싸고 있는 신비에 대한 묵상은 이렇게 해서 구원을 간구하는 인간들의 간절한 기도로 끝맺게 된다. 그렇다면 여기서 우리 죄인을 위하여 빌어달라고 마리아께 간청한다면 구체적으로 무엇을 비는 것일까? 아니, 인간은 도대체 하느님께 청원의 기도를 바칠 수 있기나 한가? 성서를 보면 예수님께서는 "너희의 아버지께서는 구하기도 전에 벌써 너희에게 필요한 것을 알고 계신다."(마태 6,8)라고 하시지 않았는가? 그러나 성서의 다른 구절을 보면 예수님께서는 제자들에게 주님의 기도를 가르치면서 우리에게 끊임없이 기도할 것을 요구하신다(루카 11,1-13).

마리아는 하느님의 이런 자비와 전능의 마음을 신뢰한 여인이었다. "어찌 이런 일이 내게 일어날 수 있겠는가?" 하고 보통 사람 같으면 실의에 빠지고 절망할 상황에서도 마리아는 "그대로 내게 이루어지소서" 하고 하느님의 뜻을 받아들일 수 있었다. 마리아에게서 우리의 기도가 하느님에 의해 받아들여지는 것을 보게 된다. 마리아는 구원의 사건이 일어나는 매순간에 늘 함께 있었다. 성령께서 임하실 때, 하느님께서 강생하실 때, 예수님께서 성령의 힘으로 복음을 전하고, 병자를 낫게 할 때, 예수님의 십자가 발치에, 예수님께서 부활하시고 승천하실 때 그리고 성령께서 강림하실 때 마리아는 늘 함께 있었다. 구원사의 매 순간에 늘 함께하시는 우리 기도의 중개자인 마리아에게서 성령께서 주시는 위로와 희망을 보게 된다. 예수님과 마리아를 통해 아버지의 신비가 또 전달된다. 도움을 청하는 사람은 자신을 죄인으로 고백한다. 죄인은 하느님께 나아가는 길에서 빗나간 사람이다. 이웃과 올바르고 형제적인 관계를 맺고 세상 모든 것에 책임을 지며 어린이처럼 열린 마음으로 살라는 아버지의 요구를 멀리한 사람이다. 죄는 창조에 대한 폭력이며, 인간됨을 포기하고, 하느님 안에서 인간답게 살기를 포기한 사람이다. 이런 죄스런 상황에서 우리는 마리아께 우리를 위해 기도해 달라고 간구한다. 우리가 우리의 죄스런 존재를 위하여 빌어달라고 마리아께 청하는 것은 마리아는 '죄인들의 피난처'(refugium peccatorum)이기 때문이다.

이제와 저희 죽을 때에

'이제'는 우리의 죄스런 현재 상황이다. 마리아는 이 죄스러운 상황에서 우리를 위해 기도해 주실 것이지만, 특히 우리가 '죽을 때' 기도해 주실 것이다. 마리아는 당신의 아들이 십자가에서 외로운 사투를 벌이는 모습과 임종을 그 아래에서 지켜보아야 하셨다. 십자가 아래서 아들의 신음소리를 들으시는 어머니의 마음은 어떠하셨을까? 그때 어머니는 어떠한 기도를 바치셨을까? 어머니의 기도 속에서 예수님은 모두를 용서하시고, 인류를 하느님과 화해시키셨다. 그리고 아버지와 하나가 되셨다. 예수님의 죽음은 부활의 죽음이었다. 성모송을 바치면서 우리는 임종하는 아들을 지켜보시는 그 마음으로 우리를 지켜보고, 그 기도로 우리를 위해 하느님께 기도해 주시기를 성모님께 간청한다. 그리고 틀림없이 마리아는 우리를 위해 그렇게 기도해 주시리라고 확신한다. 예수님의 어머니 마리아는 우리의 어머니이시기 때문이다.

사람은 잘못 죽을 수 있다. 미움과 증오 가운데 원수가 되어 죽을 수 있다. 때문에 성모송은 성모님께서 우리가 죽을 때 우리 곁에 있어달라고 간청한다. 사랑 가운데 죽게 해달라고 기도한다. 사랑과 자비 자체이신 하느님을 느낄 때 인간의 죽음은 사랑으로 이어질 것이기에. 성모송은 우리가 사랑하며 살고 죽게 해달라는 기도이다. 그리하여 우리의 생명, 우리의 기쁨, 우리의 희망이신(vita, dulcedo et spes nostra) 마리아께 인사드린다(salve).

아멘

　성모송은 '아멘'으로 끝을 맺는다. '아멘'은 하느님의 고귀한 주권을 인정하는 것이다. 하느님께서 하시는 모든 것은, 그 일이 비록 힘들더라도, 반드시 이루어진다는 것을 확신하는 것이다. 아멘은 믿음이요 확신이다. 성모송이 아멘으로 끝맺는다면 아멘의 이런 뜻을 마리아에게서 보게 된다는 것을 암시한다. 신앙은 우리를 현실에서 도피시키지 않고 오히려 어려움 속에서도 용기와 희망을 가지고 살게 해준다. 성모송은 신앙의 기도로 현세의 어려움에 위로와 용기를 주는 희망의 기도이다. 때문에 은총의 기도이다.

어머니 – '위대한 모성', '이념적 전형' 그리고 '작은 신화'

– 막심 고리끼^{Maxim Gor'kii, 1868-1936}의 《어머니》 –

'어머니'. 우리에게 얼마나 친숙한 존재일까. 세상의 그 어떤 극악한 범죄자라도, 무장탈영병조차도 그들의 어머니 앞에서 아이가 되는 것이 퇴행이고, 문화적 관습이라고 눈 깜짝 안 하고 말할 수 있을까? '위대한 모성'이라는 그 닳고 닳은 이미지는, 비록 여성에 관한 여러 가지 억압적 편견 중의 하나로 쓰이기도 하지만, 오히려 그 어떤 수사로도 건드릴 수 없는 모성의 본질이 여전히 내겐 아름다워 보인다. 그래서 고리끼는 '어머니'를 주인공으로 선택했을까?

"그놈들은 굴에서 주스를 짜먹듯이 우리의 피를 짜내고 있네." 그의 말은 사람들 머리 위에 망치를 내려치는 듯이 떨어지고 있었다. … "동지들! 이 지구상에는 여러 민족들이 있다고들 합니다. … 세상에는 오직 두 개의 국가, 두 개의 결코 화해할 수 없는 종족이 있을 뿐이에요. – 부유한 사람들과 가난한 사람들입니다. … 그들이 모두 노동자들을 취급하는 태도를 보면 야만적인 타타르족들입니다. – 악랄한 것들!" "반면에 프랑스 노동자, 타타르 노동자 그리고 터키 노동자들을 보십시오. 모두 개보다 못한 생활을 하고 있는 것은 바로 우리 러시아 노동자들과 하나도 다른 점이 없습니다." … "노동자 만세!" "민주주의 만세! 우리의 노동자 동지들, 우리의 정신적인 어머니 만세!" "만국의 노동자들이여, 만세!" … 어머니는 파벨의 손을 잡았다. 그리고 다른 사람의 손도 잡았다. 눈물이 앞을 가리고 숨을 제대로 쉴 수가 없었다. 하지만 눈물을 참았다. 다리가 부들부들 떨리고 입술을 떨면서 그녀는 소리쳤다. "아— 믿음직한 아들들아! 너희들이 진실이다. 바로 지금이 —"[1]

강렬하고도 생생한, 동시에 한 시대의 진리와 격동의 파고를 그대로 반영하고 있는, 막심 고리끼의 《어머니》는 러시아 혁명의 격변기에 쓰여진 소설이다. 20세기 최대의 사건을 꼽는다면 그중 하나가 러시아 혁명일 것이고, 가장 큰 영향을 끼친 사상을 꼽으라면, 마르크스주의, 사회주의를 빼놓을 수 없을 것이다. 더군다나 사회주의나 공산주의를 한물간 유령 취급하면서 전 세계에서 공산주의로 인한 희생자의 수를 1억으로 추정하며 좌우로 나눠 평가하고 비판하며 술렁이는 지금, 아직도 이념으로 갈린 작은 반도에서 살고 있는 우리들에게 이 소설은 아직까지 그리 가볍게 읽히지는 않을 듯하다.

소설의 직접적인 배경은 1차 러시아 혁명의 전야인 1902년 소르모프에서 노동자들의 메이데이 시위행진, 소르모프당 조직의 활동 그리고 시위가 해산된 후 그 가담자들에 대한 재판 등 실재 사건들이다. 이후 1905년 제1차 러시아 혁명(2월 혁명)의 상징적 사건인 '피의 일요일'이 발생했고, 이를 적극적으로 지지했던 고리끼는 레닌과 볼셰비키당의 요청으로 1906년 초에 유럽, 다음엔 미국을 러시아 혁명기금 모금이라는 목적으로 돌아보게 된다. 1906년에서 1907년에 이르는 시기에 고리끼는 이 소설 《어머니》를 창조해낸 것이다.

'어머니'에는 문학작품 최초로 노동자-혁명가, 사회주의적 삶의 재건을 위한 투사

---

[1] 『어머니』, 막심 고리끼, 최민영 역, 도서출판 석탑, 1985, p.p. 182 – 185.

가 주인공으로 등장하고, 고리끼는 새로운 인간 유형을 창조하여 단순하고 억눌리고 무지한 존재에서 의식적인 혁명 투사로 변화하는 주인공들이 등장하고 있다. 고리끼는 특히 '어머니'의 주인공 닐로바의 내면세계를 주의 깊게 묘사하며, 그녀의 운명을 통해 인민의 인식의 성장과 혁명 투쟁 과정에서 인간 영혼의 부활을 보여주어, 비인식적으로 단지 자식을 사랑하는 모성애로 아들 파벨의 일에 관여하게 된 그녀가, 결국 의식을 갖고 아들의 일에 참여하게 되는 과정이 묘사되어 있다.[2]

이런 줄거리를 갖는 소설이지만, 지금은 '만국의 노동자들이여 단결하라!', '만세!', '악랄한 것들!', '진실' 같은 단어가 공중에 떠돌기에 얼핏 시대착오적이기까지 한 또 다른 시대, 어쩌면 낭만적 진리들을 차갑게 관조하며 한편에선 자본의 뜨거움이 만개하고 있는 이 신세계에서 《어머니》는 어떻게 읽어야 할까? 여전히 이시대의 어떤 어머니들은 아이들 학교 보내고, 유치원 때부터 영어공부시키고, 학원 보내고, 과외시키고, 학습지시키고, 인터넷 깔린 아파트 청약하고, 옆집 김치냉장고 부러워하고, 돈 못 벌어오는 남편과는 결혼하지 않겠다는 딸과 오락만 하는 아들을 보며 화내고 한숨짓고, 주말연속극, 아침드라마에 눈물을 쏟고, 심지어 '우리 동내 화장터건립 결사반대' 위원장이 되기도 한다. 온탕에서 나와 냉탕으로 들어가는 기분이다. 고리끼의 '어머니'가 친숙한 진리로서 '위대한 모성'이라는 이미지를 '이념적 전형'으로 주조한 것이라 할지라도, 나는 요즘의 어머니들이 '닐로바'만큼이라도 깨어났으면 하는 생각도 해본다.

작금의 현실과의 비교와는 별개로, 일명 '사회주의 리얼리즘'의 효시라고 일컬어지는 이 작품에 대한 평가는 극과 극이다. 즉 단순한 이데올로기적 주조물에 불과하다는 혹평으로부터, 혁명적 낭만주의의 새로운 지평을 열었으며, 사회주의 리얼리즘이라는 새로운 문학을 창조해냈다는 평가가 있는 것이다. 물론 후자는 자화자찬 냄새가 나는 말들이다. 사회주의 리얼리즘은 1930년대 소비에뜨 문학 및 예술에 대한 기본 이론으로서 유일무이한 방법론이다. 이 용어의 출현은 1932년 4월 당 중앙위원회가 문학과

---

2 《막심 고리끼 – 영원한 민중의 횃불》, 이수경, 건국대학교 출판부, 1996, p. 32.

다른 예술에 있어서 모든 프롤레타리아 조직 등을 폐지하고, 하나의 소비에뜨 작가 동맹을 형성하기 위한 결정을 통과시킴으로써 비롯되었다. 당은 유물변증법적 창작론을 폐기하고 사회주의 리얼리즘을 채택하며 다음과 같이 규정한다.

> 소비에뜨 문학 및 문학 비평의 기본적 방법인 사회주의 리얼리즘은 작가에게 혁명적 발전의 현실을 진실하게, 역사적으로 구체적으로 표현할 것을 요구한다. 동시에 현실에 대한 예술적 표현의 진실성과 역사적 구체성을 반드시 사회주의 정신 속에서 근로 대중을 이데올로기적으로 개조하고 교육하는 임무와 결부되지 않으면 안 된다.

여기서부터 모두가 받아들일 만한 '위대한 모성'이 '이념적 전형'으로 탄생하고, 나 같은 사람이 품었을 법한 설익은 계몽주의나 직업혁명가들이 저질렀을 법한 '문제의식의 과잉'과 '수단의 정당화'가 합쳐져서, 시시콜콜 간섭하고 점점 늙어가지만 여전히 아름다운 나의(우리의) 바로 그 '어머니'는 어느새 '민중의 여신'이 되어 저 하늘 위에 둥둥 떠서 우리를 감시하고 행동을 강요하게 되었다. 당성, 인민성, 계급성 등의 개념을 바탕으로 명확한 이데올로기적 관점으로 사회주의 건설의 전형적 테마를 다루는 작품이 사회주의 리얼리즘의 주요 성취로 선전되었고, 스탈린의 등장 이후 이는 교조화되었다. 이렇게 사회주의 리얼리즘이 '표방'되면서, 거꾸로 이전의 문학작품 가운데 모범이 될 만한 작품을 '고른 것'이 고리끼의 《어머니》였던 것이다. 그러면서 이 작품은 비판적 리얼리즘과 혁명적 낭만주의를 통일한 것으로 평가되었다. 사회주의 리얼리즘은 그 후 소련에서의 스탈린에 의해 교조화되어 현실을 미화시키는 무갈등이론과 반대로 속류 사회파와의 투쟁과정에서 발생한 루카치의 리얼리즘론, 즉 비판적 리얼리즘 등 갖가지 논란에 부딪친다. 비단 소설 자체 혹은 문학이론에 대한 비판뿐 아니라, 현실 사회주의, 공산주의, 마르크스주의에 대한 비판들을 통해 알 수 있는 것은, '진보'를 주장하는 사람들이 '진보적'이지 않을 수도 있고, '해방'을 외치는 사람들이 '해방적'이지 않을 수 있다는 것이며, 개인 없는 공동체, 계몽과 성숙이 없는 유토피아 따위는 있지도 않고 찾아와 주지도 않는다는 것이다.

> "모든 것이 좋아, 꿈만 같애 – 정말 좋아! 사람들은 진리를 알고자 해요, 안 그래요? 그들은 진리를 알고자 해. 마치 위대한 휴일날 교회에 와 있는 것 같애. … 성모상 앞에는 촛불이 켜지고 등불도 켜졌어. 차츰차츰 불빛이 어둠을 몰아내고 하나님의 전당을 비추고 있어요." "정말입니다." 소피아가 대답했다. "다만 그 하느님의 전당은 지구 전체지요." "지구 전체" 어머니는 생각에 잠겨서 고개를 끄떡이며 그 말을 반복했다.[3]

'위대한 모성'은 '이념적 전형'이 되고 이에 대한 여러 비판이 타당하게 제기되었지만, 이 소설이 묘사하는 강렬함과 감동은 아직 남아 있다. 진리가 주는 그 감동의 순간, 그리고 지구 전체, 지구인이라는 정체성, 운명공동체라는 '하나의' 정체성은 오늘날의 성숙한 다원주의와 개인주의를 해칠 '적'이기도 하지만, 한편으로는 오늘날의 다양한 정체성들의 지도를 그릴 수 있는 커다란 캔버스이기도 하다. 아무리 이데올로기적 분법주의, 전형성으로 강요되는 우상으로서의 '어머니'라지만, 그래서 더욱더 설득력 있고 '슬로건 정치[4]'에 한몫했겠지만, 모성이라는 느낌이 워낙 근본적이어서인지 그 친숙함은 쉽게 포기하지 못하게 하고, 다시 돌아보게끔 한다. 적어도 이 글을 고리끼가 '사회주의 리얼리즘'을 표방하기 전에[5] 썼다는 것, 루카치가 높은 곳에서 낮은 곳으로 내려왔다면, 고리끼의 삶은 처음부터 밑에서 걸어올라왔다는 것을 염두에 두면, 소설에 드러난 강렬함은 단순한 거짓이 아닌 것 같다는 느낌이다. 그렇게 비록 닐로바가 이념적 전

---

3 《어머니》, 막심 고리끼, 최민영 역, 도서출판 석탑, 1985, p.p. 248 - 249.
4 《보행》, 김영민, 철학과 현실사, 2001, p. 168.
5 러시아 문학사에서 리얼리즘 혹은 사실주의 문학은 19세기의 도스또옙스키, 안톤 체홉 등의 경향으로 대표되는 것이다. 1910년대 모더니즘 운동으로서 상징주의가 쇠퇴하고 미래파가 나타나기까지 그 사이를 채우고 있는 경향으로 이러한 리얼리즘의 전통을 부활시킨 신사실주의를 들 수 있다. 이는 사실주의의 전통과 이에 대립되는 상징주의를 절충하는 양식으로도 볼 수 있는데, 작가의 사회 속에서의 직접 체험이 새로운 사실주의의 발전에서는 상징주의의 간접체험보다 우위에 있다는 의미인 동시에 상징주의자들이 막연히 예감했던 혁명에 대한 기대가 사회의 새로운 분위기 속에서 구체적으로 묘사되고 있다는 의미에서다. 이 시기에는 이전의 사실주의에서는 묘사의 대상이 되지 못하였던 사회 계층과 그 생활상을 그리기 시작했으며, 이것이 러시아의 사회격변 속에서, 혁명 이후 소비에뜨 정권의 공식적인 문학 강령으로서 '사회주의 리얼리즘'으로 형성된 것이다.

형이라지만, 계몽 이후에는 어느 정도 중화된, 낭만적인 신화로 보는 게 가능하지 않을까? 옆집 아줌마를 아줌마로 대하는 것을 넘어서 옆집 아줌마를 내 어머니처럼 대하기 위해서 필요한 최소한의 작은 신화.

다양한 정체성의 정치가 이루어지는 현대사회에서 비주류들의 광범위한 연대를 가능케 하는 신사회운동의 테마는 페미니즘, 환경운동, 흑인의 투쟁, 민족해방, 반핵, 반전, 반-인종차별, 동성애 등이 있고, 이들은 기존의 '노동자 계급에 의한 지배'와 같은 절대적 지배를 원하는 것이 아니라, 차별과 불평등의 철폐와 최소한의 인권, 인류애에 호소하고 있는데, 정말 진부한 주제이겠지만 가능성으로서의 모성을 다시 한 번 생각해볼 수 있지 않을까 하는 생각이다. 인간에게 강렬하게 소구할 수 있는 공통분모로서의 '어머니'를 이념의 손에도, 자본의 손에도, '우정의 무대'에도 넘겨주고 싶지는 않다. 강렬한 이념 없이, 고난을 지나오며 얻어맞는 자의 도덕으로서의 용서와 사랑에 이르지 않도록, 내가 우리들의 어머니에게 할 수 있는 일이 무엇인지 궁금하다. 자본주의적 가벼움으로 인해 혹 모계사회를 맞이하게 된다면, 어떤 일이 일어날까? 우리의 어머니들은 스스로 작은 혁명을 주도하는 작은 신화의 메신저가 될 수 있을까?

모든 사람이 어머니를 통해 나오고 그 깊이를 알 수 없고 넓이를 알 수 없는 사랑에 본능적 경의를 표하게 된다. 한없다면 한없는 어찌 보면 무모하기까지 하다고 보이는 어머니의 사랑. 막심 고리끼는 그 어머니의 아가페적 사랑으로 1900년대 러시아 변혁을 요구하는 노동자들을 어루만져주고 힘을 북돋아주고 있다. "젊은 심장은 진리에 가까운 법이지요." 재판장에서 조용히 이야기한 이 한마디는 책을 덮은 지 이틀이 지났음에도 가슴속에서 약간의 여운을 남기는 그 근저에 가 있는 것 같다. 세상은 100년의 시간적 차이를 두고 변화해 공산주의라는 1900년대 희망적 메시지를 포기하고 자본주의가 세상을 지배하는 시대 속으로 넘어왔다. 그간 의식의 변화, 즉 복지라는 이름의 사회적 제도를 통해 조금 더 민중의 편으로 변한 것 같지만 실은 아무것도 변한 것은 없다. 자본에 의해 착취되는 노동자들은 소비를 먹고 사는 자본주의 사회에서 소비의 주체로써 가식적 대접을 받는 것일 뿐 노동자 본연으로 대접받는 세상은 열리지 않았다. 노동자들의 권리, 어찌 보면 이건 어머니의 사랑이나 지극히 자연스러운 요구가 아닐까?

생각해 볼 문제

1. 하나의 이념과 도그마와 교조화는 오늘날 많은 비판을 받고 있지만 여전히 득세를 하고 있기도 하다. '어머니'에서 미화되고 있는 '진리를 추구하는 인간'이라는 하나의 이념은 사실 마르크스주의적 진리 자체에 대한 무한한 신뢰를 전제로 하고 있다고도 볼 수 있다. '억압 받고, 고통 받는, 피지배계급'의 분노와 저항이라는 어찌 보면 너무나 당연한 가치관이 교조화되고 거꾸로 억압적이 되는 '그 순간'은 언제일까? 혹은 어떤 풍토에서 이상이 이데올로기(부정적 의미에서)가 되는 것일까?

2. 루카치[6]의 리얼리즘은 '의식하는' 존재의 재생산인데 비해, 고리끼는 인간' 노동'의 조직과 과정을 재생산하려 한다. 즉 그들이 생산해내는 이념적 전형에 있어서 루카치는 객관성과 성찰을 중시하는 반면 고리끼는 주관성과 행동을 중시한다. 이는 이론과 실천의 지향과 갈등에 관한 문제로도 생각해볼 수 있을 듯하다. '의식과 노동', '이론과 실천'에 관한 문제를 루카치와 고리끼의 삶과 관련해서 생각해본다면.

3. 위대한 모성으로서의 어머니는 인간 정체성의 고향으로 칭송받고 있으나, 여성은 억압의 대상이었다. 비록 이데올로기적 전형으로서 등장한 '어머니'이지만, '모성'을 중심으로 형성되는 정체성은 무리 없게 조화로운 공동체(mother earth와 지구공동체처럼)를 막연하게 떠올릴 수 있게 할 정도 이다. 이른바 다양한 정체성들의 정

---

[6] 헝가리의 마르크스주의 철학자·문학사가(文學史家). 부다페스트 출생. 부다페스트대학에서 박사 학위를 취득하고, 베를린대학에서 G.지멜에게, 하이델베르크대학에서 M.베버에게 사사했다. 그 후에 사상적 전환기를 겪어, 1918년 공산당에 입당하였다. A.히틀러 등장 후 모스크바로 망명하여 과학학사원 철학연구소에서 미학·문학사를 연구했다. 1944년 귀국 후 《젊은 헤겔》(1948) 《이성(理性)의 파괴》(1952)를 발간했다. 1956년의 동란에는 페트위단(團)의 지도자로서 반소파(反蘇派)의 입장을 취하고, 한때는 나지 이무레 정권의 문화장관이 되었다가, 루마니아로 추방되었다. 1957년 사면되어 부다페스트로 돌아와, 그 후에는 미학(美學) 연구에 전념했다. 유고로 《사회적 존재의 존재론 Zur Ontologie des gesellschaftlichen Seins》과 《윤리학 Ethik》이 있다.

치가 이루어지고 있는 현대사회에서 (가족)공동체의 중심에 모성이 자리잡는다면(혹은 그렇게 하려면), 가족, 사회, 지구적 차원에서 어떤 변화가 가능할까? 그렇게, 진부하지만 여기서 다시 '모성'을 묻는다면.

4. 마르크스주의에 대한 많은 비판이 쏟아진 결정론(토대에 의한 상부구조의 결정)은 문학이론에도 영향을 미쳐서 반영, 혹은 리얼리즘에 관해서도 사회 결정론적인 시각을 침투시킨 듯하다. 문제는 인간과 구조 둘 중 하나에 편향한 지향성이 있을 것이고, 어느 정도 합의를 보더라도 '어떻게 해야 하는가?'의 문제에서는 또 다른 문제들이 등장할 것 같다. 인문학적으로 살아간다는 건 '결정'도 '반영'도 아닌 무엇이며, 무엇이 되어야 하는가?

5. 그냥 우리들의 어머니 이야기를 서로에게 들려준다면.

 # 참고자료 - 비판적 리얼리즘(루카치) VS 사회주의 리얼리즘(고리끼)[7]

사회주의 리얼리즘은 전형적인 마르크스주의 리얼리즘 이론이라고 볼 수 있는데, 리얼리즘에 관한 네 가지 마르크스주의 모델을 간단히 요약하면, '민주제적'(루카치), '인민주의, 집단주의적'(고리끼), '당 관료제적'(메링과 플레하노프), '인민 전선적'(가로디와 핏셔)로 나누어 볼 수 있다. 이중 가장 중요한 대비가 비판적 리얼리즘(루카치)와 사회주의 리얼리즘(고리끼)일 것이다. 루카치의 리얼리즘론 전체는 과거와 미래의 위대한 문학 사이의 연속성을 제공하려는 시도인 것으로 보이고, 고리끼 역시 과거의 한 측면을 보존했지만(민요와 신화의 형태를 띤 대중문화), 그는 상층 계급 문화의 흔적을 깨끗이 지워버리고 미래를 시작하기를 원했으며 그의 사회주의 리얼리즘 모델 전체는 이러한 시도를 지지하도록 만들어진 것이다.

존재와 당위의 문제에서 '있음(is)'의 경우는 큰 사회 역사적 맥락에서 분리되어 '지금

---

7 《마르크스주의의 리얼리즘 모델》, 게오르그 비스츠레이, 편집실 역, 도서출판 인간, 1985

여기'의 설득력 있는 직접성 속에 존재하는 주인공에 대한 분석적 묘사와 사회적 환경을 의미하며, 이러한 '있음(is)'의 전망을 채택하는 리얼리즘은 비교적 객관적이다. 따라서 강령, 유토피아, 개인적 편견으로부터 자유로운 듯이 보인다. 그러나 당위(ought to be)의 경우 현재뿐 아니라 과거, 현재, 미래로 확장된 역사적 접근이며, 도덕주의, 강령, 주체성과 밀접한 관계를 갖게 된다. 이러한 19세기의 현재중심적인(비판적) 리얼리즘[8]에 대한 20세기의 미래지향적인(사회주의) 리얼리즘[9]의 강력한 반대는 권력 투쟁, 문화적 편견, 그리고 정치적인 문제였다.

대체로 고리끼와 루카치의 차이[10]는 대체로 세 가지가 있는데, 부르주아에 대한 입장, 낭만주의, 리얼리즘의 기준이 그것이다. 이러한 고리끼와 루카치의 차이는 둘의 출신 배경과도 관련이 있다. 부르주아 세계에 대한 관점의 차이에서, 비판적 리얼리즘은 부르조아 세계에 관해서 변호적이고 수정주의적인 반면에 사회주의 리얼리즘은 폭로적이고 급진적인 것이다. 낭만주의에 관해서는, 고리끼는 소극적 낭만주의와 적극적 낭만주의를 구별하고 삶 자체에 대한 윤색을 통해 삶과 화해하거나 내면세계에 대한 황량한 성찰을 통해 삶을 은폐시키려는 소극적 경향을 비판하고 '주위의 삶과 그 삶이 부과한 멍에에 맞서 살아나가고 또 고양될 수 있게끔, 인간의 의지를 강화시키려'고 한

---

8   루카치의 정의에 의하면 리얼리즘은 다음의 다섯 가지 특징을 지닌다. 먼저 구체적이고, 생동감 있는 그리고 실체적인 인간의 상황을 재창조하는 점, 삶에 대한 총체적 견해와 삶의 복잡한 역동성을 반영하기 위한 훌륭한 플롯, 우연적인 경험 속에서 대표적이고 중요한 것을 변별하여 재정돈하는 전형성, 사회적 존재와 개인의 특수적 소우주와의 변증법적 통일, 작가의 현실인식에 대한 객관적 판단, 자신의 인간성, 변증법적 방법으로 경험을 반영할 수 있는 능력에의 위임이 그 특징이다. 그리고 그에게 '리얼리즘은 문제가 아닌 위대한 문학의 집합적 기초'였다. 또한 그는 서유럽에서 '위대한 리얼리즘'의 시대는 프랑스 대혁명과 1848년의 6월 혁명 사이의 60동안이며 전반적으로 리얼리즘은 제국주의의 여명이 떠오르자 역류하여 주관주의(전위예술)나 객관주의(실증주의)로 분열되고 말았다고 파악한다. 그는 문학에 대한 당의 교조적 자세에 대해 비교적 비판적이다. 소위 사회주의 리얼리즘 문학이 주인공과 인간의 의식에 대해 지나치게 경시하고 있다는 측면에 항의하였을 뿐만 아니라 플롯을 단순화, 획일화하려는 경향, 테마를 우화거리로 바꿔버리려는 경향을 비판하였다. '궁극적 진리'를 옹호하기 위해 문학을 이용하려는 데 혐오감을 나타내고 있는 것이다. 비록 그는 사회주의 리얼리즘을 리얼리즘에 있어 새로운 국면으로 간주하였지만, 그 최고 작품(고리끼나 숄로호프의 작품)이 가지는 미학적 가치조차 무시, 부정하였다.
9   제1차 소련작가 회의에서 고리끼는 다음과 같은 네 항목을 사회주의 리얼리즘의 양상으로 요약했다. 첫째, 사회주의 리얼리즘은 강령의 문학이다. 이 문학은 무엇인가를 주장한다. 둘째, 사회주의적 개인성은 오직 집단적 노동조건 속에서만 발전된다는 집단주의적 특성이 있다. 셋째, '삶은 위대한 행복을 누리는 지상의 삶을 궁극적 목적으로 하는 행동이며 창조'라는 낙관적 인생관이 제시된다. 넷째, 사회주의적 개인성의 발전이라는 교육적(교훈적) 기능이 중심 목표이다.
10 루카치는 부유한 부르주아 집안에서 자라나 마르크스주의로 발전해 나간 반면, 고리끼의 삶은 반 농민적인 러시아 빈민가에서 출발, 폭넓은 문학으로 정치적 명예로 나갔다. 루카치는 칸트적 이상주의에서 헤겔주의, 마르크스주의로 진행된 반면, 고리끼는 초기의 낭만주의적 작품과 리얼리즘 자체에 대한 무정부주의적 입장에서 출발해서 사회주의 리얼리즘에 도달했다.

다. 낭만주의적 요소를 사회주의 리얼리즘의 요소로 간주하려는 고리끼와 반대로 루카치에게 리얼리즘은 낭만주의와 섞일 수 없는 것이었다. 마지막으로 루카치는 과학에 대한 근본적인 회의를 갖고 있었음에도 역사적, 사회적, 도덕적, 미학적 논거를 제공하는 체계적, 객관적, 과학적 기준을 찾고자 시도했다. 그의 도덕적 기준은 작가와 주인공의 진실성에 있었으며 그의 입장에서 고리끼는 자신의 문학적 판단을 정당화하는 논거를 제시하지 못하고 단지 주관적인 기준만 제시할 뿐이었다. 고리끼가 강조하는 유일한 비판적 기준은 작품의 도덕적 메시지였으며, 노동과 노동대중에 대한 작가와 주인공의 태도였고, 노동 윤리적 정의는 노동을 찬미하는 데서 절정에 달했다.

루카치는 문학적 주인공을 비기능주의적으로 접근하여 어느 누구나 인간이라면 그 자체로 흥미진진하다고 보았지만, 고리끼는 오직 능동적이고 창조적으로 노동하는 개인만이 문학적 주인공이 될 수 있다고 믿고 있다. 또 루카치는 사회주의 리얼리즘이 19세기 부르주아 리얼리즘의 다양한 용어 가운데 하나에 지나지 않으며 전조가 있었다고 보지만, 고리끼는 사회주의 리얼리즘은 사회주의 질서가 수립됨과 동시에 등장한 완전히 새로운 현상이며 '단순히 묘사적인' 부르주아 리얼리즘과는 질적으로 다른 것이었다. 루카치가 보존의 요소를 강조했다면, 고리끼는 '보존'과 '폐지'의 의미를 동시에 지닌 '지양'을 강조한 것이었다.

영화 – 엄마의 말뚝2⁽¹⁹⁸¹⁾

줄거리

　5남매의 어머니인 '나'는 "나만 없어 봐라. 집안 꼴이 뭐가 되나?" 하는 식의 안주인이다. 이는 집안에서 일어나는 크고 작은 불상사들이 하나같이 '나'가 집을 비운 사이에 일어났다는 사실에 근거한다. 그러나 아이들이 다 자라고 아파트로 이사 오면서 집안에서 일어날 사고의 인자들이 남아 있지 않게 되었다. 그리하여 '나'로 하여금 집안에서 일어나는 사고에 대한 타성화된 섬뜩함에서 차츰 벗어나게 한다. 그런데 어느 날, 친구 농장에 갔다가 돌아오면서 섬뜩한 예감에 사로잡힌다. 그것은 '나'가 여지껏 경험한 섬뜩함 중에서도 최악의 것이었다. 아니나 다를까, 그 예감은 현실로 나타났다. 친정어머니가 폭설로 미끄러운 빙판길에서 넘어져 중상을 입었다는 전갈을 받은 것이다. 병원에 입원한 친정어머니는 처음에는 완강하게 수술을 거부했다. 장시간의 수술 끝에 병실로 돌아온 어머니는 비정상적인 강단과 근력을 보이다가 정신 착란 증세를 일으킨다. 어머니는 그 착란 증세 속에서, 효성이 지극했던 아들이 실어증에 걸린데다 유혈이 낭자한 채 비극적으로 죽어간, 한 맺힌 일들을 다시금 되살리고 있었다. 어머니는 누구보다도 곱게 늙으신 외모와는 달리 가슴속 깊이 원한과 저주를 묻고 살아온 분이다. 그것은 다름 아닌 오빠의 비극적 생애 때문이었다.

6·25 전 오빠는 한때 좌익 운동에 가담했다가 전향한 적이 있었다. 그 때문에 오빠는 적 치하의 서울에서 불안하게 살고 있었다. 오빠는 전향이라는 말에서 느껴지는 도덕적 열패감에 괴로워했다. 또한 그는 수도를 포기하고 한강을 건너가 버린 정부에 대한 불신과 원망, 고독 등으로 몸부림쳤다. 오빠는 이웃의 고발로 끌려갔다. 그러나 예상과는 달리 인민 궐기 대회에서 제일 먼저 의용군에 지원하였다. 이로 인해 어머니와 나는 혜택을 누렸었다. 그러나 석 달 만에 세상이 바뀌자, 우리집은 빨갱이 집으로 지목되었고 그리하여 이웃의 극심한 박해가 뒤따랐다.

1·4 후퇴로 인해 오빠는 다시 돌아왔다. 피난이 어렵게 되자, 어머니는 서울에 와서 처음 말뚝 박은 산비탈 달동네로 피난했다. 그러나 은신의 허점이 드러나면서 인민군이 들이닥쳤다. 오빠는 인민군의 출현으로 실어증까지 보였다. 인민군은 오빠의 신분을 캐기 위해 혈안이 되었다. 어머니는 오빠의 행동을 선천적인 정신 불구에서 비롯된 것이라고 인민군에게 말했다. 그러나 오빠는 정말로 정신적 불구자가 되어가고 있었다. 오빠는 다시 후퇴하는 인민군 보위 군관에게 총상을 당한 뒤, 실어증을 회복하지 못한 채 유혈을 낭자하게 흘리며 죽었다. 어머니는 오빠의 시신을 화장하여 이북 고향 개풍군 땅이 보이는 바닷가에서 바람에 날려 보냈다. 그것은 어머니를 짓밟고 모든 것을 빼앗아간 6·25의 비극과 분단에 홀로 거역할 수 있는 유일한 방도였다. 아직도 투병중인 어머니는 오빠의 화장과 똑같은 방법의 사후 처리를 '나'에게 부탁했다.

인물의 성격

나 → 5남매의 어머니로 가족의 안위를 염려하며, 가정에서 자신의 삶의 의의를 발견하며 살아가고 있는 평범하고도 소시민적인 주부이다. 친정어머니의 낙상과 수술을 치르는 과정에서 가족의 아픈 과거의 기억으로 인해 힘겨워한다.

친정어머니 → 6·25 전쟁중 아들의 비극적인 죽음을 겪고 한을 품고 살아가는 80이

넘은 노인이다. 현재를 살아가면서도 과거(전쟁의 아픔)를 고스란히 안고 있는 현재의 상징적 인물이다.

이해와 감상

이 작품은 세 편으로 구성된 단편 연작 중 한 편이다. 이 작품의 의미를 제대로 파악하기 위해서는 〈엄마의 말뚝1〉과 〈엄마의 말뚝3〉을 함께 읽는 것이 필요하겠지만, 이 작품만을 떼어 놓고 읽는다 해도 그 나름대로의 충분한 의미를 찾을 수 있는 작품이기도 하다. 작가와 동일시되는 '나'에게는 여든을 넘긴 어머니가 있다. 어느 날 실향민인 그 어머니가 눈길에 낙상하여 다리가 부러진다. 나는 늙은 어머니의 다리 수술과정을 지켜보면서 나름대로 평온한 노년을 보내는 것으로 믿었던 어머니의 삶이 기실 전쟁의 끔찍한 상흔(실향과 아들의 죽음)으로 인해 한없이 황폐화되었음을 알게 된다. 어머니는 수술후유증으로 과거와 현실을 혼동하면서 끝없이 전쟁의 악몽에 시달린다. 어머니의 의식 속에는 아직도 전쟁이 끝나지 않고 진행중이었던 것이다. 부질없는 이데올로기 전쟁은 삶의 터전인 고향을 앗아가고, 무고한 오빠를 죽음으로 몰아 끝내 한 가족의 행복을 무참히 파괴한다. 그리고 그 상처는 삼십 년이 지난 오늘에도 어머니의 가슴속 깊이 한의 우물을 남기고 있다.

작품의 중심인물인 화자의 엄마를 통하여, 한 개인의 일생이 단순히 한 개인사의 차원에서 머무르지 않고 가족사·정치사·사회사·민족사·시대사·문명사 등과 얼마나 복잡하게 비극적으로 혹은 희극적으로, 필연적으로 혹은 우연적으로 맞물리면서 전개되고 있는지를 드러내고 있다. 무엇보다도 해방 직후부터 6·25와 분단의 고착화에 이르는 불운한 한국의 시대상 그리고 전근대와 근대가 공존하며 갈등을 일으키는 20세기 한국의 문명사 속에서 한 개인의 일생과 삶이 얼마나 복합적으로 뒤엉키며 전개되었는가에 대하여 관심을 가질 수 있는 작품이다.

이 소설의 핵심에 놓여 있는 것은 오빠의 죽음으로 표상되는 민족사의 비극이다. 그러나 그것은 이데올로기의 대립이라는 그 어떤 관념적 요소도 배제된 채, 한 가족이 맛보아야 했으며 또 여전히 지속되고 있는 고통의 형태로서 구체적이고 절실한 비극으로 형상화된다. 또한 그것은 중년 여성의 조금은 이기적이고 변덕스럽기까지 한 내면과 병치됨으로써 더욱 생생하게 부각된다. 그 비극을 회상하고 지켜보는 중년의 시각이란 지극히 절제된 것이어서 일체의 감상과 감정의 과장을 허용하지 않기 때문이다. '나'는 그 고통과 아픔을 오직 어머니와 공유할 뿐 누구에게도 하소연하거나 강요하지 않는다. 자신의 밖으로 드러내기에는 너무도 엄청난 것, 어머니의 경우와 같이 죽음 직전에 이르러 의식이 없는 상태에서라야 겨우 터져나올 수 있는 깊은 뿌리를 가진 것, 궁극적으로는 죽음으로밖에 치유될 수 없는 것이기 때문이다. 이러한 절실함이 중년 여성의 내면에 대한 섬세하고 절제된 묘사력으로 형상화될 때 그것은 감동적이기까지 하다. 이 소설은 한국 전쟁이라는 역사적 아픔을 현실 속에서 망각해 가는 사실에 대한 비판적 인식이, 여성 특유의 섬세함과 생활감 넘친 감각을 바탕에 깔면서, 한국 전쟁 문제에 개성적으로 접근하여 감동을 주는 작품이라 하겠다.

위대한 모성

《사랑의 기술》에서 '에리히 프롬'은 모성에 대해, 자식을 통해 자신의 꿈을 대신 실현하려 해서는 안 되며 '떠나보내도록 사랑하는 것'을 가장 높은 단계의 모성이라고 설명했다. 장남으로서 부모님의 기대를 과하게 받고 있는 나도 어느 정도 공감하여 부모님께서 삶의 낙을 스스로에게서 찾으실 수 있어야 한다고 생각했고 그러기 위해 부모님께 고의로 실망을 안겨드린 적도 있었다. 하지만 〈엄마의 말뚝〉을 읽은 지금 위대한 모성에 숙연해 지는 것은 어쩔 수가 없다.

〈엄마의 말뚝〉에서 작가는 광복 전후 자신과 어머니의 모진 삶의 경험을 바탕으로 모성에 대해 이야기하고 있다. 〈엄마의 말뚝 1〉에서 광복 전 어머니는 남편의 병세를 굿으로 풀려다 사별하고 만다. 이에 자식들에게는 신문물을 가르치고자 두 자식과 고향을 떠나 서울로 향하고 그곳에서 모진 삶을 살면서도 자존심을 잃지 않는다. 그리고 작가가 결혼을 하여 자식을 둔 현재가 〈엄마의 말뚝 2〉의 배경이 된다. 작가는 이미 어머니가 바라던 '신여성' 이상으로 성공하여 자식들과 살아가고 있지만 모성의 본성은 버릴 수가 없다. 집에서 몸과 마음이 모두 떠나 있을 때면 이런 저런 사고가 나는 것에 대해 죄책감을 느끼면서도 자신이 집에 꼭 필요한 존재라는 사실에 안도하기도 한다. 그런 그녀가 집에서 '떠나' 있던 어느 날 그녀의 불안은 현실로 닥치고 만다. 친정어머니가 빙판에 미끄러져 큰 수술을 받게 된 것이다. 어머니는 수술을 받아들이며 예전에 작가와 작가의 오빠가 자신에게 주었던 '산골'을 떠올린다. 결국 수술은 무사히 끝났지만 마취가 깨어날 무렵 어머니는 난동을 부리기 시작한다. 어머니는 헛것을 보며 극심한 공포에 떠는데 그것은 오래전 작가의 오빠, 즉 어머니의 아들을 죽게 했던 군관이었다. 당시 작가에게 언제나 믿음직한 오빠였지만 6·25 당시의 참혹한 시대는 그조차 폐인으로 만들어 버린다. 전쟁의 난리 와중에 어머니는 오빠를 지키고자 애절히 노력하지만 결국 총상을 입는 것을 목도하고 쓰러지고 만다.

〈엄마의 말뚝2〉를 읽으면서 가장 가슴에 와닿았던 것 중 하나는 바로 6·25 발발 후 주인공들의 모진 삶이었다. 어떤 한계상황에 닥치면 '쉬운 것은 아무것도 없다'라고 스스로를 독려하는 나이지만 작가가 처한 목숨이 오가는 극한 상황에서도 내가 버틸 수 있을지 자문해 보게 되었다. 그리고 어머니의 모성. 작가가 '오빠는 엄마의 종교였다'라고 하는 것처럼 어쩌면 글에서 나타난 어머니의 그것이 모성의 바람직한 모습은 아니었을지도 모른다. 자신의 삶의 이유를 오로지 자식에게서 찾고자 하는 것은 집착에 더 가까울지도 모른다. 또 그런 상황에서 자식 또한 스스로의 길을 찾지 못하고 어머니의 집착이 이끄는 억압된 삶을 살아갈 수도 있다. 그럼에도 불구하고, 어머니가 그 모진 생활을 견뎌낼 수 있었던 삶의 원동력은 모성을 제외하고는 찾을 수 없을 듯하다. 글에서 나타나는 모성이 완전하지는 않았지만 '생존'이 가장 절박한 문제였던 당시의 상황과 어머니의 인내는 모성의 위대함을 잘 보여주고 있다.

신학·그 막힘과 트임 - 여성 신학 개론
〈우리와 친교를 맺으시는 하느님 - 삼위일체론〉

서론

　삼위일체 교리는 최소한 두 가지 면에서 그리스도교 여성론의 관심에 방해물로 여겨져 왔다. 첫째, 삼위일체 신학은 무엇보다 신적 위격들 사이의 관계가 위계적으로 보였기 때문에 여성과 남성의 동등성에 대한 여성론의 관심사를 손상시키는 것으로 보였는데, 이는 여성과 남성의 참된 본성에 관한 '보완'이론을 강화하는 데 사용되곤 했다. 보완신학에 따르면 남자는 여자 위에 있고 하느님을 완전히 표상하는 반면, 여자는 남자와의 관계성에 의해서 하느님을 표상한다. 둘째, 하느님을 성부·성자·성령으로 이름 붙였기 때문에, 삼위일체 교리는 독점적으로 하느님에 대한 남성적 표상들을 강화하는 것으로 보였는데, 이것은 남성이 모든 인간의 경험을 규정하고 남성적 용어로 하느님을 표상하고 말하고 개념화했다는 점에서 가부장제를 종교적으로 합법화시킨다. 그래서 첫째로 이 장에서는 어떻게 삼위일체 교리가 등장했고 수정되었으며 다듬어졌는지, 우리를 위한 하느님의 본성과 인간됨의 본성에 관한 중요한 관점을 설명할 것이다. 둘째로, 삼위일체 신학의 관점에서 보완신학을 검토할 것이고, 셋째로 기존의 하느님 - 언어에 관한 다양한 접근을 탐구하고 하느님에 대한 그리스도교 신학과 여성학적 관심 사이의 공통점에 대한 신학적 반성으로 끝맺을 것이다.

삼위일체 교리 - 탁월한 인격적 하느님

삼위일체 교리는 4세기 초 그리스도론 논쟁들을 판가름하기 위한 과정에서 나타났는데, 300년 초 '아리우스'는 예수 그리스도가 하느님께 종속되기에 하느님과는 다른 '실체'라고 가르쳤고, 니케아 공의회(325년)는 예수 그리스도가 하느님 아버지와 동일한 실체이며 아버지의 실체로부터 태어났다고 반격했다. 이후 50년이 지나도 아리우스주의는 사라지지 않고 새로운 유형들로 변화되었는데, 그중 특히 우세했던 하나의 변형은 '에우노미우스주의'였다. '에우노미우스(Eunomius)'는 하느님이 중재자들을 제외하고는 창조질서의 어떤 요소와도 친교를 맺을 수 없는 완전히 초월적인 분이라는 아리우스의 기본 전제를 믿었다. 이에 대항하여 카파도키아 교부들인 '바실리우스', '닛사의 그레고리우스', '나지안즈의 그레고리우스'는 중요한 신학적 통찰을 발휘하는데, 그들은 하느님의 본질을 알 수 없고 이름 붙일 수 없다는 가정에서 시작한다. 특히 두 그레고리우스는 에우노미우스의 주장에 반대하여 '태어나지 않음'이 신적 본질의 알 수 없는 특성은 아니라고 주장했다. 오히려 태어나지 않음이란 신적 위격인 성부의 위격이 가지는 특성이다. '태어나지 않음'이란 또 다른 신적 위격인 아들의 특성이기도 하다. 따라서 성부와 성자는 위격적으로 다를지라도 동일 본질을 공유할 수 있다는 것이다.

이러한 탁월한 반격은 처음으로 하느님에 관한 삼위일체 교리를 완성하고 세 가지 중요한 구별을 했는데, 첫째는 위격과 본질이고, 둘째는 부성과 하느님이심 사이의 구별이며, 셋째는 실체보다 위격을 중시하는 존재론적 범주를 택했다는 것이다. 특히 '나지안즈의 그레고리우스'는 급진적 제안을 하면서 단일신론을 넘어 긴장을 해결했는데, 그는 "하느님에 관한 가장 오래된 세 가지 설은 양태설(Anarchia), 다원설(Polyarchia),

단일신론(Monarchia)이다. 우리가 존중하는 단일신론은 하나의 위격에 국한된 군주설이 아니라 본성상 동등한 존엄성, 의지의 통일, 태도의 주체성과 거기서 연유한 일치를 지향하는 단일신론이다"라고 말했다. 결과적으로 신적 기원이 공유된다는 그레고리우스의 개념은 성부 — 군주에게 성자가 완전히 종속된다는 아리우스주의의 잔재를 청산했다. 이러한 삼위일체적 일신론은 공유된 지배원리를 보존하면서도 모두를 위해 — 적어도 이론적으로 — 어떤 위격도 다른 위격에 종속될 수 있다는 개념을 일소시켰는데, 이것은 카파도키아 교부들의 급진적 신학과 정치적 제안의 핵심이며, 오늘날 여성론이 의도하는 것과도 연관된다.

당시까지는 삼위일체론이 그리스 신학에 맞춰져 있었지만 많은 이들이 라틴 신학의 영향을 받아왔는데, 그중에서도 '아우구스티누스(Augustinus)'는 그 당대부터 삼위일체론에 관한 한 가장 영향력 있는 라틴 신학자였다. 그는 신적 실체에 있어서 성부와 성자와 성령이 일치한다는 데서 시작하는데, 세 신적 위격은 동격인데 공통 본질을 공유하고 있기 때문에 하느님이 무엇보다 한 분이시고 그 다음으로 삼위이시기에 하느님의 위격성은 당신의 본질로부터 나왔다고 주장한다. 그리하여 그는 우리가 하느님의 모습대로 창조되었다는 창세기 본문을 바탕으로 그리스도교적 삶이 우리 안에 있는 하느님의 모습을 관조하는 방법이자 하느님께로 올라가 하느님과 궁극적 일치를 이루는 수단으로 보았다. 그가 좋아했던 삼위일체적 유비는 기억 - 지성 - 의지였는데, 영혼의 이 세 기능은 어떤 의미로 하느님의 존재 행위를 비추는 상징이다.

이러한 아우구스티누스의 신학적 심리학은 하느님 모상에 대한 심오한 묵상이고, 그 후의 라틴 신학자들, 특히 금욕적 영성 전통과 '토마스 아퀴나스'와 '보나벤투라(Bonaventura)'의 스콜라 신학에 대단한 영향을 끼쳤다. 특히 《신학대전》 27항부터 43항까지 전개되는 토마스 아퀴나스의 삼위일체 논법은 성부의 단일신론에 관한 그리스 개념과 아우구스티누스의 내면성 도식을 결합하고자 시도했는데, 그는 하느님의 본질과 실존을 구분하지 않고 하느님을 순수 존재 행위로 보았다. 즉 피조물은 하느님의 존재 행위에 전적으로 매달려 있고(그래서 하느님과 실제 관계를 맺고 있지만) 하느님의 존재 행위는 피조물의 존재 행위를 조건으로 하지 않는다는 것이 그의 주장이다. 다시 말하면, 하느님은 홀로 자기 충만한 존재 행위이기에 피조물은 하느님에게 의존한다는 것이다.

중세 때까지 그리스와 라틴의 삼위일체에 관한 사변신학에서 이끌어낸 공통된 결과는 삼위일체가 내재적 실체로서 피조물과는 분리된 자기 충족성을 띤다는 점이다. 그러나 두 전승은 중세에 와서 삼위일체 자체가 내적으로 자기 분리된 단자의 한 형태로서 이해되었고, 아리우스의 주장과 같은 방식으로 하느님이 피조물과 관계한다고 인식되었다. 삼위일체는 자기 충만한 신적 통일체로 생각되었고 그리스도교는 실제적으로는 일신론이 되어갔다. 이런 역사에도 불구하고 하느님의 삼위일체적 위격성에 대한 의식은 전례와 영성 안에서 명맥을 유지했다. 아우구스티누스 – 토마스 아퀴나스 철학의 구조는 실체 ─ 스스로 존재하는 것 ─ 를 중요한 존재론적 범주로 가정하는 반면, 그리스 신학은 인격 ─ 다른 이를 향한 관계나 위격 ─ 을 제1원리로 삼는다. 라틴 형이상학은 친교보다 존재를 강조하는 반면, 그리스 철학의 존재론은 존재보다 친교를 더 강조한다. 스스로 존재하는 것보다 인격들의 친교를 더 우선시하는 입장은 여자와 남자의 평등에 관심을 가지는 여성론과 동일선상에 있다.

형이상학과 정치

삼위일체 신학은 구원 경륜 안에 계시된 하느님을 설명하기 위해 형이상학에 토대를 두고 전개된다. 카파도키아 교부들은 '에우노미우스'의 개념에서 관계 맺지 않는 위격성 개념과 즉시 맞부딪쳤고 그것을 거부했는데, 그들의 삼위일체 신학은 관계 맺음이야말로 하느님의 뛰어난 특징이라고 가정했다. 반면 토마스 아퀴나스는 '실재하는 관계'(subsistent relation) 개념을 통하여 본성과 위격 사이의 간격을 극복하려고 시도

했다. 이러한 삼위일체의 건전한 논점은 아리우스의 종속론을 단념하는 한편, 신적 위격들의 절대적인 동일성, 완전한 유일성 및 다양성을 확립하는 것이었다.

예수 그리스도는 인간 인격성의 유일한 척도이며, 하느님의 성령은 참된 인격성을 성취하는 유일한 길이기에 모든 삼위일체 신학은 반드시 그리스도론적이고 성령론적인데, 이것은 삼위일체 교리를 현실적인 구원 경륜과 연결시키고, 하느님의 '내적 삶'에 대한 근거 없는 사변으로 흐르지 않게 한다. 위계적이지 않은 관계에 관심을 가지는 그리스도교 여성론은 신학적으로 평등한 존엄성을 가진 위격들이 서로 관계 맺고 이익을 주는 데 기초하며, 예수 그리스도를 통한 구원 이야기에 뿌리박고 있다. 하느님이 동일하고 유일한 위격들의 친교 안에 존재한다는 형이상학적 주장이 하나 더 추가된 이데올로기라고 불신받지 않는 한, 그 정치적 결론들이 예수 그리스도의 생애 안에 어떻게 확고히 자리잡았는지를 보여주어야만 하는데, 여기에 여성론의 성서 해석학이 말하는 특별한 의미가 있다.

여성론과 새롭게 활기를 띤 삼위일체 교리는 남자와 여자의 동등성에 동의하는데, 이는 다른 한 사람에 대한 원리나 기원일 수 없고, 다른 한 사람보다 우월하거나 그를 규정할 수도 없다는 데 동의하는 것이다. 첫째, 자존보다 관계 맺음을 앞세우고 모든 실존이 절대적으로 인격적 원리에서 나온다고 볼 때, 자기중심적이거나 고독한 개인으로 있는 인격이란 불완전하다고 볼 수 있다. 사실 하느님이 인격적이지 않다면 하느님은 결코 존재하지 않을 것이다. 둘째, 삼위일체 교리는 한 사람의 지배자가 다른 많은 사람들을 힘으로 누르는 인간의 정치적 권력구조를 무너뜨리는 가르침이다. 하느님 군주론은 여러 형태의 종교적, 성적, 정치적 위계성을 정당화하는 데 사용되었는데, 이것은 명백히 하느님에 대한 가부장적 이해의 승리로, 삼위일체 교리에 포함된 다른 이론을 억눌렀다. 셋째, 삼위일체 교리를 통해 '삼위일체 내재적' 성부 — 영원한 아들의 영원한 아버지 — 에 관한 새로운 의식이 아리우스와 에우노미우스를 반박하기 위해 발전했다. 사실상 카파도키아 교부들은 자기 - 충만한 아버지라는 가부장적 개념을 포함하여, 부성의 생물학적, 문화적, 상식적 관념들에 대한 그리스도교 상상력에 도전했지만, 훗날의 역사로 판단컨대 카파도키아 교부들은 성공적이지 않았다. 즉 우리와 함께하는 하느님의 생명을 배제한 채 하느님과 함께하는 하느님의 생명을 가정하고 분석하며, 가부장적 자기 투사와 하느님의 자존을 가장의 특성에 귀속시키는 경향이 있기 때문이다.

보완과 삼위일체

그리스도가 하느님에게 종속된다고 하는 좀처럼 사라지지 않는 경향을 가진 불완전한 삼위일체 교리는 모순되게도 그리스도교의 정통성을 스스로 선포했던 옹호자들이 남성에게 여성이 종속된다는 것을 지지하는 데 사용되곤 했다. 그러나 삼위일체 정통 교리에서는 종속이 비본성적임을 명시하는데 종속이란 신이든 인간이든 인격을 지닌 존재로서의 본성을 거스르는 것이기 때문이다. 더욱이 하느님은 처음부터 위계적 통치나 가부장적 지배와는 거리가 먼 분이다. 요약하면 하느님이 남자와 여자에게 똑같이 인격적 하느님의 성스러운 모상을 부여했다는 말이다. 그럼에도 불구하고 고전적 삼위일체 신학에서 말하는 하느님 아버지는 성자의 원천이라는 유비에 의해서 남자는 여자의 원천이다. 따라서 여자는 남자에게 순종하고 복종해야 한다는 보완신학은 사회적 성역할들이 미리 정해졌다는 생물학을 기정사실로 받아들인다. 특히 이 논쟁 선상의 악의에 찬 한 가지 예는 독일 신학자 '베르너 노이어(Werner Neuer)'의 최근 저술에 예시되어 있다. 그는 하느님이 남자와 여자를 위해 다른 목적들을 가지고 있기 때문에 그들을 다르게 창조했다고 결론짓는데, 〈창세기〉 2-3장을 사용하여 여자가 남자의 갈비뼈에서 창조되었기 때문에 남자는 여자의 생명의 기원이자 목표이며 그 반대는 있을 수 없다고 주장한다. 이어서 그는 예수가 남자들만을 열두 제자단으로 불렀다고 주장하고, 이것은 예수가 남자에게만 영적 지도력을 맡겼음을 의미한다고 한다. 따라서 성서에 있는 하느님의 남성관은 필연적으로 자신의 남성상 안에서 남자는 특별히 하느님을 반영하고 대리하신다는 것을 암시하며, 여자는 창조물과 구원받은 교회를 반영하고 표현한다고 주장한다.

이처럼 여성 신학자와 남성 신학자들은 모두 삼위일체 교리를 기초로 하여 보완에 관한 논쟁을 한다는 것을 알 수 있다. 교황 '요한 바오로 2세'가 남자와 여자의 상호성을 다룬 《여성의 존엄(Mulieris Dignitatem)》에 관한 몇 가지 표명에도 불구하고, 교황은 여전히 보완 모델을 다룬다. 정교회 측에서 '토마스 홉코(Thomas Hopko)'는 아담과 성자의 관계 그리고 하와와 성령과의 관계를 "직접적인 유비적, 상징적, 공현적" 관계라고 진술한다.[1] "이것이 의미하는 바는 하느님 안에 영원하고도 신적으로 표현된 성부를 향한 성자와 성령 사이의 일치가 있고 있어야만 하는 것처럼, 그렇게 창조의 측면에서도 남자와 여자가 있고 있어야 한다. 그래서 같은 하느님은 그의 피조물의 생명 안에서 시간적이고 인간적으로 표현될 수 있어야 한다. 이것은 성자의 존재와 활동방식이 성령의 존재와 활동방식과 다른 것처럼, 둘 다 영원히 본질적으로 구원의 섭리 안에서, 혹은 전통적으로 보아 신학과 경륜에 따라서 다름을 의미한다. 그러므로 유사하게도 창조 안에서 남성의 존재와 활동방식은 같은 본성을 지닌 채 창조된 존재인 여성의 존재와 활동방식과 다르다."

이어서 그는 "성자와 성령은 호환될 수 없기 때문에, 창조 때 이루어진 남녀의 독특한 역할들도 호환할 수 없다"고 말한다. 가톨릭 신학자 '조이스 리틀(Joyce Little)'도 같은 쟁점을 다루는데, 그녀는 삼위일체 교리를 사용하면서 성자가 성부에게 의존하며 하느님 아버지를 수용하고 복종하며 순종한다고 주장한다. 따라서 이 특성들은 열등성이나 수동성을 가리키는 것이 아니라 순서를 가리킨다는 것이다. 또한 그녀는 '토마스 아퀴나스'의 존재와 본질 사이의 구별에 주목하여 하느님을 순수 현실태로 보는 토마

---

[1] "이것이 의미하는 바는 하느님 안에 영원하고도 신적으로 표현된 성부를 향한 성자와 성령 사이의 일치가 있고 있어야만 하는 것처럼, 그렇게 창조의 측면에서도 남자와 여자가 있고 있어야 한다. 그래서 같은 하느님은 그의 피조물의 생명 안에서 시간적이고 인간적으로 표현될 수 있어야 한다. 이것은 성자의 존재와 활동방식이 성령의 존재와 활동방식과 다른 것처럼, 둘 다 영원히 본질적으로 구원의 섭리 안에서, 혹은 전통적으로 보아 신학과 경륜에 따라서 다름을 의미한다. 그러므로 유사하게도 창조 안에서 남성의 존재와 활동방식은 같은 본성을 지닌 채 창조된 존재인 여성의 존재와 활동방식과 다르다."

스 형이상학은 존재와 본질이 모두 능동적 원리 이외에 다른 것이 아니라고 말하면서 그리스도교의 육화적 본성은 여성과 연결되는데 여성은 육적인 것, 물질적인 것, 생물학적인 것과 연결되어 있기 때문이라고 한다. 그녀는 여자의 역할이 매우 성사적이라고 결론짓는다.

다른 많은 예들을 개신교와 가톨릭 신학자들로부터 모을 수 있는데 이 논쟁들에는 공통된 가설이 있다. 첫째 가설은, 여자가 남자와 존엄성의 측면에서는 동등할지라도, 역할과 지위의 측면에서 종속적인 것은 신이 의도한 창조 질서에 속한다는 것이다. 둘째 가설은, 삼위일체 교리가 남성과 여성 사이의 위계적 보완을 유지한다는 것이다. 반면 그리스도교 여성론은 남자와 여자들 사이의 진정한 친교를 위한 종말론적 희망을 표현한다. 즉 하느님의 다스림 안에서 모든 눈물이 사라질 때, 여자들과 남자들은 '타자성' 안에서 자신을 발견하지 않을 것이며, 예수 그리스도 안에서 하나를 이루어 하느님 집안에서 함께 화목하게 살 것이라고 한다.

삼위일체와 하느님 언어

현재 가장 곤란한 사목적이고 신학적인 문제점들 중의 하나는 '공적인 기도에서 하느님을 어떻게 부르는가?'라는 문제이다. 하느님의 이름은 성부, 성자, 성령으로 계시되었으므로, 무슨 근거로 어떤 맥락 안에서 누구에 의해 바뀔 수 있는지 없는지에 관한 의견을 조율하기는 어렵다. 1973년에 '메리 댈리(Mary Daly)'는 가부장제와 가부장적 하느님 언어에 대한 여성론적 비판을 모범적으로 제시했는데, "만약 하느님이 남성이라면 남성은 하느님이다"라는 것이다. 비록 여성 신학의 첫 단계에서 삼위일체 교리를 희망 없는 가부장제로 즉각 잊어버렸을지라도 앞에서 본 것처럼 삼위일체 신학은 하느님에 대한 가부장적 교리를 지지하지 않을 뿐만 아니라 그것을 전복시킨다고 이해하는 것이 정확하다. 하느님의 부성 및 어떻게 하느님을 이름 짓는가에 대한 문제는 꽤 까다롭고 이 문제를 다루는 양쪽 사람들에게 엄청난 고통을 안겨준다. 오늘날 하느님의 삼위일체적 이름이 내포하는 현안은 폭넓고도 아주 열렬하게 논의된다. 우리는 그리스도론적이고 삼위일체적인 분쟁들의 결과를 알기 때문에, 4세기에 저 현안들을 해결하면서 신학자들이 직면했던 개념적, 종교적, 정치적 어려움들을 과소평가하려는 유혹이 들지도 모른다. 그래서 어떤 이는 논쟁을 피하기 위해 4세기 '레온티우스(Leontius)' 주교[2]가 했던 것처럼, 무엇을 말하는지 아무도 알아들을 수 없게 하려고 기도처럼 웅얼거리려는 유혹을 받을지도 모른다.

상이한 전략들

하느님에 대한 언어의 근본 문제는, 예배나 신학에서 남성적 표상만을 배타적으로 사용함으로써 하느님은 남성이라는 의식을 어쩔 수 없이 가지게 만든다는 것이다. '샐리 맥페이그(Sallie McFague)'는 아버지 이미지의 문제점이 "과대망상, 포섭성, 패권, 우상화"라고 지적한다. 성부, 성자, 성령의 지위에 대해 가톨릭, 정교회, 개혁 신학자들 사이에 이견이 있지만, 하느님의 삼위일체 이름을 다루는 데는 다음과 같은 여섯 전략들이 있다.

1. 하느님은 성부, 성자, 성령이시다.

수많은 신학자들은 종파를 초월하여 성부, 성자, 성령이 하느님의 계시된 이름이라고 주장한다. 이 이름들은 신적 기원의 지위를 가지기 때문에 바뀔 수 없다. 논쟁점은 하느님이 남성이라는 데 있는 것이 아니라, 우리가 하느님을 '아버지'라고 부르는 것 외에는 다른 선택의 여지가 없다는 데 있다. 대다수의 여성 신학자들은 성부가 하

---

2 기체화설[基體化說, enhypostasia]은 레온티우스(Leontius)가 쓴 그리스도론상(論上)의 술어인데 그리스도에서는, 인성(人性)은 인성으로서의 특성을 유지하면서 그 위격(位格:hypostasis)을 신성(神性) 속에 가진다고 주장하는 설이다. 그리스도에게 2가지 위격을 인정한 이단 네스토리우스파에 반대하여 로고스(말씀)만을 그리스도의 위격으로 삼았다. 그리스도의 인성을 위격이 없는 불완전한 것으로 해버리고 마는 아포리나리우스설(說)이 있는데, 기체화설은 이 관점에서 답하려고 한 것이다. 다마스쿠스의 요하네스에 의해서 더욱 발전되었다.

느님의 존재론적 본성을 가리킨다고 주장하는데, '엘리자베스 아흐테마이어(Elizabeth Achtemeier)'는 이 주장을 받아들이고 하느님은 자신을 그의 피조물과 동일시하지 않았기 때문에 남성적 언어를 하느님에게 적용하지만, 반면 여성적 언어는 하느님과 세상의 범신론적 동일화를 가능하게 해준다고 덧붙인다. 또한 정교회 신학자 '드보라 베로니크(Deborah Belonick)'도 비슷한 주장을 한다. 그녀는 성부, 성자, 성령을 하느님의 자기-계시된 이름으로 보는데, 이 이름들이 가부장적 구조, 남성 신학 또는 위계적 교회의 산물이었다고 생각하지 않는다. 이런 식의 수많은 논쟁은 토마스 아퀴나스가 주장한 관점에 맞서 왔는데, 하느님을 가리키는 모든 성서적 이름과 형상은 은유들이라고 보는 '샐리 맥페이그'의 은유 신학 안에 특히 잘 나타난다. 그러나 루터파 신학자 '로버트 잰슨(Robert Jenson)'은 포용적인 언어의 위기가 영지주의적 위기와 저속한 계몽주의로 돌아가게 한다고 하면서, 비록 하느님은 말로 나타낼 수는 없지만 '성부'라는 호칭을 사용하는 데 따르는 관계적 실제성을 말할 수는 있으며, 다른 이들은 어머니가 직유인 반면에 성부는 은유라고 말함으로써 맥페이그의 주장을 반박한다.

한편 가톨릭 신학자 '요셉 디노이아(Joseph DiNoia)'는 은유 옹호자와 반대자 사이를 중재하려고 한다. 그는 성부가 세 가지 의미로 하느님에 적용될 수 있다고 말한다. 첫째, 은유적으로 삼위일체 하느님은 첫 위격에 온전히 해당한다. 둘째, 말 그대로 당연히 첫 위격이시다. 셋째, 우리가 하느님을 아버지라 부르는 까닭은 예수가 하느님을 그렇게 불렀기 때문이다. 그는 이러한 이유로 첫 신적 위격을 말할 때, 아버지를 어머니로 대체하지 못하는 결정적 이유라고 주장한다. 여기서 '캐서린 라쿠그나(Catherine Mowry LaCugna)'는 두 가지 점을 지적한다. 첫째, 성서 언어들은 변해서는 안 될 뿐만 아니라 "하느님 스스로 당신 이름을 말씀하시기에" 성서 언어를 변화시키는 것은 우상에 떨어진다는 주장이 있다. 둘째, 피조물로부터 하느님의 자유로운 주권을 보호한다는 미명 하에 하느님을 인간과 인간 언어에서 분리시키려는 주장이 있다.

2. 이해할 수 없고 이름 지을 수 없는 하느님

하느님의 아버지이심에 대한 가톨릭의 전형적인 둘째 접근은 하느님을 말로 표현할 수도 없고 이름 붙일 수도 없다는 명제로 숨어버린다. 그러나 여성 신학자들이 밝힌 대로, 부정적 접근이나 부정의 방식을 따라서, 하느님에 관한 모든 진술은 부정해야 한다. 즉 하느님이 어떤 분인지만 아니라 어떤 분이 아닌지도 말해야 한다. 샐리 맥페이그가 지적한 대로, 문제는 아버지로 표상되었다는 것이 아니라, 부성이 하느님에 관한 기원적 은유가 되어 가부장제와 함께 하느님 나라의 선포를 대신하고 있다는 데 있다. 이 접근의 밑바탕에는 인간 언어의 변덕스러움에 종속됨 없이 "하느님을 하느님이게 하는" 복음주의 신학의 관심과 동일한 관심이 있다. 따라서 하느님에 대한 불가해성은 우리가 하느님에 대해 어떤 말도 할 수 없다는 불가지론으로 몰고 가지는 않는다. 그럼에도 우리는 곧잘 어둔 밤에 빠지곤 한다. 하느님의 신비는 어떤 하나의 은유로는 충분히 포착될 수 없기 때문에 남성적 표상과 은유뿐 아니라 여성적 표상과 은유를 사용하는 것이다.

3. 남성적 표상과 여성적 표상

풍부한 인간 경험 영역에 사목적으로 민감하고 충실한 셋째 접근은 남성적 표상, 은유, 대명사들을 여성적인 것들과 함께 증가시키는 것이다. 이것은 오늘날 가장 폭넓게 수용된 접근방식 중의 하나이지만 하느님이 근본적으로 남성으로 남아 있다는 암시는 왜곡될 소지를 안고 있으며, 여성의 특징들이 어머니다운 역할이나 양육하는 역할로 정형화되어 있다는 데 또 다른 왜곡이 있다. 그럼에도 은유와 표상의 다원적 가치는 하느님이 남성으로만 표상되지 않았다는 그리스도교 여성론의 관심사를 종합하는 방향으로 크게 진일보한다.

4. 예수, 인습타파주의자

여성 신학자들은 예수가 하느님을 아버지라고 불렀다는 것으로 발뺌하지 말고, 예수를(남성임에도 불구하고 남성적인 것이 가리키는 문화적 상투성을 탈피한) 최초의 여성주의자, 인습타파주의자, 예언자로 보아야 한다고 말한다. '산드라 슈나이더스(Sandra Schneiders)'는 이렇게 주장한다. "첫째로, 예수 당대의 문화에서 아버지-아들 은유는 하느님이 베푸시는 구원행위에 예수가 온전히 연루되어 있다는 의미를 관철하기에 적합한 유일한 것이었다. 둘째로, 하느님을 '압바'라고 부르고 탕자의 아버지로 하느님을 진술한 예수는 가부장적인 하느님 표상을 철저히 바꿀 수 있었다. 그는 인간 권력구조 속에서 가부장제화되어 온 아버지 은유를 고쳤고, 사랑 안에서 사랑을 통하여 신적 기원의 본래 의미를 복원시켰다. 셋째로, 그는 신적 질서라고 여겨온 가부장제를 무효화함으로써 인간의 가부장제를 비합법화했다." 이 접근은 첫째, 성서적 사실들로부터 발뺌하지 않는 장점을 지닌다. 둘째, 이 접근은 예수 생애 안에 녹아 있는 역사적, 문화적 조건들을 고려한다. 셋째, 이 접근은 가부장제를 고쳐서 인간적 부성과 남성성에 대한 종말론적 희망을 제시한다.

5. 여성적인 성령

그리스도교 여성론의 초기 단계에는 성령을 여성적으로 표상했던 시리아 자료들을 발굴하는 데 열정을 보였다. 흔히 성령을 연상시켰던 지혜는 하느님의 여성적 체현으로 그려졌다. 종속주의적 삼위일체 신학에 따라 성령은 셋째이므로, 여성적 표상이 성령과만 연관된다는 것은 교회와 사회 안에 여성의 종속을 강화시킬 것이다.

6. 창조자·구속자·보존자

이 해결방식은 남성적 표상도 여성적 표상도 사용하지 않는다는 의미에서 곧바로 효력을 나타내며, 이렇게 하느님을 이름 짓는 것은 하느님이 구원역사 안에 계시다는 것과 즉각 연결된다. 이 세 호칭은 비인격적이고 기능적인 삼신론이나 일신론, 하느님이 누구인가보다는 하느님이 무엇을 하는가에 초점이 맞추어져 있고 포용성을 지향하며 정의롭고 사랑에 찬 그리스도교 공동체로 부르는 삼위일체신학, 성서신학, 사목적 효력을 기초로 평가해야 한다.

결론

이제까지 개괄한 다양한 선택들을 계속 탐구하면서, 우리는 하느님에 관한 비가부장적 개념뿐 아니라 그리스도교 공동체 안에 존재하는 관계의 틀을 바꿔야 한다. 삼위일체신학의 통찰들은 우리의 전통들을 버리도록 강요하지 않고 우리의 상상력을 자유롭게 해준다. 삼위일체 신학의 요점은, 다른 위격들과의 관계 안에 하느님의 본질이나 사랑이 있으며, 하느님 안에는 분열이나 불평등이나 위계성이 없고, 하느님의 위격성은 사랑과 자유를 최상으로 표현한 것이며, 신적 생명의 신비는 자아를 주고 자아를 받아들이는 특징이 있고, 신적인 생명은 고정되었거나 메마르지 않고 역동적이고 풍요롭다는 것이다.

결론을 요약해 보면 첫째, 하느님은 이해 불가능하고 표현 불가능한 신비이기에 하느님에 관한 다양한 표상들은 유효적절하다. 둘째, 하느님에 관한 어떤 표상이나 이름도 우상화해서는 안 되고, 그 어떤 표상이나 이름도 하느님의 거룩한 신비를 전부 표현할 수 없다. 셋째, 예수 그리스도가 보여준 하느님의 친교의 신비에 찬미와 감사와 흠숭으로 응답함이 마땅하다. 넷째, 기도의 모든 찬미 양식은 예배자가 하느님을 찬미할 수 있게 해야 한다. 다섯째, 모든 찬미가는 구원역사의 특정 모습들과 조화를 이루며, 찬미가의 가장 공통된 형태는 성령의 힘에 의하여 예수 그리스도를 통해 하느님께 기도하도록 이끈다. 이렇게 구원역사의 모습을 담은 다양한 방식과 신적 위격을 지향하는 다양한 방식이 있고, 물론 이것들은 교의적이고 사목적인 논쟁을 발생시킨다. 마지막으로, 기도와 하느님께 찬미드리는 것은 포용적인 인간 공동체를 탄생시키고 그들의 공동체적 삶 안에는 삼위일체의 이론이 있다. 이 공동체적 삶은 하느님의 끊임없는 경륜의 한 부분이고, 새로운 환경에서 일하시는 하느님의 손을 감지하는 식별력 있는 눈을 필요로 한다.

나의 견해

성부, 성자, 성령이라는 전통적 삼위일체신학은 하느님의 계시에 근거하고 있으며 원래 성차별적이지 않으므로 전혀 변경될 필요가 없다는 대답은 이 정식이 오늘날 함축할 수밖에 없는 성차별적 요소 때문에 설득력이 없다. 또한 여러 가지 방법으로 신에 대한 우리들의 표상을 보다 성균형적인 형태로 만들어 보려는 시도 및 '비성적인(non-sexual)' 혹은 '추상적인' 하느님에 관한 은유를 사용하는 것은 그 자체로서 충분하지는 않으나 또한 신에 대한 우리의 이해를 보다 성균형적으로 이끌어 갈 수 있다. 실제로 성서는 하느님을 이해하는 데 있어서, 남성적·여성적 은유를 다 함께 쓰고 있으며 또한 성서는 때로 삼위일체 안의 한두 인격을 또한 여성적 인격으로 이해하고 있다. 동시에 성서는 친구, 구속자, 구원자, 그리스도, 위로자와 같은 인격적이나 특정성을 지칭하지 않는 용어로도 하느님을 지칭하고 있다. 또한 성서는 방패, 바위, 산성, 불, 비둘기 등 많은 무-인격적 하느님에 관한 은유를 사용하고 있다. 비록 이런 하느님에 관한 다양한 은유들이 성부·성자·성령이라는 보다 본질적인 삼위일체 교리를 대신할 수는 없으나 이들이 함께 사용될 때 더욱 성 균형적 또 성 평등적 하느님에 관한 이해를 가져올 수 있을 것이다. 그럼 어떻게 하면 하느님에 관한 우리들의 언표가 성차별을 극복할 수 있을 것인가? 성부, 성자, 성령이라는 전통적 삼위일체 교리는 그 계시적 성격 때문에 계속 사용되어야 한다. 그러나 동시에 이 정식이 오늘날 의미하는 성 차별적 항의를 극복하기 위해서 우리는 여러 가지 하느님 상에 대한 성 균형을 가져올 수 있는 다양한 하느님 이미지를 같이 쓸 필요가 있다. 즉 모든 전례 안에서 하느님을 동시에 남성과 여성으로 표현하거나 삼위일체의 한 분 혹은 두 분을 여성적인 형태로 부르며, 또 하느님을 인격적이나 비성적인 은유로 표현하는 일, 혹은 하느님을 자연적 혹은 추상적 이미지로 표현함으로써 하느님은 인격적인 분이지만 언제나 남성과 여성이란 인간 세상의 범주를 벗어나 있음을 계속 확인하고 이를 통해 하느님의 이름으로 성적 억압이나 인간관계의 불평등을 정당화시키는 것을 많이 극복할 수 있을 것이다.

음악은 우리를 사로잡는가?

신경학 전문의이자 저명한 논픽션 작가이기도 한 '올리버 색스'는 그의 책 《각성(Awakeenings)》에서 '프랜시스 디'의 이야기를 적고 있다. 색스 박사는 프랜시스 디가 보이는 피킨슨병의 증세를 누그러뜨릴 수 있는 효과적인 방법을 발견한다. 바로 음악이다. 안타깝게도 음악은 일시적인 치료일 뿐이다. 음악이 파킨슨병 환자들에게 도움이 되려면 그 음악이 환자들의 취향에 맞아야 한다. 주목할 만한 점은 파킨슨병의 경우 음악의 흐름에 대한 예상이 문제가 된다는 것이다. 음악의 움직임은 우리 몸의 움직임보다 더 정확하다. 이런 관점에서 보면 어떻게 음악이 파킨슨병 환자의 흩어진 운동신경계를 잠시나마 다시 모을 수 있는지 쉽게 이해가 된다. 음악은 피킨슨병 환자로 하여금 더 높은 수준의 인식 활동에 빠져들도록 하여 이 병의 증세로부터 잠시나마 벗어나게 하는 것뿐이다. 음악이 잠시나마 우리의 마음이 평소에 하지 못하던 것을 하도록 도와준다는 것은 음악이 우리의 지적 능력을 높여준다는 말과 같다.

여기서 우리는 음악이 어떤 식으로 우리를 조종하고, 또 그렇게 할 수 있는 이유는 무엇인지 살펴볼 것이다. 여기에는 생각해봐야 할 세 가지 중요한 물음들이 있다. 첫째는 '음악이 어떻게 우리로부터 감정을 이끌어내는가?' 하는 것이고, 둘째는 '음악이 어떻게 우리에게 기쁨을 주는가?' 하는 것이고, 셋째는 '음악이 우리를 황홀경으로 이끌어갈 때 우리의 두뇌에는 어떤 일이 일어나는가?' 하는 것이다. 음악처럼 삶에 강한 영향력을 미칠 수 있는 것이 이처럼 필수적인 요소가 아니라는 것은 특이한 일이다. 음악이 어떻게 그리도 강한 힘으로 우리를 사로잡는지 알기 위해서는 우선 음악이 지금의 모습으로 진화해온 이유부터 알아야 한다. 분명 음악은 매우 오래 전부터 있어왔다. 처음에는 음악이 어떤 모습을 하고 있었을까? 그리고 그것이 가장 강조했던 것은 무엇일까? 음악학자 '크르트 작스(Curt Sachs)'는 그의 책 《리듬과 템포(Rythem and Tempo)》'에서 다음과 같이 쓰고 있다. 어쨌든 음악이 있어 가장 중요한 특징을 꼽으라면 많은 사람들은 리듬이라 말한다. 음악은 시간의 흐름에 따라 표현되는 것이고 시간은 바로 리듬의 영역이기 때문이다. 그런데 이런 논리에 어긋나는 증거들은 너무도 많다. 오래 전부터 전해 내려온 전통 음악들을 살펴보면 정확한 박자 같은 것은 발견되지 않으며 초창기의 서양음악에도 없었다. 발달심리학 분야 역시 음악의 발달에 대한 모종의 단서를 제공한다. 이들의 주장은 문명에 의해 먼저 발견되는 것일수록 인간이 하기에 가장 쉬운 일이라는 가정에 토대를 두고 있다. '작스'는 그리 세련되지 못했던 초창기의 시를 선율의 전신이라고 생각한다. 매우 우수한 두뇌를 가지고 있는 경우라야만 음악을 할 수 있기 때문에 우리가 왜 이렇게 큰 뇌를 가지게 되었는가 하는 물음에 대한 답을 찾으며 음악의 발달을 이해할 수도 있을 것이다. 협력이란 그리 쉽게 얻어지는 것이 아니다. 모든 생물체는 절대적으로 이기적이다. 그리고 무엇보다도 협력을 하기 위해서는 신뢰가 중요하다. 몇몇 인류학자들은 음악이 공동체의 결속을 강화하고 공동체 내부의 분쟁을 가라앉히기 위해 발달한 것이라고 본다. 하지만 이는 억지에 불과하다. 만일 음악이 사회의 결속을 다지고 내부의 분쟁을 조절하기 위한 과정에서 발달한 것이라면, 음악은 분명 인간의 감정과 밀접한 관계가 있을 것이다. 왜냐하면 인간은 감정을 표출하거나 누그러뜨리며 다른 사람들과의 결속을 다져나가기 때문이다. 어쨌든 음악이 감정을 형상화하는 것은 사실이다.

감정

우리는 감정을 분노나 슬픔이나 기쁨 같은 특정한 느낌으로만 이해한다. 하지만 이런 것들은 원초적인 감정일 뿐이며 다른 동물들에게서도 찾아볼 수 있다. 최근 들어 일부 심리학자들은 오래전에 많은 사람으로부터 철저히 배척당한 감정의 개념에 다시 주목하기 시작했다. 최근에 이들이 주장하는 바는 감정은 이성적 사고에 있어 매우 중요한 요소라는 것이다. 이는 감정은 '비이성적'이라는 기존의 개념과 상반된다. 이처럼 감정에 대한 시각이 바뀌게 된 한 가지 이유는 감정을 일으키는 두뇌 부분에 손상을 입어 자신을 통제하지 못하게 된 사람들의 예 때문이다. 왜 전두엽은 감정을 일으키는 데 있어 이처럼 중요한 것일까? 두뇌에서 전두엽은 어떤 지침을 내리는 곳이다. 전두엽은 단기기억을 되살리는 데에도 큰 역할을 한다. 또 전두엽이 뭔가를 집중하도록 하는 데 있어 중요한 역할을 한다는 것에 대해서도 살펴보았다. 계획수립, 단기기억력, 집중력, 언뜻 보면 전두엽이 행하는 이들 세 가지 기능은 어쩌다 보니 두뇌의 같은 부분에 있기는 하지만 서로 상관없는 것들처럼 보인다. 하지만 조금만 생각해보면 이들 세 가지는 모두, 억제력이라는 공통된 기능을 갖고 있음을 알 수 있다.

'안토니오 다마시오(Antonio Damasio)'는 그의 책 《데카르트의 실수(Dsdcartes' Error)》에서 우측 전두엽에 손상을 입고 아무런 감정도 느끼지 못하게 된 한 환자에 대해 소개하고 있다. 몇몇 이론가들은 이런 것은 전두엽의 도움을 받아 대뇌변연계가 하는 일이라고 믿는다. 어떤 목표에 집중하는 능력을 감정보다는 동기 의식과 더 깊은 관련이 있다. 동기를 부여받는다는 것은 어떤 계획을 수립하고 그 계획에 의해 행동해 나가는 것을 의미한다. 평상시와는 달리 상황을 파악하기 위한 전두엽의 특별한 노력이 요구되는 계획 활동이 이루어질 때, 우리는 보통 '동기부여'라는 말을 사용한다. 많은 심리학자들은 '감정'을 동기부여의 특별한 예라고 보고 있다. 학자들은 종종 중립적인 감정 같은 것은 없다고 말한다. 모든 감정은 부정적이거나 긍정적이라는 것이다. 실제 경험이 예상한 바와 다르면 부정적인 감정이 생긴다. 반대로 긍정적인 감정은 실제 경험이 예상한 바를 넘어설 때 생기게 된다. 이런 식으로 생각해 보면 음악이 어떻게 감정을 불러일으키는지 쉽게 알 수 있을 것이다. 음악은 어떤 예상이 일어나도록 하고 이를 계속 만족시킨다. 그런 기대를 계속 불러일으키고 더 큰 만족을 줄 수 있다. 그러다가 흐름을 갑자기 변화시켜 사람들의 예상을 깨면, 우리는 그것을 보고 '감동적이다'라고 한다. 음악의 표현은 음악의 구조와 결코 일치하지 않는다. 음악을 들으며 가진 예상과 벗어나는 일이 많아지면 다음에 오는 변화에서 느끼는 감동의 정도가 줄어든다. 음악을 만드는 것이나 연주하는 것 모두 음악의 기본적인 구조를 유지해야 하는 것과 변화를 가미해야 하는 것 사이의 끝없는 줄다리기와 같다. 많은 비평가들은 위와 같은 차이는 문화적으로 결정된다고 주장한다. 우리의 두뇌가 어떤 음악 구조에 대해서는 어떤 반응을 일으키도록 선천적으로 정해져 있다는 가정하에, 특정한 기능을 하도록 되어 있는 대뇌피질은 어떠한 상황에서도 똑같은 과정을 되풀이할 수밖에 없다고 주장한다. 우리의 두뇌는 너무 규칙적으로 들리는 음악은 쉽게 받아들이려 하지 않는다. 박자나 소리의 크기가 일정한, 컴퓨터가 연주하는 곡들이 대표적인 예들이다. 다시 말해 무리의 두뇌는 변화하지 않고 고정된 것에는 타성이 생긴다는 것이다. 이 같은 습관화 과정은 우리가 경험하는 모든 것들에 있다. 다만 정도의 차이를 보일 뿐이다. 음악의 매력은 그 형식의 정밀함에 있다. 우리는 이 순수한 음악의 구조에 매료되는 것인데, 이런 것은 우리에게 익숙한 경험이다.

기쁨

'기쁨'은 신경과학이나 심리학에서는 별로 다루지 않는 개념이다. 이런 것을 주제로 씌어진 책도 거의 없다. 우리는 따뜻한 햇볕을 쬐거나 글자 맞추기 놀이를 할 때, 맛좋은 등심살을 먹을 때, 르누아르의 그림을 감상할 때, 운전이 잘될 때, 부서진 의자를 고쳤을 때 기쁨을 느낀다. 이들 각각의 행동은 서로 다른 신경계의 작용으로 일어나는 것들이다. 어떤 것은 감각계의 작용으로, 어떤 것은 운동계의 작용으로, 어떤 것은 관념계의 작용으로 이루어진다. 하지만 우리는 이 모든 것들에서 기쁨을 발견한다. 한 가지 행동이 여러 종류의 기쁨을 주기도 한다. 우리 몸은 황홀함을 느끼기도 하고 괴로움에 몸부림치기도 한다. 기쁨과 고통이라는 전통적인 관점에서 볼 때, 하나의 유기체는 그 자신의 주변과 늘 균형 상태(항상성)를 유지하려고 애쓴다. 이 균형 상태가 깨지면 고통이 발생하고 다시 균형 상태로 돌아가면 기쁨이 생겨난다. 기쁨과 고통에 대한 이런 개념은 산뜻하고 적용 범위도 넓다. 또 모든 경험에 근본적으로 다 존재한다는 것을 시사하기도 한다. 하지만 우리의 신경계가 잘 대처하도록 특별히 고안된 것으로 보이는 몇몇 특수한 기쁨과 고통으로 인해 이 모든 것들이 혼란스러워진다. 고통이 신체에 큰 손상을 줄 정도로 심해지면 두뇌는 특별한 시스템을 이용하여 이를 누그러뜨린다.

두 가지 개념의 기쁨, 즉 생물학적인 균형 상태를 이루면서 얻어지는 기쁨과 어떤 특정한 행위를 통해 얻어지는 기쁨은 우리들이 살아가며 갖게 되는 온갖 기쁨들을 다 설명하기에는 턱없이 부족하다. 우리는 기쁨이나 고통에 대해 좀더 폭넓은 시각을 가지고 바라보아야 한다. 성생활과 식도락처럼 지극히 '동물적인' 기쁨들은 결과에 대해 강한 예상('욕구'라고 부른다)을 하고 이것이 충족되면 큰 기쁨을 느낀다는 점에서 위의 개념으로 설명할 수 있다. 이 개념은 기쁨이란 고통으로부터 벗어나는 것에 불과하다는 것을 암시한다. 우리가 하는 행동들이 신경계에 미치는 영향은 너무도 다양하여 기쁨과 고통을 이해하기란 그리 쉬운 일이 아니다. 누구는 요리로부터 기쁨을 얻지만, 양파의 톡 쏘는 냄새는 싫어할 수 있다. 우리는 똑같은 클라리넷 소리를 들어도 그것이 만들어내는 선율과 리듬, 그 밖의 많은 것들로부터 기쁨을 느끼기도 하고 피곤함을 느끼기도 한다. 우리가 음악적 요소들로부터 어떻게 기쁨을 느끼는가를 알아보는 것은 쉬운 일이다. 음악에 대한 기대가 충족되면 기쁨을 느끼고, 기대에 어긋나면 불안해한다. 하지만 음악이 주는 가장 심오한 수준의 기쁨은 기대가 어긋나면서 생긴다. 불협화음, 당김음, 선율 흐름의 변화, 갑자기 커졌다 작아지는 소리의 크기 같은 것들 말이다. 큰 감동을 전달하는 비결은 사람들이 잘 이해할 수 있는 곡을 쓰는 것이 아니라 사람들에게 큰 기대감을 불러일으키는 곡을 쓰는 데 있다. 화음을 생각해 보자, 멜로디도 마찬

가지이다. 리듬으로부터 얻는 기쁨에 있어서도 예상의 역할은 똑같다. 연속되는 박동을 기대하며 리듬을 즐기는 것이다. 기쁨에 대해 이런 식으로 생각하다 보면 왜 베토벤 교향곡의 클라이맥스 부분에서 감정의 최고조에 이르는지 알 수 있을 것이다. 하지만 청각피질이 각각의 소리를 모으는 음악 인식의 최소 단위에서 예상이 만들어지고 충족되는 일이 벌어지는 것으로 보인다. 그러나 이 과정은 너무나 빠르게 진행되기 때문에 우리는 이를 의식하지 못한다. 음악의 큰 구조는 사람들에게 잊혀지지 않는 고통을 줄 수도 있다.

'오스카 와일드'는 그의 저서 《예술가로서의 비평가(The Critic as Artist)》에서 다음과 같이 말한 바 있다. "우리가 느끼는 의미가 음악 속에 그대로 들어 있는 것은 아니지만 우리가 매일같이 살아가는 세상에 대한 반응만큼은 모두 들어 있다. 음악은 세상에 대한 우리의 반응을 아름답고 더욱 완벽한 것으로 만들어 준다. 그리하여 우리의 평범한 경험은 음악으로 인해 소중한 경험으로 바뀐다. 심지어는 부정적인 감정에도 기쁨을 느낄 수 있도록 함으로써 크든 작든 우리가 겪는 고통마저도 나름대로 의미를 지닌다는 것을 의식하게 한다." 우리는 물리적인 움직임을 조정하듯 음악의 모습들도 조정하며 동작에 대한 음악의 기본적인 표현들을 덮어씌우는 무언가를 감정이라고 부른다.

음악과 우리의 몸

기대가 충족되면 기쁨을 느낀다는 개념은 음악을 들으며 도는 체스를 하며 마음속에서 느끼는 기쁨에 대한 충분한 설명이 된다. 물론 음악으로부터 얻는 기쁨을 포함한 대부분의 기쁨은 정신과 육체가 동시에 느낀다. 분명한 점은 음악이 우리의 근육계로 직접 흘러 들어가지 않는다는 것이고, 그 결과 우리가 음악을 의식적으로 근육계에 집어넣는다는 결론이 나온다. 물론 우리가 음악을 들을 때마다 항상 움직임을 느끼는 것은 아니다. 물론 이러한 시각은 근육계를 통한 음악의 표현에 아직 과학적인 증거가 없기 때문에 현재로선 추론에 지나지 않는다. 신체의 움직임이 분명한 형태를 가지고 있지 않고, 또 소리로 느끼는 경험과 신체로 느끼는 경험을 구별할 만한 장치들이 없기 때문이다. 하지만 신체의 움직임을 통한 음악 표현이 가지고 있는 두 가지 기능을 응용한 방법에 대해 생각해 볼 수는 있다. 첫째, 이런 표현들은 일종의 기록 장치를 가지고 있어서 순간적으로 음악의 특징을 새겨넣을 수 있을 뿐 아니라 그런 특징들을 몇 초 동안, 보다 쉽게 기억할 수 있다. 두 번째 기능은 음악을 통한 우리의 경험을 증폭시킨다는 것이다. 하지만 우리는 왜 음악을 움직임을 통해서는 표현할 수 있으면서 시각적으로는 표현하지 못하는 것일까?

'올리버 색스'의 환자 하나는 색을 구별하는 능력을 잃어버렸을 때 색을 상상하는 것조차 할 수 없게 되었고, 그가 가지고 있던 시각적 청취에 대한 능력도 같이 사라졌다고 한다. 여기에는 커다란 음악적 구조를 이루는 데 필요한 음악에 대한 예상이 결여되어 있다. 감정에 관한 최근의 이론 하나는 인식 과정을 신체적으로 표현하는 것이 가능하다는 가정 위에 세워졌다. 감정에 대한 최근의 이론 하나는 인식 과정을 신체적으로 표현하는 것이 가능하다는 가정 위에 세워졌다. 이른바 '체성표식 가설(somatic marker hypothesis)'이라 부르는 이 이론은 '다마시오'의 《데카르트의 실수》라는 책을 통해 유명해졌다. 이 이론에 의하면 우리의 두뇌는 우리가 겪는 모든 경험에 대한 좋고 나쁜 감정을 신체적으로 표현하는데, 이러한 신체적 반응은 어떤 행위는 계속해서 하게 하고 어떤 행위는 피하게 하는 일종의 보상 체계라는 것이다. 음악의 신체적 표현들이 어떻게 만들어졌든 간에, 앞에서 논의했듯이 음악은 우리의 두뇌로 하여금 엔도르핀을 분비하도록 하여 우리의 기쁨을 한층 더 북돋우는 역할을 하는 것 같다.

황홀경

기쁨이 극치에 다다르면 우리는 종종 '황홀경'에 이르렀다고 말한다. 하지만 황홀경은 기쁨이 극치에 다다른 것, 온몸이 전율하는 것, 그 이상의 무엇이다. 황홀경의 분명한 특징은 그 '직접성(immediacy)'이다. 황홀경은 경험뿐 아니라 사람 자체마다 순간적으로 바꿔놓는다. 음악은 모든 예술 중에서도 우리에게 가장 직접적으로 작용한다. 따라서 황홀경을 일으킬 가능성 또한 가장 높다. 다른 감각 기관들에 비해 청각을 더 직접적이고 압도적인 것으로 만드는 무언가가 있는 것일까? 신경학적으로 보면 청각신경계가 다른 신경계들에 비해 그리 특별할 것도 없다. 잘 짜여진 음악의 구조만으로는 소리가 가진 힘을 설명할 수 없다. 소리가 다른 감각을 압도하는 이유는 무엇일까? 분명 소리는 시간의 흐름에 따라 진행되기 때문에 움직이는 것이다. 이미 알려진 것처럼 움직임이야말로 모든 신경계의 '존재의 이유'이다. 우리의 신경계에 도달한 음악은 우리의 두뇌에 일련의 예상을 불러일으키며, 우리는 이 예상을 통해 음악의 멜로디와 하모니와 형식을 인식한다. 음악이 우리를 황홀경으로 이끈다는 것은 우리에게 다채로운 느낌을 주는 것 그 이상을 의미한다. 음악은 우리로 하여금 잠시나마 평소에는 전혀 경험하지 못했던 느낌에 빠져들도록 만든다. 이 경험은 우리를 강하게 사로잡고 큰 기쁨을 전해 준다. 그리고 무엇보다도 이 경험은 정말 아름답다.

모든 수준의 인식에서 느껴지는 완벽한 질서에 대한 경험을 우리는 '아름다움'이라 부른다. 많은 사람들은 어떤 곡을 듣는 이유가 그 곡이 아름답기 때문이라고 말한다. 하지만 위대한 음악이 주는 것은 아름다움 그 이상이다. 음악이 다른 것들을 통해서는 경험할 수 없는 것을 선사하는 건 이런 이유 때문이다. 짧은 순간이나마 음악은 우리를 실제보다 더 위대하게 만들고, 복잡한 세계를 질서 있는 세계로 만든다. 우리는 음악이 제공하는 깊은 관계성의 아름다움을 그냥 듣기만 하는 것이 아니라 두뇌 속에서 인식하기도 한다. 두뇌가 이러한 인식관정을 통해 평소에 이을 수 없던 영역에까지 이르면, 우리는 자신의 존재가 그 만큼 발전한 것을 느끼고 평소 알고 있던 그 이상의 존재가 될 수 있음을 깨닫게 된다. 그리고 세상 또한 지금의 모든 그 이상의 아름다움을 지녔음을 보게 된다. 이런 것들이 우리를 황홀경으로 이끄는 것이다.

음악은 어디까지 발전할 수 있을까?

앞으로도 음악은 지난 몇 세기에 걸쳐 발전한 것 이상으로 발전할 것인가? 첨단기술은 음악의 발달에 중요한 역할을 해왔고 지금도 음악과 관련된 기술은 빠른 속도로 발전하고 있다. 앞으로 인간이 정말 기막히게 아름다운 음색을 만드는 법을 고안해 낼지도 모른다. 아름다움과 기쁨이라는 원칙을 가지고 그런 소리들을 찾아야 한다. 또 하나의 가능성은 멜로디나 하모니나 리듬을 표시하는 새로운 음표들이 만들어질 수 있다는 것이다. 최근의 첨단기술이 새로운 음표들을 여러 개 만들어내기는 했다. 하지만 아름다운 음색이나 음을 완벽하게 표현하는 음표들이 위대한 음악을 만드는 것은 아니다. 지금까지 봐온 것처럼 중요한 것은 음악의 큰 구조이다. 이것이야말로 가장 만들기 어렵고 이해하기보다 어려운 것이다. 다만 인공지능을 가진 컴퓨터가 가능한 모든 형식의 음을 조합해 보고 그중에서 우리들을 황홀경으로 이끌 수 있는 것들을 추려낼 수 있을지 모른다. 하지만 이는 누군가가 음악이 만들어지는 원리들을 정확한 음표들과 함께 분명하게 풀어 컴퓨터에 입력해야만 음악은 지금 우리가 알고 있는 것보다 훨씬 강력해질 것이다. 그리고 만일 그렇게 된다면 그건 치명적이다.

한국과 외국 공포영화 비교

공포영화의 정의 및 특징

공포영화(Horror Movie)란 귀신과 괴물이 나오는 영화라거나 컬트(소수 관객의 종교적 숭배현상)영화의 원조가 아니다. 공포는 영화를 본 후 관객의 심리적 상태를 말하는 것이니, 오히려 관객을 공포로 몰아넣는 줄거리 전개방식을 지닌 영화로 정의해야 맞다. 국내의 경우 많은 영화 장르 중에서도 유독 대중적인(다양한 관객층) 관심을 받지 못하고 소외받아 왔던 장르이다. 대중적인 인기를 모으는 장르는 아니지만 그에 비해서 소수의 열광적인 팬 특히 10대에서 20대 초반의 팬들을 가지고 있는 것도 공포영화이다. 공포영화의 주된 내용이 사람을 살해하고 살해하는 이유 또한 그렇게 납득이 갈 만한 것들이 아니라서 공포영화를 싫어하는 사람들에게는 저급영화란 인식으로 비춰지기도 한다. 그러나 수없이 많이 제작된 공포영화들이 싸구려 주제를 가지고 만들어지는 것은 아니며 나름대로 높은 완성도와 관객들, 평론가들에게 인정받는 작품들도 많은 편이다. 공포영화 자체가 관객들에게 공포감과 서스펜스, 스릴을 전해주기 위해서 제작이 되는 작품이기 때문에 가급적이면 사람을 잔인하게 죽이고 어떻게 하면 관객들에게 충격을 안겨줄까 하는 것이 가장 큰 관건이 되는 것이다.

그렇다면 이러한 공포영화는 왜 여름에 사람들로부터 각광을 받는 것일까? 봄, 가을의 선선한 기운은 사람의 마음을 들뜨게 하고 로맨틱하게 만드는 반면, 여름의 뜨거운 기운은 사람을 쉽게 흥분시키고 도발적으로 만드는 경향이 있기에 공포영화에 대한 반응이 더 크다고 한다. 특히 여름에 공포영화를 보는 관객은 일종의 '서늘함'을 느낄 수 있다. 공포영화를 보고 공포심을 느낀 관객은 피부에 소름이 돋고 목 뒷덜미 털이 곤추선다. 피부혈관에 공급되는 혈액이 줄어들고 근육이 수축하기 때문이다. 손발도 차가워지고 땀샘이 자극되어 식은땀이 난다. 땀이 마르면서 몸의 열을 빼앗아가기에 오싹해진다. 또 공포심이 무의식에 있는 죽음의 본능을 자극해서 육체가 서늘함을 느끼게 된다는 분석도 있다.

공포영화의 기원

공포영화의 진정한 기원은 독일에서 시작되었다. 독일 감독들은 영화에서 관객들을 일부러 놀라게 하는 최초의 시도를 했다. 독일의 표현주의자들은 고딕문학의 괴기적 전통을 최초로 스크린에 접목시킨 선구자들이었으며, 〈칼리가리 박사의 밀실〉, 〈노스페라투〉, 〈마부 제 박사〉 등이 제작되었다. 나중에 그들 중 몇몇이 미국으로 건너간 30년대에는 유니버설(1920년대의 연작영화 및 1930년대의 공포영화로 유명하였던 영화사)을 중심으로 헐리우드 호러의 전통이 확립되기 시작한다.

한편, 미국에서 1920년대 스타였던 론 채니가 유럽에서 만들어진 공포영화와는 사뭇 다른 종류의 공포영화를 시도하였다. 그는 신체적인 변형을 요구하는 분장과 역할에 흥미가 있어, 관객들을 공포스럽게 하기보다는 놀라움을 주곤 했다. 이때 등장한 것이 토드 브라우닝이었다. 토드 브라우닝은 유럽의 호러적 전통을 미국 대중영화의 하위 문화적 취향과 성공적으로 결합시킨 최초의 호러작가였다. 애초에 서커스 단원으로 시작해 보드빌(희극) 영화배우로 다채로운 경험을 쌓은 브라우닝은 당시 무성 호러에서 일가견을 이루고 있던 론 채니에게 사사함으로써 호러 연출의 기본기를 다듬고 난 후, 채니의 갑작스런 사망에 따라 〈에드우드〉에 출연했던 자존심 센 드라큘라 할아버지 벨라 루고시를 주연으로 기용한 〈드라큘라〉를 발표함으로써 호러 무비의 기본적 유형을 확립해 나간다.

〈드라큘라〉의 성공에 고무된 브라우닝은 이어서 자신이 알던 서커스의 돌연변이, 불구자, 신체 이상자들을 실제로 출연시킨 〈프릭스〉로 또다시 엄청난 논란을 불러일으켰고, 오늘날까지도 이 작품은 클래식 컬트 호러로서 마니아들의 명예의 전당에 모셔지게 된다. 이 작품은 오늘날 만들어지고 있는 심리적인 공포영화의 시초라고 볼 수 있기 때문이다.

1931년에는 미국 공포영화 중에서 등장인물의 개성을 발굴한 최초의 영화로 평가받는 〈프랑켄슈타인〉이 제작되었다. 이 주인공은 유니버설에서만 여섯 편의 속편에 등장하였고, 이후 1950년대에 영국, 일본, 이탈리아에서 다시 등장했다. 브라우닝이 확립한 호러의 전통은 50년대 들어 헐리우드에 SF 바람이 불면서 돈 시겔에 의해 SF 호러라는 새로운 양식으로 범위를 넓혀간다. 그의 대표작인 〈신체 강탈자들의 침입〉은 이후로 필립 카프만과 아벨 페라라에 의해 계속 리메이크되었고, 빨갱이 사냥의 이데올로기에 의해 억압당하고 있던 대중의 정서를 함께 호흡했다. 특히 50년대부터 활성화되기 시작한 〈드라이브 인〉의 확산은 아메리칸 호러가 꽃을 피우는 데 물적 토대가 되었으며 로저 코만, 조지 로메로, 토비 후퍼, 웨스 크레이븐 같은 일련의 작가들을 탄생시켰다. 그리고 뒤이어 등장한 클라이브 바커, 브라이언 유즈나에 의해 80년대와 90년대를 잇는 공포영화의 전통은 유구하게 지속되고 있는 것이다.

공포영화의 '공포의 대상'에 대한 이해

공포영화의 '공포의 대상'은 정말 다양하다. 고전적인 드라큘라, 좀비, 미라 등은 지금까지도 계속해서 등장하는 소재이다. 그러나 드라큘라 다음으로 가장 공포물에 소재가 된 몬스터는 우리에게는 낯선 프랑켄슈타인이다. 그리고 식인 상어, 뱀과 같은 인간들이 본능적으로 싫어하는 존재들 역시 공포영화의 단골 소재다. 공포의 대상은 우리가 인간이기에 자연적으로 거부하는 것들이 소재가 되어왔다고 할 수 있다. 그러나 역시 가장 무서운 공포의 대상은 바로 인간이다. 〈13일의 금요일〉 시리즈의 〈제이슨 부히어〉나 〈할로윈 시리즈〉의 〈마이클 마이어스〉, 〈나이트 메어〉 시리즈의 〈프레디 크르거〉와 같은 반초인적인 인간들이 아닌 평범한 인간들이 진정한 공포의 원천이 된 것이다. 인간이 인간을 두려워하게 만든 공포영화의 기념비적인 작품은 거장 '알프레드 히치콕' 감독의 〈싸이코〉이다. 이중적인 자아를 가진 주인공을 통해 공포의 대상을 평범한 인간에게까지 확장시킨 것이다. 이 영화 이후로 평범한 인간들도 공포의 대상이 되었다.

여기에 악령이라는 요소가 접목되면서 영화적 공포의 대상은 참 다양해졌다. 악령에 깃든 사람들이 공포의 대상이 되는 영화는 명작들이 참 많다. 이 중 가장 교과서적인 작품은 1973년 작품인 〈엑소시스트〉이다. 새로운 공포영화의 장르를 만들었다고 해도 과언이 아닐 정도로 이 영화는 공포가 무엇인지를 정말 실감나게 전해주는 작품이다. 적절한 음악과 효과음도 공포의 요소가 될 수 있으며 피가 난무하지 않아도 섬뜩한 분위기만으로도 공포를 자아낼 수 있음을 보여주는 공포영화의 교과서라 할 수 있다. 그래서 새로운 버전이 요즘 다시 극장가에 명함을 내밀어도 전혀 놀랍지 않다고 할 수 있을 것이다. 이 같은 공포의 대상이 인간에게 무엇을 주기에 우리는 공포를 느끼는 것일까? 답은 간단하다. 공포는 바로 죽음과 연결되어 있기 때문이다. 인간이 정말 가장 두려워하는 것은 죽는다는 것이다. 죽음과 연결되어 있기에 우리는 그렇듯 두려움에 떠는 것이다. 우리와 죽음 사이의 매개체 역할을 하는 것이 우리가 지금까지 언급한 공포의 대상들인 것이다.

한국 공포영화의 특징

한국 공포영화의 주인공은 거의 대부분 여자 귀신들이다.

1924년 〈장화홍련전〉을 필두로 한국공포영화에서 독보적인 존재는 뭐니뭐니해도 소복바람에 머리를 풀어헤친 여자 귀신들이다. 〈미녀 공동묘지〉, 〈원한의 공동묘지〉, 〈여곡성〉, 〈며느리의 한〉 등 고려 시대나 이조 시대쯤을 배경으로 한 공포영화들은 한결같이 사회의 지도층으로 자리잡고 있는 양반집 내부를 무대 삼아 원한을 품고 죽은 며느리가 등장하고, 원귀로 돌아온 며느리가 남편과 시어머니를 괴롭히는 내용이다. 온갖 주술을 동원하여 가까스로 원귀를 물리치더라도 원한은 끝나지 않는다. 가문의 대는 끊어지고, 가정은 풍비박산한다.

한국 공포영화에 등장하는 귀신은 그럴만한 이유가 있다.

대를 잇지 못한다고 하여 억울하게 독살당하거나 가문의 정통성에 흠집 낼 만한 불륜의 아기를 가졌다고 해서 살해당한 여성들의 원혼인 것이다. 이는 남성보다 상대적으로 낮은 대우를 받아왔던(칠거지악이나 순결 같은 것들) 여성들의 모습을 단적으로 나타낸 것이다. 시어머니는 이런 유형의 공포영화에서 가장 흥미로운 인물이다. 시어머니와 며느리의 대결구도는 우리 영화에서 심심치 않게 볼 수가 있다. 최근의 〈올가미〉는 시어머니와 며느리 사이의 갈등을 잘 나타내고 있다. 〈목 없는 여 살인마〉에서 원귀가 씌운 시어머니가 손주들을 핥으며 잡아먹으려는 장면은 정말 충격적이다.

한국의 공포영화에서는 인간과 동물의 혼이 뒤바뀐다.

한국 공포영화의 또 한 가지 특색은 여인들의 원혼이 〈이조여한〉과 〈목 없는 여 살인마〉에서처럼 고양이, 〈관 속의 드라큐라〉처럼 박쥐 그리고 김기영의 〈살인 나비를 쫓는 여자〉에서는 은유적으로 나비 등 동물의 몸에 전이되었다가 다시 인간의 몸을 빌려 환생한다는 것이다. 〈천년호〉나 〈백사 부인〉 등 천년 묵은 동물이 여인의 몸에 들어왔다가 인간으로 살아남는 것은 이러한 이야기를 뒤집어 구사한다. 이는 동물과 유난히 가까울 수밖에 없었던 우리 농경사회의 모습 때문이 아닌가 한다.

한국의 공포영화에서 남자 귀신은 잘 나오지 않는다.

〈나이트 메어〉의 프레디 크루거와 같은 남성적인 괴물이 여성주인공과 내통하거나 여장남자, 혹은 남장여자를 등장시키는 미국 공포영화와는 달리 한국 공포영화에서 남자 원귀는 좀처럼 등장하지 않는다. 여성성과 남성성 사이를 차단하는 성벽은 공포영화도 깨뜨리지 못하는 금기인가. 〈관 속의 드라큘라〉에서 한국여성을 찾아 바다 건너온 드라큘라가 거의 유일무이한 남성괴물인 것 같다.

외국 공포영화의 특징

외국 공포영화들의 특징으로는 다양한 소재를 꼽을 할 수 있다. 물론 이 여러 가지 장르의 공포영화들이 많이 제작되는 곳은 미국이라 할 수 있으며 유럽의 경우에도 여러 가지 장르의 공포영화들이 제작이 되고 있다. 유럽 공포영화들의 특징은 빈약한 스토리를 가진 작품들이 많은 편이나 이런 빈약한 스토리를 보강이라도 하듯 공포영화 팬들의 눈을 즐겁게 해주는 잔인한 장면들로서 단점들을 메꿔놓고 있는 편이다.

유럽 쪽에서 제작이 되는 공포영화들은 대체적으로 가해자인 살인자의 모습을 결말 부분에서나 볼 수 있는 편이며 변태적인 장면들과 성적인 면이 뒤섞인 공포영화들이 많이 제작이 되는 것도 유럽 공포영화들의 특징이라 할 수 있다. 미국의 경우는 세계에서 가장 많은 공포영화들을 만들어내는 곳으로 국내의 공포영화 팬들이 가장 많이 대할 수 있는 작품들이 미국 공포영화들이다. 영화산업이 거대한 만큼 이곳에서는 모든 공포영화 장르의 영화가 제작되고 있다. 다른 나라에 비해서 호러영화에도 많은 제작비를 투입한 결과 화려한 특수효과와 분장효과로써 관객들을 만족시키는 작품들이 무척 많은 편이며 다른 나라에서는 엄두도 내지 못하는 대작 SF 공포영화들이 독점적이

다시피 제작되고 세계적인 흥행을 기록하는 사례들이 많은 편이다. 이외에도 뛰어난 분장효과를 필요로 하는 괴물들이 등장하는 공포영화들 또한 다른 나라에 비해서 압도적으로 많은 편이며 유럽에서 출발한 드라큘라와 프랑켄슈타인의 경우도 미국 작품들이 거의 대부분이며 걸작이라 일컬어지는 것들 또한 미국 공포영화의 몫이라 할 수 있다.

국내에서는 거의 만들어지지 않는 슬래셔 무비(난도질영화)들은 미국에서 가장 많이 제작이 되는 장르로써 영화의 인기와 함께 영화 속 캐릭터들까지 독립적으로 인기를 모으며 팬클럽이 존재하는 등 국내의 천대받는 분위기와는 대조적이라 할 수 있다. 또한 히트를 치는 작품들은 어김없이 시리즈로 제작되기도 하는데 속편들의 경우는 대체적으로 살인 동기란 것이 존재하지 않는 편이며 무차별적인 살인을 행하기도 한다. 그리고 이 살인자는 대부분이 백인 남성들로 이루어져 있는 편이며 서스펜스·스릴러 장르에서 여성들이 가해자의 역할로써 가끔씩 등장을 하기도 한다. 또한 이들은 칼, 망치, 도끼, 톱 등을 이용해서 살인을 저지르며 가능한 잔인한 장면으로서 관객들에게 공포감을 전해 주려고 애를 쓰는 편이다.

한국과 외국의 공포영화의 연대별 비교

1970년대 비교
한국의 경우 – 〈여인의 한〉

70년대의 한국 공포영화는 사회, 정치적인 상황으로 말미암아 영화 자체의 제작이 대중문화라기보다는 유신정권 하에서의 정략적 수단으로서 그 표현과 연출에 한계가 있을 수밖에 없었다. 그래서 이 시대의 영화들은 대부분 〈여인의 한〉과 같은 전통적인 주제를 다룰 수밖에 없었다. 70년대 이전의 영화들은 자료가 거의 남아 있지 않아 우리가 일반적으로 아는 대부분의 공포영화들은 이 시대의 것이며, 그런 이유로 우리에게 한국의 공포영화하면 떠오르는 이미지란 으레 소복 입은 귀신인 것이다. 이 시대의 주제들을 보면 한 여인이 죽어서 저승에 가지 못하고 계속적으로 자신을 해친 사람들에게 나타나 끝까지 복수를 하고서야 평안을 찾는다는 동양의 인과응보 사상 및 자연 합일 정신과 부합하는 주제를 그려왔다. 우리가 잘 아는 임권택 감독도 이 시기에 〈몽녀(68)〉, 〈엄마의 한(70)〉, 〈얼굴 없는 여자 손님(70)〉, 〈목 없는 여살인마(75)〉 등을 발표했다. 이런 영화들이 만들어진 것은 우리의 가부장적인 사회구조에 대한 여인들의 소리 없는 흐느낌이었다. 여성들로서 받아야 하는 고충을 그들은 슬픈 곡(哭)을 통해 우리에게 말하고 있다. 그래서 그들은 무섭기만 한 대상이 아니고 우리가 공감할 수 있는 정서를 가진 무섭지만 연약한 존재로서 나타난다.

외국의 경우 - 공포영화 시리즈의 시작

공포영화는 헐리우드 내에서 저예산으로 제작되는 b급 싸구려 장르로 취급되다가 70년대부터 가치를 인정받기 시작했다. 고전 호러에 대한 리메이크 시대를 지나 1970년대에는 현재 우리가 접하는 '호러 영화'의 단초가 성립된다. 그 시작은 종교 호러 영화였는데, 윌리엄 프리드킨 감독의 〈엑소시스트〉(1973)는 엄청난 흥행과 함께 77년에는 존 부어맨 감독에 의해 2편이, 90년에는 3편이 만들어진다. 갈수록 수준이 처지긴 했지만 이 시리즈로 악령 들린 여자아이 역을 맡았던 린다 블레이어는 당시까지 가장 섬뜩한 호러 캐릭터로 떠올랐다. 리처드 도너 감독의 〈오멘〉(1976)도 그 인기로 시리즈를 만들어냈다. 영화 사상 거의 최초로 '666'을 전면에 내세웠던 〈오멘〉은 오컬트 무비(실제로 벌어졌던 초자연적인 사건이나 악령·악마를 소재로 다룬 영화)의 대표작이기도 하다. 1975년에는 흔히 최초의 블록버스터로 이야기되는 스티븐 스필버그의 〈죠스〉가 나온다. 이 영화는 영화 사상 최초로 1억 달러 이상을 벌어들인 영화로 기록되었다.

1980년대 비교
한국의 경우 - 변화의 시기

80년대의 공포영화들은 70년대와는 달리 우리의 정서와 서양의 공포물이 혼합된 양상을 보여준다. 이때의 공포영화들을 살펴보면 전통적인 한이 서린 고전적인 공포영화가 아닌 서구의 것들을 절묘하게 배치했다. 그래서 우리의 귀신이 아닌 흡혈귀라는 서양의 공포의 대상을 활용했다는 점에서 의미가 있다. 82년도에 만들어진 〈관 속의 드라큘라〉는 우리의 전통적인 무속 문화와 서구의 종교 등이 뒤섞인 호러물이다. 결국 서구화되어가는 당시 사회상이 공포영화에도 어김없이 반영된다는 사실을 잘 증명해준다.

외국의 경우 - 공포영화의 전성기

변화의 조짐은 1978년에 있었다. 존 카펜터가 감독한 〈할로윈〉은 마이클 마이어스라는 살인마를 내놓으며, 극도의 공포를 경험할 준비가 안 된 순진한 관객들에게 오싹한 전율을 안겼다. 1980년에는 숀 커닝햄의 〈13일의 금요일〉이 등장했고 1984년에 웨스 크레이븐의 〈나이트메어〉가 나온다. 또한 샘레이비의 〈이블 데드〉 또한 빼놓을 수 없다. 영화들로 인해 드라큘라와 프랑켄슈타인 이후 기념할 만한 제이슨, 프레디 등의 전설적인 살인마 캐릭터가 생겨났고, 지금까지도 사람들의 기억 속에 자리잡은 그들의 위치는 실로 엄청나다. 그 당시 이들이 누렸던 인기로 말미암아 수많은 후속편들이 제작되었는데, 〈할로윈〉시리즈는 2000년 개봉한 〈할로윈:H_2O〉를 마지막으로 7편이, 〈13일의 금요일〉은 총 9편이, 〈나이트메어〉는 7편이다. 물론 후속편들이 전편보다 좋지는 않았지만 이렇게나 많이 제작된 걸 보면 그 인기를 가늠할 수 있다.

1990년대 비교
한국의 경우 - 테크놀로지

90년대는 그야말로 특수효과가 난무하는 테크놀로지의 시대이다. 공포영화도 각종 첨단 장비를 동원하여 우리의 상상으로만 가능한 장면을 스크린으로 옮길 수 있게 되었다. 그래서 서양의 공포영화는 단순, 무식, 과격 스타일의 살인마나 전지전능한 능력을 지닌 존재들을 화려한 특수효과로 치장하며 등장시켰다. 90년대 중반까지 한국의 공포영화는 그 계보가 중단된 상태로 보아도 무방할 정도로 만들면 절대로 돈 못 버는 영화란 닉네임을 달고 있었다. 한국의 인간미 넘치던 그 귀신들은 서양의 테크놀러지에 겁이 났는지 모두 자취를 감추고 만 것이다. 그러다 90년대 후반 〈여고괴담〉의 흥행성공을 계기로 일련의 싸구려가 아닌 많은 제작비와 탄탄한 시나리오를 갖춘 공포물들이 줄을 잇게 되었다. 또한 〈여고괴담〉을 계기로 하여 공포영화에 대한 붐이 불기 시작하였다. 대표적인 공포영화로는 〈조용한 가족〉(김지운 감독, 명필름 제작), 〈자귀모〉(이광훈 감독, 시네마 서비스 제작), 〈퇴마록〉(박광춘 감독, 폴리비젼 엔터테인먼트 제작), 〈위령제〉(신씨네 제작) 등이 있다.

외국의 경우 – 슬래셔와 스플래터 열풍

90년대 또한 호러 영화의 전성기라 해도 부족하지 않다. 구스 반 산트의 〈사이코〉(1998), 존 카펜터의 〈슬레이어〉(1998), 〈양들의 침묵〉, 〈쎄븐〉, 〈사탄의 인형〉시리즈, 〈블레어 윗치〉 등 수많은 히트작들이 만들어졌기 때문이다. 하지만 우리가 무엇보다도 주목해야 할 영화는 〈스크림〉이라 생각된다. 90년대 웨스 크레이븐 감독이 불어일으킨 〈스크림〉 열풍은 엄청난 사랑을 받으며 공포영화는 하나의 트렌드가 되다시피 했다. 이로 인해 미국에선 공포영화가 10대의 전유물처럼 여겨졌고, 소위 N세대를 겨냥한 감각적인 호러물을 탄생시켰다. 이는 〈나는 네가 지난 여름에 한 일을 알고 있다〉와 〈패컬티〉 같은 영화를 낳았고, 한국에서도 〈가위〉, 〈해변으로 가다〉, 〈찍히면 죽는다〉 등의 호러 붐을 일으켰다. 이 영화들은 슬래셔(slasher)와 스플래터(splatter) 무비 형식을 취하고 있는데, 슬래셔는 최근에 들어서 난도질보다 긴장감을 즐기는 쪽에 더욱 가까워지고 있다. 또한 스플래터는 잔혹성에 코미디를 가미한 형식을 취하는 것이 보편적인데, 〈스크림〉에서 고스트페이스가 주인공은 뒤쫓다가 엉뚱하게 넘어지는 장면에서 알 수 있다.

2000년~현재 비교
한국의 경우

지금은 21세기이다. 과거의 한 맺힌 여인들을 지금 다시 스크린으로 불러들일 수는 없을 것이다. 하지만 공포의 소재는 우리 주변 어느 곳에나 있다고 본다. 굳이 귀신이 사는 집이 아니어도 된다. 한국에서도 점차 소재가 다양해지고 기술적으로나 스타일면에서도 발전한 듯하다. 2000년대에 들어오면서 제작된 공포영화로는 대표적으로 〈가위(안병기)〉, 〈하피(라호범)〉, 〈찍히면 죽는다(김기훈)〉, 〈해변으로 가다(김인수)〉 등이 있다. 또한 올 여름에도 〈폰(안병기)〉, 〈하얀방(임창재)〉, 〈쓰리(김지운, 진가신, 논지 니미부트르)〉 등이 개봉하였다.

외국의 경우

최근 헐리우드의 공포영화는 예전보다 많이 제작되고 있다. 제작비 또한 과거에 비해 늘어나고 SF영화에서나 등장할 법한 각종 특수기법과 컴퓨터 그래픽이 사용되고 있다. 이 시기의 개봉작으로는 〈드라큘라 2000〉, 〈한니발〉, 〈프릭스〉, 〈피어닷컴〉, 〈13고스트〉, 〈캔디케인〉 등이 있다. 한편, 헐리우드 영화가 아닌 일본영화(〈링2〉, 〈배틀로얄〉, 〈하나코〉 등)나 올 여름에 개봉하였던 홍콩영화인 〈디아이〉의 경우 흥행에서 좋은 성적을 거둔 것으로 나타났다. 이는 일본과 홍콩의 경우 정서적으로 비슷한 면이 많기 때문으로 파악된다.

공포영화의 추세와 우리가 나아갈 방향

매년 여름이 되면 각국에서 공포영화를 선보인다. 이것은 우리나라의 경우에도 예외는 아니다. 공포영화의 작가나 감독들은 다양한 소재와 날로 발전하는 촬영기법 등으로 사람들에게 조금이라도 큰 공포를 느낄 수 있게 하기 위해 심혈을 기울인다. 그러나 공포영화의 전성기였던 70년대~80년대 중반을 기점으로 점차 그 기세가 꺾이면서 소수의 마니아만이 찾는 장르가 되어버렸다. 이는 첫 작품의 성공에 이어 이렇다 할 소재의 변화 없이 그 후속작들이 줄을 잇거나 유명 공포영화의 아류작이라 할 정도로 비슷비슷한 영화가 속출하는 것이 원인으로 지적된다. 즉 공포영화를 만들기 위한 새로운 소재들이 고갈되면서 사람들에게 공포를 주기 위한 동기(Motive)가 사라지고 있는 것이다. 예컨대 가공할 만한 괴력을 가진 살인마가 무차별적으로 사람들을 살해하고 피와 비명만이 존재하면서 영화 내에서 어떠한 메시지를 전달하지 못하고 단지 피로만 물든 채 영화가 끝나버리는 경우가 그것이다. 최근 90년대에 접어들면서 슬래셔라는 장르를 선보이며 다시 한 번 공포영화가 대중들로부터 사랑을 받게 되었다. 외국의 경우 〈스크림〉이나 〈나는 네가 지난 여름에 한 일을 알고 있다〉 등이 대표작이다. 이시기를 기점으로 공포영화는 봇물처럼 쏟아져나왔다. 급변하는 사회에서 다양한 소재를 토대로 영화를 만들 수 있었고 촬영기법 또한 하루가 다르게 발전하면서 관객들에게 새로운 공포를 주기에 충분하였다. 이처럼 외국의 경우는 다양한 소재와 많은 자본을 바탕으로 공포영화의 대중화가 이루어지고 있다.

그렇다면 우리나라의 경우는 어떠한가? 우리나라에서는 정치적, 사회적 제약에 의해 공포영화가 발전하는 데 큰 어려움을 겪어왔다. 이는 전통적인 윤리 사상에 의한 것으로 소재가 극히 제한되었고 영화적인 표현 또한 한정되었기 때문이다. 그래서 7~80년대의 공포영화라고 하면 전통적인 흰 소복 귀신이 대부분이었고, 권선징악과 가부장적인 사회제도가 그 바탕이 되었다. 흥미있는 사실은 공포영화의 침체기로 인해 대부분의 공포영화 감독들이 에로영화로 눈을 돌리게 되었다는 것이다. 이처럼 사회구조적인 문제로 다양한 공포영화가 선보이지 못하고 90년대까지는 공포영화를 찾아보기 힘들었다. 그러나 90년대 후반 제작된 〈여고괴담〉의 성공으로 우리나라에서도 공포영화의 새로운 시작을 알렸다. 〈여고괴담〉으로 인해 자신감을 가진 공포영화 감독들은 너도나도 영화제작을 하기 시작하였다. 물론 흥행에는 크게 성공하지는 못하였으나 대중들에게 한국식 공포영화를 선보였다는 데 큰 의미가 있다. 그 이후로 매년 여름만 되면 공포영화 서너 편쯤은 쉽게 볼 수 있게 되었다. 반면 그로 인한 문제점도 하나둘씩 제기되었다. 소재나 기법 면에서 훌륭한 작품들도 있었지만 어떤 작품들은 외국의 소재나 기법들을 그대로 사용하여 한국식 공포영화가 아니라 외국 공포영화의 아류작쯤으로 전락하는 경우도 있었다.

우리는 그동안 흥행에서 성공했던 몇몇의 공포영화에서 시사점을 찾을 수 있다. 우선 새로운 소재의 도입을 들 수 있다. 〈조용한 가족〉은 공포라는 장르에 코미디를 가미시키면서 사람들의 주목을 받을 수 있었고, 〈폰〉은 우리나라에서 필수품이 되어버린 핸드폰을 소재로 하고 있다. 다음으로 우리 정서에 맞는 이야기를 영화로 표현한다는 것이다. 〈여고괴담〉에서는 우리가 학창시절 들어봤음직한 이야기들을 영화로 만들어내면서 큰 호평을 받았다. 아직은 미흡하지만 관객들에게 큰 호응을 얻으며 공포영화의 발전가능성을 제시하였다는 점에서 큰 의의가 있다고 하겠다.

무더위를 식혀줄 만큼 짜릿하고 섬뜩한 공포를 안겨주는 공포영화는 소수 팬들의 열광적인 지지 속에서 영화가 탄생하면서부터 지금까지 끊임없이 만들어지고 있다. 그 중에는 많은 관객들의 열광적인 지지를 받으며 대중적으로 성공한 공포영화도 있지만 대체적으로는 관객층이 한정되어 있는 편이다. 또한 공포영화는 저 예산으로 몇 배, 혹은 수십 배의 흥행을 올릴 수 있는 장르이며 저예산이기 때문에 영화제작사로서도 큰 모험이 되질 않는다. 앞으로 영화제작사의 더욱 많은 투자와 관객들의 관심이 모아질 때 공포영화는 b급의 저급영화가 아닌 대중들에게 사랑받는 영화로 거듭날 수 있을 것이다.

미사 집전 후 감사기도

지극히 거룩하신 구세주께 드리는 기도

✠ 그리스도의 영혼은 저를 거룩하게 하소서.
그리스도의 몸은 저를 구원하소서.
그리스도의 피는 저를 취하게 하소서.
그리스도의 늑방의 물은 저를 씻어주소서.
오, 선하신 예수님, 저의 기도를 들어주시어,
당신의 상처 속에 저를 숨겨주시고,
당신을 떠나지 않게 하시며,
사악한 원수에게서 지켜주소서.
제가 죽을 때 불러주시고,
당신께 오라 명하시고,
당신의 성인들과 더불어
영원토록 당신을 찬미하게 하소서.
아멘.